FOLIO BIOGRAPHIES

ouvrage dirigé par

GÉRARD DE CORTANZE

Saint-Exupéry

par

Virgil Tanase

Gallimard

Crédits photographiques :

1, 10, 11, 16 : Coll. part. 2, 3, 6, 8, 13, 17, 18, 19, 21 : Coll. Succession Saint-Exupéry - d'Agay. 4 : reproduit dans *Icare* n° 69, 1974 / Coll. Succession Saint-Exupéry - d'Agay. 5 : Fondation Bodmer, Coligny. 7 : Gamma-Rapho / Indivision Séruzier. 9 : Gallimard / Roger Parry. 12 : Roger-Viollet. 14 : *Icare* n° 71, 1975 / Coll. part. 15 : Roger-Viollet / Agence Trampus. 20 : John Philipps / D.R.

Avec l'aimable autorisation de la Succession Saint-Exupéry - d'Agay pour les dessins et manuscrits de Saint-Exupéry.

Prix de littérature de l'Union latine, prix Şerban Cioculescu du Musée national de la littérature roumaine et prix de dramaturgie de l'Académie roumaine, Virgil Tanase est né à Galatzi, en Roumanie. Il fait des études de lettres à l'université de Bucarest et de mise en scène au Conservatoire national roumain. Auteur d'une thèse de sémiologie du théâtre sous la direction de Roland Barthes, il est établi depuis 1977 en France où il a réalisé une trentaine de mises en scène. Devenu écrivain de langue française, il a publié une quinzaine de romans dont le dernier, *Zoïa*, a paru en 2009 aux éditions Non Lieu. En 2011, il a publié un volume de Mémoires aux éditions Adevărul (Bucarest), et une pièce de théâtre, *Les Fauves* (éditions Axis Libri). Auteur, dans la collection « Folio Biographies », des titres consacrés à Tchekhov (2008), Camus (2010) et Dostoïevski (2012), Virgil Tanase a adapté pour le théâtre des textes d'auteurs divers, de Balzac à Anatole France en passant par Proust et Dostoïevski. Son adaptation du conte d'Antoine de Saint-Exupéry *Le Petit Prince* s'est jouée dans sa mise en scène à Paris, à la Comédie des Champs-Élysées et dans plusieurs pays étrangers.

Un héritage contraignant

Il voulait devenir officier de marine et il a fini aviateur. N'ayant pas réussi à intégrer la Navale, Antoine de Saint-Exupéry envisage une carrière d'architecte. Il s'inscrit aux Beaux-arts, qu'il abandonne après quelques mois sans jamais se douter qu'il pourrait donner une suite à ses modestes productions littéraires d'adolescence, où il serait désobligeant de chercher des qualités d'auteur exceptionnelles. Enfin, devenu écrivain presque par accident, il voudrait faire des romans. Il n'y arrive pas, obligé de se réfugier dans un genre inventé, tellement loin de ses modèles littéraires qu'il ne peut persévérer dans cette voie que contraint par les circonstances. Ses forces, il les consacre à un ouvrage qui n'a jamais pris forme, comme il se doit pour ces livres voués à drainer l'expérience de toute une vie et qu'il serait illégitime de finir avant d'arriver au terme de la sienne.

Autant d'arguments qui permettent de croire qu'Antoine de Saint-Exupéry n'était rien de ce qu'il est devenu.

Petit à petit, aveuglément, laborieusement, en

essayant simplement « de faire au mieux[1*] », comme il le dit dans une de ses dernières lettres, il s'est fabriqué lui-même, mettant à profit des conjonctures qui, différentes, auraient pu le conduire ailleurs, loin de la littérature et de l'aviation. Mais qui n'auraient pu l'empêcher de construire avec ces matériaux de fortune un destin prodigieux. Celui d'un homme persuadé que la vie ne vaut que par le sacrifice qu'on en fait au nom d'un devoir absolu, d'une évidence indiscutable, envers les autres.

C'est ce que l'on nommait autrefois honneur.

Un sentiment qui ne se transmet pas par les gènes. Qui peut néanmoins pondérer par des obligations plus impératives et plus périlleuses que celles dévolues aux autres le privilège d'une longue lignée dont on est, qu'on le veuille ou non, l'héritier.

Les incertitudes de l'Histoire sont trop épaisses pour permettre de chercher les origines de la famille de Saint-Exupéry dans les convulsions de ce ténébreux Ve siècle où la réputation d'Exuperius, évêque de Toulouse, s'étend jusqu'en Orient. Saint Jérôme, qui s'y trouve, loue sa charité : il se privait de nourriture pour la donner aux pauvres et, pour la messe, il offrait le corps du Christ et son sang dans des vases ordinaires, ayant vendu la patène et le calice au bénéfice des nécessiteux. Il donne son nom à un village du Limousin qui touche Ussel.

Les seigneurs du coin auraient pris le nom de cette terre. Quand ? Comment ? Personne ne le sait. Il est néanmoins établi qu'au XIe siècle un Pierre et un Robert de Saint-Exupéry ont des possessions à la

* Les notes bibliographiques sont réunies en fin de volume, p. 432.

frontière du Limousin avec la Dordogne. Leurs descendants acquièrent d'autres propriétés dans le Périgord et le Lot.

Il en va de même du côté des ancêtres maternels d'Antoine de Saint-Exupéry. Un de Lestrange, originaire du Limousin lui aussi, accompagne Guillaume le Conquérant en Angleterre et prend part, en 1066, à la bataille de Hastings. Un Audoin de Lestrange participe à la deuxième croisade. Les Boyer de Fonscolombe, auxquels ils s'apparentent par la suite, n'apparaissent dans les documents, c'est vrai, qu'à partir du XVIe siècle. Ils appartiennent à cette nouvelle noblesse de robe qui, par des mariages prestigieux, apportent leur fortune dans les familles anciennes, souvent appauvries. Ces noms illustres en croisent d'autres qui ne le sont pas moins — parfois, rarement, d'origine étrangère — en sorte qu'à la fin de l'Ancien Régime, leurs descendants se trouvent liés par des parentés plus ou moins éloignées aux plus prestigieuses familles du royaume de France.

Au XVIIIe siècle, Georges Alexandre Césarée de Saint-Exupéry, comte de Saint-Amans, prend part à la guerre de l'Indépendance américaine dont il raconte le déroulement dans une *Relation*. Après la Révolution, il sert dans l'armée du prince de Condé. Sous la Restauration, son fils Jean-Baptiste vend la terre familiale de Saint-Amans, en Quercy, s'installe à Bordeaux, épouse la fille d'un riche négociant et acquiert à Margaux le domaine du Château Malescot. Sa veuve le vend en 1853, ruinée par les ravages du phylloxera qui lui fait perdre le peu que son mari n'avait pas dissipé au cours d'une vie dépensière. Son fils aîné, Fernand, comte de Saint-Exupéry (1833-1919), le grand-père d'Antoine, vit sa jeunesse nonchalamment et épuise les dernières ressources familiales. Son mariage en 1862 avec Élisabeth, la fille du baron de Trélan, n'arrange pas ses affaires, obligé de solliciter un poste dans l'administration. Sous-préfet sous le Second Empire et intendant militaire pendant la guerre de 1870-1871, il refuse de servir la République. Il s'installe au Mans à la tête d'une compagnie d'assurances. À ses heures, il rédige de vagues mémoires, classe les archives familiales et prend du plaisir à lire les ouvrages divers de sa très riche bibliothèque.

Son fils, Jean de Saint-Exupéry, grandit au Mans avec sa sœur Amicie, la future Mme Sidney Churchill, et son frère Robert. Ils passent des vacances heureuses dans un petit château de la Loire, propriété de leur oncle de Sonnay. Trois autres sœurs, Anaïs, Marguerite et Alix arrivent trop tard pour être les partenaires de jeux de leur frère qui, comme tout noble bien né dont la fortune n'est pas suffisante pour lui permettre de vivre de ses terres, intègre une école d'officiers. Jean n'arrive pas à s'y faire et la quitte avant la fin des études pour revenir au Mans et travailler dans la compagnie d'assurances de son père. Ce n'est qu'un gagne-pain : sur l'acte de naissance de son fils, il préfère se déclarer sans profession.

Dépêché pour affaires à Lyon, Jean de Saint-Exupéry est bien reçu par une lointaine parente, la comtesse de Tricaud, née Lestrange. Veuve d'un riche industriel, elle partage sa vie entre son vaste appartement de la place Bellecour et sa propriété du Bugay où elle s'installe dès l'arrivée de la belle saison. Elle se confesse tous les jours et, à Saint-Maurice-de-Rémens, à la fin du dîner, les invités doivent se rendre à la chapelle attenante au château pour la prière du soir qu'elle commence en se levant de table, de sorte qu'elle la finit au moment même où elle s'agenouille devant l'autel pour se signer et rejoindre aussitôt le salon où l'attendent liqueurs et quelques sucreries. Charitable par religion et tirant de sa philanthropie une autorité qu'elle estime infaillible, Mme de Tricaud ne lit que des journaux conservateurs, tient table ouverte à midi et occupe son temps avec les dominos et le bridge. Elle n'aime pas les animaux, à l'exception de ses petits serins en cage. Elle n'aime pas non plus les petits garçons qui mettent la maison sens dessus dessous, détruisent tout sur leur passage, braillent du matin au soir et n'obéissent jamais, nonobstant les punitions. Ayant perdu son unique enfant, Marguerite, emportée par une méningite en 1869, à l'âge de quatre ans, Mme de Tricaud déverse son affection sur les enfants et les petits-enfants de ses frères et sœurs, préférant les petites filles dont celle d'Alice Romanet de Lestrange, une nièce peu fortunée. Mme de Tricaud a tenu la petite Marie sur les fonts baptismaux et, le moment venu, elle prend en charge son éducation. Elle lui fait quitter le château de La Môle, où son père, le baron Charles de Fonscolombe qui s'occupe de la propriété familiale, pas très prospère, passe son temps à étudier, en amateur, les sciences naturelles, à faire de la musique et à élever ses quatre enfants dans un esprit rousseauiste : il leur apprend le solfège et les instruit en leur faisant découvrir les merveilles de la nature. À Lyon où elle l'accueille, Mme de Tricaud inscrit Marie au collège du Sacré-Cœur où, depuis un demi-siècle, dans l'imposant hôtel de Fleurieu situé à deux pas de la place Bellecour, les bonnes sœurs de la congrégation des Enfants de Marie s'occupent de l'éducation des jeunes filles de bonne famille. Lorsque sa filleule est en âge de se marier, Mme de Tricaud lui cherche un époux convenable. Elle lui présente Jean de Saint-Exupéry.

Il est noble, elle l'est aussi.

Établi dans le Var à la fin du XVIIIe siècle, Charles de Boyer de Fonscolombe, baron de La Môle, épouse en 1810 une jeune femme d'origine italienne : Émilie de Cotto di Coti, héritière d'une riche famille piémontaise. Leur fils Emmanuel, auquel Napoléon III confirme ses titres, fait des études de droit mais se fait connaître comme compositeur, membre de la très réputée Académie Santa Cecilia de Rome. Fernand, son héritier, épouse la comtesse de Courcy, un mariage tout aussi prestigieux que celui de son frère, Charles Henri de Boyer de Fonscolombe (1840-1907) qui s'unit en 1873 à Alice de Romanet de Lestrange. Ils ont quatre enfants : Marie, la mère d'Antoine de Saint-Exupéry, Madeleine qui mènera une vie excentrique et solitaire, Hubert qui sert dans les zouaves pontificaux, marié ensuite à la fille du baron de Ruffo de Bonneval-La Fare, et enfin ce drôle et sympathique « oncle Jacques » qui, avec sa petite moustache en brosse et ses cheveux soigneusement divisés par une raie au milieu du crâne, séduit en Russie, où il est employé de banque, une roturière, Elena Nicolaïevna Popovna, dont il fait sa femme — précédent aussi saugrenu que le mariage, une trentaine d'années plus tard, d'Antoine de Saint-Exupéry avec Consuelo Suncin, la très farfelue fille d'un riche propriétaire de plantations de café salvadorien.

La famille regarde d'un œil circonspect ces épouses venues d'ailleurs.

Jean de Saint-Exupéry a trente-trois ans, Marie de Fonscolombe vingt et un. Ils se marient le 9 juin 1896 au château de Saint-Maurice et s'établissent à Lyon, au troisième étage du 8 de la rue Peyrat, à deux pas du domicile de Mme de Tricaud qui, à soixante ans passés, autoritaire et possessive, entend s'occuper du bonheur de ses jeunes protégés. Sa fortune, qui lui permet d'être généreuse, et la gratitude de Jean et de Marie, qui semblent avoir des caractères doux et accommodants, laissent supposer une vie paisible et sans éclat dans une aisance modeste. Marie-Madeleine naît en janvier 1897, Simone en janvier de l'année suivante.

C'est toujours dans l'appartement de la rue Peyrat que voit le jour, le 29 juin 1900, Antoine Jean Baptiste Marie Roger de Saint-Exupéry. Il est baptisé le 15 août toujours dans la chapelle du château de Saint-Maurice, ayant pour parrain son oncle Roger de Saint-Exupéry, comte de Miremont, et pour marraine sa tante, la baronne Madeleine de Fonscolombe.

La vie de Jean et de Marie de Saint-Exupéry suit son cours sans heurts et sans événements notables si ce n'est les naissances, en 1902, d'un deuxième garçon, François et, en 1903, d'une troisième fille, Gabrielle.

Puis c'est le coup du sort.

Le 14 mars 1904, Jean, qui se rend avec Marie au château de La Môle, dans le massif des Maures, chez ses beaux-parents, a une attaque cérébrale en gare de La Foux. L'intervention d'un médecin qui s'y trouve par hasard ne peut le sauver. Il meurt sur le quai et est enterré à La Môle.

Marie de Saint-Exupéry est abasourdie.

Mme de Tricaud a une raison de plus de s'occuper de sa filleule qui se retrouve à vingt-huit ans seule et sans ressources, en charge de cinq enfants en bas âge. Celle-ci a une raison de plus de se laisser protéger par une parente riche et généreuse qui l'accueille chez elle avec ses enfants, qu'elle amène à la campagne dès que le beau temps revient. Au château de La Môle, vieille bâtisse dominée par deux tours de garde, à flanc d'un monticule boisé, elle préfère celui de Saint-Maurice-de-Rémens où tante Tricaud possède deux cent cinquante hectares de terre arable et une gentilhommière du XVIIIe siècle, moins imposante que le parc entouré d'un mur percé par une porte cochère dont les enfants aiment escalader la grille en fer forgé, entraînés le plus souvent par Antoine qui n'est pas ce que l'on nomme un enfant sage et obéissant.

D'une vivacité bouillonnante, Antoine profite joyeusement des couloirs lambrissés qui traversent de part en part le château et offrent de vastes pistes de glisse. Il aime escalader les meubles lourds des pièces hautes de plafond qui lui sont ouvertes. Il se plaît à descendre quatre à quatre les escaliers vertigineux pour rejoindre le jardin où l'on se perd dans les buissons et où l'on grimpe dans les tilleuls et les vieux sapins. Toujours en train de courir, les genoux et les coudes esquintés, cachés sous des bandages trop secoués pour tenir en place, Antoine règne en maître sur ses frères et sœurs qui le nomment « le Roi-Soleil ». Il invente continuellement des jeux en exigeant des autres d'abandonner les leurs pour le suivre. Ses sœurs aînées résistent. Timide et réservée, Marie-Madeleine s'amuse avec des puzzles géants, des albums de cartes postales et des herbiers où elle classe les plantes ramassées pendant ses promenades jusqu'au jour où l'idée lui vient que celles-ci pourraient souffrir quand elle les arrache. Elle préfère désormais ramasser des graines pour nourrir les oiseaux et se montre très attachée aux animaux de la maison dont un âne que les enfants voudraient chevaucher et qui les jette obstinément par terre. Plus gaie, insouciante même de l'avis de sa sœur aînée qui la trouve trop agitée, Simone pleure quand les dahlias gèlent ou lorsque le petit chat est mort. Elle se console en inventant des histoires qui ne ressemblent pas toujours à celles, tirées des Évangiles, que leur raconte leur mère ou à celles des livres que celle-ci a l'habitude de lire à ses enfants. Pour s'amuser, Simone s'enferme dans sa chambre avec des boîtes de crayons de couleur et s'occupe à rédiger des journaux illustrés.

Nonobstant la différence d'âge, les cinq enfants « font tribu » et la propriété de Saint-Maurice, suffisamment vaste pour offrir à chacun des espaces de liberté tout en leur permettant de se revoir pour jouer, devient un pays magique dont Saint-Exupéry ne cesse d'évoquer les miracles : ces fabuleux fauteuils en cuir du vestibule, les oncles qui longeaient le couloir et dont la conversation n'était perceptible que par bribes, mystérieuses « comme le fond de l'Afrique », les immenses bibliothèques vitrées, le sacro-saint salon où l'on joue au bridge, et puis, dans sa chambre du deuxième étage, le prodigieux petit poêle :

> Jamais rien ne m'a autant rassuré sur l'existence. Quand je me réveillais la nuit, il ronflait comme une toupie et fabriquait au mur de bonnes ombres. Je ne sais pourquoi je pensais à un caniche fidèle. Ce petit poêle nous protégeait de tout[2].

Antoine doit attendre quelques années avant de trouver de meilleurs compagnons de jeux que ses deux sœurs aînées qui trouvent inconvenantes et dangereuses ses foucades récompensées parfois de quelques coups d'une vieille savate dont leur mère se sert pour imposer une autorité diminuée par une trop grande douceur. Dès qu'il est en état de le faire, François, son frère cadet, lui témoigne une affection qui lui revient décuplée, ce qui n'empêche pas de continuelles échauffourées oubliées l'instant d'après pour mieux se rallumer à la première occasion, avec tirage de cheveux, coups de poing et de pied, vêtements déchirés et cris qui retentissent dans toute la maison. Les deux garçons font bande à part avec leur petite sœur Gabrielle, Didi, toujours prête à les suivre. Antoine lui est particulièrement attaché. Elle seule est autorisée à pénétrer dans sa chambre et même à mettre un peu d'ordre dans un capharnaüm qui en dit long sur la ferveur du locataire, séduit depuis peu par une occupation autrement excitante : des livres divers, parfois incompréhensibles mais attirants par leur couverture ou leurs illustrations, dérobés dans la grande bibliothèque du salon, traînent sur les meubles, encombrent le lit et recouvrent, par piles, le plancher.

Antoine a toujours été friand des histoires de sa mère. Il la poursuivait muni de son petit tabouret avec l'espoir de lui faire renoncer à ses occupations pour prendre un livre et, bien assise dans un fauteuil, avec lui à ses pieds, lui lire une de ces histoires merveilleuses dont les héros devenaient ensuite des compagnons de ses jeux. Il examinait en cachette les pages couvertes de signes qui ne ressemblaient en rien à ce qu'ils racontaient, mais dont sa mère lui apprend un jour le secret. Il en est ébloui :

> À quatre ans et demi, je brûlais du désir de lire un vrai livre. J'avais trouvé, au fond d'un vieux coffre en bois rempli de catalogues et de prospectus jaunis, une brochure sur la fabrication du vin ; et toute incompréhensible qu'elle me fût, je la lus de la première à la dernière page : chaque mot me captivait. Ce fut là mon tout premier livre[3].

Dorénavant les jeux dans le jardin l'occupent moins. S'il fréquente toujours les « maisons » faites d'une planche fixée entre deux branches, ou celles dissimulées dans les touffes de lilas, s'il ne se dérobe pas aux leçons de violon ou au plaisir de se déguiser et de faire du théâtre avec son frère, ses sœurs et d'autres enfants invités à Saint-Maurice, Saint-Exupéry leur préfère maintenant les heures qu'il passe dans sa chambre ou dans le salon à lire. Les premiers auteurs qui le fascinent sont Hans Christian Andersen, puis, plus tard, Jules Verne. Cela se comprend : il rêve lui aussi d'exploits extraordinaires et d'inventions susceptibles de lui permettre de les accomplir. Il dessine les plans d'une bicyclette volante qu'il réalise avec l'aide du menuisier du village sans jamais réussir à la faire décoller, et ayant obtenu un petit moteur à essence, qu'il avait demandé avec insistance, il le tripote longuement avant qu'il n'explose à la figure de François, heureusement très légèrement blessé, ce qui met fin provisoirement à ces activités périlleuses.

Saint-Exupéry s'en console en faisant des escapades à bicyclette, accompagné de sa petite sœur qui lui sert de couverture, jusqu'à Ambérieu, à quelque 6 kilomètres du château de Saint-Maurice, où des industriels lyonnais ont aménagé un aérodrome. Ils y expérimentent des modèles d'avions, notamment le Berthaud-Wroblewski, le premier appareil intégralement métallique. Antoine devient un habitué des hangars, très intéressé par les moteurs et par ces merveilleuses machines volantes. Curieuse de connaître les préoccupations de son fils, Marie de Saint-Exupéry se rend elle aussi plusieurs fois à Ambérieu où elle est accueillie avec déférence. Fieffé menteur, Antoine en profite. Il prétend avoir l'accord de sa mère pour faire un tour en avion. Gabriel Wroblewski se laisse convaincre et, le 7 juillet 1912, il le prend dans son appareil. Antoine de Saint-Exupéry goûte pour la première fois les plaisirs du vol. Il en est ravi, sans se douter peut-être du danger : peu de temps après, les frères Wroblewski se tuent en s'écrasant avec leur appareil volant.

Depuis trois ans déjà, Saint-Exupéry n'habite plus Lyon où il avait commencé sa scolarité à l'École des frères chrétiens. Il fréquente maintenant le collège Notre-Dame de-Sainte-Croix au Mans où sa mère a déménagé en 1909 pour donner à Fernand de Saint-Exupéry la possibilité de voir grandir ses petits-fils, peut-être aussi pour soustraire ses deux gamins trop remuants aux contraintes d'un appartement où, à presque quatre-vingts ans, tante Tricaud protège sa tranquillité. Marie de Saint-Exupéry, qui laisse souvent ses deux garçons sous la surveillance de son beau-père pour rejoindre, à Lyon, ses filles qui habitent toujours chez la comtesse de Tricaud, loue un appartement modeste au 21 de la rue Clos-Margot, à proximité de l'école des jésuites où Antoine de Saint-Exupéry ne brille ni par son assiduité ni par sa discipline. Il est désobéissant et dissipé. Son bureau est en désordre, ses doigts tachés d'encre, ses notes décevantes. Il revient souvent à la maison le cœur gros, heureux quand sa mère est là pour effacer son chagrin. Il lui écrit une dizaine d'années plus tard :

> Quand j'étais gosse, je revenais avec mon gros cartable sur le dos, en sanglotant d'avoir été puni, vous vous rappelez au Mans — et rien qu'en embrassant vous faisiez tout oublier. Vous étiez un appui tout-puissant contre les surveillants et les pères préfets[4].

On comprend bien pourquoi Antoine est si triste quand elle est absente. Il lui écrit des lettres affectueuses sans lui raconter les empoignades avec ses camarades qui se moquent de son caractère lunatique et de son petit nez retroussé : ils l'appellent « pique la lune » !

À treize ans, Antoine de Saint-Exupéry fait avec ses camarades de classe un journal dont il se réserve la première page et la rubrique « Poésie ». Les bons pères n'apprécient pas l'initiative qui lui vaut plusieurs heures de colle. Le poète en herbe, persévère avec des productions qui, sans trop heurter le bon goût, ne laissent pas présager un quelconque talent littéraire. Il est question de l'Homme qui « heureux d'avoir vaincu la bête / Se dresse plein d'orgueil et relève la tête » et des « consommateurs » qui, « augustes, ponctuels, et graves », apprécient la lumière du « soleil qui monte des caves[5] »… Il en va de même d'une petite dissertation de 1914 qui nous est restée, *L'Odyssée d'un chapeau haut de forme*, appréciée, paraît-il, par son professeur de rhétorique, nonobstant les trop impardonnables fautes d'orthographe.

Toutefois, le jeune Antoine de Saint-Exupéry trouve ses vers suffisamment remarquables pour être montrés à Odette de Sinety, sœur d'un de ses camarades de classe et cousine éloignée. Au château de Passay, à une vingtaine de kilomètres du Mans, propriété des parents d'Odette, où ont lieu les leçons de danse, rebuté par un exercice qui l'ennuie au point d'être soupçonné d'exagérer délibérément sa maladresse, Saint-Exupéry la poursuit pour lui réciter les poèmes qu'il lui a dédiés. Flattée, elle garde les manuscrits sans cacher à l'auteur qu'elle trouve ce passe-temps aussi prématuré qu'ennuyeux.

Le 2 août 1914, la guerre interrompt ces réjouissances enfantines.

L'oncle Roger, qui depuis la mort de son frère Jean s'était efforcé de le remplacer auprès de ses enfants, est tué sur le front dès le mois de septembre.

Marie de Saint-Exupéry prend en charge l'infirmerie de l'hôpital de campagne installé dans la gare d'Ambérieu. Elle fait venir ses deux garçons auprès d'elle, les inscrit à une école de Villefranche-sur-Saône, puis, à l'automne 1915, elle les place en tant qu'internes à la Villa Saint-Jean, un établissement scolaire tenu par les marianistes à Fribourg, en Suisse, où elle se rend chaque fois qu'elle le peut. Partie le matin, en train, de Lyon, elle arrive le soir à Fribourg pour passer le dimanche avec ses enfants qui souffrent chaque fois qu'un empêchement l'oblige à remettre son voyage. Le 21 février 1916, Antoine lui écrit :

> François vient de recevoir votre lettre où vous dites que vous ne venez plus qu'au début de mars ! Nous qui étions si contents de vous voir samedi ! Pourquoi est-ce que vous retardez ? Cela nous aurait tant fait du plaisir[6] !

Même si l'on peut fumer dans les chambres et écouter de la musique, la vie à la Villa Saint-Jean n'est point plus réjouissante que dans d'autres institutions scolaires. Un programme « à l'anglaise » fait alterner de nombreuses activités sportives et les heures d'étude. Il ne satisfait que moyennement Saint-Exupéry qui déplore l'interdiction de profiter du parc où il voudrait se réfugier pour lire. Il est gardien de but, bon escrimeur et satisfaisant dans les épreuves d'athlétisme, mais toutes les autres activités physiques le rebutent. Les livres l'occupent tellement qu'il ne lui reste que peu de temps pour préparer ses cours. Il décroche quelquefois une mention en physique, en composition ou en latin tout en restant dans le peloton de queue de la classe. Il a mieux à faire :

À quinze ans, j'ai découvert Dostoïevski, et ce fut une formidable révélation : j'ai tout de suite senti que j'étais entré en contact avec quelque chose d'énorme, et je me suis mis à lire tout ce qu'il avait écrit, un livre après l'autre, comme je l'avais fait pour Balzac[7].

C'est à la même époque qu'il prend goût à la poésie dont il n'avait, jusqu'alors, dit-il, qu'une compréhension scolaire, peu à même de l'émouvoir. Il fréquente quelques grands poètes mais aussi quelques auteurs à la mode, auxquels il porte une admiration passagère :

Je vénérais Baudelaire, et dois avouer à ma honte que j'ai appris par cœur tout Leconte de Lisle et tout Heredia, ainsi que Mallarmé. Aujourd'hui encore, je ne renie pas ce dernier[8].

Avec ses économies, Antoine s'achète un appareil photo. Réduisant encore le temps consacré à l'étude, il s'intéresse autant à la prise d'images qu'à la façon de fonctionner de cette petite machine qu'il se plaît à démonter et à remonter pour en percer les secrets. Il pratique beaucoup le violon et demande à sa mère de lui envoyer des disques de musique classique.

Il les écoute en compagnie de quelques amis qui partagent aussi ses goûts littéraires. Il avait connu Louis, le fils du comte de Bonnevie de Poignat et de la comtesse Marie de Vergnette de Lamotte, du temps où il fréquentait, à Lyon, l'école des frères chrétiens, mais c'est maintenant qu'il découvre son intelligence, son cœur, son sens du devoir. Ils ont de longues discussions littéraires et philosophiques. Pendant une promenade dans les environs de la ville, Antoine se fait une entorse. Louis lui porte secours avec une telle sollicitude que leur amitié se trouve scellée à jamais. Elle ne sera pas longue : ils se voient souvent à Paris où Louis est élève à l'École centrale puis à l'École d'application d'artillerie de Fontainebleau. À la fin de ses études, Louis de Bonnevie est affecté au Maroc. En septembre 1926, il reçoit la croix de guerre et meurt du typhus à Marrakech le 10 mai 1927. Marc Sabran n'est pas plus chanceux. Ce garçon sensible qui aime tant la musique et la littérature, qui joue au piano les pièces des nouveaux compositeurs, Debussy et Ravel, et dont la conversation est tellement nourrissante, choisit lui aussi la carrière des armes. Il meurt à Tanger en 1928.

« Tu sais ? Je suis monté dans un avion. C'est formidable[9] », raconte Saint-Exupéry à Charles Salès dans le réfectoire de la Villa Saint-Jean, et aussitôt de lui faire part des sensations étranges de cette aventure insolite à l'époque. Son camarade l'écoute avec une attention qui lui vaut par la suite d'être sollicité pour donner son avis sur les premières productions littéraires de son ami, des poèmes convenus, imitations maladroites des poètes symbolistes, ce qui finalement n'a que peu d'importance puisque leur vocation est principalement de faire connaître les sentiments amoureux de l'auteur à plusieurs jeunes filles qui ont remplacé pêle-mêle dans son cœur l'irremplaçable Odette de Sinety.

Les pères marianistes, dont la congrégation date du début du XIXe siècle, exercent leur mission dans l'esprit du temps, qui est celui de la connaissance scientifique et d'un optimisme positiviste dont il faut contrer les tentations athéistes par le dialogue et par une foi compréhensive et tolérante. À la Villa Saint-Jean, les heures de religion sont moins nombreuses que celles de grec ou de latin et en classe terminale l'enseignement religieux est intégré au cours de philosophie. Antoine de Saint-Exupéry se soumet aux contraintes habituelles d'une école religieuse et se confesse régulièrement mais semble avoir perdu la foi — c'est du moins ce que prétend, dans sa biographie, Stacy de La Bruyère en évoquant, sans en donner les références, une lettre d'Antoine de Saint-Exupéry à sa mère qui n'apparaît nulle part[10] ; c'est ce qu'affirme aussi Nelly de Vogüé [Pierre Chevrier] dont le témoignage, qui s'appuie probablement sur des confidences directes, ne peut être négligé[11]. Est-ce dû à l'enseignement dispensé ? à un mouvement intérieur indépendant ? ou peut-être à la mort inattendue de son frère François, si rarement évoquée qu'elle paraît avoir été une blessure trop douloureuse pour être ravivée, à moins que des circonstances exceptionnelles ne l'exigent.

Lorsque, en janvier 1917, les deux frères regagnent Fribourg après les fêtes de fin d'année, qu'ils avaient passées avec leur mère et leurs sœurs à Divonne-les-Bains, François perd son manteau. L'hiver est rude mais, gêné de reconnaître sa négligence, il prétend ne pas avoir froid. Les surveillants s'en aperçoivent et lui interdisent de sortir découvert, mais c'est trop tard : François est hospitalisé pour une crise de rhumatisme. Son état ne s'améliore pas et à Pâques il est transféré à Lyon. Les médecins constatent que le rhumatisme articulaire a affecté le cœur. François dépérit doucement et s'éteint à Saint-Maurice le 10 juillet, non sans léguer à son frère aîné un héritage contraignant :

Un matin, vers 4 heures, son infirmière me réveille : « Votre frère vous demande. — Il se sent mal ? » Elle ne répond rien. Je m'habille en hâte et rejoins mon frère. Il me dit d'une voix ordinaire : « Je voulais te parler avant de mourir. Je vais mourir. » Une crise nerveuse le crispe et le fait taire. Durant la crise, il fait « non » de la main. Et je ne comprends pas le geste. J'imagine que l'enfant refuse la mort. Mais, l'accalmie venue, il m'explique : « Ne t'effraie pas... je ne souffre pas. Je n'ai pas mal. Je ne peux pas m'en empêcher. C'est mon corps. » Son corps, territoire étranger, déjà autre. Mais il désire être sérieux, ce jeune frère qui succombera dans vingt minutes. Il éprouve le besoin pressant de se déléguer dans son héritage. Il me dit : « Je voudrais faire mon testament... » Il rougit, il est fier, bien sûr, d'agir en homme. S'il était constructeur de tours, il me confierait sa tour à bâtir. S'il était père, il me confierait son fils à instruire. S'il était pilote d'avion de guerre, il me confierait les papiers de bord. Mais il n'est qu'un enfant. Il ne confie qu'un moteur à vapeur, une bicyclette et une carabine. [...] Mon frère m'a dit : « N'oublie pas d'écrire tout ça... » Quand le corps se défait, l'essentiel se montre[12].

Un salon bien fréquenté

En juin 1916, Antoine de Saint-Exupéry arrive à Paris pour passer les épreuves littéraires du bac. Logé chez sa grand-tante, la baronne de Fonscolombe, celle-ci lui fait découvrir la capitale et, grande première, elle l'amène à la Comédie-Française. Une année plus tard, il revient pour intégrer les classes préparatoires du lycée Saint-Louis avec l'intention de se présenter au concours de la Navale. La carrière militaire est encore naturelle quand on appartient à une famille à particule, et l'école de Brest, qui dispense un enseignement scientifique et technique de qualité, ouvre des perspectives plus larges que Saint-Cyr.

Hélas, issu d'une classe littéraire, ses connaissances en sciences exactes sont sommaires. Qui plus est, cet enseignement l'ennuie et Saint-Exupéry ne semble pas prêt à faire des efforts démesurés pour rattraper son retard. Il ne le cache pas à sa mère dont les remontrances ont toujours été symboliques et dont l'affection donne au fils le sentiment que ses caprices sont une victoire sur la suffisance des autres :

Je suis engourdi au point de vue des Maths, c'est-à-dire que j'en ai par-dessus le dos, c'est bien amusant de patauger dans des discussions de paraboloïdes hyperboliques, et de planer dans les infinis, et de se casser des heures la tête sur des nombres dits imaginaires, parce qu'ils n'existent pas (les nombres réels n'en sont que des cas particuliers) et d'intégrer des différentielles du second ordre et de... et de... ZUT[1] !

Le « zut » est sincère. Antoine qui prétend « bûcher comme un nègre » est parmi les derniers de la classe, avec un 7 sur 20 en maths. Dans les autres disciplines, les résultats ne sont pas meilleurs. L'idée qu'il pourrait rater son examen à la Navale ne lui semble pas à exclure et, dans ce cas, il envisage déjà, au moment de son incorporation, de rejoindre les chasseurs alpins.

Et zut à la discipline aussi. Il aurait été étonnant que les consignes et les heures de colle viennent à bout de celui que n'avaient assagi ni les semonces de Mme de Tricaud ni les châtiments des bons pères de l'École de Sainte-Croix et encore moins l'éducation « à l'anglaise » des frères marianistes. Les contraintes de l'établissement où il est interne entravent trop la liberté de ce bouillant jeune homme et le règlement scolaire ne pèse pas lourd pour Antoine, persuadé par l'affection indéfectible de sa mère que le monde lui appartient. Encouragé par ses nouveaux camarades, qui profitent de son ingéniosité à inventer des tours tordus, Antoine prend une part active à la guéguerre que les flottards, autrement dit ceux qui, comme lui, préparent la Navale, mènent contre les cyrards, les taupins et les pistons, qui voudraient intégrer, eux, Saint-Cyr, Polytechnique ou l'École centrale.

Pire, il fait des escapades en ville où, si l'on en croit son nouvel ami Henry de Ségogne, il a rendez-vous avec des « mignonnes[2] » — dont on ne sait rien mais dont on peut tout supposer puisque Mme Jordan, une amie de Marie de Saint-Exupéry, trouve utile de lui remettre quelques brochures destinées à prévenir les jeunes hommes « des dangers, pour la santé, à faire la noce à Paris[3] », sujet amplement débattu, paraît-il, dans les dortoirs du lycée. Pour quitter l'internat aux heures propices à ce genre d'exploit, Antoine passe parfois par les conduits d'évacuation des eaux. Compagnon de ces virées nocturnes, Henry de Ségogne, qui habite en ville, a en charge de soulever la lourde plaque de fonte qui couvre la bouche d'égout de la rue Cujas. Un jour, en apercevant M. Bouilly, le proviseur du lycée, il s'enfuit sans avoir le temps de prévenir son camarade qui, en sortant de son trou, se retrouve nez à nez avec celui-là, ce qui lui vaut une sanction appropriée. Pas très sévère quand même : le corps enseignant apprécie l'esprit vif et inventif de cet élève auquel chacun, à sa façon, essaie de faire comprendre à quel point il est risqué, dans la vie, de n'en faire qu'à sa tête.

Sans trop de succès apparemment.

À l'étude Bossuet, Antoine a le privilège de disposer d'un pupitre à lui où règne un tel désordre que l'abbé Genevois estime impératif d'intervenir. Après maintes remontrances sans effet, Saint-Exupéry est prié de céder sa place et de rejoindre la table commune. Le résultat est une complainte « du petit bureau du fond de l'étude » qui a perdu son maître, complétée par une imploration de l'auteur : « Prince qui par un geste inique / Êtes devenu son bourreau / Daignez, touché par sa supplique / Me rendre mon petit bureau[4]. » L'abbé eut la faiblesse d'apprécier. Saint-Exupéry récupère son bureau et conclut que les normes générales ne s'appliquent pas aux esprits qui sortent de l'ordinaire. Persuadé que c'est son cas, il continue à prendre des libertés avec les recommandations du corps enseignant. Lorsque, au début de l'année 1918, les avions allemands bombardent Paris et qu'on enjoint aux élèves de se mettre à l'abri dans la cave, Antoine monte sur le toit de l'école pour assister au spectacle. Il ne le regrette pas :

> Le ciel était criblé d'avions avec les projecteurs, les fusées le sillonnait [*sic*], c'était féerique. On entendait les mitrailleuses et surtout le canon qui n'a pas cessé une seconde pan... panpan... panpanpan... panpan... et de temps en temps nous voyons [*sic*] un éclair et on entendait le fracas des bombes[5].

Le lycée est évacué en banlieue, à Bourg-la-Reine, jusqu'en septembre, lorsque les cours reprennent à Saint-Louis sans qu'Antoine de Saint-Exupéry se montre plus appliqué dans les disciplines de concours. Il leur préfère son vieux Baudelaire décrépit qui s'ouvre tout seul là où son maître le souhaite, les textes sacrés de la Bible dont il admire le style à la fois simple et puissant, quelques autres auteurs qui l'obligent à se confronter avec lui-même. Son « bouquin d'art » où il copie, avec des illustrations de son cru, ses meilleurs poèmes qui, dit-il, ne déplaisent pas aux différents lecteurs, l'occupe beaucoup aussi. Cela n'améliore pas ses notes. En échange, il fait des progrès en violon et compose même un morceau « étrange et navrant et lugubre[6] »... qu'il aime bien.

Et puis il n'a pas trop le temps pour l'étude.

Avec Henry de Ségogne, Élie de Vassoigne, fils de l'aide de camp du président de la République, Albert de Dompierre et Bernard de Saussine dont la sœur aînée, Renée dite Rinette, qui lui a fait oublier Jeanne de Menthon, une nièce de Mme de Tricaud rencontrée chez les Bonnevie, Antoine court les salles de concerts, de théâtre et d'exposition, toutes ouvertes en dépit de la guerre et du camouflage qui donne à la ville un air tellement étrange : « Quand maintenant on regarde Paris d'une fenêtre élevée on dirait une grande tache d'encre, pas un reflet, pas un halo, c'est merveilleux comme degré de non-luminosité[7] ! » Tous ces jeunes gens passent des heures à la terrasse des cafés pour discuter surtout d'art, de littérature et de philosophie. Ils se jettent à la tête des phrases de Kant, de Stuart Mill et d'Herbert Spencer qui leur semblent, à ce moment-là, les plus à même de guider leur vie débutante. Quand ils s'écartent de ces sujets graves, Antoine amuse la compagnie en racontant, avec beaucoup d'humour, paraît-il, ses péripéties scolaires et les luttes intestines des khâgneux. Il fait le pitre, imite des personnages reconnaissables derrière la caricature, récite des poèmes en prenant l'accent suisse et chante des chansons pas toujours correctes. L'hilarité des autres le réjouit, leur sympathie le rassure : ce jeune homme, qui a une si bonne opinion de soi, est trop intelligent pour ne pas en douter. Anxieux, il cherche l'affection des autres, qu'il se plaît à prendre pour de l'admiration : « Il avait un grand besoin d'amitié, de chaleur et de confiance, disons d'un confort affectif sans quoi sa personnalité ne pouvait s'épanouir[8] », note Henry de Ségogne, étonné aussi par les changements d'humeur de son ami, qui peut passer en un clin d'œil de l'exubérance à la mélancolie et dont la jovialité loquace est brusquement interrompue par des moments d'absence[9].

Les jours de permission, Antoine de Saint-Exupéry est convié chez ses différents parents et les très nombreux amis de la famille, qui tous fréquentent le beau monde et mènent une vie mondaine dont il apprécie autant l'éclat que les friandises. Les dimanches il « goûte » chez tante Rose, une de Lestrange qui, connaissant son faible pour les feuilletages, lui « met dans l'estomac du beurre pour toute la semaine... exquis, frais et fondant[10] ». Il est convié à table tantôt par Mme de Menthon, tantôt par oncle Maurice, vicomte de Lestrange, tantôt encore par la baronne de Fonscolombe qui l'avait hébergé rue Saint-Dominique. Il doit s'excuser auprès de Guillaume de Lestrange qui voudrait l'avoir le jour où il a promis de se rendre chez les Sinety. Il passe des soirées chez le comte Dubren, mari d'une cousine germaine de sa mère. Tante Anaïs, sœur de son père, l'emmène au bois et dans des salons très bien fréquentés, dont celui de la duchesse de Vendôme, sœur du roi des

Belges, qui l'invite, elle aussi, à la Comédie-Française où, fait-il remarquer à sa mère, le fauteuil coûte 40 francs, autant que son appareil photo.

De huit ans son aînée, Yvonne de Lestrange, duchesse de Trévise, est une cousine lointaine de Marie de Saint-Exupéry. Antoine est subjugué. Il en parle à sa sœur Simone :

> J'ai fait jeudi une promenade de trente kilomètres avec Yvonne de Trévise qui est la plus charmante personne que je connaisse, originale, fine, intelligente, supérieure en tous points et avec ça gentille comme tout. Nous faisons un tas d'excursions ensemble et elle va peut-être m'amener les vendredis soir dans sa loge[11]...

À son tour, Yvonne de Lestrange trouve amusant ce jeune homme imaginatif et cultivé dont l'admiration sans bornes la flatte. Elle l'amène effectivement à l'Opéra et ils font de la musique ensemble. Elle lui joue du Chopin et il lui lit ses petites productions littéraires. Lorsque le temps le permet, ils traversent Paris à pied, prenant plaisir l'un et l'autre à discuter de tout et de rien. De « rien » puisque c'est à ce moment qu'Antoine découvre que son idéal féminin ressemble plutôt à cette Yvonne, et s'étonne même d'avoir pu « se toquer » d'une certaine Jeanne « trop massive » et qui « pèse trop ». De « tout » parce que dans cette même lettre de 1919 où il fait l'éloge d'Yvonne et où ladite Jeanne en prend pour son grade, Antoine de Saint-Exupéry envisage soudain un avenir différent de celui qui paraissait le séduire jusqu'à présent. Il écrit à sa sœur :

Quand je serai ingénieur et écrivain, que je gagnerai beaucoup d'argent, que j'aurai trois autos, nous irons faire ensemble un voyage à Constantinople[12].

Écrivain ? Drôle d'idée qui n'effleurait pas l'auteur des petits poèmes compassés, bons pour figurer dans l'album des jeunes filles de province, ni celui de quelques saynètes qui restent convenables tant qu'elles n'ont pas de lendemain. Et puis soudain, associée à la perspective d'une carrière séante, celle d'ingénieur, cette idée saugrenue qu'il n'avait jamais envisagée auparavant en dépit de son amour des livres, estimant peut-être ses dons insuffisants pour lui permettre de se mesurer au génie de ces auteurs qu'il admire tant.

Yvonne de Lestrange n'est peut-être pas étrangère à ce changement de cap. Ses préoccupations sont plutôt scientifiques : membre de la Société de pathologie, elle travaille à l'Institut Pasteur où l'équipe du professeur Ernest Fourneau, à laquelle elle appartient, fait des recherches sur le pipéroxane, une substance destinée à contrecarrer les spasmes dus à un excès d'histamine. Mais elle habite un somptueux hôtel particulier au 9, quai Malaquais, comme il convient à quelqu'un de son rang, où se retrouvent régulièrement quelques auteurs, devenus ses amis. En quittant la rue Madame où se trouve la rédaction de la *Nouvelle Revue française* et les bureaux de la maison d'édition dont celle-ci s'était pourvue dès 1911, après une halte au Café de Flore ou à la brasserie Lipp, ces hommes de lettres déjà illustres trouvent agréable de continuer leurs débats dans les salons accueillants de la duchesse de Trévise où ils croisent les gens de pouvoir et d'argent dont ont toujours besoin ceux qui ne produisent que des livres et des idées. À cinquante ans, André Gide est le chef de file reconnu d'une génération qui revendique des libertés scandaleuses au nom d'une joie de vivre dont l'authenticité, qui ne peut être mise en doute, est investie de vertus ontologiques. Avec Jean Schlumberger et Jacques Copeau, auxquels s'étaient joints Gaston Gallimard et Jacques Rivière, épaulés par d'autres auteurs plus ou moins réputés, André Gide avait fondé une revue et mis sur pied une maison d'édition devenues le principal siège du pouvoir intellectuel français et donc européen. Les hôtes du quai Malaquais ont l'occasion d'entendre Gide, Gallimard ou Schlumberger débattre des orientations d'une revue et d'une politique éditoriale qui offrent des repères spirituels à une époque secouée par d'énormes bouleversements : Nietzsche a mis en doute les principes de la philosophie traditionnelle et Bergson fait de même avec ceux de la pensée positive que la science ne légitime plus ; des recherches récentes ont identifié les zones obscures de notre conscience qui échappent au contrôle de la raison ; pour couronner le tout, la révolution bolchevique ébranle les équilibres politiques du monde occidental. Faut-il rappeler encore qu'en 1910 Kandinsky invente l'art abstrait, qu'en 1912 Arnold Schönberg signe son *Pierrot lunaire*, qui marque la disparition programmée de la mélodie et que Gide lui-même publie en 1914 *Les Caves du Vati-*

can, où il s'emploie à déstructurer le roman, au moment même ou Marcel Proust fait de même dans *Du côté de chez Swann*, première partie d'*À la recherche du temps perdu* ?

De quel prestige ne devaient-ils pas jouir aux yeux du jeune Saint-Exupéry, tous ces esprits éminents qu'il a la chance de croiser tous les jours, ou presque, chez Yvonne de Lestrange et qu'il regarde avec les yeux de celle-ci qui, en bonne mondaine, sait qu'elle a intérêt à amplifier l'éclat de ses invités pour la notoriété de son salon ? Cela à un moment où ce jeune homme cultivé, mais sans vocation particulière, cherche lui-même une occupation capable de remplir sa vie d'une façon digne et éventuellement glorieuse. Alors pourquoi ne pas s'essayer à la littérature ? Ce n'est, pour l'heure, qu'une hypothèse, un deuxième choix qui ne semble pas aller au-delà d'une phrase bien sonnante dans une lettre qui n'engage à rien.

D'ailleurs, il y renonce bien vite, échaudé peut-être par les critiques de la même Yvonne qui trouve ses vers doucereux et de peu d'intérêt. Au moment où il échoue à l'oral de l'École navale, Antoine de Saint-Exupéry n'est nullement tenté par des études littéraires. Il s'inscrit aux Beaux-Arts avec l'idée de devenir peut-être architecte, un projet tout aussi vague que les autres. « Lui-même devait parfois se demander ce qu'il faisait aux Beaux-Arts[13] », note Bernard Lamotte qui fait son apprentissage dans l'atelier de Fernand Corman et qui s'attache aussitôt à ce grand gaillard d'un mètre quatre-vingt-dix*,

* En fait, selon son passeport, Antoine de Saint-Exupéry mesurait 1,82 mètre.

sensible et timide comme une jeune fille. Comment ne pas l'aimer ? Il est tellement gentil et tellement drôle ! Il ne se fâche pas lorsqu'on se moque de son nez tellement retroussé qu'il faudrait le boucher par temps de pluie pour que son propriétaire ne meure pas noyé. Il porte maladroitement ses grands cartons avec les feuilles de dessin qui ne lui servent à rien puisque, plus souvent qu'en atelier, on le trouve dans les troquets environnants, surtout chez Jarras, en bas de la rue Bonaparte ; et que, pour gribouiller ses personnages dont il surprend l'expression d'un trait de crayon, il préfère au papier de coton à grain fin ou à surface torchon les serviettes et les nappes des cafés, les feuilles d'agenda, les notes de caisse et les boîtes de cigarettes — qu'il n'a pas toujours les moyens de s'acheter. Il attend patiemment ses camarades devant un verre — qu'il n'a pas toujours les moyens de se payer non plus. De longues discussions s'engagent entre ces jeunes gens aux aspirations artistiques qui sucent « le même lait au fort goût de Pernod », pour reprendre les mots de Bernard Lamotte, complice privilégié de cette « époque merveilleuse des quais de Seine et des petites amies infidèles[14] ».

Pour lui épargner une dépense trop lourde pour un budget si léger, Yvonne de Lestrange avait gentiment prié son lointain parent de quitter le modeste hôtel de Louisiane, rue de Sèvres, pour habiter chez elle, quai Malaquais. Elle l'avait installé dans une petite chambre du deuxième étage dont les fenêtres dominent l'Institut, le Louvre et la Seine. La vue est imprenable. Un peintre aussi doué que Bernard Lamotte appréciera. « Viens voir la vue de ma chambre, lui dit Antoine de Saint-Exupéry. Tu vas voir quelque chose de très joli. Tous les gris de la terre qui sont là… Tu ne peux imaginer comme c'est beau, tout ça ! Il faut absolument que tu viennes ici le peindre[15]. » Bernard Lamotte ne se fait pas prier. « Il faut venir de bonne heure », l'avertit Saint-Exupéry. « Qu'est-ce que tu appelles "de bonne heure" ? » demande Lamotte, circonspect. « Vers onze heures[15]. »

Il arrive. Un valet le conduit par un étroit escalier en colimaçon jusqu'à la porte de son ami qui le reçoit enveloppé dans une vaste robe de chambre à la Balzac : installé à l'hôtel de Trévise si bien fréquenté par les écrivains, Antoine semble avoir oublié l'architecture pour revenir à ses aspirations littéraires, plus dans l'esprit de la maison. Pendant que son ami Lamotte installe son chevalet, se frayant difficilement un chemin entre des piles de livres en désordre et diverses affaires répandues sur le plancher, le jeune écrivain en herbe se remet au lit au milieu d'un nombre impressionnant de feuilles lisses ou froissées où il note des idées éparses, des bouts de poèmes guère plus aboutis que les précédents, des projets de pièces de théâtre et de fragments de prose que l'auteur montre parfois avec une assurance feinte à des amis, après avoir prudemment demandé l'avis de son ancien professeur du lycée Bossuet, l'abbé Sudour.

L'abbé Sudour corrige les fautes d'orthographe plus rares depuis qu'une calligraphie moins soignée les cache mieux. Il a surtout le mérite d'appliquer aux manuscrits qui lui sont soumis les bons vieux principes de la composition littéraire.

Ses observations peuvent être sévères parce qu'elles sont techniques, un argument que ne peuvent invoquer les amis de l'auteur dont les commentaires restent complaisants. D'une part, parce qu'ils considèrent ces textes comme de simples jeux de société auxquels il serait de mauvais goût de demander de réelles qualités littéraires. D'autre part, parce qu'ils ont bien compris que, moins sûr de lui qu'il n'en a l'air, ce que demande leur camarade, ce sont des louanges destinées non pas à l'encourager à devenir littérateur — ce n'est pas un métier ! — mais à le persuader qu'il a de l'esprit, un capital d'autant plus précieux qu'on peut l'investir dans n'importe quelle activité qu'il serait amené à exercer et dont il n'a encore la moindre idée : « Ce que je deviendrai dans dix ans est le dernier de mes soucis[17] », confie à peu près à la même époque Saint-Exupéry à Jean Escot, un autre de ses amis.

L'avenir, c'est vrai, ne semble pas préoccuper outre mesure le jeune Antoine de Saint-Exupéry en dépit d'une situation financière plutôt inquiétante. La mort de Mme de Tricaud, qui a légué à sa filleule le domaine de Saint-Maurice, n'a pas amélioré les ressources de la famille, au contraire : Marie de Saint-Exupéry ne peut plus compter, pour faire face au quotidien, que sur les revenus modestes d'une propriété qu'elle ne sait pas administrer. Cela n'empêche pas Antoine, qui s'en excuse poliment tout en gardant un ton impératif, de demander régulièrement de l'argent à sa mère, au point de se voir reprocher plus tard de l'avoir à lui tout seul ruinée. Mais lorsqu'on passe du salon d'Yvonne de Lestrange à celui des de Saussine de la rue Saint-Guillaume toute proche, où Antoine est si chaleureusement reçu par les parents de son camarade Bertrand et de la tellement séduisante Rinette, qui se prépare à devenir une brillante violoniste de réputation internationale ; lorsqu'on ne quitte leur hôtel particulier que pour rejoindre, à quelques encablures, rue de La Chaise, celui où Mme de Vilmorin, veuve d'un très riche grainetier, vit avec ses enfants, et où se retrouvent les plus éminents hommes politiques du moment, d'Édouard Herriot, maire de Lyon et ancien ministre, à Paul Painlevé, ministre de la Guerre et ancien président du Conseil, en passant par Léon Bérard, ministre de l'Instruction publique ; lorsqu'on est un Saint-Exupéry dont le nom est en soi un capital par les portes qu'il ouvre automatiquement et par les liens avec tant de gens importants dont la fréquentation sert de caution en toutes circonstances, l'argent n'a pas d'importance puisque, de toute façon, il vous tombera du ciel un jour ou l'autre, d'une façon ou d'une autre.

Saint-Exupéry n'a pas un sou, ou si peu ! Cela se sait dans les milieux qu'il fréquente où l'on accepte ses tenues négligées, mises au compte de sa gêne. Celle-ci ne déclasse pas un aristocrate dans les yeux de ceux dont la lignée est suffisamment longue pour savoir que l'histoire d'une grande famille connaît des revers de fortune qui ne sont qu'accidentels. Antoine en profite pour rayer une fois pour toutes ce souci de ses préoccupations. Il s'habille correctement sans s'inquiéter d'un pantalon trop court, d'une veste trop large, de manchettes de chemise légèrement usées ou de l'état de ses souliers. Toujours très serré, son nœud de cravate n'est impeccable que sur les photos d'identité. On lui pardonne de ne pas dépenser pour s'habiller l'argent qu'il n'a pas, comme on lui pardonne de se mêler à ces figurants qui montent sur scène pour gagner quatre sous — c'est le metteur en scène du théâtre du Châtelet qui ne pardonne pas à ce manchot de soldat romain de laisser tomber sa lance en plein spectacle, ni surtout de se pencher pour la ramasser en oubliant à quel point sa tunique est courte. Le jeune figurant est remercié !

En attendant des temps meilleurs, à la fin d'une longue lettre destinée à amuser sa mère, où il est question des « horreurs » du Salon des Indépendants qui vous donnent la sensation de regarder « une devanture de boucherie : aucun art, aucun rythme des lignes : une énorme masse de chair » ; où il est question aussi d'un poème qu'il vient d'écrire : *Les Pèlerins du vrai*, qui a plu à des camarades et lui fait croire avoir fait « un saut en hauteur » ; où il est question enfin des liens du génie avec la folie, Antoine ajoute sa sempiternelle supplique : « Pourriez-vous m'envoyer un mandat télégraphique aujourd'hui que je puisse sortir mardi ? Souliers — caoutchouc — argent de poche[18]. »

Il ne fait pas de doute qu'une fois de plus Mme de Saint-Exupéry racle les fonds de tiroirs pour envoyer l'argent nécessaire. Hélas, bientôt elle devra faire des sacrifices autrement importants pour subvenir aux besoins de son fils qui est en âge d'accomplir ses deux ans de service militaire. Aux chasseurs alpins ? Que nenni ! Saint-Exupéry a changé d'avis une fois de plus. Depuis une dizaine d'années, une cinquième arme s'est ajoutée aux quatre autres de l'armée française : l'aviation. Elle l'attire. Il se souvient peut-être de ses sensations, à douze ans, dans l'avion de Gabriel Wroblewski. C'est vrai aussi qu'en raison des investissements nécessaires à la pratique de ce qui passe encore pour un sport excentrique, il n'y a parmi les pilotes brevetés en France que peu de gens du commun : l'aviation reste un corps d'élite et être aviateur fait bon effet dans les salons où papillonnent tant de jeunes filles qui pourraient en être impressionnées. Et puis, à cette heure-là, l'aviation est un métier de casse-cou qui nécessite un courage fou, qualité qui vous dédommage de celles qui vous ont manqué pour réussir le concours d'une grande école.

À sa demande, Antoine de Saint-Exupéry est admis à faire son service militaire dans l'armée de l'air. À cela près qu'il ne sait pas piloter et que l'armée ne dispense pas un tel enseignement, se contentant d'offrir une spécialisation à ceux qui ont déjà leur brevet.

Un fiancé désargenté

Le 9 avril 1921 Antoine de Saint-Exupéry rejoint le 2e régiment d'aviation de chasse installé à Neuhof, dans la banlieue sud de Strasbourg, où se trouve un terrain d'aviation utilisé en commun par l'armée et par l'aviation civile. En attendant d'être formé comme mitrailleur pour rejoindre ensuite, au bout de trois mois, son unité d'affectation au Maroc, il est soldat de deuxième classe et fait partie d'une équipe de « rampants », ceux qui, au sol, ont en charge l'entretien des appareils et de la piste.

Ses obligations ne sont pas prenantes :

> Mon opinion sur le métier militaire est qu'il n'y a rigoureusement rien à foutre — du moins dans l'aviation. Apprendre à saluer, jouer au football et puis s'embêter des heures durant mains dans les poches, cigarette éteinte aux lèvres[1].

Elles ne le sont pas davantage lorsque, fin mai, en apprenant qu'il sort des classes préparatoires scientifiques, ses supérieurs le prient de dispenser à ses camarades des cours sur le moteur à explosion et l'aérodynamique. Mme de Saint-Exupéry, qui vit chichement à Saint-Maurice où elle soigne Marie-Madeleine, déjà atteinte de la tuberculose, et qui doit subvenir aussi aux dépenses de Simone, installée à Paris où elle fait l'École nationale des chartes, et de Gabrielle, inscrite dans une école d'agriculture en Suisse, est aussitôt mise à contribution. Elle est gentiment priée de chercher dans une librairie de Lyon quelques ouvrages de spécialité et d'envoyer une somme rondelette à son fils pour qu'il puisse en acheter d'autres à Strasbourg.

Des difficultés de sa mère, Saint-Exupéry n'en a cure. Sa désinvolture concernant les questions pécuniaires est telle qu'il ne peut s'agir uniquement de l'insouciance d'un enfant gâté. On reconnaît plutôt la nonchalance de celui qui, n'ayant jamais vu quelqu'un de son milieu travailler, a du mal à imaginer que les ressources d'une famille si illustre peuvent tarir. À quoi s'ajoute le mépris de l'homme d'esprit pour les aspects vulgaires de la vie. Enfin, une confiance vigoureuse dans ses capacités pousse Saint-Exupéry à considérer que les sommes qu'il dépense sans compter, et sans se poser de questions quant aux ennuis éventuels de ceux qui les lui offrent ou les lui prêtent, seront remboursées au centuple plus tard, lorsqu'il aura réussi — dans un domaine qui reste encore à préciser. Alors, sans dépenser les fortunes qu'il n'a pas, il engage des frais qui affligent Mme de Saint-Exupéry, moins du fait des efforts qu'elle doit accomplir pour les satisfaire que parce qu'elle ne peut les satisfaire tous.

À Strasbourg, Antoine habite dans le quartier le plus « chic » de la ville, dans un immeuble avec ascenseur et chauffage central, chez des « braves gens » qui ne parlent pas un traître mot de français. Il a une chambre avec deux lampes électriques et deux armoires. Il dispose à son gré de la salle de bains et du téléphone. Cela lui coûte 120 francs par mois, à la charge de Mme de Saint-Exupéry, en sus des 500 autres sollicités avec simplicité : « C'est à peu près ce que je dépense[2] », lui écrit Antoine qui a fait ses comptes. Il recevra l'argent, mais pas celui pour s'acheter une motocyclette, « à peu près indispensable » pour faire le trajet jusqu'à Neuhof où il arrive souvent en retard. Son « absence d'une minute à la corvée d'épluchage des pommes de terre » lui vaut de passer plusieurs jours dans une cave où se trouve la salle de police, en compagnie d'« étranges types qui chantent des chansons bizarres de banlieues et d'usines. Des chansons tellement tristes que l'on croit entendre des sirènes de navires[3] ».

Bientôt les demandes d'argent deviennent plus importantes : elles concernent les leçons de pilotage qu'Antoine voudrait prendre pour obtenir son brevet de pilote militaire.

Robert Aeby est le seul pilote de la compagnie Transaérienne de l'Est qui partage le terrain d'aviation de Neuhof avec l'armée. Faute d'avoir obtenu l'exploitation de la ligne Strasbourg-Bruxelles-Anvers, la Transaérienne emploie ses cinq appareils pour des vols d'agrément d'une demi-heure au prix de 50 francs. Saint-Exupéry qui n'a plus volé depuis l'enfance en a tellement envie qu'il remet à

Aeby, stupéfait, 100 francs, le prix d'une heure. À l'atterrissage, il lui demande s'il pourrait lui apprendre à piloter. Oui, mais l'élève doit avoir l'assentiment de ses supérieurs. Il l'obtient, encouragé même par le commandant Garde, le chef du régiment, qui, à la suite probablement d'interventions à même de le couvrir, accepte cette infraction au règlement. Il demande néanmoins à l'apprenti pilote et à son instructeur de n'en parler à personne et que les leçons aient lieu en dehors des heures de service.

Il reste à régler le coût de cet enseignement, soit 2 000 francs.

Marie de Saint-Exupéry commence par demander à son fils de bien réfléchir. C'est bien réfléchi, si l'on peut employer ce mot pour une décision où se nouent des fascinations enfantines soudain ressuscitées, les ambitions d'un jeune homme auquel le hasard offre une possibilité d'échapper à une vie jusqu'à présent sans éclat, le goût de l'aventure et de la nouveauté… et peut-être bien d'autres raisons plus confuses, de celles qui conduisent obscurément quelqu'un vers son destin. Impatient de commencer ses leçons de pilotage, dans les lettres à sa mère Antoine devient pressant :

> Pouvez-vous partir DEMAIN au lieu de jeudi pour m'apporter les 1 500 francs dont vous déposerez 1 000 à la banque[4].

Il s'agit de la caution qui s'ajoute aux 2 000 francs sollicités pour payer les leçons. Cela fait beaucoup d'argent. Un petit chantage sentimental s'impose :

Maman, si vous saviez, — plus ça va — l'irrésistible désir que j'ai de piloter. Si je n'y arrive pas, je serais *très* malheureux, mais j'y arriverai[5].

Saint-Exupéry propose même à sa mère de lui rembourser cette somme « petit à petit » sur sa solde. Ce ne sera pas nécessaire. Marie de Saint-Exupéry décide de vendre les terres attenantes à Saint-Maurice pour n'en garder que ce qu'il faut pour un élevage de vaches qui, administré par elle-même, sera tout aussi infructueux que le domaine arable. Elle envoie l'argent — en oubliant probablement la « pension » du mois de son fils qui le lui rappelle vertement :

Pourriez-vous m'envoyer aujourd'hui ma pension ? Je vous l'avais demandé dans ma dernière lettre et suis depuis une semaine sans argent aucun[6].

Être sans un sou, c'est embêtant, certes, à cela près qu'il aurait peut-être suffi à la jeune recrue de bien chercher dans le fouillis de sa chambre : sa logeuse est contrariée de trouver souvent, en faisant le ménage, de gros billets froissés sous le lit, derrière les meubles ou perdus entre des papiers à jeter à la poubelle.

Le 18 juin 1921 Antoine de Saint-Exupéry prend sa première leçon de pilotage dans un Farman F40 à double commande. Robert Aeby note dans son carnet de vol : « Trois tours. Durée : 15 minutes. Distance parcourue : 30 kilomètres. Altitude maxima : 110 mètres. Nombre d'atterrissages : 3[7]. » L'instructeur est content : son élève comprend vite, a de bons réflexes et un jugement sûr. Une quinzaine de jours après, ayant piloté une vingtaine de fois pendant quelque deux heures avec Aeby à ses côtés, celui-ci confie à son élève un Sopwith Camel. Le décollage et le vol se déroulent sans incident. À l'atterrissage l'appareil se présente trop haut et trop vite. Aeby craint l'accident. Saint-Exupéry remet les gaz brutalement. Le moteur cafouille mais résiste. Un « retour au carburateur » dégage quelques flammes qui roussissent les molletières du pilote, auquel on trouve opportun d'apprendre à se protéger en cas d'accident : « Placer le bras devant son front : "Comme ça, s'il y a de la casse c'est le bras qui prend, pas le crâne"[8]. » Recommandation utile : quelques petits incidents présagent déjà ceux, beaucoup plus graves, à venir.

Fin juin, comme prévu, l'aide-mécanicien Antoine de Saint-Exupéry doit partir au Maroc pour continuer son instruction militaire. Grâce à l'intervention de personnes bien placées et influentes, le ministère, censé tout ignorer des leçons de pilotage que celui-ci prend en violation du règlement, lui accorde un report de deux semaines qui lui permet de finir sa formation clandestine.

À la mi-juillet 1921, Saint-Exupéry arrive au Maroc pour rejoindre le groupe de chasse du 37e régiment d'aviation cantonné à quelques kilomètres de Casablanca, « une ville champignon aux immeubles écrasants, aux somptueux cafés, peuplés de colons rapaces, de grues et de tapettes[9] ».

Ce n'est pas la joie. Le paysage monotone l'ennuie :

Si vous croyez que ça nourrit la pensée de voir treize cailloux et dix touffes d'herbe ? C'est bon dans les romans. En réalité ça abrutit. On pense à rien, rien[10].

Et il est mal à l'aise au milieu de ses camarades aux tronches de conquistadors ou de bandits, qui ne deviennent sympathiques que le soir, quand ils se retrouvent tous dans la grande baraque qui leur sert de réfectoire, où ils dînent à la lumière des bougies.

Il vole beaucoup, « six atterrissages en moyenne par matinée », mais ces exercices sont eux aussi lassants. On ne lui en voudra pas de prendre, une fois de plus, des libertés avec les consignes : « Théoriquement, je fais un trajet déterminé mais chaque fois je me hasarde un peu plus et fais l'école buissonnière[11]. » Arrivé à la base, il n'a d'autre souci que de repartir : « Je coupe, je pique. Longue descente qui fait vibrer les cordages et les haubans… J'atterris. Déception cruelle : un horrible bagne. Cinq minutes d'entracte et je remets "plein gaz" à mon bon vieux moteur, et je repars[12]. » Les itinéraires sont de plus en plus longs et il découvre les désagréments du métier : « emmitouflé comme un esquimau et pesant comme un pachyderme[13] », il pleure de froid et, par mauvais temps, l'avion est tellement secoué qu'en revenant à la base il se prend pour un croisé qui voit enfin les murs de Jérusalem. Pourtant, il préfère la « solitude dans son zinc » à la vie ennuyeuse et stupide du régiment, au milieu des camarades dont il s'amuse à faire le portrait, mais dont les préoccupations, les mœurs et les goûts sont si loin des siens — peut-être moins en ce qui concerne les virées dans certains bars fréquentés par des « mignonnes » qui ont du charme même en terre barbare.

En novembre, Saint-Exupéry suit à Rabat des cours complémentaires pour l'obtention du brevet de pilote militaire. Il retrouve là son camarade Marc Sabran. Celui-ci l'introduit auprès du capitaine Pierre Priou, haut commissaire aux Affaires indigènes au Maroc. Cultivé, fin musicien, celui-ci apprécie la compagnie de ces jeunes gens bien éduqués et qui ont de l'esprit. Il les invite dans sa villa. Hissée sur les hauteurs qui dominent la kasbah, elle est adossée à une mosquée :

Le minaret surplombe la cour intérieure à ciel ouvert et le soir quand on va du salon à la salle à manger et qu'on lève la tête vers les étoiles, on entend chanter le muezzin et on le voit comme du fond d'un puits[14].

Les hôtes et leurs invités font de la musique classique, jouent au bridge et au poker en misant des clopinettes, dînent copieusement, discutent. On est loin des soirées mornes de Casablanca où le jeune Saint-Exupéry s'ennuie tellement des champs verts de chez lui qu'il arrache quelques feuilles d'un arbuste et, les ayant étalées sur sa table, les déplace doucement en les contemplant « avec amour ». Le mal du pays est tel qu'en écoutant dans un troquet la musique d'un phonographe qui lui évoque « de vieux bahuts bressans et un parquet ciré », il fond en larmes.

Maintenant il se rend à Rabat tous les samedis pour retrouver sa bande de copains.

L'ennui, c'est qu'une fois de plus Antoine de Saint-Exupéry a le sentiment d'avoir choisi un chemin qui ne lui convient pas. Il ne veut pas « s'abrutir » dans une « école sinistre de théorie militaire ». S'il est reçu à l'examen d'officier de réserve, il compte démissionner : « Je n'ai pas l'âme d'un adjudant[15] », écrit-il à sa mère qui lui manque beaucoup, qui lui manque de plus en plus, trop peut-être : « la "maman" est le seul vrai refuge des pauvres hommes[16] », lui écrit-il dans un de ses fréquents moments de détresse, et il a l'occasion d'ajouter : « Vous êtes ce qu'il y a de meilleur dans ma vie[17]. »

Marie de Saint-Exupéry lui manque tellement qu'à force d'y penser trop souvent et de se rappeler la promptitude avec laquelle elle avait toujours répondu à ses sollicitations continuelles et parfois exagérées, Antoine de Saint-Exupéry a brusquement quelques remords : « Vous avez tout fait pour nous et je l'ai souvent si mal reconnu. J'ai été égoïste et maladroit[18]. » Ce n'est qu'un moment de faiblesse. Marie de Saint-Exupéry retrouve vite son fils tel qu'elle le connaît, qui lui écrit : « Pouvez-vous aussi m'envoyer un mandat télégraphique si possible de 500 francs pour ce mois-ci seulement *à cause des déplacements*. Mes derniers sous passent dans le timbre. J'emprunterai pour demain et après-demain quelques sous si je les trouve[19]. »

Le 23 décembre 1921, Antoine de Saint-Exupéry obtient son brevet de pilote militaire. Le 5 février 1922, il est nommé caporal. Le 31 mars, son nom apparaît à la page 3532 du *Journal officiel* sur la liste des élèves-officiers de réserve admis à continuer leur préparation à la base d'Avord, près de Bourges. Il est le 67e sur 68 admis. Il prétend avoir tout fait pour ne pas être reçu mais « une certaine pudeur » l'avait empêché d'en faire trop[20]. Il ne « démissionne » pas, comme il l'avait annoncé, mais affirme toujours qu'il n'envisage pas de faire carrière dans l'armée, fût-ce comme pilote qui, décidément, n'est pas le métier dont il rêve. Il voudrait reprendre ses études d'architecture[21]. À moins qu'il ne revienne à la peinture :

J'ai découvert ce pourquoi j'étais fait : le crayon Conté mine de charbon. J'ai acheté des carnets de croquis où j'exprime comme je le peux les faits et les gestes de la journée, le sourire de mes camarades où l'indiscrétion du chien Black qui fait le beau pour voir ce que je puis bien crayonner[22].

De toute évidence, les bouts de poème gribouillés sur des bouts de papier dont il remplit ses poches ne lui donnent pas l'idée de devenir écrivain. Il a tort parce que c'est maintenant, cachés dans les replis de ses lettres, qu'apparaissent soudain, inaperçus probablement par l'auteur lui-même, des bouquets de mots d'une qualité littéraire surprenante, d'autant plus révélateurs qu'ils sont d'une spontanéité absolue, dépourvus de toute arrière-pensée stylistique, produits naturels d'une vocation qui s'ignore. Après quelques informations précises concernant les opérations d'hiver en escadrille, Antoine de Saint-Exupéry voudrait faire partager à sa mère l'enchantement d'un lever du soleil :

D'abord, sort de la nuit un décor gigantesque de nuages violets et noirs qui se précise et s'installe sur l'horizon. Puis, de la lumière monte derrière une rampe noire, révélant tout un second plan plein de clartés. Alors monte le soleil. Un soleil rouge, rouge comme je ne l'ai jamais vu. Après quelques minutes d'ascension, il disparaît derrière un plafond chaotique. Il semble avoir traversé une grotte[23].

Une autre fois, il est question du quartier arabe où il a fait quelques photos et où des chiens « errent en file indienne, stupides et méchants » :

Sans eux, je m'aventurerais près des « douars » de paille et de boue qui flanquent un pauvre mur éboulé. On y voit le soir des vieillards splendides et des petites femmes rabougries. Ils se détachent en noir du ciel rouge et se décrépitent lentement comme leurs murs. Les cabots jaunâtres hurlent. Des chameaux convaincus broutent des cailloux et d'horribles petits ânes rêvent[24].

En attendant de reprendre, peut-être à l'automne, ses études d'art, en avril 1922 Saint-Exupéry se retrouve à Avord où il suit des cours de navigation, de météorologie, d'emploi des armes et de transmission. Il trouve cela « fatigant » et à la longue fastidieux : « Les adjudants, la discipline militaire, les cours de tactique, que des choses sèches et revêches[25]. » Il se console à l'idée que, devenu sous-lieutenant, il aura presque 1 000 francs par mois : il pourra se marier, avoir un petit appartement et une cuisinière. Ne les ayant pas encore, il demande à sa mère 200 francs par mandat télégraphique pour le tailleur, « un homme dur et âpre au gain qui réclame son argent non à grands cris mais par petites insinuations torves[26] ».

Les quelques élèves qui ont leur brevet de pilote, dont Antoine de Saint-Exupéry, font leurs vols d'entraînement le matin, avant les cours. Le soir, il leur est demandé de monter à l'arrière d'un Salmson ou d'un Breguet 14 comme « passager observateur ». C'est d'un ennui mortel et Saint-Exupéry n'arrive pas à s'y intéresser assez pour ne pas perdre tantôt ses lunettes de vol, tantôt son crayon, tantôt son carnet, où il doit prendre des notes et faire des croquis des zones qu'on lui demande d'observer ; d'ailleurs, il ne sait jamais lesquelles, il ne voit jamais ce qu'il aurait dû voir et il « lâche » ses bombes fictives partout sauf dans le périmètre désigné.

Le reste du temps, les élèves officiers s'amusent comme ils peuvent. Saint-Exupéry leur fait des tours de cartes appris du temps où il était recrue à Strasbourg et leur propose des parties d'échecs et des jeux de dextérité mentale. Leur copain Larrouy, dont la voix s'étend sur quatre octaves, leur chante des duos d'opéra en faisant à la fois le ténor et la soprano. Il a surtout des dons d'hypnotiseur qui fascinent Saint-Exupéry. Il essaie lui-même d'endormir Jean Escot, sans succès. Le dimanche, Saint-Exupéry se rend à Paris, empruntant au besoin de l'argent à ses amis, toujours remboursés mais étonnés quand même de la désinvolture avec laquelle ce jeune aristocrate dépense des sommes qui leur paraissent importantes mais dont il ne doute un instant qu'elles lui seront envoyées par sa mère ou par d'autres parents sollicités à l'insu de celle-ci qui, en l'apprenant, n'en est pas contente.

D'Avord, les élèves-officiers sont envoyés à Versailles pour suivre des cours d'application militaire. Là, rien n'est prévu pour que les élèves pilotes puissent continuer à s'entraîner. Leurs supérieurs leur permettent de voler à Villacoublay, où se trouve un aéroport militaire, à condition de ne pas manquer les cours. À cela près que Villacoublay se trouve à 6 kilomètres de Versailles et qu'il n'y a aucun moyen de transport direct entre les deux. Jean Escot se souvient que son frère, qui fait un stage à Londres, s'est acheté là une moto. Il lui demande de la lui prêter. L'engin lui est envoyé mais reste bloqué à la douane : la somme demandée dépasse les possibilités des deux élèves officiers. Une fois encore, Antoine met à contribution sa mère, qui rechigne le temps de trouver l'argent. Deux semaines après leur arrivée à Versailles, les deux amis peuvent enfin se rendre tous les matins à Villacoublay où ils pilotent des Caudrons C 59. Ils sont de retour pour le cours de huit heures. À la fin du stage, chacun choisit son affectation. Jean Escot préfère Lyon, Saint-Exupéry Le Bourget.

Cela se comprend.

Il vient de demander la main de Louise de Vilmorin dont son ami Henry de Ségogne, qui appartient à la même bande de copains, fait un portrait apparemment exact :

Tout en haut de l'hôtel des Vilmorin, dans une chambre qui était un perchoir, qui était exquise, qui était admirablement arrangée, il y avait dans un lit la plus exquise personne que l'on peut imaginer, la jeune fille par excellence dans une chemise rose pâle, et elle fumait des Craven, et elle était la poésie même, la poésie incarnée, le charme incarné. [...] C'était un rêve éveillé, c'était une vision merveilleuse, qui se complétait par un gazouillis qui était absolument adorable, très intelligente, très fine, elle était absolument étonnante[27].

Si Louise reçoit ses amis couchée, ce n'est pas par coquetterie. Elle souffre d'une coxalgie qui la fait boiter et parfois l'immobilise pour quelques jours ou quelques semaines. Elle s'entoure de jeunes gens de qualité dont l'affection lui fait croire que son handicap n'entrave pas son pouvoir de séduction, qu'elle exerce avec l'insolence de celle qui s'estime victime d'un sort injuste.

Qu'est-ce qui lui fait choisir parmi ses multiples soupirants ce garçon timide et maladroit qui fume maintenant lui aussi des Craven et qui l'aime probablement depuis qu'il était le camarade de classe de son frère à Louis-le-Grand ?

Peut-être justement parce qu'il l'aime sans l'aimer vraiment. De toute façon, pas assez. Il rêve, lui, en fait, d'une femme, qui « ne lui fasse pas des théories littéraires et idéalistes[28] » et qui lui offre l'espoir d'un bonheur paisible. Il rêve d'une femme qui ressemble à ces trois jeunes Américaines rencontrées chez une amie de « tante Anaïs » :

Elles connaissent de Paris la Comédie-Française et l'Arc de Triomphe. C'en est délicieux. Elles n'ont jamais été au cinéma, c'est admirable. Leurs yeux doivent se fermer tout seuls quand elles penchent la tête, comme ceux des poupées de porcelaine, et je suis sûr de les reconnaître au rayon de jouets du Louvre.

Et Saint-Exupéry de conclure :

Ma petite maman, trouvez-m'en une comme cela[29]...

Ce n'est pas le genre de la maison de Vilmorin. Louise chapeaute une « société humoristique » dont les membres doivent distinguer les grosses blagues que l'on débite au moment où l'on sert le fromage des plaisanteries exquises du dessert. Elle joue du violoncelle, peint et écrit des poèmes et des contes fantastiques. Louise sent peut-être qu'un de ses admirateurs, dont elle apprécie l'intelligence et la culture, lui échappe. Elle écrira plus tard, à un moment où la réputation de Saint-Exupéry étant déjà acquise, celle-ci a pu déteindre sur ses souvenirs :

Il était le magicien de notre enfance. Un ambulant, un chevalier, un mage noble, un enfant de mystère, qu'un souffle de grâce animait. Joyeux et grave, il déployait dans nos chambres, parées au gré des conventions d'alors, les coutumes, les accents, les vertus, la parole d'une province peut-être toute voisine des nôtres mais que nous n'aurions pu situer nulle part sur la carte de nos provinces[30].

Louise aurait-elle surenchéri pour le retenir, tombée ensuite elle-même dans le piège qu'elle avait tendu ? Aurait-elle trouvé agréable d'ajouter à sa fortune roturière le titre de comtesse qu'il lui faudra plus tard chercher au fin fond de l'Europe ? Comme par hasard, dans l'abondante correspondance de Saint-Exupéry avec sa mère, les lettres de cette période manquent. On sait néanmoins que Marie de Saint-Exupéry remet à son fils un bijou de famille, un collier de perles, que celui-ci offre à Louise en cadeau de fiançailles. Elle ne le trouve pas à son goût et fait réenfiler les perles — par un malheureux malentendu la note du joaillier est envoyée à Mme de Saint-Exupéry qui en est vexée, supposant avec raison que Louise et sa mère avaient trouvé ce présent trop modeste et insignifiant.

Les fiançailles sont annoncées au début de l'année 1923. Elles commencent sous de mauvais auspices.

Au Bourget, le jeune sous-lieutenant Antoine de Saint-Exupéry pilote maintenant des Nieuport 29, « l'avion le plus rapide des temps modernes, un petit bolide rageur[31] ». Il ne respecte toujours pas les consignes : il prend à bord des amis qu'il se plaît à terrifier en exécutant des figures dangereuses et se fait remettre des appareils qu'il n'est pas qualifié pour piloter. Début janvier, il monte sans permission aux commandes d'un Hanriot HD-14 qui s'écrase en bout de piste suite à plusieurs erreurs de pilotage, selon l'enquête diligentée par les autorités militaires. Antoine de Saint-Exupéry est grièvement blessé. Il racontera des années plus tard :

> Après une demi-heure de travail, on m'avait retiré de cet avion avec une fracture du crâne, une fracture du sternum, une fracture du poignet et un certain nombre de trous. Les trous étaient dus à des éclats de bois, en particulier des éclats du siège[32].

Il passe plusieurs semaines à l'hôpital et puis dans des cliniques où il est tellement visité, toujours sollicité de raconter son accident, qu'il en fait un récit standard qu'il récite à la demande comme on met un disque sur un gramophone. Néanmoins, la vie de convalescent est trop monotone. Dès qu'il peut tenir sur ses deux pieds, il quitte le soir l'établissement de santé pour rejoindre ses amis au théâtre ou dans des pâtisseries où ils « goûtent du chocolat ». Il retrouve les salons où il est fêté comme il se doit en cette époque du début de l'aviation quand les accidents sont nombreux et les rescapés rares.

C'est ce que réalise soudain la trop exquise Louise de Vilmorin. Sous prétexte qu'une fois de plus ses douleurs de hanche l'empêchent de se déplacer, elle envoie à l'hôpital sa sœur Marie-Pierre pour faire savoir à son intrépide fiancé qu'elle ne se voit pas passer la vie à attendre quelqu'un dont le métier met tous les jours sa vie en danger. Il doit choisir une carrière moins périlleuse et promettre de ne plus jamais monter dans un avion. L'injonction est sans objet : au moment où, rétabli, Saint-Exupéry se présente à son unité, il est consigné au sol. Pour avoir pris sans autorisation un appareil qu'il n'avait pas le droit de piloter et qu'il avait crashé en commettant plusieurs erreurs de pilotage, ses supérieurs, faisant preuve d'une indulgence qui sent le favoritisme, ne lui ont infligé que deux semaines d'arrêts simples, c'est-à-dire le temps qu'il lui reste à passer sous les drapeaux.

Quoi qu'il en soit, Antoine de Saint-Exupéry qui, après son accident, évite ses camarades pilotes dont il craint, peut-être à tort, les critiques et les railleries pour son imprudence trouve la vie militaire sans intérêt et rebutante. N'ayant pas l'intention de poursuivre dans cette voie et comme il n'envisage à aucun moment de faire carrière dans l'aviation civile encore balbutiante, Louise de Vilmorin peut dormir tranquille.

Le 5 juin 1923 le sous-lieutenant Antoine de Saint-Exupéry est libéré du service militaire. Charles Augustin Daniel-Vincent, un ami de la famille Vilmorin et ancien ministre, a promis de lui trouver du travail. En attendant, incité sans doute par l'estime que sa fiancée porte aux gens de lettres, il envisage de coucher sur le papier les impressions fortes et inédites pour le commun des mortels que lui a procurées la pratique d'un métier nouveau et aussi particulier que celui d'aviateur. Les auteurs de la *Nouvelle Revue française* rencontrés chez Yvonne de Lestrange lui ont sans doute signalé que le public s'y intéresse. Marie de Saint-Exupéry est priée d'apprendre que son fils publiera peut-être dans cette revue prestigieuse un petit récit dont on ignore tout, sinon qu'à ce moment il n'a qu'une ligne et que cette ligne, c'est le titre : *Conte*.

Pendant l'été, hébergé chez des parents, les Churchill, au 7, rue de Verneuil, c'est-à-dire à mi-chemin entre l'hôtel particulier d'Yvonne de Lestrange et l'immeuble où se trouve l'appartement des Vilmorin, Antoine passe des journées « paisibles et douces » en compagnie de Louise. Celle-ci quitte Paris avec sa gouvernante pour se remettre en Suisse d'un mauvais rhume. Antoine vend son appareil photo et, ayant reçu un peu d'argent de sa mère, la rejoint à Reconvilier, une petite localité de montagne des environs de Bienne. Les jeunes fiancés envoient une lettre affectueuse à Marie de Saint-Exupéry pour la remercier de leur avoir permis de se retrouver : « Nous sommes tellement, tellement heureux de ces jours que nous vous devons[33] », écrit de sa main Louise qui avoue ne pas pouvoir continuer : Antoine l'embrasse trop. Le séjour sous la surveillance de Mlle Petermenn, la gouvernante de Louise, dont ils déjouent la vigilance pour faire « en cachette » des escapades dans les environs, semble heureux. Ils se mettent d'accord sur la façon dont il conviendrait de meubler leur appartement après le mariage prévu à l'automne, puis ajourné pour des raisons de santé apparemment : les médecins estiment que Louise supporterait mal une éventuelle grossesse.

Début octobre, Louise renonce du jour au lendemain à aller avec son fiancé à Saint-Maurice, au mariage de sa sœur Gabrielle avec Pierre d'Agay. Puis, de Biarritz où elle se rend pour mieux réfléchir à la question, elle lui fait savoir que, somme toute, peut-être que leurs fiançailles étaient une erreur. Antoine se rend à Biarritz pour « mettre les choses au point ». Louise est « gentille » mais demande encore quelques mois de réflexion.

Saint-Exupéry ne se fait plus d'illusions. Il n'a pas tort. Mme de Vilmorin a toujours été contre ce mariage et l'affection de Louise ne semble pas suffisamment vigoureuse pour résister à des changements d'humeur excusables en raison de sa maladie. Elle réalise aussi, soudain, enfin, à quel point son fiancé est désargenté, ce qui dans son monde est difficilement imaginable. À tout prendre, elle n'a pas trop envie de renoncer à la vie mondaine et insouciante à laquelle elle a été habituée, par amour — si ce n'est pas trop dire — pour un jeune homme de bonne famille, certes, mais considéré plutôt comme le parent pauvre ; bien élevé, certes, mais trop peu attentif aux usages pour ne pas commettre de bévues ; intelligent, certes, mais trop timide pour briller en société ; drôle, certes, mais pas assez cynique pour faire un de ces moralistes de salon dont le Tout-Paris répète les bons mots ; glorieux, certes, d'avoir frôlé la mort mais qui n'est, finalement, qu'un petit rond-de-cuir aux Tuileries Boiron où, sollicité plusieurs fois, Daniel-Vincent, l'ami des Vilmorin, l'a fait embaucher. Cette situation fait tache, c'est vrai, dans un monde où ceux dont les revenus ne sont pas suffisants pour les dispenser de travailler obtiennent des postes aux sonorités plus clinquantes, dans un ministère ou dans l'armée.

Un fiancé qui n'est plus ce qu'il était

Depuis septembre Saint-Exupéry est scribouillard dans une pièce minuscule au cinquième étage de l'immeuble de la rue du Faubourg-Saint-Honoré où se trouvent les bureaux des Tuileries Boiron. Il gagne 800 francs par mois, ce qui lui permet de louer une chambre au 22, rue Vivienne. Dans un premier temps, puisqu'il s'agit de faire plaisir à sa fiancée, ce travail de gratte-papier lui paraît satisfaisant. Puis, revenu penaud de Biarritz, il commence à le trouver particulièrement barbant. Il écrit à Charles Salès :

> Il est exactement 11 h 10. Il est exactement 11 h 11. Il est exactement 11 h 12. Ça me fait l'effet de monter un escalier interminable. Il est exactement 11 h 13 et des secondes. L'aiguille des secondes est ma seule joie. C'est la seule douce à regarder. On sent passer le temps[1].

Ce n'est guère plus drôle de faire l'article à la Foire de Paris : debout devant le présentoir de son entreprise, il passe sa journée à discuter tuiles avec des « centaines de visiteurs » dont il n'est que peu à même de satisfaire la curiosité.

Pour se consoler d'une vie qui a pris soudain un petit air moisi et peut-être aussi pour prouver qu'il n'est pas aussi nul qu'on le considère, vraisemblablement, chez les Vilmorin, qu'il n'est pas aussi minable que laisse supposer son travail « bête et abrutissant » de chez Boiron, Antoine de Saint-Exupéry se décide enfin à écrire ce petit texte que la *NRF* pourrait publier. Il a déjà trouvé un meilleur titre : *Le Vol*, et, dans une lettre à sa mère, l'auteur nous renseigne sur le sujet :

Vous ne pouvez imaginer ce calme, cette solitude que l'on retrouve à 4 000 mètres en tête à tête avec son moteur. Et puis cette camaraderie charmante en bas, sur le terrain. On dort couché dans l'herbe en attendant son tour. On suit des yeux le camarade dont on attend l'avion et l'on raconte des histoires. Elles sont toutes merveilleuses. Ce sont des pannes en campagne près de petits patelins inconnus où le maire ému et patriote invite à dîner les aviateurs... et des aventures de contes de fées. Elles sont presque toutes inventées sur place mais tout le monde s'émerveille et quand on décolle à son tour on est romanesque et plein d'espérance. Mais il n'arrive rien... et l'on se console à l'atterrissage par un porto, ou en racontant : « Mon moteur chauffait, mon vieux, j'ai eu peur... » Il chauffait si peu ce pauvre moteur... La moitié de mon roman, maman, est faite. Je crois vraiment qu'il est neuf et concis[2].

La moitié, c'est peut-être beaucoup dire et il ne s'agit pas vraiment d'un roman, mais qu'importe ! C'est mieux que de faire des réussites et, d'une certaine façon, c'est aussi distrayant puisqu'il s'agit, comme pour un puzzle, d'ordonner des figures estropiées et incompréhensibles qui, bien accommodées les unes aux autres, pourraient donner naissance à un texte vivant. Saint-Exupéry écrit à Charles Sallès qui, après des études commerciales, s'est établi à Lyon :

> Je suis également fort empêtré dans le rattachement de tous mes bouts. J'essaie toutes les combinaisons possibles : il y a un jeu de patience qui ressemble à ça, on a des tas de petits carrés, il faut reconstituer la gueule d'un gendarme. J'ai envie de les mettre à la suite, n'importe comment. On ne comprend plus rien, mais ça donne une forte impression de mystère[3].

Cette ingénierie littéraire est déjà plus qu'un passe-temps, pas encore une vocation. Elle ne semble pas à même de remplir une vie devenue soudain désespérément vide : ayant perdu Louise, apparemment irremplaçable, et évitant probablement la bande de ses copains parisiens qui la fréquentent et pourraient, par maladresse ou inattention, raviver des blessures trop récentes, Antoine se sent seul, terriblement seul. Alors il fait des rêves d'enrichissement : il joue au loto, envisage de se rendre en Chine où l'on cherche, paraît-il, des instructeurs de vol, veut créer une entreprise de photographie aérienne…

Il ne gagne pas au loto, il ne part pas en Chine et personne n'est intéressé par des photographies aériennes.

Saint-Exupéry broie du noir et on le comprend.

Par chance, le capitaine Priou, qui a fini sa mission au Maroc, s'installe à Paris et l'invite à habiter avec lui au 12 de la rue Petit, dans le dix-neuvième arrondissement, derrière les Buttes Chaumont. Antoine n'a pas l'argent pour déménager.

Marie de Saint-Exupéry le lui envoie, de même que 300 francs demandés pour payer un dentiste qui n'a pas voulu faire crédit. La rue Petit est au diable vauvert, loin du petit carré de la rive gauche qui a été jusqu'à présent l'univers parisien de Saint-Exupéry, mais, excellent camarade, Priou est aussi un homme cultivé et sensible ; ils peuvent discuter pendant des heures sans danger que le nom de Louise, qu'il ne connaît pas, pointe au coin d'un phrase anodine ; ils peuvent courir ensemble d'autres cafés et restaurants que ceux où crèchent des amis qu'Antoine ne voudrait pas rencontrer ; ensemble, ils peuvent écouter de la musique et aller au théâtre et au cinéma.

Parfois, le dimanche, libéré de sa promesse de ne plus voler, Saint-Exupéry se rend à Orly où, pour une somme qui n'est pas à la portée de tout le monde, il peut piloter une demi-heure un avion d'agrément. Le mercredi, il déjeune avec sa tante Anaïs dans des restaurants coquets, mais à la fin du printemps elle quitte Paris. Yvonne de Lestrange est à la campagne. S'il avait les moyens, Antoine irait voir sa mère, qui lui envoie une caisse de cerises et lui fait savoir que les affaires vont très mal : il lui faudra, probablement, vendre le château. Hélas, le train jusqu'à Saint-Maurice coûte trop cher. Plus cher encore jusqu'à Agay, où sa sœur Gabrielle voudrait lui montrer son bébé, dont elle le prie d'être le parrain.

Seule consolation, le roman dont il a déjà parlé à sa mère : s'il n'avance pas, du moins « il mûrit page par page[4]. »

Le propriétaire de l'appartement qu'il habitait avec Priou leur ayant donné congé, fin 1924 Antoine de Saint-Exupéry se retrouve seul et « déprimé » dans une chambre modeste de l'hôtel Titania, boulevard d'Ornano, à deux pas de la porte de Clignancourt. C'est un quartier populaire, une périphérie qui doit paraître bien misérable à quelqu'un habitué aux hôtels particuliers du quartier Saint-Germain. Par chance, il croise dans la rue Jean Escot, son camarade du 2e régiment de Strasbourg et de l'École d'officiers d'Avord. Jean Escot habite un meublé du côté de l'École militaire, à deux pas de son bureau. Mais Saint-Exupéry est tellement persuasif… ! Jean Escot donne congé et prend lui aussi une chambre au Titania où la réputation de Saint-Exupéry est déjà faite depuis qu'il s'est endormi en laissant couler son bain, ce qui lui était déjà arrivé chez Yvonne de Lestrange. Ce sera désormais une habitude. Jean Escot raconte :

> Ce fut l'époque des grandes confidences. Souvent le soir, il venait me retrouver et me racontait sa journée. Il s'asseyait sur le pied de mon lit et quelquefois parlait pendant deux heures. Je lui faisais remarquer que, moi, je me levais à heure fixe pour aller à mon bureau et que j'avais besoin de sommeil. Ça ne l'empêchait pas de continuer[5]…

Saint-Exupéry lui aussi doit parfois se lever tôt : ayant quitté, en mars 1924, les Tuileries Boiron, il est maintenant représentant d'une firme de véhicules utilitaires. Tous les quelques jours il doit partir à l'aube pour se rendre dans Dieu sait quel trou de province, vendre des camions Sauer. Jean Escot est prié de le réveiller, ce qui n'est pas facile :

> Surtout ne te contente pas d'un œil ouvert, le prévient Saint-Exupéry, ni d'une affirmation que je suis bien réveillé, mets-moi debout hors du lit sans pitié[6].

Cette nouvelle situation, qui doit lui rapporter 1 000 francs par mois en fixe et quelque 2 000 de commissions, et qui lui permet de s'évader d'un bureau moisi pour parcourir la France dans une voiture que l'entreprise met à sa disposition, paraît alléchante.

Elle ne l'est pas.

Pour commencer, Saint-Exupéry doit encore demander pas moins de 10 000 francs à sa mère pour assurer sa voiture — qu'il n'a pas encore — et se faire faire quelques nouveaux costumes, étant entendu qu'un représentant ne doit pas avoir l'air d'un clochard. Marie de Saint-Exupéry doit aussi savoir qu'en attendant le premier salaire de Sauer, son fils, qui n'a même pas de quoi s'acheter un paquet de cigarettes — des Craven, toujours —, est obligé de taper Jean Escot.

Lorsqu'elle arrive enfin, la voiture promise est fréquemment en panne, les pneus crèvent plus souvent qu'à leur tour, parfois par deux, et le mauvais temps la grippe.

Quant à l'argent des commissions, Saint-Exupéry n'en voit pas la couleur et pour cause : alors que les autres représentants vendent en moyenne trois camions pas mois, Saint-Exupéry n'en vend aucun pendant les dix mois passées chez Sauer.

Pire, « la vie extérieure et indépendante » qu'il souhaitait est moins réjouissante qu'il ne l'avait cru : au terme d'un stage de trois mois dans les ateliers où il apprend « à démonter et à remonter un moteur de camion en un tournemain », Antoine de Saint-Exupéry s'est vu attribuer trois départements de la France profonde : l'Allier, le Cher et la Creuse. Il passe la semaine à vanter les qualités des camions Sauer à des clients potentiels qu'il va chercher dans des bourgades tristes, habitées par « de petits boutiquiers qui font vingt mètres toute leur vie. L'épicier, le fruitier, les pompes funèbres tiennent dans un tout petit espace. On fait un tout petit voyage dans l'existence[7] ». La France profonde est accueillante et pittoresque lorsque le petit Parisien de bonne famille accepte de jouer le jeu :

Arrivés ici hier à 9 heures du soir nous avons appris que la jeunesse du pays donnait un grand spectacle à la Mairie. Nous y sommes allés. Nous avons été accueillis ainsi du premier coup dans l'intimité de Dompierre-sur-Besbre. Serrés entre une grosse épicière et le pharmacien nous avons appris en cinq minutes le prénom du ténor, les frasques de la fille de l'adjoint et l'accent du cru[8].

D'autres fois, les sensations sont moins réjouissantes :

Roanne, quelle arrivée lugubre. D'abord une usine immense à l'horizon, de grandes baies vitrées géométriques, durement éclairées. Et puis une seconde usine et puis une troisième. Il pleuvait, c'était 2 heures du matin et l'on ne voyait rien d'autre que ces usines et les flaques d'eau métalliques devant les phares[9].

La vie de province ? Pour que Jean Escot ne se fasse pas d'illusions, dans une lettre envoyée de Linas-Montlhéry, il lui dessine trois toiles d'araignée dont une sur un calendrier dont personne ne tourne plus les feuilles.

Les soirées surtout sont longues et ennuyeuses.

Celui qui a tellement besoin d'un zeste de tendresse et d'affection qu'il les cherche même là où cela comporte des risques sanitaires, constate que la province n'offre pas, dans ce domaine, un très large choix au voyageur de passage ; il s'en plaint au même Jean Escot en illustrant sa lettre d'un dessin intitulé « ressources de Guéret » : trois mochetés et une vieille qui promène son petit chien[10]. D'ailleurs ces « mignonnes », les Colette, Paulette, Susy, Daisy, Gaby, « sont faites en série et ennuient au bout de deux heures ». Elles ne sont que « des salles d'attente[11] ». Parfois, c'est vrai, la fille de la patronne du bistro a du charme et « un sourire chaste » : elle rêve d'un amour en bonne et due forme, conclu par un mariage avec un gentil gars du coin. Mais le plus souvent les cafés et les restaurants où Saint-Exupéry traîne jusqu'à l'heure de la fermeture n'apaisent pas son cafard :

Dans le petit bistro où j'écris, un piano mécanique fabrique un air sentimental. La caissière tangue de droite à gauche. Le patron qui n'a plus de désirs bâille. Le garçon tousse et tourne autour de moi parce que je suis le dernier client, qu'il a sommeil — c'est mélancolique. Je me sens de trop, je m'en vais[12].

Les hôtels où il passe la nuit, tous semblables, anonymes « comme des salles d'attente », le dépriment.

Il faudrait que cela change, mais comment ?

Une Russe qui tire les cartes lui prédit qu'il fera sous huit jours la connaissance d'une jeune veuve qu'il épousera et qui le rendra heureux. Il la cherche mais ne la trouve pas dans les patelins qu'il visite avec sa sacoche pleine à craquer de brochures publicitaires, ni à Paris, dans les dîners auxquels il est invité par ses nombreuses tantes. Comme cela se pratique dans ce milieu où l'institution matrimoniale est vouée principalement à préserver un nom et un patrimoine, elles-mêmes et leurs amies lui présentent à tour de bras des jeunes filles à marier. Celle qu'il cherche : « bien jolie et bien intelligente et pleine de charme et gaie et reposante et fidèle[13] » n'y est pas. Il en a pourtant tellement besoin pour dissiper ce qu'il nomme dans une lettre à Marie de Saint-Exupéry son « inquiétude », le sentiment de perdre sa jeunesse, de n'avoir rien de stable, de durable, de consistant à opposer au temps qui passe.

Elle a l'air bien morne et piteuse cette année 1925 qui semble faite, pour Antoine de Saint-Exupéry, d'une foultitude de gestes insignifiants et inutiles, d'itinéraires chaotiques, de gros paquets de temps perdu, d'errances à la recherche tantôt d'une épouse, tantôt d'une situation stable, tantôt encore de plaisirs fugaces, peu à même de dissiper un ennui gros comme le Ritz, peu à même de venir à bout d'une angoisse pesante comme l'Himalaya. Et pourtant, c'est maintenant qu'entre les bouts de récits couchés sur des notes de caisse qui traînent sur une table de bistro et les très nombreuses lettres, souvent illustrées, à sa mère, à ses amis et à Rinette, c'est maintenant que les idées confuses d'un jeune homme cultivé et de bonne famille se structurent pour donner naissance à quelqu'un d'autre : « Je suis tellement différent de ce que j'ai pu être[14] », écrit Antoine à sa mère de Montluçon — où il espère que les affaires « marcheront un peu ».

« Différent », non seulement parce qu'il n'est plus cet « être superficiel, bavard et jouisseur » d'il y à peine quelques semaines, quelques mois, et que maintenant il ne peut plus sentir ces « frelons des boîtes de nuit » dont « les conversations inutiles » le lassent. Il est « différent » parce qu'il vient de se rendre compte que seule importe, pour l'homme, « la vie intérieure ». Laquelle ? Celle qui permet à chacun de prendre conscience de ce qu'il est vraiment, de ce qu'il est en tant qu'individu. Une « vie intérieure » qui n'est rien d'autre, après tout, que la quête d'un sens dans un monde qui nous a fait don de la vie sans nous en indiquer l'usage.

Or qu'est-ce que la littérature, sinon cet outil qui permet aux gens de se connaître et de se construire, le lecteur à l'instar de l'auteur qui lui montre le chemin ?

> Il faut me chercher tel que je suis dans ce que j'écris et qui est le résultat scrupuleux et réfléchi de ce que je pense et vois. Alors dans la tranquillité de ma chambre ou d'un bistro, je peux me mettre bien face à face avec moi-même et éviter toute formule, truquage littéraire et m'exprimer avec effort. Je me sens alors honnête et consciencieux[15].

Cette façon de faire de la littérature « par bribes[16] » est laborieuse, elle est lente, elle demande une maturation patiente. Antoine avoue à sa mère :

> Mon roman chôme un peu mais je fais des progrès internes considérables par une observation de chaque seconde que je m'impose. J'emmagasine[17].

Il a raison, Saint-Exupéry. Il regarde, il voit et parfois, sans crier gare, en quelques lignes, à l'instar des plus grands auteurs au nombre desquels il ne soupçonne pas être, il brosse, au coin d'une lettre à Rinette, avec des mots simples, avec des phrases aussi élémentaires que celles d'un écolier, un récit poignant. Celui d'une « pauvre poule » qui, pour stimuler sa générosité sans doute, lui raconte qu'elle gagne 600 francs comme mannequin chez Drecoll, dont 300 vont au propriétaire de la piaule où elle vit avec son fils depuis que son mari l'a abandonnée. Du reste, elle doit payer aussi une nourrice pour pouvoir travailler. Forcément l'argent ne suffit pas. Elle lui explique :

> Je fais la grue. J'essaie. [...] Mais je me débrouille mal. Je suis timide et les camarades rient de moi. Maintenant j'ai une bronchite et quelque chose au poumon gauche. Ça n'ira pas longtemps. Alors je vais entrer « en maison » puisque je ne sais pas racoler et n'en peux plus. Là on me choisira si on en a envie. Et que voulez-vous que je cherche d'autre ? Je vivrai, et mon gosse. C'est déjà quelque chose[18].

Il aurait été étonnant que de telles qualités d'auteur passent inaperçues par les éditeurs de la toute récente *Nouvelle Revue française* à la recherche de nouveaux talents pour se faire une écurie aussi prestigieuse que celle de leurs autres concurrents parisiens. Gaston Gallimard, Jean Schlumberger, Ramón Fernández ou André Gide l'auraient-ils entendu raconter ses histoires dans les salons d'Yvonne de Lestrange et encouragé à les coucher sur le papier ? Gaston Gallimard, qui n'a peut-être pas oublié le succès remporté quelques années auparavant par *L'Équipage*, le roman où Joseph Kessel raconte la vie des pilotes de la Première Guerre, aurait-il flairé le bon coup ? Saint-Exupéry aurait-il proposé de lui-même un texte que l'auraient encouragé de publier l'abbé Sudour, après l'avoir corrigé, Louise de Vilmorin et Renée de Saussine, après l'avoir écouté avec l'indulgence due à quelqu'un qui vous flatte en demandant votre avis ?

Nous n'en savons rien.

Manon danseuse est une histoire triste, qui rappelle étrangement le sort de cette « pauvre poule » dont il était question dans une des lettres à Rinette. À cela près que Manon n'est pas mannequin, mais danseuse dans un bar, et qu'elle n'a pas d'enfant. N'importe, ses cachets ne lui suffisent pas pour vivre. Pour joindre les deux bouts, elle se prostitue sans vocation et sans conviction, par faiblesse, par lassitude. Elle rêve néanmoins d'un grand amour, d'un homme qui l'aimerait pour elle-même. Lorsqu'elle le rencontre, elle n'ose pas lui avouer son vrai métier, celui qui lui permet de gagner sa croûte. Lorsqu'il le découvre, il la quitte. Manon veut se tuer et se jette devant un camion. Elle ne réussit qu'à avoir une jambe cassée et reste boiteuse, ce qui met fin à sa carrière de « danseuse ». Maintenant, elle passe sont temps à la fenêtre à broder : « Cette broderie qui donne aux choses un goût d'éternité, d'évasion impossible, sur laquelle on se penche lorsque la vie est sans issue… on ne peut pas pleurer toujours : on capitule[19]. »

Si l'on peut reprocher à *Manon danseuse* une narration simplette et cousue de fil blanc, *L'Aviateur* n'en a pas du tout. Ce n'est peut-être pas la faute de l'auteur. Le texte n'est qu'un fragment d'un récit plus ample, *L'Évasion de Jacques Bernis*, dont le manuscrit a été perdu. L'extrait retenu pour la publication évoque surtout les sensations d'un pilote, inédites encore pour les lecteurs des années 1920. L'appareil prend de la vitesse, s'appuie sur l'air « devenu maintenant solide », monte dans le ciel. Vue d'en haut, la terre est « nue et morte ». À la merci des éléments ou d'une panne, l'aviateur joue à chaque moment sa vie. La confrontation directe, « professionnelle », banale avec des dangers extrêmes fait de la mort un simple « accident de travail ». Cela change les repères de celui qui vit quotidiennement sous cette menace. Il ne peut plus se contenter des sentiments médiocres et du confort petit-bourgeois qui font le bonheur des gens ordinaires. Il suffit d'y ajouter une femme, forcément attachée à la vie paisible du foyer et qui refuse un bonheur soumis à de telles menaces, une sorte de Louise de Vilmorin sans paillettes, pour avoir un bon sujet de récit.

C'était probablement la trame de cette nouvelle, dont Jean Prévost n'a retenu que le caractère aéronautique inédit, inaugurant la longue lignée de ceux qui préfèrent l'aventure vécue, plus compréhensible et plus vendable, à la littérature dont l'accès plus sélectif rend les produits moins rémunérateurs. D'un an plus jeune que Saint-Exupéry, Jean Prévost, qui fréquente lui aussi le salon d'Yvonne de Lestrange, a déjà sa place dans le monde littéraire parisien. En 1925, l'année où il publie son premier livre, *Plaisir des sports*, où il fait l'éloge de la vigueur corporelle et de l'exercice physique, Adrienne Monnier lui confie le poste de secrétaire de rédaction du *Navire d'argent*, une nouvelle revue dont elle est la directrice. Jean Prévost est aussi, depuis la mort inattendue de Jacques Rivière, la cheville ouvrière de la *Nouvelle Revue française*. Impressionné, dit-il, par « la force et la finesse » des histoires qu'Antoine de Saint-Exupéry, qu'il appelle Tonio, raconte dans les salons, et apprenant qu'il s'essaie à l'écriture, Jean Prévost veut lire un de ses textes. Antoine de Saint-Exupéry copie lisiblement ce bout de quelque chose qui pourrait devenir un roman. Mais il est tellement distrait : quand il n'oublie pas de fermer les robinets ou d'éteindre sa cigarette, il paume ses manuscrits. Il perd celui-ci aussi. Il le réécrit de mémoire mais le jour où il doit le remettre, il est tellement en retard qu'il ne trouve plus Jean Prévost aux Deux Magots, où ils avaient rendez-vous. Il laisse le manuscrit à la caisse. Jean Prévost finit par le récupérer et le trouve à son goût. Il supprime deux tiers du texte et *L'Évasion de Jacques Bernis* devint *L'Aviateur* qui sort dans le numéro d'avril 1926 du *Navire d'Argent*. Il recommande à Gaston Gallimard de retenir ce jeune auteur qui pourrait devenir intéressant en lui proposant un contrat pour un recueil de quatre récits.

Pas plus que le texte publié par *Le Navire d'Argent*, la signature du contrat avec les éditions Gallimard n'apporte un sou à l'auteur qui en a grand besoin.

Lassé par une activité qui lui semble épuisante et pour laquelle, vu ses résultats, il n'est évidemment pas fait, à la fin de l'année 1925 Saint-Exupéry démissionne de la Société Sauer. Il ne regrette pas les camions et les routes de province, à cela près qu'une fois encore il se trouve sans revenus, contraint de solliciter la générosité indéfectible de Marie de Saint-Exupéry. Elle ne doit rien à son fils qui, dans sa lettre, souligne cette phrase d'un gros trait de plume, mais si jamais elle pouvait lui envoyer au plus vite une petite somme, cela l'arrangerait bien...

Il cherche du travail, mais vu qu'il n'a qu'un diplôme, le bac, et que ses compétences, à part celle d'aviateur, sont restreintes, les débouchés pour quelqu'un de sa condition sont limités. À moins de trouver un piston. Certes, il est gêné lorsqu'une vague connaissance le met mal à l'aise dans un tramway en lui donnant du « cher comte », mais il a un « beau nom » et il le sait[20]. Autant en profiter.

Un mois plus tard, le général Édouard Barès, inspecteur général de l'Aéronautique, s'intéresse au sort du jeune homme recommandé par son ami l'abbé Sudour. Il lui propose un poste dans l'armée que l'intéressé refuse, les deux années passées dans son sein l'ayant persuadé qu'il n'a vocation ni à obéir ni à donner des ordres. À force de chercher, on trouve, surtout avec l'appui de quelqu'un qui a le bras aussi long. Antoine de Saint-Exupéry est engagé comme pilote intérimaire, c'est-à-dire sans salaire fixe, par la Compagnie aérienne française. Fondée en 1919 par Henri Balleyguier qui veut mettre l'aviation, encore balbutiante, au service de la société civile, ses pilotes font principalement des photos aériennes et transportent quelques passagers fortunés, pressés de se rendre en quelques heures là où, sinon, ils n'arriveraient qu'au bout de quelques jours. À l'aéroport d'Orly, la Compagnie propose des baptêmes de l'air et des vols d'agrément qui sont laissés à la charge de la nouvelle recrue.

Sollicité rarement et plutôt le dimanche pour des vols de courte durée, redevenu parisien à part entière, Antoine de Saint-Exupéry pourrait reprendre sa vie mondaine. Hélas, devenu « un autre », il constate que ce qui l'amusait si peu de temps auparavant ne lui procure plus aucun plaisir. Les snobinards empruntés et leurs conversations creuses l'énervent et le mettent de mauvaise humeur. Il se met à détester ces « gens qui éprouvent des émotions chevaleresques quand ils s'habillent dans un bal masqué en mousquetaires[21] ». Il prend en grippe les jeunes filles dont les références culturelles ne sont que des attrape-nigauds grotesques, destinés à séduire et à impressionner leurs soupirants ignares. Il en veut à tous ceux qui jouent avec les idées comme avec « des balles de tennis » et qui en font « une monnaie d'échange mondaine[22] », ces intellectuels de salon qui « utilisent la science, l'art, la philosophie comme ils utilisent les grues[23] ».

Il leur en veut d'autant plus qu'il suppose, pas tout à fait à tort, que dans son dos certains trouvent ridicule de se mettre en colère et de claquer des portes pour des idées qui ne valent pas un clou puisqu'elles ne rapportent rien d'un point de vue comptable. Il leur en veut d'autant plus qu'il suppose, pas tout à fait à tort, que Rinette, à laquelle il est sans doute plus attaché que ne le disent ses lettres, prend, dans son dos, le parti de ces gens « insignifiants » auxquels elle lui demande gentiment, dans son intérêt, de « faire la cour[24] ». Comme le faisait d'ailleurs tout aussi gentiment Louise de Vilmorin. Il y a peut-être un peu de jalousie dans la démesure de cet emportement juvénile qui n'épargne ni quelques anciens amis, ni des parents dont la bienveillance à son égard ne saurait être mise en doute. À cela près que leur façon de se plier à des hiérarchies sociales établies sur des critères vulgaires de fortune et de pouvoir n'est pas du goût d'Antoine de Saint-Exupéry. Il leur reproche de vivre dans une bulle de bien-être qui les empêche de connaître la nature profonde de l'existence :

J'aime les gens que le besoin de manger, de nourrir leurs enfants et d'atteindre le mois suivant ont lié de plus près avec la vie. Ils en savent plus long. Hier j'ai coudoyé sur la plateforme de l'autobus une femme en cheveux flanquée de cinq gosses. Elle leur enseignait beaucoup de choses et à moi aussi. Les gens du monde ne m'ont rien enseigné[25].

À cela près que, victime des circonstances peut-être, mais aussi de son dédain pour des activités trop ordinaires, peu à même de susciter l'intérêt d'un jeune homme plus préoccupé de l'essence des choses que de leur côté rémunérateur, Saint-Exupéry, qui a lui aussi « besoin de manger » et qui doit, lui aussi, avoir de quoi s'acheter ses paquets de Craven, ne fait pas partie de ceux qui gagnent leur vie à la sueur de leur front. Ses mains « qui savent écrire, lacer des souliers, improviser des opéras[26] » et qui n'ont connu que très vaguement le cambouis ne font, pour l'instant, que gribouiller des bouts de roman. Il est encouragé dans cette voie par les auteurs célèbres rencontrées chez Yvonne de Lestrange, lesquels, en règle générale, d'André Gide à Gaston Gallimard en passant par Jacques Copeau et Jean Schlumberger, n'ont pas le souci du lendemain, une fortune personnelle leur permettant de ne pas demander à la littérature de les faire vivre.

Ce n'est pas le cas de Saint-Exupéry et les quelques heures de pilotage occasionnel à Orly sont loin d'offrir un revenu suffisant à un jeune homme qui de temps en temps se rappelle qu'il vit aux crochets de sa mère, confrontée elle aussi à des difficultés financières considérables.

Il faut que cela change.

Et cela change. La fortune fait bien les choses et, par un heureux hasard, l'abbé Sudour, celui-là même qui avait déjà recommandé son ancien élève au général Édouard Barès, connaît aussi le comte Beppo de Massimi. Aristocrate napolitain, engagé volontaire dans l'armée française comme pilote-observateur pendant la Grande Guerre, Beppo de Massimi a lié sur le front des amitiés durables avec l'abbé Sudour, « ce prêtre soldat admirable par sa haute culture, la mesure de son caractère et un courage à toute épreuve[27] », et avec un officier d'artillerie, l'ingénieur Pierre-Georges Latécoère. Celui-ci possède maintenant à Toulouse deux usines, une d'armement et une autre qui fabrique des avions. C'est dans cette même ville que se trouve le siège de sa compagnie aérienne qui transporte le courrier de Toulouse à Dakar, capitale de l'Afrique occidentale française. Il en a confié la direction à Beppo de Massimi. Celui-ci ne peut rien refuser à l'abbé Sudour qui est non seulement son ami mais aussi celui qui s'est occupé de l'éducation de ses enfants.

L'abbé Sudour ne peut se porter garant des qualités de pilote d'Antoine de Saint-Exupéry, dont il connaît surtout la qualité intellectuelle et dans les textes duquel il a senti peut-être percer un talent qui ne demande qu'à s'épanouir — à condition toutefois que ce jeune homme ne soit pas obligé de gaspiller son temps en accomplissant un travail abrutissant qui l'empêche d'écrire. Il en parle à son ami. Le comte Beppo de Massimi reçoit le comte de Saint-Exupéry dans les premiers jours d'octobre 1926. Il est touché par la ferveur de ce « grand garçon timide, qui paraissait ennuyé d'être si grand et de tenir trop de place dans un fauteuil[28] ». Empoté et maladroit, ému sans doute à l'idée qu'il joue une carte qui pourrait résoudre autant ses problèmes d'argent que ceux d'un orgueil blessé, Saint-Exupéry n'arrive pas à lier quatre mots. Il réussit pourtant à persuader de Massimi que son vrai et seul désir dans la vie est d'être aviateur : « "Monsieur... je voudrais surtout voler... seulement voler." Et il mit une telle âme dans cette prière que j'en fus ému[29] », raconte Beppo de Massimi qui s'y laisse prendre. Il ignore sans doute que cet apparemment irrépressible désir de voler n'avait pas empêché le jeune Antoine de Saint-Exupéry de refuser à deux reprises la proposition du général Barès de rejoindre l'armée de l'air. De Massimi ne peut rien promettre, sinon de signaler avec bienveillance sa disponibilité au bureau de Toulouse, qui assure l'exploitation de la ligne.

Le jour même Antoine de Saint-Exupéry fait ses malles et, invité chez sa sœur à Agay, quitte « ce Paris qui fait trop espérer et ne tient jamais rien[30] ».

Les bibelots d'une vierge

Le 11 octobre 1926 Saint-Exupéry reçoit à Agay un pli envoyé par la Compagnie Latécoère. Il lui est demandé de se rendre incessamment à Toulouse avec ses brevets de pilote, son carnet de vol et un passeport en cours de validité. Saint-Exupéry se fait prêter l'argent pour le billet de train et part aussitôt à Toulouse où il est reçu par Didier Daurat, chef d'exploitation de la Compagnie Latécoère.

Blessé à Verdun, une fois remis, Didier Daurat rejoint à sa demande l'aviation militaire. Pilote-observateur, c'est lui qui repère dans la forêt de Saint-Gobain, près de Laon, les trois Wilhelmgeschutze, les mortiers lourds qui envoient leurs obus sur Paris. Il finit la guerre comme chef d'une escadrille de chasse. Engagé en 1919 comme pilote par la Compagnie Latécoère, qui achemine par avion le courrier au Maroc et veut prolonger cette ligne jusqu'à Dakar, il devient chef d'exploitation en octobre 1920, à un moment de crise : le matériel dont dispose la Compagnie ne répond pas aux exigences d'un tel exploit et les trop nombreux accidents rendent les pilotes réticents à prendre des risques insensés pour réduire de quelques jours les délais d'acheminement du courrier. Didier Daurat impose une règle simple, militaire : la ligne doit fonctionner comme une machine dont on remplace les pièces cassées sans tenir compte du fait qu'en l'occurrence il s'agit d'hommes. Il n'y en a pas beaucoup qui l'acceptent et, comme les accidents sont fréquents, souvent mortels, malgré le remplacement des avions Salmson par des Breguet 14 plus robustes, Didier Daurat a besoin de pilotes : sur les 126 engagés par la Compagnie entre 1923 et 1926, 55 l'avaient quittée et 7 étaient morts.

Dans ces conditions, Didier Daurat ne peut se permettre de refuser un pilote qui veut s'engager. Néanmoins, lorsqu'il s'agit d'un nom à particule, comme c'est le cas pour le jeune homme envoyé par de Massimi, il doit s'assurer qu'il n'a pas affaire à un de ces nobles en manque de gloire qui pratiquent l'aviation sportive faute de pouvoir risquer leur vie dans des tournois. Daurat n'a pas besoin de héros mais d'ouvriers : Jean Mermoz avait failli être recalé parce qu'à l'épreuve de vol, pour prouver ses qualités de pilote, il avait exécuté quelques figures acrobatiques. De plus, Saint-Exupéry arrive au rendez-vous avec une heure de retard et il n'a pas les mains de quelqu'un capable de réparer tout seul son moteur dans le désert.

L'entretien se passe plutôt bien. Trente ans plus tard, Didier Daurat en fait un récit dont l'objectivité est peut-être faussée par la notoriété acquise depuis par son ancien employé :

En octobre 1926, s'était présenté à mon bureau de Montaudran, un grand gaillard que m'avait recommandé Massimi. Son carnet de vol était mince. Il avait la voix douce, le maintien modeste et le regard concentré. Toute sa personne évoquait le rêveur plutôt que l'homme d'action. Il s'appelait Antoine de Saint-Exupéry. Peu à peu, au cours de la conversation, il s'échauffa. Les réponses qu'il fit à mes questions me révélèrent un jeune homme doué d'un véritable tempérament de pilote et un inventeur à l'imagination fertile. Je l'engageai à l'essai comme il était d'usage. Après quelques jours, je me félicitai de mon choix. Le nouveau avait obtenu l'estime des mécaniciens avec qui il travaillait. Loin de trouver indigne de lui la besogne des ateliers, il s'y appliquait[1].

Saint-Exupéry a un travail mais pas encore de salaire. Pour s'installer à Toulouse, il a besoin d'un peu d'argent qu'il sollicite une fois de plus à sa mère : « Ma petite maman, j'ai emprunté mille francs, mais j'ai eu de gros frais. Logement à payer d'avance, fournitures de vol, etc. Si vous pouvez m'envoyer télégraphiquement 1 000 francs je vous les rembourse à la fin du mois prochain (j'ai en hiver 4 000 francs par mois*). Si vous ne pouvez pas, ce que vous pourrez[2]. » Le fait d'avoir trouvé un emploi lui donne des ailes — pas nécessairement dans le sens que l'on croit : ayant une « situation », il devient « un homme mariable[3] ». Cette confidence laisse supposer que ce dont il rêve, c'est moins de voler que d'avoir un foyer, même s'il commence à se douter, après ses fiançailles rompues, qu'il est difficile de concilier le métier qu'il vient de choisir avec le bonheur

* Environ 2 300 euros, selon l'INSSE.

paisible d'une vie communément appelée bourgeoise.

À Toulouse, Antoine de Saint-Exupéry loge, comme les autres pilotes de la ligne, au Grand Balcon, un hôtel situé à deux pas de la place du Capitole. C'est une modeste pension de famille tenue par trois sœurs qui tiennent à la bonne réputation de leur établissement. Elles ont à l'œil ce nouveau locataire qui s'endort dans son bain, un livre à la main, en oubliant de fermer les robinets et qui brûle les draps avec ses cigarettes. Très à cheval sur la morale, elles dressent l'oreille chaque fois que l'escalier grince en sorte que ceux qui invitent des « mignonnes » dans leur chambre doivent les porter dans leurs bras.

Le matin très tôt un omnibus qui sent « le renfermé, l'administration poussiéreuse et le vieux bureau[4] » conduit les employés de la Compagnie à l'aéroport. Certains chargent le courrier et s'envolent vers l'Afrique. D'autres, dont Saint-Exupéry, passent leur bleu de travail et s'occupent de l'entretien des moteurs et des appareils.

« Les camarades sont délicieux et spirituels[5] », prétend Saint-Exupéry. « Tu ne peux pas imaginer combien j'aime ces types-là et combien un métier manuel donne aux gens de l'intelligence[6] », renchérit-il dans une lettre à Yvonne de Lestrange. Il exagère peut-être en essayant de se convaincre de ce qu'il a intérêt à croire au moment où il a le sentiment que dans le monde auquel il appartient par sa famille, il n'a pas sa place puisqu'il n'est pas « un bon parti ». Par dépit, il réunit pêle-mêle dans une catégorie abstraite tous ceux qui fréquentent les salons qu'il accuse, en partie avec raison, d'une frivolité dont l'éclat dissimule des intérêts aussi mesquins que vulgaires. Il leur oppose, avec l'obstination d'un malade qui veut se persuader de l'efficacité d'un traitement, ses nouveaux camarades dont il exagère peut-être les qualités très ordinaires : Gambade raconte des histoires ; à ses heures, Delaunay écrit des pièces de théâtre ; Mermoz est bon pilote ; Guillaumet aussi et avec ça doué pour les jeux de dextérité verbale ; Reine est drôle, toujours prêt à vous jouer un tour ; il ose même lire à voix haute les bouts de récit que son camarade couche sur les feuilles qu'il laisse traîner sur les tables ; Lécrivain est bon vivant : disparu en mer et pressenti pour recevoir à titre posthume la Légion d'honneur, on la lui refuse en raison de sa liaison notoire avec la patronne d'une boîte à filles de Dakar ; Riguelle est chaleureux.

Ils sont certainement admirables, ces nouveaux camarades, mais, somme toute, ils n'arrivent pas à remplacer les anciens, dont Saint-Exupéry avoue dans une lettre à Rinette qu'ils lui manquent[7]. Ils lui manquent tellement qu'en écrivant cette phrase il est pris d'une telle tristesse qu'il court au téléphone appeler Rinette qui ne répond pas. Pour combler le vide, il fait la cour à la buraliste du coin, content de l'entendre dire « quarante centimes » : « on quête les mots d'amour que l'on peut[8] ». Son seul bonheur, ajoute-t-il, c'est de « faire paître les nuages à un Breguet[9] ».

Est-ce davantage qu'un lot de consolation ?

Antoine de Saint-Exupéry est-il ce mordu d'aviation que décrivent si diligemment tant d'auteurs qui croient lui rendre service en liant son destin à celui d'une performance professionnelle qui, sans lui, serait depuis longtemps oubliée ? Qui se souvient du fait que la première liaison postale internationale régulière, entre Paris et Londres, date d'avant la Première Guerre et qu'à l'époque traverser la Manche était tout aussi insensé que, plus tard, traverser l'Océan ? En quoi les vols de la KLM étaient-ils moins glorieux que ceux de l'Aéropostale, devancée d'ailleurs pour ce qui est de la traversée de la Méditerranée par les avions postaux de la SMTA ? Et qui se rappelle la Franco-Roumaine, avec son si célèbre pilote à l'époque, Albert Deulin, qui, avec le général Duval, directeur de cette compagnie, finissent par relier la France à l'Indochine, distance à peu près égale à celle qui sépare Toulouse de Buenos Aires ?... Il n'est pas déraisonnable de croire que si l'épopée de l'Aéropostale existe, c'est parce que Saint-Exupéry, qui en parle, est écrivain. Il est, en échange, déraisonnable de croire que Saint-Exupéry est écrivain parce qu'il est pilote. D'ailleurs, ce métier ne semble pas le rendre aussi heureux qu'on veut le croire. Il écrit à Rinette le 3 janvier 1927 :

> Je suis un peu un imbécile. Le jour tout est simple. J'aime bien partir et le risque. J'aime cela le jour mais pas la nuit. La nuit je suis douillet et je me plains moi-même[10].

À cela près que lorsqu'on a pris un engagement on le tient.

C'est ce que l'on nommait autrefois honneur.

Alors va pour les lignes Latécoère et pour les

missions qui vous incombent même si elles vous angoissent la nuit :

Rinette, la nuit je ne suis pas semblable. J'ai quelquefois un peu d'angoisse quand je reste dans mon lit les yeux ouverts. Je n'aime pas que l'on m'ait annoncé la brume. Je ne veux pas demain me casser la figure. [...] Je ne veux pas que mes mains soient brûlées. Je les regarde et je les aime. [...] Rinette, je suis ce soir inquiet comme un lièvre et je n'aime pas bien cette histoire de Dakar. Et ce que l'on m'en dit ici « c'est en effervescence. Les prochains pilotes en panne s'y feront massacrer par les Maures ». Massacrer par les Maures... Je n'aime pas bien que cette phrase ronronne la nuit[11].

Oui, les Maures chassent les avions comme des lapins.

Après avoir réussi les tests que Didier Daurat fait passer aux pilotes et après son stage dans les hangars, Saint-Exupéry est autorisé à voler. Il essaie les appareils. Il accompagne parfois, en passager, des pilotes qui lui font découvrir l'itinéraire vers l'Afrique. Henri Guillaumet, qui après une année de service est déjà « un ancien », lui détaille les pièges et les repères qui doivent lui permettre de les éviter : ces trois orangers qui signalent un champ où l'on peut se poser en cas de danger, mais dont il faut se méfier ; un minuscule cours d'eau invisible d'en haut qui gâte un terrain où il ne faut surtout pas essayer d'atterrir ; les flancs de montagne où paissent des moutons qui, terrifiés par le bruit de l'avion, dévalent la pente plus vite qu'on ne le suppose et se retrouvent sous les roues de l'appareil au moment où il touche terre... ! Surtout ne pas essayer de survoler les nuages en zone montagneuse : ne pas être obligé — en cas de panne, et elles sont si fréquentes ! — de plonger dans la masse d'« étoupe blanche », on risque de n'apercevoir que trop tard le sommet contre lequel on s'écrase fatalement : « souvenez-vous : au-dessous des mers de nuages… c'est l'éternité[12] ».

Après plusieurs vols sur le trajet Toulouse-Alicante, Antoine de Saint-Exupéry gagne la confiance de Didier Daurat : « Sans avoir la fièvre épique de Mermoz ou les dons rares de Guillaumet, il devint un des pilotes les plus sûrs et les plus méthodiques de la ligne[13]. » Dans son livre de souvenirs écrit une trentaine d'années plus tard, Daurat veut se montrer gentil. Il fait semblant d'oublier que parfois la vieille Ford qui amène les pilotes doit attendre de longues minutes Saint-Exupéry qui n'a pas entendu le réveil ; que d'autrefois celui-ci ne peut pas décoller parce qu'il a oublié ses gants à l'hôtel ; qu'il a été souvent sanctionné pour des manœuvres que l'on préfère qualifier d'imprudentes… ! Quoi qu'il en soit, début 1927, Saint-Exupéry fait partie du lot de pilotes qui assurent les vols réguliers de Casablanca à Dakar. C'est un tronçon particulièrement périlleux. Aux dangers liés à la friabilité des appareils et aux turbulences météorologiques à l'époque impossibles à prévoir, s'ajoute celui des tribus berbères qui chassent les avions pour demander une rançon en échange des pilotes qu'ils ne massacrent qu'occasionnellement. À Cap Juby et Villa Cisneros, en terre théoriquement sous autorité espagnole, où les avions doivent faire escale pour se ravitailler en carburant, quelques militaires vivent dans l'insécurité, reclus dans des forts peu sûrs dont ils ne peuvent s'éloigner sans risquer d'être attaqués par les « rebelles », qui ne reconnaissent pas le pouvoir colonial et que celui-ci n'a pas les moyens de soumettre. Le mieux, c'est de les amadouer par des livraisons régulières de riz, de blé et de sucre, et par des cadeaux aux seigneurs du désert, une politique appliquée sans conviction et de manière irrégulière par les officiers espagnols : ils la trouvent indigne d'une grande puissance et à même d'encourager chez les rebelles un sentiment d'impunité les incitant à la surenchère.

Avant même d'arriver à Dakar, où sa nouvelle affectation lui impose de s'établir, Antoine de Saint-Exupéry a un avant-goût de ce qui l'attend.

Parti de Toulouse, il dépose à Agadir les sacs postaux et monte dans l'appareil de Riguelle qui doit l'amener à Dakar. Au-dessus du désert, la panne :

L'accident bête : le vilebrequin qui saute — Rien que ça — et l'écrasement de l'avion à 110 à l'heure sur des dunes de sable. C'était un bel écrasement. Et nous étions vivants dans un tas de ferraille. Et nous nous sommes allongés dans le sable, un peu courbaturés, le plus proche secours à des centaines de kilomètres et pour vivre trois boîtes de conserve, l'eau du radiateur et surtout nos deux revolvers[14].

La situation n'est pas aussi dramatique : par précaution, pour récupérer la cargaison et le pilote en cas d'accident dans le désert, les avions volent par deux sur ce trajet. La précaution n'est pas inutile, si ce n'est qu'il n'y a que deux places dans chaque appareil. Guillaumet se pose à côté mais ne peut récupérer qu'un seul passager, Riguelle. Il compte le déposer avec le courrier au fort de Nouakchott, en Mauritanie française, et revenir récupérer Antoine de Saint-Exupéry qui reste seul dans une zone où les Maures peuvent surgir à tout moment. Saint-Exupéry s'assied sur une dune avec, étalés sur le sable entre ses jambes, le revolver et ses cinq chargeurs. Il attend. Pas trop longtemps. Guillaumet le récupère dans l'après-midi. Il lui demande s'il a eu peur. Non. Il n'a vu qu'une gazelle. Pourquoi avoir peur des gazelles ?

D'ailleurs, la peur est aussi une forme de sagesse. Saint-Exupéry écrit à Rinette :

> C'était quelque chose de nouveau pour moi. Je me sentais devenir tout blanc, tout lisse de peur. Une peur sans fond mais pas odieuse. Une intelligence nouvelle, indéfinissable[15].

Cette proximité quotidienne, professionnelle avec la mort est un bon filtre pour séparer le bon grain de la vie de l'ivraie, l'essentiel des conjonctures qui vous empêchent de voir la forêt. Ce n'est pas inutile à un moment où la nouvelle vie de Saint-Exupéry paraît par trop confuse.

Pendant les dix jours que l'horaire de la Compagnie lui laisse entre deux courses, Saint-Exupéry, pour une fois bien payé, semble mener une vie agréable. Dakar est « la plus immonde banlieue » d'un pays qui est lui-même « une poubelle[16] » de l'Europe. Ses habitants se donnent rendez-vous au bordel où « on [...] tient salon », ce qui est gênant. Le climat est tel qu'aussitôt bu, l'apéritif vous sort par tous les pores. Néanmoins, on s'amuse bien.

« On n'est jeune qu'une fois[17] », écrit Saint-Exupéry à Jean Escot pour justifier des excès dont il se garde bien de faire l'inventaire, préférant l'informer qu'il a maintenant les moyens de s'acheter une voiture et qu'à la prochaine permission il rouleront tous les deux toute la nuit, « avec des phares énormes ». Certes, il regrette le Maroc, mais l'Afrique occidentale française a, elle aussi, ses charmes : Saint-Exupéry va à la chasse aux lions, content à l'idée de traverser des territoires sauvages, où il n'y a « *même pas de piste* », il fait des « promenades merveilleuses » en Mauritanie et, à Dakar, il fréquente assidûment les clubs et les bars où il se divertit comme il peut. Noëlle Guillaumet raconte :

> La première fois que j'ai vu Saint-Exupéry, c'était à Dakar dans une boîte de nuit. Il ne savait pas danser. Il avait dû se laisser faire par politesse, par gentillesse, peut-être aussi pour s'amuser tout simplement. Elle avait deux bonnes têtes de moins que lui, et il avait perdu un de ses fixe-chaussettes. Mais tout ça n'avait pas du tout l'air de le gêner[18].

Hélas, cette exubérance est superficielle et cache une blessure. Renée de Saussine, cette fameuse Rinette, si charmante et si pleine d'esprit, fait semblant de ne pas comprendre les sous-entendus des très nombreuses et très longues lettres de Saint-Exupéry. Il finit par lui parler de manière plus directe de son affection, qui n'est pas uniquement amicale. Elle ne partage pas ses sentiments. Saint-Exupéry constate, une fois de plus, que pour ces jeunes filles de très bonne famille il est un copain agréable mais qu'on n'épouse pas. Il accuse le coup. Il écrit à Henry de Ségogne :

Rinette, vois-tu, m'a tant déçu. J'ai trop rêvé d'une tendresse habitable. Sans le savoir j'ai trop aventuré mon cœur. [...] Peut-être je l'aimais, si loin ce sont des sentiments sans danger, des jouets. Tu vois, ce mot « amour » que j'ai gardé captif en moi de peur de me l'avouer et d'en souffrir, je puis le laisser s'envoler, ça n'a plus aucune importance[19].

Heureusement, Antoine de Saint-Exupéry s'est aménagé quelques refuges pour abriter son affection en cas de désastre. D'une famille moins illustre, mais appartenant au même milieu, Lucie-Marie Decour est une bonne amie d'Yvonne de Lestrange. Antoine l'avait connue quelques années auparavant. Elle l'avait invité dans l'appartement de ses parents, rue François-Ier, et à leur propriété de campagne à Rolleboise. Puis chacun avait suivi son petit bonhomme de chemin. Soudain, au moment où, à Toulouse, Saint-Exupéry commence à ne plus trouver au téléphone Rinette, qui ne répond pas à ses lettres, il se souvient de cette Lucie-Marie qui suit des cours d'art dramatique. Il s'aperçoit qu'elle lui manque. Il lui écrit mais, échaudé, il se garde bien de dévoiler ses sentiments — puissants mais versatiles, ce qui ne diminue ni leur intensité ni l'angoisse de celui qui cherche désespérément quelqu'un à même d'accepter, sans contrepartie, une affection débordante. Il lui en parle de manière si tarabiscotée que la pauvre fille n'a aucune chance de comprendre le vrai propos de son correspondant, déroutée par des histoires compliquées où il est question d'une marchande de nougat et de la patronne d'une baraque de tir, jolies, toutes les deux, « comme des fées » qui font ensemble un tour de manège : « Je les ai trouvées désirables et n'ai plus compris ma fuite. C'était trop tard et je suis reparti encore[20]. »

Lucie-Marie Decour ne se montre guère plus assidue à répondre au téléphone et aux lettres que l'irremplaçable Rinette qui avait pris, dans le cœur de Saint-Exupéry, la place de l'encore plus irremplaçable Louise. Qu'importe, au prix d'une discrétion qu'il croit transparente et qui ne l'est pas, Saint-Exupéry s'offre l'illusion d'un nouvel amour et une nouvelle adresse pour s'épancher. C'est un exutoire.

Bien maigre, il faut le reconnaître. Les nuits blanches dans des bars lugubres, les escapades dans la brousse et les parties de natation dans un océan froid et dangereux dissimulent mal une vie monotone et vide. Saint-Exupéry croupit dans un milieu qui lui est étranger et passe son temps avec des gens dont les préoccupations et les goûts diffèrent des siens. Et pratiquer un métier qui lui permet de gagner sa vie, mais qui ne lui offre aucun horizon, en dépit du plaisir à être seul dans le ciel et à regarder les paysages sous un angle inédit, ne l'épanouit pas.

Il cherche sa vocation ailleurs. Il voudrait « aller en dissidence », rencontrer ceux qui font la guerre aux Européens et avec lesquels il espère s'entendre : « Parce que je ne puis pas m'imaginer que d'un contact humain ne naisse pas une compréhension, que cela seul m'a passionné toute ma vie et que peut-être je suis prêt et que j'ai tellement envie de cette expérience. Je pense qu'il y a une certaine façon de se présenter sur le même plan. Et que si l'on ne comprend pas les autres races, c'est que l'on apporte son vocabulaire et ses catégories de sentiment. Et non une attention humble[21]. »

L'occasion se présente plus vite qu'il ne le pense.

La situation au Rio de Oro s'envenime. Plusieurs pilotes échoués dans le désert sont tués par Hould Aijrab, un des plus cruels chefs de bande qui sévit dans la région. Quatre aviateurs uruguayens échappent par miracle aux mains de ceux qui trouvent insuffisante la somme que sont venus leur remettre Guillaumet et Riguelle. La presse en parle. Trop. Les autorités espagnoles, censées assurer la sécurité sur ce territoire, sont montrées du doigt. Cela blesse l'orgueil des militaires et des officiels de Madrid, qui risquent de retirer l'autorisation de vol et les facilités accordées à la Compagnie Latécoère. D'autant plus que les accords signés le 31 janvier 1927 par la France avec le Brésil, l'Uruguay et l'Argentine pour le développement des lignes aériennes de ces pays ont été mal accueillis en Espagne, qui considère encore l'Amérique latine comme leur chasse gardée. Sans compter que des compagnies aériennes allemandes concurrentes font des pieds et des mains pour supplanter les Français sur le tronçon saharien d'un itinéraire qui conduit vers l'Afrique centrale d'une part, vers l'Amérique du Sud de l'autre. Le point névralgique, c'est Cap Juby, escale obligée sur la route qui mène d'Agadir à Saint-Louis-du-Sénégal. La Compagnie craint de devoir fermer cette étape indispensable pour une éventuelle expansion vers l'Amérique du Sud.

Sauver Cap Juby semble une mission « impossible[22] ». Perspicace, Didier Daurat estime que le seul qui a une chance de réussir est Saint-Exupéry. Après trois semaines passées dans un hôpital de Dakar, celui-ci se remet à Agay d'une fièvre dengue. Le 19 octobre 1927, il est nommé chef d'aéroplace à Cap Juby. Didier Daurat écrit dans ses *Mémoires* :

> Les instructions que je lui communiquai étaient fort simples : renouer avec le gouverneur espagnol, coordonner l'action des pilotes dépanneurs. En quelques semaines, Saint-Exupéry sut apaiser les ressentiments du commandant, acquérir de l'autorité sur les indigènes et réaliser des actions d'éclat d'une rare audace[23].

Cap Juby n'est qu'un fort espagnol serré entre le désert et l'océan. Une petite colonie d'une centaine de militaires, sous les ordres du lieutenant-colonel Peña, et d'autant de détenus relégués dans cette prison à ciel ouvert, au milieu des sables, vivent retranchés dans un périmètre restreint, entouré de murs et de barbelés, dont ils ne peuvent s'éloigner sans craindre des coups de feu et d'être pris en otages par les Maures dissidents qui sévissent sur un territoire immense et avec lesquels les quelques autochtones entretiennent des relations cordiales, comme avec les Européens qui leur offrent régulièrement des vivres. La Compagnie Latécoère, devenue l'Aéropostale depuis qu'elle est passée, le 11 avril 1927, sous le contrôle de Marcel Bouilloux-Lafont, un banquier français bien implanté au Brésil et en Argentine, a installé à Cap Juby quelques hangars pour les avions et une baraque où loge le personnel chargé de l'entretien de la piste et des avions de passage qui font ici leur ravitaillement en carburant. Un appareil est toujours prêt à décoller pour porter secours aux camarades échoués dans le désert.

À Cap Juby, où les avions de la Compagnie ne passent qu'une fois par semaine, Antoine de Saint-Exupéry mène une vie « monacale » :

> Je lis un peu ; je fume beaucoup et fais des promenades de 500 mètres. Il n'est pas permis d'aller plus loin. Je règne, comme chef d'aéroplace, sur quatre mécaniciens et dix Maures. J'essaie les avions qui vont partir ; je les regarde s'éloigner, ceux qui vont franchir la dissidence, comme une mère poule qui aurait couvé des canards et les voit franchir un étang. Je n'ai le cœur en paix que lorsque la radio de Port-Étienne ou d'Agadir communique leur arrivée[24].

Ayant en charge le bon fonctionnement des avions de relais, une fois révisés, Saint-Exupéry les essaie lui-même. Une panne le fait atterrir sur un plateau hissé en haut de parois qui tombent à pic, inaccessible autrement que par les airs. Personne, jamais, avant lui n'a foulé ce sable. Il trouve un gros caillou qui ne peut être qu'un astéroïde resté là depuis des millions d'années peut-être. Le monde des hommes devient soudain tellement petit, les hommes tellement insignifiants dans l'univers.

Et pourtant…

S'il y a quelque chose qui intéresse Saint-Exupéry, c'est justement les hommes. Sa présence à

Cap Juby lui offre une occasion inespérée de connaître les repères stables qui fondent la civilisation des populations du désert, si différentes des nôtres. Le seul moyen de les comprendre pour de bon et de comprendre aussi, par comparaison, les fondements de notre propre civilisation, c'est de vivre la vie de ces étrangers, de se plier aux exigences de leur traditions, d'accepter leurs rites. Antoine de Saint-Exupéry écrit à Yvonne de Lestrange en évoquant son séjour en terre maure :

> Il me semble que pour goûter un pays, une race, un milieu, il faut en admettre toute les conventions. Ce sont elles qui enracinent. [...] Je les ai naturellement toutes acceptées en bloc : je prenais le thé chez les Maures, je m'exerçais aux salutations d'usage, je me déchaussais sous les tentes, je demandais des nouvelles des rezzous, enfin il était merveilleux de remplacer le lot si usé des anciens petits potins par d'autres petits potins si neufs et au lieu de parler de ma tante Madeleine, ou à Toulouse des inspecteurs, de parler des dettes de sang, de mon ami Zin-ould-Rhattari[25].

Cela occupe, certes, mais dans le désert les jours sont bien longs.

Entre deux courriers, Saint-Exupéry s'ennuie « comme une vierge ». Il lit beaucoup, des *Orientales* de Hugo et du *Zarathoustra* de Nietzsche aux derniers ouvrages d'Alain et d'Heinrich Mann, en passant par des traités de philosophie et scientifiques. Les caisses remplies de livres représentent l'essentiel de son mobilier. Il dort sur un lit fait d'une planche et d'une paillasse. Posée sur deux tonneaux à essence, une autre planche, c'est le bureau. Une cuvette et un pot à eau font salle de bains. Des toilettes, il n'y en a pas. On se soulage dans le désert, interdit d'usage pendant la nuit au risque de se faire descendre par les Maures ou par les sentinelles espagnoles qui, après l'extinction des feux et la fermeture de la porte en bois massif du fort, ont ordre de tirer sur tout ce qui bouge. « J'oubliais les bibelots », ajoute Antoine dans une lettre où il décrit à sa mère le dépouillement de sa chambre : « la machine à écrire...[26] ».

Il ne s'en sert pas uniquement pour rédiger ses rapports pour la Compagnie. Entre les parties d'échecs avec les militaires espagnols et les leçons quotidiennes d'arabe que lui donne le marabout du coin, entre les moments passés avec les enfants du village voisin, auxquels il offre du chocolat, et « les thés mondains » sous la tente des chefs maures « à deux kilomètres en dissidence, où jamais aucun Espagnol n'est jamais allé[27] », entre les bains de mer dans une eau froide et rapace et les efforts d'« apprivoiser » un caméléon, puis un renard-fenech [*sic*] et une gazelle, Saint-Exupéry se remet à la littérature. Il prend soin d'en informer sa mère : « J'écris un peu. J'ai commencé un bouquin : il a six lignes[28]. »

Les six lignes sont bientôt une centaine de pages mais l'auteur « s'empêtre » dans la construction : « J'y veux faire entrer beaucoup trop de choses et de points de vue différents[29]. » Il raye, il rajoute, il rectifie, il transforme, il perd le fil, il le retrouve, il jette des dizaines de pages, remplacées par des dizaines d'autres. À la fin, le roman a exactement cent soixante-dix pages. Saint-Exupéry ne sait pas trop quoi en penser. Faudrait-il le montrer à

André Gide qui lui avait adressé une lettre si gentille pour le remercier de lui avoir envoyé *Manon danseuse*, sans jamais prendre la peine de lui dire ce qu'il en pense — beaucoup de mal, peut-être ? D'ailleurs, Saint-Exupéry n'aime pas trop sa littérature, et le personnage non plus : « Toujours la même impression. D'abord une impression d'effort désespéré pour caractériser les choses, pour en donner un raccourci. Mais elles n'en surgissent jamais. À mesure qu'il les touche, il les empaille. [...] Ce type me fait l'effet d'un squelette[30]. » Ou alors à Ramon Fernandez, plus jeune et moins dogmatique, plus à même, peut-être, d'apprécier un texte où il est question d'un bonheur si différent de celui, scandaleux, qui préoccupe Gide ?

De toute façon il faudrait leur remettre son manuscrit en main propre, or pour l'instant il n'est pas question de quitter Cap Juby : « Il se peut que je serve encore à quelque chose[31] », écrit Saint-Exupéry à sa mère.

Il ne croit pas si bien dire.

Le 18 juillet 1928, l'avion de Riguelle tombe en panne à une cinquantaine de kilomètres de Cap Juby, en terre de dissidence. Le pilote est secouru par l'avion accompagnateur, mais Saint-Exupéry décide de récupérer le Breguet 232. Il s'y rend en camion accompagné d'une poignée de Maures, sur l'amitié desquels il ne peut compter qu'à moitié, et de quelques manœuvres armés, engagés pour aménager une piste susceptible de permettre le décollage de l'avion dont il change le moteur sur place. Ils passent plusieurs jours dans le désert sous la menace des rebelles. Quelques coups de feu échangés la nuit et une fausse alerte rendent les gens nerveux, mais n'empêchent pas le bon déroulement des opérations. Finalement, Saint-Exupéry fait décoller le Breguet qu'il amène à la base où le reste de l'équipe le rejoint sans incidents. « Les dépenses sont assez élevées, écrit Saint-Exupéry dans le rapport envoyé à la Compagnie le 1er août 1928, mais considérez qu'en plus du sauvetage de l'avion, nous avons produit sur les Maures un effet moral considérable[32]. »

Il faut le croire !

Les pilotes Reine et Serre sont détenus par une tribu qui exige la libération d'une douzaine des leurs, emprisonnés par les Espagnols pour des délits de droit commun. Les négociations traînent. Saint-Exupéry s'agite, prend des contacts, apprend finalement le lieu où sont enfermés ses camarades, projette de les enlever. Ils sont finalement libérés sans rançon. Il faut néanmoins croire que « l'effet moral considérable » n'a pas été le même sur toutes les tribus rebelles. Le 17 octobre, deux avions espagnols survolent le désert pour repérer un rezzou dont l'importance inquiète les autorités militaires. Trop près du sol, un appareil est atteint par les balles des Maures et doit atterrir d'urgence. Indemnes, le pilote et son interprète sont faits prisonniers. Le 18, Saint-Exupéry accompagne sur les lieux de l'accident un avion piloté par un officier espagnol. Ils trouvent les prisonniers près de l'épave de leur avion, gardés par des caravaniers qui avaient profité de leur supériorité en nombre de fusils pour s'emparer des otages. Ils ne demandent que le paiement, au plus vite, d'une petite rançon, craignant le retour en force de ceux dont, en les chassant, ils avaient dérobé le butin. Les caravaniers l'obtiennent mais il faut vider les lieux au plus vite. Endommagé, l'avion espagnol ne peut pas décoller. Saint-Exupéry embarque dans son appareil le pilote espagnol qu'il dépose à Cap Juby et revient avec un mécanicien et les pièces nécessaires pour réparer l'avion en panne. « C'était une question de minutes[33] », note Saint-Exupéry dans son rapport. Content d'avoir réussi son coup, il se montre magnanime. Il écrit à la direction de l'Aéropostale :

> J'ai pris sur moi de refuser un bon concernant l'essence dépensée que voulait me signer l'aviation espagnole. Je pensais qu'ayant permis le sauvetage de deux pilotes, d'un observateur et d'un avion vous ne vous intéresseriez pas spécialement à la récupération d'un millier de litres d'essence[34].

Suffisamment nombreux pendant son séjour à Cap Juby, de tels exploits lui ont valu une réputation de tête brûlée. On le félicite pour son courage. Saint-Exupéry s'en défend. « Jamais, jamais je n'admirerai un homme courageux », écrit-il à Yvonne de Lestrange. Il s'en explique : le courage « c'est de la blague », une qualité douteuse : « un peu de rage, un peu de vanité, beaucoup d'entêtement et un plaisir sportif vulgaire[35] ». Lui, c'est différent : il fait son devoir.

La réputation d'Antoine de Saint-Exupéry n'est plus à faire. Chacun y va de sa petite histoire. L'un rappelle ses atterrissages en plein désert sur des terrains où personne n'oserait se poser, ses négociations avec les Maures et comment il a récupéré des avions sous la menace des rezzous. Un autre se souvient des risques que Saint-Exupéry avait pris pour sauver Guillaumet perdu dans les marécages du Sénégal, et aussi de ses promenades solitaires dans le désert qui forcent l'admiration des autochtones, jamais tentés de le prendre pour cible, préférant trouer de balles les portes en bois du fort espagnol. Un troisième fait état d'interminables parties d'échecs ou de non moins passionnants jeux de dextérité mentale. Jacques Néri, son radio, montre de drôles de petits dessins que Saint-Exupéry lui transmet pendant le vol, dont celui qu'il avait gribouillé au moment où, avec un moteur en panne, ils volaient au ras des flots et risquaient de finir leur course dans l'océan : on voit un petit bonhomme à poil qui lutte courageusement avec les flots. Saint-Exupéry est devenu un personnage quasi légendaire dont on raconte les exploits dans les troquets fréquentés par les pilotes, chaque récitant les amplifiant à son gré pour donner plus de piquant à son histoire. Les pilotes de la ligne l'estiment beaucoup, dit-on, sauf lorsqu'ils doivent voler avec lui. La direction préfère voir le bon côté des choses : « Dix-huit mois après l'arrivée de Saint-Exupéry au Cap Juby, nos relations se normalisaient avec les Maures, elles étaient devenues excellentes avec les Espagnols[36] », se souvient Didier Daurat.

À cela près que Cap Juby n'intéresse plus la Compagnie : le nouveau moteur Renault de 450 CV installé sur les Laté 25 et 26 permet des trajets de quelque 600 kilomètres et sa fiabilité rend les pannes sensiblement plus rares, en moyenne tous les 150 000 kilomètres, contre seulement 20 000 auparavant. L'itinéraire de Casablanca à Dakar peut se faire avec moins d'étapes et dans de meilleures conditions. Pour aller plus loin encore : à l'heure où les appareils de bord permettent enfin les vols de nuit, à l'heure où Charles Lindbergh traverse sans escale l'Atlantique Nord et Ramon Franco, en hydravion, l'Atlantique Sud, l'enjeu pour l'Aéropostale est d'assurer une liaison régulière à terme entièrement aérienne entre la France et les principales capitales sud-américaines : Rio de Janeiro, Montevideo, Buenos Aires et Santiago du Chili.

Pour la réussite de son projet, Didier Daurat a besoin de pilotes d'exception. Censés voler de nuit, ils doivent pouvoir se guider d'après les étoiles et maîtriser les techniques modernes d'orientation. Saint-Exupéry est du nombre de ceux qui sont pressentis pour piloter, le moment venu, les hydravions entre la côte du Sénégal et celle du Brésil. Il est rappelé en France pour suivre les cours de navigation aérienne que dispense à l'École navale de Brest un jeune lieutenant de vaisseau, Lionel-Max Chassin.

Saint-Exupéry quitte Cap Juby le dimanche 21 octobre 1928, avec, dans ses bagages, le manuscrit de ce roman « assez idiot[37] » qu'il a intitulé *Courrier Sud*. Il y est question d'avions et de pilotes, certes, mais surtout d'un certain bonheur qui, pour être inaccessible à ceux que leur devoir empêche de mener une vie « normale », n'en demeure pas moins une quête continuelle de tout un chacun, et d'Antoine de Saint-Exupéry en premier :

> Je rêve d'une existence où il y a une nappe, des fruits, des promenades sous les tilleuls, peut-être une femme, où l'on salue aimablement les gens quand on les rencontre au lieu de leur tirer dessus, où l'on ne se perd pas à 200 à l'heure dans la brume, où l'on marche sur un gravier blanc au lieu d'un éternel sable[38].

Le séjour de Saint-Exupéry à Cap Juby a été amer. Il serait faux de croire qu'il y a trouvé ne fût-ce qu'un rudiment du bonheur dont il rêve et que ne peuvent lui offrir ni l'aviation, ni la Ligne, ni même le sentiment du devoir accompli. « Je me demande si la vie la plus intelligente n'est pas d'être heureux[39] », s'interroge en soupirant Saint-Exupéry dans une de ses lettres à Lucie-Marie Decour.

Un livre où il n'est question que de la nuit

Être heureux !

Est-ce possible quand votre idéal de bonheur se trouve si loin des obligations d'un métier qui, une fois choisi, devient un devoir ?

C'est la question qu'Antoine de Saint-Exupéry se pose dans les cent soixante-dix feuillets qu'il transmet à Gaston Gallimard. Toujours à l'affût du bon coup, celui-ci trouve plus intéressant de publier ce roman, où il est question d'un métier inédit qui excite la curiosité publique, que l'histoire de cette Manon dont le métier est vieux comme le monde. Il transforme le contrat d'édition des quatre nouvelles, qui d'ailleurs n'existent pas, en un autre pour le roman qu'il a entre les mains. Gide lui en a dit le plus grand bien, et puis sa publication ferait sans doute plaisir à la très accueillante Yvonne de Lestrange. Laquelle trouve de son devoir de demander à Ramon Fernandez, qui lui aussi est un ami, de pondre une préface. Il le fait. Saint-Exupéry la trouve décevante. Il s'en plaint à Yvonne : « Français petit nègre, esprit facile. Et d'un bout à l'autre une espèce d'ironie protectrice qui m'agace.

Cela ne peut rien gagner à mon bouquin[1]. » Le ton est différent lorsqu'il en remercie l'auteur : « Je viens de recevoir votre préface, dont je vous remercie infiniment. Je crois que vous avez écrit le plus habilement possible ce qui concerne la Compagnie[2]... »

Il n'en reste pas moins que, de l'avis de Saint-Exupéry, son livre se portera mieux sans cette préface pour le moins maladroite.

Il n'est pas le seul à le penser. Gaston Gallimard suggère à Saint-Exupéry de solliciter un autre texte auprès d'un auteur de la maison qui est dans le vent et dont l'appui pourrait augmenter les ventes. Né à Saint-Petersbourg d'un père français et d'une mère russe, André Beucler a remporté en 1925 un grand succès de librairie avec son roman *La Ville anonyme*. Devenu du jour au lendemain un journaliste réputé, un auteur reconnu et un scénariste bien payé, il est l'obligé de Gaston Gallimard. Il s'empresse de répondre à la sollicitation du jeune auteur si bien recommandé et bâcle en deux jours un petit mot de présentation dont il regrettera plus tard le ton superficiel. Il n'a pas tort : après une belle citation d'Alain dont la seule vocation est d'épater le lecteur, André Beucler trouve utile de lui faire savoir que « Saint-Exupéry est un homme de haute taille, effacé et timide ». « Il n'est pas un écrivain », précise Beucler. Néanmoins, il « nous livre des impressions peu communes, mais authentiques, subies dans une offensive qui ne cesse jamais et d'une exactitude qui passe les plus fortes constructions romanesques ». Son style ? « Celui d'une sensibilité et d'une sincérité soumises à l'énergie et nées d'un métier magnifique[3]. »

Peut-être qu'après tout, par ce détournement malheureux vers ce qui n'est pas la littérature, André Beucler veut faire excuser les maladresses d'un auteur débutant. Elles sont réelles et gênantes. N'ayant pas l'assurance nécessaire pour offrir à son talent les formes qui lui conviennent, Saint-Exupéry emprunte celles qui font autorité sur le marché et s'efforce d'écrire un roman, ce qui n'est pas sa vocation.

L'histoire d'une jeune femme du monde qui quitte son mari pour vivre avec l'aviateur Jacques Bernis des amours trop éprouvantes, auxquelles elle préfère finalement la paix de son foyer bourgeois, a des relents autobiographiques. Elle est naïve. Elle est tellement simple, tellement banale, que l'auteur, prenant exemple sur ceux qui, pour des nécessités réelles dans leur cas, déconstruisent le roman, l'interrompt par des digressions inopportunes. Sous la pression d'une forme romanesque qui a ses exigences, ces diversions narratives semblent des remplissages, bien que ce fût ici, dans ces poches inutiles du point de vue de la structure, que se révèle un écrivain qui, par manque d'aplomb, occulte son originalité. Il ouvre une voie royale à ceux qui, prenant le parti de Beucler, pensent expliquer l'émotion qu'ils ressentent quand même à la lecture de *Courrier Sud* en imaginant qu'elle se doit à la valeur ajoutée des avancées techniques de la modernité.

Jacques Bernis, qui se tue en tombant avec son avion, est pilote de l'Aéropostale. Est-ce pour autant un roman d'aviation ? Oui, dans la mesure où certains romans importants de l'époque sont des romans « de guerre ». Néanmoins, personne ne s'aviserait d'appeler Henri Barbusse, Roger Martin du Gard ou Georges Duhamel des écrivains-soldats. Les auteurs ayant connu les tranchées de la Grande Guerre remplacent par leur expérience personnelle la documentation longue et minutieuse des « dossiers » de Zola. À cela près qu'une fois la guerre finie, ceux qui en font la substance de leurs livres n'apparaissent plus au regard simplificateur des commentateurs comme des militaires. L'aviation, elle, continue. C'est une malchance. Saint-Exupéry pilote toujours, ce qui fait écran à l'activité d'un auteur aujourd'hui encore affublé d'un bleu de travail qui nuit à sa stature littéraire. Ayant un métier dont il se sert imprudemment pour assurer la part anecdotique de son œuvre, il s'est livré pieds et poings liés à l'incompétence de nombre d'exégètes.

Le fait est qu'une fois de plus, surpris peut-être de se voir écrivain, lui qui voulait devenir architecte et faire de la peinture, lecteur assidu mais n'ayant jamais fait des études de lettres nécessaires à ses yeux pour se considérer compétent en art littéraire, Saint-Exupéry doute de la qualité de son travail. Il offre quand même le dossier de carton noir à tranche de cuir rouge sombre avec le manuscrit de son roman sur papier pelure à l'inoubliable Louise de Vilmorin, mais en attendant sa publication, pour se rassurer, il cherche, comme par le passé, l'approbation des autres. Il réveille ses amis en pleine nuit pour leur lire quelques pages de son livre qu'il serait peut-être bon de remanier, et assez souvent, au troquet, il sort de sa poche des pages froissées, sollicitant l'avis des compagnons occasionnels qui se doutent bien que ce qu'on leur demande est une admiration sincère et sans partage. Les nouveaux camarades de l'École navale de Brest qui, après les cours, se retrouvent au Café de la Marine, en face du château, font partie du lot. Le lieutenant de vaisseau Lionel-Max Chassin en témoigne :

> Dès que les bonnes feuilles du livre furent arrivées, j'eus droit à leur lecture et Saint-Exupéry se montra très anxieux de mon opinion sur son œuvre. [...] Que de belles pages dans ce livre ! La première en particulier. Toute la promotion la savait par cœur et nous comprenions fort bien que la correction de son premier roman empêchait l'auteur de travailler comme il convenait la navigation ou le compas[4].

C'est le moins qu'on puisse dire.

Après quelques semaines de congé à Agay et quelques autres passées à Paris où, logé à nouveau chez Yvonne de Lestrange, il suit à Saint-Cyr des cours de mise à niveau destinés à le préparer pour celui, supérieur, de navigation aérienne, en avril 1929 Saint-Exupéry arrive à Brest. L'enseignement dispensé doit familiariser les onze étudiants admis, dont neuf militaires, avec les nouvelles techniques d'orientation qui permettent, compte tenu de la position des étoiles et avec l'aide d'un certain nombre d'appareils de conception récente, de suivre un itinéraire précis en utilisant uniquement les instruments de bord. Lionel-Max Chassin se souvient :

Parmi les élèves, Saint-Exupéry se signala vite par son étourderie et sa vive intelligence. Autant sur le plan théorique il était parfois brillant, autant dans les exercices pratiques que nous exécutions chaque jour il se montrait maladroit, gauche et pour tout dire mauvais[5].

Bref, Saint-Exupéry, que ses camarades, au courant de ses exploits africains, appellent « Juby », échoue « lamentablement » à l'épreuve de compensation de compas, manque de peu de se noyer avec son hydravion en tirant, au décollage, le manche, comme pour les avions, au lieu de le pousser, casse un cadran Favé et ajoute à ses nombreuses négligences des retards qui lui sont tellement naturels qu'on commence, presque, à les lui excuser. Très fort en mathématiques, il aurait pu, de l'avis de son professeur, suivre facilement les cours mais « malheureusement il ne travaillait pas beaucoup [...] préoccupé par la correction des épreuves de son prochain livre[6] ».

C'est un diagnostic superficiel.

À Brest, Saint-Exupéry se sent « triste et vermoulu[7] ». L'existence qu'il mène ne le satisfait pas et, de toute évidence, les perspectives que lui ouvrent les cours de navigation aérienne ne l'intéressent pas. Il rêve de la maison de Saint-Maurice et de son « coffre » :

J'y engloutis depuis l'âge de sept ans mes projets de tragédie en cinq actes, les lettres que je reçois, mes photos. Tout ce que j'aime, pense et tout ce dont je veux me souvenir. Quelquefois j'étale tout pêle-mêle sur le parquet. Et à plat ventre je revois des tas de choses. Il n'y a que ce grand coffre qui ait de l'importance dans ma vie[8].

Le résultat, c'est qu'à la fin du cours Antoine de Saint-Exupéry se retrouve parmi les derniers. Plus exactement le neuvième des onze inscrits. Pour maintenir la cote d'un enseignement que l'on veut drastique et sélectif, la direction de l'École exige qu'il y ait deux recalés. L'avant-dernier classé, encore plus nul que Saint-Exupéry en « navigation aérienne », porte l'uniforme et risque d'être plus utile à la patrie qu'un civil, fût-il à particule. Le classement est bousculé et Saint-Exupéry n'obtient pas son diplôme, ce dont il se moque éperdument.

Didier Daurat aussi, qui lui garde toute sa confiance, peut-être moins en tant qu'aviateur. La difficile mission d'acheminer le courrier par voie aérienne de Natal, sur la côte brésilienne, où le dépose la corvette rapide venue de Dakar, vers Rio de Janeiro, Montevideo, Buenos Aires et Santiago du Chili est finalement confiée à Jean Mermoz et Henri Guillaumet. Après avoir établi, en mai 1928, la liaison Rio de Janeiro-Buenos Aires, le 14 juillet 1929, après plusieurs tentatives échouées, obligés de se poser en catastrophe dans des endroits insensés, au milieu des neiges éternelles, et d'affronter un froid de – 40°, Mermoz et Guillaumet inaugurent officiellement la ligne Buenos Aires-Santiago du Chili. C'est un trajet particulièrement difficile. Le pilote doit traverser les Andes en se frayant un chemin entre des pics qui culminent souvent audessus de 5 000 mètres, à la merci des courants extrêmement puissants qui, venus des deux océans, remontent des deux côtés les pentes abruptes et, lorsqu'ils se rencontrent, produisent des tourbillons particulièrement dangereux.

Exactement au même moment, revenu à Paris, Saint-Exupéry reçoit enfin les premiers exemplaires de son premier livre. Il en a l'air ravi. Le soir même, il dîne à La Maisonnette basque, dans le dix-septième arrondissement, avec le chef de l'aéroport d'Agadir, Charles de Verneilh. Arrivé en retard, comme d'habitude, il sort de sa poche un exemplaire tout frais, tout neuf de *Courrier Sud* qu'il dépose sans un mot sur la table. Pendant le repas, il ne cesse de le regarder. De temps en temps, il caresse furtivement la couverture.

Antoine de Saint-Exupéry ne reste que peu de temps à Paris, où il lie néanmoins de nouvelles amitiés. Joseph Kessel, lui-même pilote, qui a obtenu, en 1926, le Grand Prix du roman de l'Académie française pour *Les Captifs*, le trouve fort sympathique et bon camarade de beuveries intellectuelles. Saint-Exupéry l'associe à un groupe de joyeux drilles, parmi lesquels, entre beaucoup d'autres, aussi massif et gourmand qu'exquis poète, Léon-Paul Fargue, leur aîné ; méritent d'être mentionnés aussi le diligent Jean Prévost, André Beucler qui arrive parfois au bras de sa tellement splendide Natacha qu'il n'en divorce que pour l'épouser à nouveau, et le gentil Jean Lucas, l'ancien chef d'escale de Port-Étienne, qui a écouté avec dévouement tant de pages de celui qui n'était à l'époque qu'un auteur en herbe. Ils passent souvent ensemble des soirées inoubliables aux Deux Magots, chez Lipp, au Bœuf sur le toit, et dans différents cafés et restaurants ouverts jusqu'à l'aube, répandus dans tout le grand Paris. Ils boivent modérément des alcools forts et débattent de tous les sujets possibles et imaginables. André Beucler se souvient « des prises de bec à propos de Spinoza, de la beauté grecque, de la poésie, de l'amour libre, des mécaniques sociales, de l'algèbre ou des jeux de mots[9] ». Il oublie, et il a tort, les histoires grasses, les chansons de caserne, les potins mondains, les tours de cartes, les confidences grivoises, les déclamations mugissantes de poèmes sublimes et la lecture à voix très haute de textes non moins inouïs, ce que les autres clients apprécient ou non, selon leurs goûts et les circonstances ; ils applaudissent parfois, immanquablement interloqués.

Toujours sans un sou, ce qui ne le gêne guère dans la mesure où il trouve toujours quelqu'un pour l'inviter ou lui prêter de quoi payer les consommations de tout le monde, Antoine de Saint-Exupéry, qui semble préférer la vie de bohème et les palabres anagogiques aux plaisirs d'un travail contraignant et aux récits de cambouis, n'a pas les moyens pour renoncer à ses appointements de l'Aéropostale. La direction l'envoie à Toulouse où il reprend du service sur la ligne de Dakar. Entre deux courriers, il essaie les nouveaux appareils qui sortent des usines Latécoère, dont les performances s'améliorent tous les jours et permettent à la Compagnie de faire des projets de plus en plus audacieux.

Dans les premiers jours de septembre de cette mémorable année 1929, en revenant à Toulouse avec le courrier d'Espagne, Saint-Exupéry reçoit une notification qui lui apprend sa nomination à

Buenos Aires, où se trouvent déjà Mermoz et Guillaumet. On ne lui en dit pas plus. Il a une semaine pour préparer ses bagages. Lesquels ? Il n'en a pas. Depuis qu'il a quitté à quatorze ans Le Mans, Antoine de Saint-Exupéry n'a plus de chez-lui que pendant les vacances, à Saint-Maurice ou chez Gabrielle et Pierre d'Agay. Il a passé sa vie chez les autres, chez Yvonne de Lestrange, chez les Churchill, chez le capitaine Priou, dans un meublé à Strasbourg ; il a passé sa vie dans des chambres d'hôtel : La Louisiane, Le Titania, Le Balcon de Toulouse, l'Europe de Dakar, l'Excelsior de Casablanca, l'Hôtel Café de la Poste, au bout du pont Faidherbe, à Saint-Louis-du-Sénégal ; il vient de passer une année dans une baraque à Cap Juby avec pour seul mobilier quelques planches et deux barriques à essence vides.

C'est dire si ses bagages sont vite faits.

Durant la semaine qui lui reste avant de quitter l'Europe pour un an ou deux au moins, il fait des adieux. Il passe en coup de vent à Agay et à Saint-Maurice, s'arrête un jour à Lyon. À Paris, il ne trouve pas ceux qu'il cherche. Certains de ses anciens amis n'y habitent plus. D'autres prolongent leur vacances : Henry de Ségogne est à Chamonix, Lucie-Marie Decour à Juan-les-Pins, Yvonne de Lestrange à Chitré, à la frontière de la Touraine et du Poitou, dans son magnifique château Renaissance dont elle vient d'hériter et où elle accueille déjà, entre autres, pour des fêtes somptueuses, ses amis écrivains. Antoine de Saint-Exupéry lui annonce quand même son départ imminent. Yvonne, qui l'aime bien parce qu'elle l'aime en amie, vient lui souhaiter bon voyage à Bordeaux. Elle est chargée de lui remettre en main propre une lettre de Lucie-Marie Decour, qui lui annonce ses fiançailles avec un jeune avocat ayant perdu la vue pendant la guerre, ce qui doit mettre fin à leur correspondance.

Yvonne, qui a des manières, transmet cette lettre au dernier moment, sur le quai, à l'instant où Antoine l'embrasse avant de monter à bord du cargo *Les Chargeurs réunis*, qui met trois semaines pour rejoindre Buenos Aires.

Trois semaines, c'est long.

Saint-Exupéry commence par répondre à Lucie-Marie Decour. Il la félicite pour ses fiançailles. Il est amer :

> Je suis extrêmement triste de perdre un peu une amie. Tous mes amis se marient et, ensuite, ce n'est plus pareil. Ils construisent leur petit mur. Ensuite, j'ai toujours l'impression d'être en dehors[10].

Il ne peut s'empêcher de distiller quelques insinuations méchantes dont il s'excusera par la suite. Il écrit aussi à Marie de Saint-Exupéry. Il trouve plus sage de lui cacher cette nouvelle défection d'une bru possible. Il préfère lui parler de ses adieux à Yvonne, de ses passe-temps à bord, de Gallimard qui lui demande un nouveau roman, de la pluie et du beau temps et de cette « avenue qui va de Toulouse au Sénégal » qu'il connaît par cœur « rocher par rocher, arbre par arbre, dune par dune[11] ». À Dakar, il poste les deux lettres.

Puis, c'est l'ennui. Saint-Exupéry regarde la mer

« d'huile », tellement immobile « qu'on ne la voit pas glisser », s'amuse des « exhibitions » des poissons volants et des requins, passe son temps en compagnie d'un groupe de jeunes filles surveillées par leurs mères « épaisses » : « On joue aux charades, on se déguise, on invente des petits papiers. Hier on jouait à colin-maillard et au chat perché. Je me retrouve à l'âge de quinze ans[12]. »

La nuit, sur le pont, le capitaine du navire lui donne des étoiles une vision différente de celle, mathématique, de l'École de Brest : « Vous voyez ça ? demandait-il. — Oui, commandant. — C'est un beau bijou. C'est la Croix du Sud[13]. » Il sait exactement de quel point de la mer elle doit surgir. Il l'attend « comme un trésor enfoui qu'il revenait chercher[14] ». « C'est un paysan de la mer », conclut Saint-Exupéry.

Antoine de Saint-Exupéry arrive à Buenos Aires le 12 octobre 1929. Reine, Mermoz et Guillaumet l'attendent sur le quai. Ce dernier est content : il lui a déniché un bel appartement qui, lui dit-il, le changera de sa baraque de Cap Juby. Il ne se doute pas que son camarade préférait de loin les incommodités du désert à cette ville « odieuse, sans charme, sans ressources, sans rien[15] », une ville « lugubre » qui est « une autre forme de désert » : « on dirait un gros pâté mal cuit[16] ». Quant à son appartement, un meublé dans un immeuble de quinze étages de la très chic Calle Florida, il le trouve plutôt sinistre : « sept étages au-dessus, sept au-dessous de moi et une énorme ville de béton autour. J'aurais la même sensation de légèreté au milieu de la Grande Pyramide[17]. » Il n'aime pas le pays non plus : « Il n'y a pas de campagne en Argentine », écrit Saint-Exupéry pour dissiper les éventuelles illusions de sa mère qu'il a invitée à le rejoindre. « Rien. On ne peut jamais sortir de la ville. Dehors il n'y a que des champs carrés, sans arbres, avec au centre une baraque et un moulin à eau en fer. Pendant des centaines de kilomètres en avion on ne voit que cela. Impossible de peindre. Impossible de se promener[18]. » Pour couronner le tout, il déteste les Argentins. Plus exactement ces nouveaux riches que leurs concitoyens envient et imitent, tous préoccupés uniquement par « des statistiques, des assurances et calcul des probabilités. [...] On ne t'en veut pas, on t'ignore. [...] Je n'aime pas du tout cette distance interplanétaire qui sépare les individus[19]. »

Seule consolation, ses appointements. Directeur d'exploitation de l'Aeroposta Argentina, filiale de l'Aéropostale, son salaire mensuel est de 20 000 francs. Saint-Exupéry paie une partie de ses dettes et s'achète « tout ce dont il rêvait » : une belle valise en cuir, un chapeau « extra souple » et un chronomètre à trois aiguilles — c'est triste parce que n'ayant pas d'autres envies, il n'a plus « rien à espérer[20] ». Il envoie tous les mois 2 000 puis 3 000 francs à sa mère à laquelle il propose aussi de lui payer un séjour au Maroc pour qu'elle puisse se reposer et peindre. Elle peut enfin être fière de son fiston. Il lui écrit :

Je ne peux pas vous dire quel plaisir ma situation me fait pour vous. C'est une belle revanche de votre éducation, ne trouvez-vous pas ? On vous l'a tant reprochée. Ce n'est pas mal d'être directeur d'une si grosse affaire à vingt-neuf ans. N'est-ce pas[21] ?

Ses obligations de service ? Sous l'autorité discrète, purement publicitaire, d'un directeur général local, le célèbre Vincente Almandos Almonacid, surnommé « El Condor de la Rioja » depuis qu'en 1920 il avait traversé la cordillère des Andes à bord d'un Spad XIII, Saint-Exupéry doit administrer au jour le jour la filiale argentine de l'Aéropostale. Il veille au respect du règlement et des horaires, autorise l'ajournement des vols en fonction des conditions météorologiques, gère les équipements, surveille les aéroports et engage le personnel. Il doit aussi faire le nécessaire pour ouvrir quelques nouvelles lignes, notamment vers la Terre de Feu. Deux jours après son arrivée, en compagnie de Paul Vachet, qu'il est venu remplacer, Saint-Exupéry fait son premier vol vers Bahia Blanca, première étape sur la route de Comodoro Rivadavia et Rio Gallegos, à quelque 2 000 kilomètres au sud de Buenos Aires. Il refait le trajet quelques jours plus tard pour repérer des terrains d'atterrissage susceptibles d'accueillir les nouveaux Laté 28 censés servir sur cette ligne et qui, plus lourds, ont besoin d'une piste suffisamment longue. Le 1er novembre 1929, Mermoz, qui avait inauguré en juillet la ligne transandine vers Santiago de Chili, inaugure celle de la Terre de Feu, tout aussi dangereuse : le vent souffle souvent à 200 kilomètres à l'heure et, en dépit de leur puissance, face au vent, les nouveaux appareils, qui ne peuvent développer qu'une vitesse à peine plus importante, font du sur-place ; Saint-Exupéry signe un ordre qui interdit aux pilotes d'atterrir si la vitesse du vent dépasse 150 kilomètres-heure.

Vu les distances, une tournée d'inspection suppose de parcourir d'un coup une dizaine de milliers de kilomètres. Capable de piloter vingt heures d'affilée, Saint-Exupéry en profite. Quitter Buenos Aires le réconcilie provisoirement avec la vie. Il aime la solitude absolue des heures passées dans la carlingue de l'avion qui, sauf accident, suit tout seul son chemin, donnant au pilote le loisir de se laisser bercer par ses songes. À l'extrême sud du continent, près du détroit de Magellan, le paysage est plus vert et les hommes, « à force d'avoir froid », plus attachants. Il trouve du charme aux petites villes en tôle ondulée où, avant même d'avoir fini d'aménager leurs modestes habitations préfabriquées, les pionniers s'empressent d'installer, toujours en tôle ondulée et toujours démontables, une église, un cinéma et un bordel. L'océan d'un côté, la montagne de l'autre sont d'une beauté vertigineuse, à couper le souffle. Lorsque les forces de la nature se déchaînent, le spectacle est tellement éblouissant qu'il vous fait oublier le danger :

> Comme la cordillère des Andes est extraordinaire ! Je m'y suis trouvé à 6 500 mètres d'altitude à la naissance d'une tempête de neige. Tous les pics lançaient de la neige comme des volcans et il me semblait que toute la montagne commençait à bouillir[22].

Guillaumet, marié depuis peu, faillit le payer de sa vie.

Après avoir dû, la veille, rebrousser chemin à cause des conditions météorologiques, le vendredi 13 juin 1930, en plein hiver austral, Guillaumet quitte Santiago du Chili pour Mendoza, en Argentine, de l'autre côté des Andes. Son Potez 25, un avion léger, de faible puissance, lui permet de voler à une altitude de 6 500 mètres. Une fois contourné le volcan Tupungato, il peut survoler sans soucis les pics Maipu et Cerro Alto Los Leones pour entamer la descente vers Cuyo. Peu après le décollage, il est pris dans une tempête de neige. Un tourbillon le fait plonger de 3 000 mètres. Quand il réussit à reprendre le contrôle de l'appareil, il se retrouve dans une masse de nuages dont il lui est impossible de se dégager et qu'il serait suicidaire d'essayer de percer, naviguant à l'aveugle au milieu des sommets qui culminent au-dessus de 5 000 mètres. Il tourne en rond pendant une heure en espérant une éclaircie. Puis, craignant la panne sèche, il se pose près du lac Laguna Diamante où il avait repéré une surface plane. À l'atterrissage l'avion capote et s'enfonce dans la neige. Guillaumet se dégage de la cabine mais le vent le renverse. « La tempête faisant rage, je décidai de m'abriter sous le plan de l'avion retourné en faisant un trou dans la neige au moyen d'une porte de visite[23] », raconte Guillaumet dans le rapport remis à la Compagnie après l'accident. Il n'oublie pas de mentionner qu'avant de se fourrer dans sa tanière, il a pris soin de mettre à l'abri les sacs avec le courrier pour l'Europe. Il reste dans son trou deux jours. Dimanche, le ciel s'éclaircit. Il aperçoit un avion qui le cherche. C'est sans l'ombre d'un doute celui de Saint-Exupéry : personne à part lui ne prendrait le risque de voler aussi bas pour se donner plus de chances de retrouver son ami.

Peine perdue.

Guillaumet lance des fusées sans être aperçu : « Ceci est très explicable étant donné la couleur de l'avion, qui se confond avec la neige, la fumée des fusées qui est blanchâtre et la grande altitude à laquelle l'avion est obligé de survoler cet endroit qui est entouré de montagnes atteignant 5 500 mètres[24]. » Persuadé qu'il n'a aucune chance d'être repéré par ceux qui le cherchent et qu'après la tempête il dispose de plusieurs jours de beau temps et du clair de lune, Guillaumet, qui a quelques vivres et une petite boussole, décide de partir vers l'est. Il estime que les premiers endroits habités se trouvent à une soixantaine de kilomètres à vol d'oiseau et que ce n'est pas déraisonnable d'essayer d'y arriver. Il se trompe. En haute montagne, cette distance est colossale. Il doit monter et descendre des pentes rudes, faire de longs détours pour contourner des obstacles infranchissables, suivre le lit de torrents tellement rapides qu'ils ne sont que partiellement gelés à – 30°, avancer prudemment pour échapper aux pièges des glaces et de la neige qui cachent des crevasses. Il aperçoit parfois des avions qui tournent en rond : les camarades le cherchent toujours.

Ils ne le voient pas.

Pendant cinq jours les pilotes de la ligne survolent la montagne sans repérer l'épave de l'avion et d'autant moins cette silhouette minuscule perdue dans les vallées enneigées. Sollicités, les gens du lieu refusent de s'aventurer dans les montagnes avec une caravane de secours : « Les Andes, en hiver, disent-ils, ne rendent point les hommes[25]. » À supposer que le pilote eût survécu au crash, il serait mort de froid. Saint-Exupéry lui-même a perdu tout espoir de retrouver Guillaumet vivant :

> Et lorsque, de nouveau, je me glissais entre les murs et les piliers géants des Andes, il me semblait non plus te rechercher, mais veiller ton corps, en silence, dans une cathédrale de neige[26].

Le troisième jour, dans l'eau jusqu'aux genoux, Guillaumet suit le lit de Rio Papagallos. Il ne fait, dans la journée, que quelques kilomètres. À la tombée de la nuit, il ne veut pas s'arrêter, craignant de s'engourdir. La lune ne s'est pas encore levée, il avance à la lumière de sa lampe de poche. Affaibli, le lendemain, il fait une chute d'environ cinquante mètres : « Contusion côté droit. Perte de ma valise de vivres et lampe électrique. Chevilles en sang. Pieds très enflés. Je suis obligé de fendre mes chaussures pour les garder aux pieds[27]. » Sans vivres, blessé, épuisé, Guillaumet ne peut pas se laisser mourir : trop éloigné de l'épave de l'avion qui sera peut-être découverte un jour, il y a peu de chances qu'on retrouve sa dépouille. En l'absence de celle-ci, sa femme ne touchera la prime d'assurance qu'au bout de quatre ans. Il ne peut pas lui faire ça !

Les jours suivants, Guillaumet suit la rivière, au risque d'être emporté par le torrent. Il mange des herbes. Après une marche de cinq jours et quatre nuits, il arrive enfin à un ranch. Le lendemain, il est conduit à San Carlos à dos de cheval puis en voiture de police à Mendoza, où Saint-Exupéry vient le récupérer le vendredi 20 juin. « Ce que j'ai fait, je te le jure, jamais aucune bête ne l'aurait fait[28] », lui dit Guillaumet.

Deux semaines après, c'est Mermoz qui faillit y rester.

Après avoir franchi à la fin mai l'Atlantique Sud d'est en ouest, il veut refaire le trajet en sens inverse. Alourdi par les sacs de courrier et gêné par un vent contraire, il n'arrive pas à faire décoller son hydravion. Après une trentaine de tentatives échouées, ayant trouvé un plan d'eau mieux orienté par rapport au vent, avec l'aval de Marcel Bouilloux-Lafont, mais contre l'avis de Didier Daurat, qui considère qu'après avoir poussé tant de fois l'appareil à ses limites une révision des moteurs s'impose, Mermoz part quand même vers l'Afrique le 7 juillet à 16 h 30, accompagné d'un mécanicien et d'un radio. Pendant la nuit, il est surpris par une tempête. Il réussit à la traverser mais une fuite d'huile importante ne lui laisse aucune chance d'arriver à Saint-Louis. Un des bateaux de secours positionnés par la Compagnie sur le trajet est à proximité. Mermoz réussit à se poser au plus près et à l'aborder. Mais la mer est démontée. Mermoz, Dabry et Gimié réussissent à jeter sur le pont les sacs du courrier et à monter à bord. L'hydravion *Comte de la Vaulx* est englouti par les flots.

C'est beau, c'est héroïque, c'est trépidant, Saint-Exupéry est le premier à le reconnaître, mais cela ne semble pas lui procurer des joies démesurées.

Au contraire : « Je suis extrêmement malheureux d'être ici[29] », écrit-il à Yvonne de Lestrange. Il est encore plus explicite dans une lettre à Rinette :

> Je me sens alourdi et vieilli par un rôle que je n'ai pas désiré — car je suis directeur de l'exploitation de la Compagnie Aeroposta Argentina, filiale de l'Aéropostale et créée pour les lignes intérieures. J'ai un réseau de trois mille huit cents kilomètres qui me suce, seconde par seconde, tout ce qui me restait de jeunesse et de liberté bien-aimée[30].

Il a le sentiment de se dissiper, de se perdre, de s'égarer dans une vie qui n'est pas la sienne : « Je me sens si loin de moi[31]. » Certes, cela ne l'empêche pas de s'amuser, de fréquenter les cinémas et les bars, d'aller à la fête foraine avec les Guillaumet et de se faire photographier avec eux dans la carlingue d'un avion en carton, de faire la bringue avec des « amis délicieux » et avec ses camarades pilotes dont certains se laissent abuser : « C'est en Argentine que Saint-Exupéry a été le plus heureux[32] », affirme, sûr de lui, le commandant Jean Dabry.

On peut en douter.

Et l'indifférence de ses amies Renée de Saussine et Louise de Vilmorin, qui omettent de l'avertir qu'elles sont à Rio où il pourrait les rejoindre, ce qu'il apprend par hasard, n'est pas de nature à apaiser les amertumes de celui qui se sent exilé, pour des années peut-être, au bout du monde, oublié par ses amis, dédaigné par les jeunes filles de son milieu, obligé, faute de pouvoir avoir une famille et couler l'existence paisible d'un hobereau campagnard, de chercher son bonheur dans la solitude des vols et dans des conversations sans intérêt aux tables des établissements fréquentés par les pilotes de l'Aéropostale : Le Père Bach, le Richmond Bar ou Le Tabaris, un night-club où s'exposent presque nues des jeunes filles légères.

Pour se consoler, Antoine de Saint-Exupéry a repris la plume. Sur un papier à l'en-tête de l'Universal Hotel de Monte Caseros, une petite ville située à quelque 500 kilomètres au nord de Buenos Aires, il note quelques lignes où il est question d'une tempête qui s'annonce menaçante pour l'avion parti de Patagonie vers Buenos Aires. Il y a des ratures dont la logique nous échappe : l'éclair « faible comme un phare à éclipses » surgit « à droite ». Saint-Exupéry efface de quatre petits traits « droite » et écrit au-dessus « gauche[33] ». C'est, paraît-il, la première ébauche de ce que sera son prochain roman. Saint-Exupéry travaille de manière discontinue. Il empile des feuilles éparses avec, pêle-mêle, des notes, des phrases disparates, des souvenirs, des fragments d'une histoire encore inexistante même dans sa tête, des citations de ses lettres, des aphorismes, des bribes de dialogues. Ce sont les morceaux d'une sorte de puzzle à l'envers : les pièces ne sont pas les parties éparpillées d'une image globale ; elles existent par elles-mêmes et c'est leur accumulation qui doit finalement, un jour, faire surgir le spectre d'un livre dont l'auteur doit ensuite élaborer le corps viable.

Ce n'est pas encore le cas.

En attendant, Saint-Exupéry travaille aussi au scénario d'« un grand film » qu'il espère « pouvoir monter un jour[34] ». Il s'est acheté une petite caméra et s'exerce à la prise de vues.

Une fois de plus, Saint-Exupéry semble avoir terriblement besoin, pour se rassurer, de l'admiration, fût-elle complaisante, des autres. Hélas, il doit se sentir bien seul dans un pays où ceux qu'il connaît, pilotes pour la plupart, ne semblent pas à même de goûter sa littérature. Heureusement, il y a Paul Dony, le trésorier de l'Aéropostale. Cultivé, possesseur d'une très riche bibliothèque et partenaire privilégié, avec sa femme, des jeux littéraires qu'invente Saint-Exupéry, il est celui que l'on réveille en pleine nuit pour écouter les bouts de texte que son ami vient d'écrire. Celui-ci profite du passage de Didier Daurat et d'un vol qu'ils font ensemble à Comodoro-Rivadavia, pour lui lire « après avoir un peu hésité[35] » quelques fragments de son nouveau roman. Il le fait aussi, peut-être, pour s'assurer que son directeur ne trouve pas fâcheuses les ressemblances d'un des héros du livre, Rivière, avec lui-même. Didier Daurat ne trouve pas utile de nous faire part de ses impressions. Il se contente d'intituler un sous-chapitre de ses *Mémoires* « Je ne suis pas Rivière » : « Je crois la vérité à la fois moins belle et plus simple que la fiction. Saint-Exupéry a créé le personnage inoubliable de Rivière ; il se suffit à lui-même. Quant à moi, j'ai la fierté et la joie d'avoir aidé de mon mieux des hommes d'exception à se surpasser[36]. »

Saint-Exupéry est plutôt content de son manuscrit : « J'écris peu, je n'ai pas le temps, mais le livre que je forme si lentement serait un beau livre[37] », fait-il savoir à sa mère.

Un livre d'aviateur ?

Certainement pas :

J'écris un livre sur le vol de nuit. Mais dans son sens intime, c'est un livre sur la nuit[38].

Quelle trahison, toutes ces exégèses qui nous cassent les méninges avec des considérations d'ingénieur aéronautique, toutes ces adaptations au théâtre qui nous cassent les oreilles avec des vrombissements d'avion et en faisant crier des ordres à la soldatesque. *Vol de nuit*, qui s'élabore entre deux transports de courrier, entre un raid d'inspection et un autre pour chercher des pistes pour les nouvelles lignes, est un livre du silence et de l'obscurité, le livre de ce que l'on découvre justement quand le bruit des moteurs s'évanouit et quand les contingences rugueuses de la vie ordinaire disparaissent.

Il n'est peut-être pas superfétatoire de rappeler ici un article de 1934 où Saint-Exupéry donne son avis sur l'adaptation cinématographique de son roman, qui de toute évidence ne le satisfait pas. Aimable, il cherche des excuses au réalisateur : l'art cinématographique, dit-il, n'est pas à même de surprendre cette substance intime de la littérature dont parle Flaubert. Il le cite : « Dans *Madame Bovary* j'ai avant tout cherché à exprimer une certaine couleur jaunâtre de l'angle des murs d'une chambre humide. » Et Saint-Exupéry de conclure :

Le véritable sujet de son livre était un certain lot d'émotions confuses, un certain climat intraduisible, une certaine attitude intérieure que le comportement des personnages et le déroulement des événements, réduits au rôle de symboles, n'avaient pour but que de ressusciter[39].

Ces « émotions », ce « climat », cette « attitude intérieure » sont le véritable sujet de *Vol de nuit*. Trop courtois pour avouer qu'il ne se reconnaît pas dans ce film d'action, Saint-Exupéry lui concède des mérites qui n'ont rien à voir avec sa littérature. Le film de Clarence Brown rend bien « l'atmosphère de l'aviation commerciale ». Il permet aussi aux pilotes de revendiquer « l'autorité, la réserve et la dignité d'un capitaine de navire[40] ».

Et il n'est pas certain qu'entre la logique du bonheur et celle du devoir, qui s'affrontent dans son roman, le directeur d'exploitation d'Aeroposta Argentina, qui avait déjà renoncé à l'aviation pour sauver ses fiançailles, se range, comme on voudrait nous le faire croire, du côté des preux, un habit auquel il renoncerait volontiers si on lui en prêtait un autre : « Je voudrais bien aussi me marier[41] », écrit-il à Marie de Saint-Exupéry le 20 novembre 1929, à peine débarqué en Argentine.

Une revanche tropicale

Consuelo Suncin Sandoval de Gomez n'est pas une jeune femme ordinaire, c'est le moins qu'on puisse dire. Menue et d'une constitution délicate, elle donne le sentiment d'une extrême fragilité, qui n'est peut-être pas toujours feinte. Avec l'alibi d'une légitime défense qu'elle applique en prévision d'attaques éventuelles, elle prend de telles libertés avec le bon sens et la morale qu'on finit par la croire vraiment menacée par des dangers qui, bien qu'insaisissables, sont autant d'invitations faites aux hommes à la protéger. Elle accepte leur assistance sans états d'âme. Elle le fait d'autant plus qu'elle est animée d'énormes ambitions sociales et qu'ayant déjà trop usé de son charme indiscutable pour les satisfaire, il serait discourtois de faire état de scrupules que, de toute évidence, elle n'a pas. Son esprit malin lui offre en toutes circonstances de bonnes raisons d'entreprendre ce qui lui semble souhaitable, ou simplement avantageux pour elle. Elle le fait d'autant plus que ses talents artistiques ne lui apportent pas la renommée à laquelle elle aspire, obligée de briller par le talent de ceux qu'elle séduit et dont l'aura lui offre un éclat d'emprunt, néanmoins suffisant pour apaiser quelques complexes d'infériorité tellement comblés qu'ils sont devenus, presque, ceux d'une supériorité sincère.

La minutie avec laquelle elle soigne son visage, qui est agréable sans plus, en épilant ses sourcils devenus aussi minces qu'un trait de plume, en abusant des ombres à paupières pour rendre profond un regard qui ne l'est pas, en redessinant avec du rouge à lèvres les siennes, trop minces, n'exprime pas une confiance absolue dans une beauté qui gagne à être aménagée. Sa petite taille n'est pas non plus un atout pour celle qui voudrait se faire remarquer du premier coup. Consuelo Suncin compense ce léger inconvénient par des tenues voyantes et une allure qui, faute de pouvoir ressembler à la nonchalance lente des fauves puissants, est celle, rapide, des petits animaux qui, toujours menacés, courent d'un abri à l'autre en faisant un maximum de bruit pour impressionner les prédateurs.

Et puis, née dans un pays où les maîtres sont de race blanche, elle porte peut-être en elle, indélébile, la honte inavouée d'être métisse. Le « sang indien est à la mode à Paris[1] », note Consuelo, ce qui n'a pas l'air de la dédouaner d'une origine qui n'est pas celle des Saint-Exupéry, accusés à tort d'être rebutés par « les mélanges de sang » — récrimination que rien n'atteste, même s'il est vrai qu'on lui reproche une façon de vivre qui n'est pas celle d'une « mère de famille », ce que l'on peut regretter lorsque cela aboutit à l'extinction d'une lignée vieille de mille ans.

Consuelo est née le 16 avril 1901 à dix heures du soir à Armenia, au Salvador*.

Son père, le colonel Felix Suncin (ou Sunzin) a fait fortune avec ses plantations de café et compte parmi les gens les plus riches du pays. Il est autoritaire et d'une férocité si peu commune qu'on lui soupçonne des accointances avec des forces surnaturelles maléfiques. La justice immanente l'aurait frappé en lui enlevant ses quatre fils, tous morts en bas âge. Il aura ensuite trois filles. Maria Consuelo est l'aînée.

On ne sait presque rien de la Guatémaltèque Ercilia Sandoval, la mère de Consuelo. Elle l'aurait mise au monde prématurément, au moment d'un tremblement de terre tellement énorme qu'il aurait fait pivoter la maison, de sorte que les fenêtres du salon, qui s'ouvraient vers la mer, s'étaient retrouvées face à la montagne[2]. À moins que cet enfant à peine née ne fût sauvée de sous les décombres de la maison détruite par ce terrible cataclysme qui aurait tué sa mère. Pourquoi pas, après tout ? Consuelo, qui donne parfois cette version de sa naissance, se doute bien que personne n'ira chercher à l'autre bout du monde ses deux sœurs cadettes, qui apparaissent dans plusieurs photos avec leur mère ; et que personne n'aura le mauvais goût de remarquer que, si les secousses sismiques sont fréquentes au Salvador, il n'y en a pas eu d'impor-

* Son acte de mariage avec Antoine de Saint-Exupéry donne comme date de naissance de l'épouse le 10 avril 1902. Dans une « Feuille de renseignements » d'Air France reproduite dans *Icare*, n° 71, p. 88, Saint-Exupéry indique que sa femme est née en 1903. Consuelo affirme plus tard être née en 1906. Sur sa pierre tombale au Père-Lachaise, l'année gravée est 1907.

tantes du 4 mars 1873 au 8 juin 1917. D'autres fois, Consuelo raconte qu'elle est mort-née. Un sorcier, son père peut-être, aurait plongé le petit cadavre dans du miel et l'aurait exposé aux piqures des abeilles dont le venin lui aurait rendu la vie. D'autres fois encore, la jeune fille se déshabille pour s'enduire le corps de miel afin d'attirer les papillons exotiques qui la recouvrent d'un merveilleux habit multicolore et frémissant — inventée peut-être, l'histoire n'en est pas moins édifiante pour donner une idée de la personnalité fantasque de celle qui, encore enfant, avoue à confesse être « une fille d'Ève ».

Consuelo, qui donne ces différentes versions de sa naissance, où il est souvent question de son père et beaucoup moins de sa mère, n'a peut-être pas envie de reconnaître qu'elle est la fille d'une « Indienne » et que sur son acte de naissance, il est spécifié qu'elle est une *ladina*, une métisse.

Dans un pays où les stratifications raciales justifient celles du pouvoir, cette condition inférieure offre en compensation à la jeune fille certains avantages : elle est éduquée comme une fille de Blanc fortuné tout en jouissant de la liberté de ceux qui n'ont pas à défendre la pureté de leur sang. Elle n'a pas trop d'application pour l'étude : « Je ne veux pas étudier et devenir aveugle », dit-elle à Margarita del Carmen Brannon Vega, une jeune fille de son âge, née elle aussi à Armenia, qui deviendra, sous le nom de Carmen Lars, un écrivain important et qui en parle dans son livre *Tierra de infancia*. « Si tu peux garder un secret, je vais te dire qu'un jour je serai reine dans un pays lointain où j'aurai des robes couvertes d'or et d'argent, des bagues et des colliers avec des pierres merveilleuses[3]. » À dix-huit ans, Consuelo obtient un diplôme d'enseignante dans un collège de San Salvador dirigé par une Française, Cécilia Cherry, qui lui aurait insufflé la fascination pour un pays qui, à l'époque et vu de loin, semblait le paradis des arts et des lettres. Membre de la toute-puissante association des producteurs de café, son père lui obtient une bourse d'études aux États-Unis. Consuelo s'arrête quelques jours à Los Angeles où, dans un cabaret, se produit celui qu'elle a tant admiré au cinéma, Rudolf Valentino. Elle lui fait parvenir un billet signé « une admiratrice des tropiques » et, paraît-il, danse avec lui le tango. Elle continue ses études d'anglais et d'art au collège des sœurs ursulines de San Francisco.

Deux ans plus tard, Consuelo Suncin est déjà veuve d'un officier mexicain, Ricardo Cardenas. Elle l'avait épousé le 15 mai 1922 contre la volonté de sa famille, qui a dû se réjouir en apprenant la mort de ce jeune homme, tué dans un accident de train ou peut-être en combattant des groupes révolutionnaires, à moins que sa mort ne fût qu'une légende pour masquer un banal divorce : très expansive et ayant du mal à taire ce qu'elle veut cacher, Consuelo a choisi de donner des événements des versions si nombreuses et si différentes que finalement la vérité ne pourrait pas être mieux dissimulée, étant entendu aussi, il est vrai, qu'il s'agit de faits qui, en eux-mêmes, à l'époque où elle en fait le récit, n'intéressent véritablement personne.

Revenue au pays, la jeune veuve n'y reste pas longtemps. Elle part à Mexico où elle suit des cours de droit avant de s'essayer au journalisme. Elle a une liaison avec le poète nicaraguayen Salomón de la Selva (1893-1959), déjà connu dans le monde littéraire. Consuelo le quitte peu de temps après par amour peut-être pour José Vasconcelos (1882–1959), d'une vingtaine d'années son aîné, à l'époque ministre de l'Éducation nationale. C'est, paraît-il, José Vasconcelos qui l'amène en 1926 à Paris, où elle trouve aussitôt un époux plus à même de servir ses ambitions que son amant, marié et père de plusieurs enfants, et qui, de surcroît, rentre au pays où il espère occuper les plus hautes fonctions.

Arrivé en 1890 à Paris comme attaché d'ambassade avant de devenir le représentant officiel en France de la république d'Argentine, qui lui offre sa citoyenneté et une rémunération conséquente, le Guatémaltèque Enrique Gomez Carrillo (1873-1927) se fait vite connaître comme une figure pittoresque et flamboyante de cette bohème débauchée qui, du haut de la butte Montmartre jusque dans les salles obscures des cafés de Montparnasse, brûle la chandelle par les deux bouts pour choquer le bourgeois. Un duel avec le médecin de Verlaine, qui lui avait ouvert la porte des milieux sulfureux où l'on boit de l'absinthe le matin et du whisky à l'heure du thé avant de sabler le champagne jusqu'au petit matin dans des lieux de perdition fameux, son homosexualité affichée et bientôt sa syphilis brandie comme un trophée de guerre assurent à Gomez Carrillo une place de choix dans les milieux parisiens d'avant-garde. Cela d'autant plus qu'une fortune suffisante lui permet d'entretenir une cour d'admirateurs qui trouvent sa verve exotique divertissante, son accent étranger charmant, sa mythomanie sans bornes ingénieuse et sa culture cosmopolite étonnante.

En épousant en 1926 cet homme d'une trentaine d'années son aîné, rencontré dans une soirée déguisée chez le peintre fauviste Kees Van Dongen, Consuelo Suncin sait que son mari n'a rien à lui demander, tout à lui offrir, et qu'elle n'a rien à craindre — sinon la haine tenace des deux précédentes épouses de son mari, qui espéraient peut-être en hériter. Fille d'un président du Pérou, Aurora Caceres avait eu la faiblesse de se laisser séduire, quelque vingt-cinq ans auparavant, par le dandy flamboyant qui faisait montre à Paris du sang chaud de l'Amérique latine. « La belle Rachel », Francisca Marqués López, alias Raquel Meller, chanteuse de cabaret d'une beauté exceptionnelle, avait épousé Gomez Carrillo en 1919. Elle s'en était séparée en 1922 pour suivre une carrière brillante au Casino de Paris, au Palace et à l'Alhambra, où elle fait entendre les différentes versions de son grand succès, *La Violetera*. Cette concurrence implicite avec une femme plus belle et plus célèbre agace Consuelo et l'incite sans doute à en faire trop pour être à la hauteur d'une telle rivale.

Gomez Carrillo a le bon goût de décéder après seulement un an de mariage, sans que l'on puisse savoir s'il s'agit d'une mort naturelle ou d'un suicide. Il laisse à sa veuve les restes très médiocres d'une fortune que revendique aussi la fille naturelle qu'il a eue avec la poétesse Anny Percy, notamment une villa sur la Côte et un appartement à Paris, rue de Castellane, rempli d'œuvres d'art et d'objets précieux. C'est insuffisant pour mener un train de vie que la jeune veuve maintient tant bien que mal en se faisant inviter par ceux qui n'avaient aucune intention de le faire, en oubliant de payer ses notes et en manifestant envers l'argent le dédain sublime de ceux qui considèrent que s'ils n'en ont pas, c'est la faute des autres, au pire de Dieu qui finira bien par s'en apercevoir un jour pour corriger cette maladresse. En tirant sa révérence, Gomez Carrillo lui laisse surtout, dit-elle, la liberté de rencontrer l'homme de sa vie, Antoine de Saint-Exupéry.

Ils font connaissance fin août ou début septembre 1930, dans une fête à laquelle les avait conviés Benjamin Crémieux, un des esprits illustres de la *NRF*, venu en Argentine pour une série de conférences sur la littérature française. Il avait remarqué cette jeune femme pétillante sur le bateau pendant la traversée de l'Atlantique Sud, mais rien n'étaye l'affirmation de ceux qui prétendent qu'ils ne voyageaient pas ensemble pas hasard[4]. Elle venait à Buenos Aires avec l'espoir d'obtenir une pension en tant que veuve d'un diplomate argentin. De ce point de vue, elle tombe mal : le 6 septembre le général José Félix Uriburu renverse par un coup d'État militaire le gouvernement légitime et inaugure une dictature qui ne se reconnaît aucune obligation, au contraire, envers les fonctionnaires de l'ancien régime pourri et abhorré.

Au cours de cette soirée mémorable, maladroit ou inattentif, impressionné peut-être par ce « petit oiseau des îles » qui brasse plus d'air que les hélices de son avion, Saint-Exupéry aurait eu la maladresse de faire allusion à sa petite taille[5]. Consuelo en aurait été vexée. Pour se faire pardonner, il lui propose un tour en avion pour lui montrer le coucher du soleil qui embrase les nuages au-dessus du Rio de la Plata. Venue à cette fête avec une dizaine d'amis, Consuelo ne peut pas les abandonner. Qu'à cela ne tienne ! Ce jeune homme « brun et très grand » lui répond qu'il peut emmener tout le monde : directeur d'Aeroposta Argentina, il dispose à son gré de tous les avions de la Compagnie. Cela ne ressemble pas à l'image que d'autres témoignages donnent de Saint-Exupéry, mais en dit long sur les affabulations de cette gentille jeune femme, qui ne l'est plus vraiment — mais qui voudrait le faire croire et qui commence le récit fait à la revue *Icare* de cette première rencontre avec Antoine de Saint-Exupéry par un fieffé mensonge : « Je n'avais pas vingt ans[6]... »

Ils sont une dizaine à monter dans des voitures pour se rendre à l'aéroport. Saint-Exupéry les installe dans la cabine d'un Laté 28. Consuelo a la place d'honneur, à côté du pilote. Pendant qu'ils survolaient l'estuaire, Saint-Exupéry lui aurait demandé de l'embrasser. Consuelo refuse. Il lui répond qu'elle a bien raison, puisqu'il est laid et qu'il ferait mieux de se foutre à l'eau avec son avion, ses passagers et tout ! Elle l'embrasse finalement, sur la joue, émue par les « perles de larmes » qui tombent des yeux du pilote et mouillent sa cravate. « Vous n'êtes pas laid[7] », lui aurait-elle dit.

Saint-Exupéry donne une version différente, qui elle aussi comporte quelques zones d'ombre. Consuelo se serait tapie derrière le siège du pilote. Une fois en l'air, elle serait sortie de sa cachette pour lui dire qu'il devait l'épouser puisqu'il venait de l'enlever... !

Nous n'en saurons pas plus.

Chaque fois qu'elle raconte les différents épisodes de sa vie, Consuelo en rajoute des tonnes avec une mégalomanie qui la possède tellement qu'elle ne cherche même pas un minimum de vraisemblance — qu'elle aurait d'ailleurs du mal à obtenir dans ses *Mémoires* dont l'écriture témoigne d'un talent plutôt médiocre, celui de son scripteur sans doute puisque ceux qui l'ont connue s'accordent à dire qu'elle parlait mal le français, qu'elle ne l'écrivait pas mieux, et que, mise à part sa voix profonde, d'une sonorité musicale, et l'extravagance de ses inventions, ce qui faisait le charme de ses histoires était sa façon pittoresque d'estropier les mots qu'elle employait souvent à tort et à travers.

Consuelo, qui ne peut rien espérer du nouveau pouvoir argentin et craint même des déconvenues en raison des accointances de son feu mari avec les anciens gouvernants, reprend le bateau pour la France. Son empressement se doit peut-être aussi à l'arrivée imminente de Marie de Saint-Exupéry. Elle trouve prudent de laisser à son récent fiancé le soin de la rendre sympathique aux yeux de sa future belle mère — qui ne sait pas encore qu'Antoine de Saint-Exupéry lui a demandé sa main. Une fois de plus, Consuelo se plaît à nous donner plusieurs versions de cette demande en mariage. Lors d'un dîner chez un ministre — où le chef de l'État, qui l'admirait beaucoup et voulait la rencontrer, n'avait pas pu se rendre, retenu pas les soucis d'une révolution imminente… —, pendant que les convives passaient à table, quelqu'un lui aurait remis une longue lettre de Saint-Exupéry dont la signature était une demande en mariage : « Votre fiancé si vous le voulez[8]. » Hélas cette lettre, qui a peut-être existé, ne nous est pas parvenue. Pas plus que celle dont il est question dans un autre récit de la même Consuelo où la même demande aurait été formulée différemment : « Votre fiancé si vous m'acceptez[9] », accompagnant cette fois-ci un manuscrit que Saint-Exupéry lui aurait offert à la brasserie Munich de Buenos Aires…

Décidément, la mémoire de Consuelo flanche !

Ce que l'on sait, en revanche, c'est qu'au moment où elle quitte l'Argentine, Consuelo Suncin a accepté cette demande en mariage qui lui permet de monter un échelon dans la hiérarchie mondaine parisienne. Elle remplace son feu mari, plus réputé par ses extravagances que pour sa littérature, étranger de surcroît, par un autre, écrivain lui aussi mais publié par la prestigieuse *NRF*, et dont le nom, illustre par ses ancêtres, lui ouvre toutes les portes. Ayant déjà reçu la Légion d'honneur, ce troisième mari pourrait peut-être offrir à sa folie des grandeurs des satisfactions sur mesure : « Je ne veux pas que mon mari il soit pilote, disait-elle. Je veux qu'il soit "ministrou"[10]. »

Ce que l'on sait encore, c'est que soudain Antoine de Saint-Exupéry cesse d'écrire à sa mère qui s'inquiète auprès de Didier Daurat. À la mi-décembre, dans une note de service, celui-ci prie son employé d'envoyer des nouvelles à ses parents.

Marie de Saint-Exupéry, au courant des aspirations matrimoniales de son fils, aurait-elle deviné derrière ce silence des initiatives que celui-ci voudrait dissimuler ? Le fait est qu'elle décide soudain de répondre à son invitation vieille d'un an déjà. Elle arrive à Buenos Aires en janvier 1931. Comme par hasard, Antoine est très occupé et regrette de ne pas pouvoir s'occuper d'elle comme il le voudrait. Il lui fait quand même découvrir les environs de la ville et la fait monter pour la première fois dans un avion à l'occasion d'un voyage qu'ils font ensemble à Asunción, la capitale du Paraguay. Pour l'amuser, il l'emmène à une fête foraine, où il entraîne également les Guillaumet et les Dony, et lui fait prendre des pâtisseries au très chic Grand Café Tortoni. Nous ignorons à quel moment il lui annonce son intention d'épouser Consuelo Suncin.

Elle ne la connaît pas et ce qu'elle peut apprendre sur place ne lui permet pas de se faire une idée du bon choix de son fils. Elle lui fait confiance et il est certain qu'elle ne met à aucun moment en question ce mariage qui reste étrange, quelle que fût la tendresse indiscutable et indéfectible d'Antoine de Saint-Exupéry pour cette étrangère dont les amants louent ouvertement les compétences érotiques.

À moins qu'il ne s'agisse d'un geste de dépit. Si peu de temps auparavant, Louise de Vilmorin et

Renée de Saussine n'avaient pas trouvé opportun d'avertir Saint-Exupéry de leur présence à Rio, où il aurait pu les rejoindre. Éduquées dans l'esprit d'un milieu où le mariage est un arrangement de raison, elles n'avaient eu pour lui, au mieux, que de la tendresse, de toute façon insuffisante pour leur faire renoncer aux joies d'une vie mondaine qui leur allait si bien. Naïf, inadapté, victime d'un esprit porté à fendre la face lisse des choses, doué d'une lucidité qui ne se satisfait pas des sentiments médiocres, il les avait aimées, lui, avec cette ferveur de la jeunesse, quand ce qu'on offre, c'est toute une vie, et non pas des horizons rétrécis par le déjà-vécu. En voyage au Brésil, ces deux si aimables jeunes filles, si pétillantes, n'avaient probablement jamais imaginé à quel point celui qui était toujours leur bon ami, qui avait été le fiancé de l'une et qui avait été amoureux de l'autre, pouvait prendre mal leur silence. Il ne leur était jamais passé par la tête que quelqu'un pourrait faire 2 000 kilomètres pour le plaisir de prendre un verre avec deux jeunes filles qui appartenaient à un passé dont elles supposaient qu'il était aussi mort pour lui que pour elles. Elles se trompaient lourdement et cette maladresse a dû terriblement blesser l'âme et l'orgueil de celui qui les avait tant aimées.

Épouser quelqu'un du même monde, du même style, aurait été un pis-aller. Épouser Consuelo, c'était une façon d'invalider toute la catégorie, de déplacer la compétition matrimoniale sur un terrain où toutes ces jeunes filles de bonne famille, bien élevées et mondaines, perdaient leurs privilèges et devenaient incompétentes. Inconsciemment sans doute, agissant sous l'empire de ce faisceau d'intentions affectives convergentes qui donnent naissance à la passion amoureuse, en choisissant Consuelo, Saint-Exupéry s'offre une revanche.

Cela se paie, mais il semble prêt à y mettre le prix.

Cette veuve joyeuse, née entre les volcans et les sorciers, qui affiche ses succès de femme comme on expose les drapeaux des régiments vaincus et qui raconte à longueur de soirée la façon dont elle fait tomber les hommes comme des mouches dès qu'elle les regarde, a une âme de courtisane, il le sait. Il sait aussi qu'on ne change pas davantage la nature d'une telle épouse que celle des gazelles du désert lesquelles, enfermées, « pèsent contre la barrière de leurs petites cornes jusqu'à mourir[11] ». Il trouve que le jeu en vaut la chandelle et qu'à Paris, un désert en tous points semblable à celui de Cap Juby, l'on peut être heureux à nourrir dans sa main un animal sauvage, heureux de faire don d'une affection d'autant plus noble qu'elle est parfaitement gratuite, sans aucun espoir de récompense.

Le 1er février 1931, Marie de Saint-Exupéry et son fils, qui a obtenu un congé sans solde de trois mois, quittent l'Argentine au bord de l'*Alsina*. Saint-Exupéry emporte un bébé puma dont il veut faire cadeau à sa sœur Gabrielle — ou à Consuelo peut-être, c'est du moins ce que celle-ci prétend. Ce n'est pas une bonne idée. L'animal est très agressif et blesse un officier. Saint-Exupéry veut s'en débarrasser et trouve un acheteur parmi les passagers. Il a également dans ses bagages un dossier contenant le manuscrit de son futur roman, une masse de feuilles détachées qui portent l'en-tête des établissements où l'auteur s'offrait le répit nécessaire pour coucher sur le papier ces bouts de texte qu'il est temps de réunir en un ensemble cohérent : le Pancho's Bar de Buenos Aires, L'Itajubé Hôtel de Rio de Janeiro, l'Hôtel Argentino de Santa Cruz… La liste est longue et elle est loin d'être finie.

Une fois à Paris, Antoine rejoint Consuelo, qui l'héberge dans son appartement de la rue de Castellane où elle organise des « thés » pour collecter la somme nécessaire à l'édification d'un monument à la mémoire de son mari décédé, dont elle a accroché le masque mortuaire en plâtre et papier mâché dans le salon. Marie de Saint-Exupéry se rend à Agay, chez Gabrielle, où elle attend son fils et sa future épouse pour la cérémonie religieuse. À la mi-mars, Antoine et Consuelo descendent eux aussi dans le Midi mais s'installent à Nice, dans l'appartement dont Consuelo a hérité. Elle présente son fiancé à Maurice Maeterlinck, le grand poète symboliste qui habite une somptueuse villa au cap de Nice. À presque soixante-dix ans, il fait figure de sage et Consuelo veut avoir son avis sur le jeune homme qui lui a demandé sa main. Après le déjeuner, les deux hommes restent seuls sur une des terrasses qui dominent la mer. Maeterlinck débouche une bonne bouteille qu'il monte de la cave et Saint-Exupéry lui parle du livre auquel il est en train de mettre la dernière main. La conclusion du vieil homme est catégorique. Il aurait dit à Consuelo :

Tu es folle... si tu n'épouses pas ce garçon. C'est un homme. Il sera le plus grand écrivain de France[12].

De Nice, ils se rendent souvent en voiture à Agay, distant d'une soixantaine de kilomètres. André Gide y passe deux jours à la fin du mois de mars. Il en parle dans son *Journal* :

Marseille, 31 mars [1931]. Grand plaisir à revoir Saint-Exupéry, à Agay. [...] En France depuis un mois à peine, il a rapporté de l'Argentine un nouveau livre et une fiancée. Lu l'un, vu l'autre. L'ai beaucoup félicité ; mais du livre surtout ; je souhaite que la fiancée soit aussi satisfaisante[13].

L'histoire de Guillaumet, que Saint-Exupéry lui raconte, impressionne Gide qui veut la noter « à l'instant même ». Tout y est : l'avion qui capote dans les montagnes, la tempête, le trou creusé dans la neige sous l'avion, la boussole trouvée par hasard au fond d'une poche, la décision de quitter l'épave de l'avion :

Aucun espoir de s'en tirer. Et ce qui le mit en marche d'abord, ce fut le désir de mettre son corps bien en évidence, car il songeait que sa veuve attendrait quatre ans avant de toucher sa prime, si sa mort pouvait être niée[14].

André Gide veut persuader son jeune ami d'écrire cette histoire :

Tout cela c'est ce que Tonio doit raconter. Je demande à revoir son récit, que je ne lui pardonnerais pas de gâcher. Ce qui manque le plus à notre littérature d'aujourd'hui, c'est l'héroïsme[15].

Dans son *Journal*, Gide ne fait pas état d'une quelconque intention spontanée d'écrire un avant-propos pour le nouveau livre de son jeune confrère. C'est vraisemblablement l'idée d'Yvonne de Lestrange qui se trouve, elle aussi, sur la Côte. Soucieuse d'assurer le succès de son protégé, elle demande peut-être à Gide d'écrire cette introduction comme elle l'avait fait deux ans auparavant lorsqu'elle avait sollicité Ramon Fernandez pour préfacer *Courrier Sud*.

Quoi qu'il en soit, Gide accepte. La visite à Agay et sa sympathie pour Saint-Exupéry, dont les récits ont produit sur lui une si forte impression, le mettent dans de bonnes dispositions. Cela d'autant plus qu'il trouve d'insignes qualités littéraires au texte que l'auteur a réduit de moitié : sur son conseil, paraît-il, mais aussi en suivant son instinct personnel, Saint-Exupéry a élagué tout ce qui, trop lié à l'aviation et à la performance technique des vols de nuit, altère un récit où il n'est question, comme il l'avait annoncé à sa mère, que « de la nuit ». André Gide, qui a toujours montré une totale indifférence pour le progrès technique, sans rapport, à son sentiment, avec ce qui fait la grandeur de l'homme, qui est spirituelle et morale, évacue vite le côté anecdotique de l'histoire pour n'en retenir que « l'épopée ». Comment quelqu'un comme lui qui écrivait naguère : « Je n'aime pas l'homme, j'aime ce qui le dévore » n'aurait-il pas été sensible à cette confrontation assidue avec la mort que certains individus s'imposent à eux-mêmes, dans des conditions somme toute indifférentes, au nom d'un devoir toujours dérisoire par rapport au prix à payer ?

> Je crois que ce qui me plaît surtout dans ce récit frémissant, c'est sa noblesse. Les faiblesses, les abandons, les déchéances de l'homme, nous les connaissons de reste et la littérature de nos jours n'est que trop habile à les dénoncer ; mais ce surpassement de soi qu'obtient la volonté tendue, c'est là ce que nous avons surtout besoin qu'on nous montre[16].

Gide présente le roman dans des termes élogieux.

Gaston Gallimard lui fait confiance. *Vol de nuit* sortira à l'automne.

Dégagé du souci de son livre, qu'il continue, néanmoins, à peaufiner par petites touches jusqu'au dernier moment, Antoine de Saint-Exupéry peut s'occuper enfin de son mariage avec Consuelo Suncin. Il est célébré le 12 avril 1931 à l'église d'Agay par l'abbé Sudour, venu spécialement de Paris à la demande de son ancien élève dont il a guidé les premiers pas en littérature, et qu'il a aidé aussi, par ses recommandations, à se faire une carrière dans l'aviation. Pour cette cérémonie, la mariée trouve opportun de se draper dans des dentelles noires. Le marié, lui, est en costume de ville avec veste croisée à deux boutons qui ne semble pas avoir été repassée pour l'occasion. Sur certaines photos, on peut apercevoir aussi, aux pieds des mariés, Youti, le pékinois de Consuelo. Le repas de noces a lieu dans le meilleur restaurant du coin, Les Roches rouges, à un jet de pierre du château, de l'autre côté de la baie.

Le mariage civil est enregistré une dizaine de jours après, à la mairie de Nice.

En mai, Antoine de Saint-Exupéry doit reprendre son service. À cela près que la Compagnie aéropostale de Bouilloux-Lafont est en butte à des attaques destinées à l'affaiblir pour permettre à ceux qui veulent s'en emparer de pouvoir le faire. En difficulté depuis la crise de 1929 et depuis qu'à la suite des changements politiques survenus en Argentine et au Brésil ces pays veulent s'affranchir de la domination financière étrangère, les banques de Bouilloux-Lafont font faillite les unes après les autres et son empire financier menace de s'effondrer. Les mécanismes naturels du marché, auxquels l'État capitaliste est asservi, se mettent automatiquement en marche pour égorger la bête blessée et la déchiqueter pour la rendre digérable. Le gouvernement français, qui subventionne largement les compagnies aériennes nationales, dont le développement permet de renforcer la présence et le prestige de la France sur les marchés juteux des quatre coins du monde, trouve soudain que la gestion de l'Aéropostale n'est pas suffisamment saine pour continuer à recevoir les aides de l'État. En quête d'alibis, les auteurs de ces manœuvres politico-financières montent des dossiers dont peu de gens osent dénoncer l'absurdité et la mauvaise foi. Avec la complicité de quelques pilotes qui se rangent déjà du côté du manche, certains vont jusqu'à accuser Didier Daurat de détruire délibérément le courrier, de violer le secret de la correspondance et de saboter sciemment le réseau dont il est l'artisan... ! Indigné, Mermoz dénonce des combinaisons politiques et financières. Saint-Exupéry ne mâche pas ses mots dans la lettre qu'il envoie à l'administrateur judiciaire nommé pour liquider l'Aéropostale, en faillite depuis le 31 mars 1931, où il s'insurge contre les délations sans preuves dont le seul but est compromettre des gens qui n'ont rien à se reprocher. Peine perdue ! Les magouilles abjectes et les grenouillages politiques offrent à bas prix la dépouille de l'Aéropostale à la compagnie Air-Orient qui deviendra Air France. Les lignes sud-américaines sont abandonnées. Un certain nombre de pilotes sont licenciés et ceux qui restent sont payés avec des retards de plusieurs mois. Au Brésil, en Argentine, au Chili les pistes se détériorent, les hangars abandonnés s'écroulent, quelques Laté 28 oubliés dans un champ sont rongés par la rouille.

Il n'est plus question d'envoyer Saint-Exupéry à Buenos Aires.

Cela tombe au mauvais moment : après trois mois de congé sans solde et des dépenses de mariage qui ont épuisé ses réserves, il doit de toute urgence remettre à flot ses « finances délabrées ». L'Aéropostale est en redressement judiciaire. Tout ce qu'on peut lui proposer, c'est le travail qu'il faisait à ses débuts dans la Compagnie : acheminer le courrier de Casablanca à Port-Étienne. Cette fois, Saint-Exupéry ne trouve pas opportun de se battre et de faire fonctionner ses pistons pour obtenir un poste plus intéressant dans un métier qui ne l'intéresse pas et qu'il envisage de quitter dès qu'il aura résolu ses problèmes d'argent.

Alors va pour le Maroc !

Saint-Exupéry arrive à Casablanca à la fin du mois de mai 1931. Consuelo l'accompagne moins par dévouement conjugal que parce qu'on lui a dit que le climat sec du lieu serait bénéfique pour son asthme.

Jacques Néri, un Corse de Sartène qui sera son radio pendant l'année qui suit, ne connaît Antoine de Saint-Exupéry que de réputation. Il le voit maintenant pour la première fois :

> Un homme agréable, gai comme beaucoup. Pas trop de cheveux, des yeux malicieux très vifs un peu « chinois », un nez à la « retroussette », la bouche régulière, une cicatrice en dehors du menton du côté gauche, la tête ronde sur de larges épaules. De haute et forte stature, il dépassait le mètre quatre-vingt-dix. La main franche, très forte dans une poignée à vous faire grimacer. Il le savait, il s'en amusait. De la réserve dans sa voix quand il ne connaissait pas, parlant juste. Comme l'aviation portait plutôt à l'impatience, à l'argot, il restait toujours surpris devant le mot grossier. Il chantait juste, d'une voix grave. Il jouait du piano. Il dessinait très bien. Il faisait au crayon rouge de bonnes Républiques dodues et bien en chair, enveloppées du drapeau tricolore, genre « Liberté guidant le peuple » de Delacroix. Curieux de tout, amuseur, amusant et amusé par tout ce qui vit, tout ce qui se fait[17].

Saint-Exupéry et Néri font équipe. Ils quittent Casablanca le dimanche en fin d'après-midi. Un interprète les accompagne, utile si, dans le cas d'un atterrissage forcé, ils sont pris en otage par les tribus « dissidentes » qui guettent toujours, avec moins de profit : plus fiables, les nouveaux appareils tombent plus rarement en panne, volent de nuit et de toute façon à une altitude où ne peuvent plus les atteindre les balles des rebelles. Si l'itinéraire reste aussi dangereux que par le passé, c'est à cause des conditions météorologiques. Un jour où son mari était parti avec le courrier, Noëlle Guillaumet voit arriver Saint-Exupéry qui l'invite au cinéma, peu intéressé apparemment par le film puisqu'il grille cigarette sur cigarette et que toutes les dix minutes il quitte la salle : elle apprend dans la soirée que Guillaumet avait été pris dans une très violente tempête de sable et que son ami, qui téléphonait continuellement pour avoir des renseignements, ne voulait pas qu'elle fût seule dans le cas où de mauvaises nouvelles lui seraient parvenues de la base.

Après un trajet de 500 kilomètres le long de la côte, Saint-Exupéry se pose à Agadir. Un autre appareil dont le moteur tourne l'attend déjà. Au bout du quart d'heure nécessaire pour transborder le courrier, qui lui laisse le temps de se faire servir deux œufs sur le plat arrosés d'un bon petit vin, il repart vers Cap Juby où sa réputation parmi les Maures n'est plus à faire. Ils l'attendent parfois pour régler leurs différends pendant qu'il avale ses œufs et sa ration de rouge. Il fait déjà nuit. L'appareil, qui vient de parcourir 500 kilomètres, reste au sol pour vérification et Saint-Exupéry en fait décoller un autre. Il survole Villa Cisneros, où il largue le sac avec le courrier pour ceux qui s'y trouvent, et continue vers Port-Étienne où il arrive au petit matin, après douze heures de vol. Un autre pilote emporte le courrier pour Saint-Louis où attend, prête à lever l'ancre, la corvette qui fait la traversée jusqu'à Natal.

Saint-Exupéry passe la semaine à Port-Étienne, une minuscule bourgade perdue au bout d'une langue de terre désertique que la baie du Lévrier sépare du continent. Il n'y a rien pour passer le temps, à part la pêche sportive, qui ne l'a jamais tenté. Les bains de mer sont déconseillés à cause des requins et la chaleur insupportable encourage à profiter de l'ombre précaire de sa chambre d'hôtel qu'il serait d'ailleurs absurde de quitter puisqu'il n'y a dans toute la paroisse pas le moindre petit bar. Saint-Exupéry dort beaucoup, parfois vingt-quatre heures d'affilée, écrit, on ne sait pas trop quoi, surtout la nuit, écoute à longueur de journée sur un vieux gramophone le *Boléro* de Ravel, joue avec le personnel de la base à la bataille navale et récite des poèmes de Baudelaire à ses partenaires qui apprécient davantage ses chansons paillardes. Le samedi, le courrier « monte » de Saint-Louis et Saint-Exupéry repart vers Casablanca, où l'attend Consuelo. Ils ont loué un appartement dans l'immeuble Glaoui de la rue Nolly, à deux pas du port, où ils reçoivent des invités habitués à ne dîner que d'une boîte de sardines que Consuelo sort d'un placard : son mari aurait oublié de la prévenir de cette visite, s'excuse-t-elle sans craindre l'invraisemblance d'un prétexte trop souvent invoqué.

Les Guillaumet ne s'en offusquent pas. Ils sont eux aussi à Casablanca. C'est une chance, parce qu'à tout prendre Consuelo trouve son séjour de santé plutôt ennuyeux et préfère rentrer en France. Saint-Exupéry, qui a toujours du mal à affronter son cafard et ses angoisses, reprend ses bonnes habitudes de Buenos Aires et débarque chez eux à l'improviste à n'importe quelle heure du jour ou de la nuit. Ce n'est pas pour leur faire écouter ce qu'il vient d'écrire : Guillaumet n'est pas un littéraire, il ne lit que des livres techniques, et encore ! et la prose de son ami l'ennuie. Mais il est un interlocuteur compétent et tellement utile dans les moments où, pour ne pas se laisser envahir par les mauvaises pensées, Saint-Exupéry a besoin de parler jusqu'à l'épuisement. Il lui arrive de s'endormir au milieu d'une phrase. Guillaumet l'installe, à demi endormi, dans un taxi, donne l'adresse au chauffeur et lui recommande, une fois arrivé à destination, de ne pas se décourager et de secouer le client le temps qu'il faut pour le réveiller et le faire monter chez lui.

D'autres fois, il retrouve ses camarades à l'Alcazar : « Cela au moins, c'est rigolo, note Saint-Exupéry. Il y a longtemps que je n'ai pas vu de dancing et de barmans [*sic*] et de poules. Et d'idiots[18]. » Il est à craindre qu'il faut compter parmi « les idiots » certains de ses amis pilotes, compagnons de fortune de ces moments perdus où l'on joue au poker d'as les bouteilles à vider, où l'on danse bêtement pour draguer des « mignonnes » et où l'on discute beaucoup de femmes, lesquelles, d'un avis unanime, ont intérêt à ressembler à celles que l'on voit sur les affiches de cinéma et les réclames de dentifrice.

Les témoignages, qui ne manquent pas, laissent croire qu'entre deux courses au-dessus du désert qu'il aime bien, Saint-Exupéry passe au Maroc un séjour agréable où il s'amuse bien.

C'est le côté face des choses.

Le côté pile est moins réjouissant.

Saint-Exupéry semble déjà douter du bonheur que pourrait lui apporter ce mariage dont il rêvait depuis si longtemps : « J'aimerais tant le Maroc si j'étais seul[19] », écrit-il de l'hôtel Excelsior de Casablanca à Yvonne de Lestrange, avant même que Consuelo eût trouvé une lettre de celle-ci adressée à son mari, qu'elle croit bon de retourner à l'expéditeur, déchirée en petits morceaux. Et il serait tout aussi faux de croire que Saint-Exupéry trouve quelque satisfaction à exercer un métier qui n'est pour lui qu'un gagne-pain et qu'il compte abandonner bientôt : « Je vais continuer ce métier-là deux ou trois mois. Ensuite j'espère bien être à flot[20] », écrit-il à la même Yvonne le 11 septembre 1931 en lui expliquant que ses finances étant dans un état désastreux, il s'était vu contraint de reprendre du service, ce qui ne devrait être qu'une solution provisoire.

Il voudrait mener une autre vie, mais laquelle ?

Revenir à Paris ? Peut-être pas. Au retour d'Argentine, il lui a suffi de quelques semaines pour comprendre à quel point la vie parisienne est décevante : « Morand fait du Morand, ce qui est odieux. Giraudoux fait du Giraudoux (ce qui a d'ailleurs plus d'arrière-plan). Et on est certain, absolument certain, désespérément certain en ouvrant un Henry Bordeaux de lire quelque chose d'idiot. Cela fait l'effet d'une pharmacie dont on connaît déjà les étiquettes. On connaît déjà ce que l'on va boire. On n'a plus soif. Et on est injuste. Cela n'eût pas choqué si l'on était resté sur place. Ainsi, pour s'en être une fois évadé, on ne peut plus encaisser le vieil opéra traditionnel à cause du "Marchons !

Marchons !" des figurants qui piétinent sans avancer[21]. » Mais attention, continue Saint-Exupéry dans cette longue lettre qui donne une idée précise de son désarroi, on ne peut rien comprendre de l'extérieur. La vie qu'il a menée, en se frottant à d'autres civilisations, à d'autres mœurs, en Afrique ou en Terre de Feu, sous les tentes berbères ou dans une ferme isolée de la pampa argentine, l'a arraché à sa terre sans pouvoir lui en donner une autre. Il est perdu.

Une nuit, écrit Saint-Exupéry deux mois plus tard de Port-Étienne à Benjamin Crémieux, égaré dans une masse de nuages épais qui lui cachaient autant la terre que le ciel, il avait aperçu enfin une petite lumière qu'il avait prise pour le phare maritime qui devait se trouver sur son chemin. Soulagé, il avait mis le cap sur ce repère minuscule pour s'apercevoir que ce n'était qu'une étoile. Il avait changé de direction croyant distinguer ailleurs le feu intermittent qu'il guettait. C'était de nouveau une étoile dont l'éclat minime était morcelé par des nuages en loques.

Puis d'autres étoiles me sont apparues visibles un instant au ras de l'horizon, à leur lever, entre la brume et les nuages, et, j'ignore pourquoi, extraordinairement lumineuses. Et je mettais le cap sur chacune tour à tour. Comment distinguer ? Il me fallait bien marcher vers quelque chose. Et, tout à coup, j'ai éprouvé de la colère et je me suis surpris à me dire à moi-même : « Je n'arriverai donc pas à retrouver celle dans laquelle j'habite ! »[22].

Ce malheureux livre

Vol de nuit est publié par les éditions Gallimard en octobre 1931.

La critique est élogieuse. En indiquant dans son avant-propos que l'héroïsme est ce dont la littérature française a le plus besoin à une époque où le réalisme cru s'épuise, André Gide montre le chemin à des confrères qui s'enfoncent dans la brèche. On évoque pêle-mêle les romans de chevalerie, Corneille et *La Princesse de Clèves*. Le style imagé qui dissout la narration dans le flot des images rappelle à certains les poèmes en prose de Rabîndranâth Tagore, très apprécié à l'époque. Les auteurs de la maison Gallimard font eux aussi leur devoir et louent, modérément, leur collègue pour les qualités littéraires de son récit.

Le ton change dès qu'on apprend que *Vol de nuit* se trouve dans la sélection des prix littéraires. À l'époque déjà les différents jurys sont soumis aux intérêts des maisons d'édition et leurs choix tiennent compte plutôt de la qualité marchande que de la qualité littéraire d'un ouvrage. Qu'importe ! Dans cette guéguerre commerciale il faut discréditer le produit concurrent. Avec la bonne foi de ceux qui se donnent la peine de penser sincèrement ce qu'ils ont intérêt à dire, les commentateurs littéraires changent d'avis et trouvent que le livre de M. de Saint-Exupéry n'est pas une œuvre littéraire. Il ne s'agirait que du « témoignage » d'un pilote qui nous fait découvrir son métier. De Casablanca, où il se trouve, Saint-Exupéry envoie en novembre 1931 une lettre agacée à Benjamin Crémieux dont celui-ci publie de larges extraits en réponse aux critiques injustes et tendancieuses dont est victime son ami. Sans comprendre qu'il est naïf de s'engager dans un débat pipé, Antoine de Saint-Exupéry invoque un argument de bon sens : lui reprocher de faire de la littérature avec ce qu'il connaît le mieux parce que c'est son métier, revient à dire qu'un écrivain ne devrait parler que d'activités qu'il ne pratique pas. Sa question est rhétorique : « Fallait-il être eunuque pour parler d'amour[1] ? »

Le jury du prix Femina ne le pense pas. Le 4 décembre, il récompense *Vol de nuit*.

L'Aéropostale accorde à son employé le congé sollicité pour se rendre en France et recevoir son prix. Il est quand même prié d'embarquer à Cap Juby les sacs de courrier pour Toulouse, où il arrive après vingt heures de vol avec une barbe de trois jours, sale, en vieilles espadrilles et vêtu de son pardessus de ratine bleu, serré à la taille par un bout de ficelle. Il retrouve quelques vieilles fringues dans une valise qu'il avait laissée là avant de partir pour le Maroc.

À Paris, il préfère s'installer à l'Hôtel Lutetia. Il prend un bain, envoie son costume au pressing, demande au garçon d'étage de lui acheter une chemise, passe chez le coiffeur et, une fois beau et propre, il court partager son bonheur avec Yvonne de Lestrange, récompensée au-delà de tout espoir des efforts faits pour imposer son parent dans le monde des lettres. Il passe en coup de vent chez Gallimard pour atterrir en fin de course au Café de Flore, où l'attendent les quelques amis qu'il a pu prévenir de son arrivée.

Il y a quand même comme un malaise dans l'air.

Le monde littéraire veut ignorer l'écrivain en reconnaissant les mérites de l'aviateur. Ce n'est pas un hasard si, le 10 décembre, quelques jours à peine après l'annonce du prix, *Le Petit Parisien*, qui tire a quelques deux millions d'exemplaires, publie sur la première page une « grande enquête » de Maurice Bourdet sur « notre aviation » avec la photo d'Antoine de Saint-Exupéry encadrée de celles de deux autres pilotes, qui, bien sûr, n'ont rien à voir avec la littérature — ce qui suggère que c'est également le cas du récent lauréat du Femina. L'auteur de l'article mentionne que l'aviateur, dont il vante exagérément les mérites, a écrit deux livres « extraordinaires, dit-il, sur son métier ». Est-ce pour faire pièce à cette façon de déprécier sa littérature que Saint-Exupéry, jetant de l'huile sur le feu, ose dire en public qu'il aurait mérité non le Femina mais le Goncourt ? Cette affirmation qui, aujourd'hui, nous semble de bon sens, ce prix ayant été attribué cette année-là à Jean Fayard, l'héritier des éditions Fayard, auteur depuis longtemps disparu de la littérature, fut considérée à l'époque comme terriblement présomptueuse. Le monde littéraire se fit un devoir de signifier à ce jeune aristocrate qui avait profité de ses relations mondaines pour publier et se faire primer qu'il avait pénétré par effraction dans les belles-lettres.

Les aviateurs suivent l'exemple.

Vexés de constater que leur camarade s'est acquis par ses livres une notoriété de pilote tellement éclatante que la leur en est occultée, ils s'emploient à faire savoir que celui-ci n'a réalisé aucun exploit, que son travail à l'Aéropostale était routinier et que, dans le métier, il est réputé surtout pour ses erreurs et ses maladresses. Certains l'accablent délibérément pour plaire à leurs supérieurs, dont les efforts pour compromettre Didier Daurat risquent d'être anéantis par l'éloge qu'en fait dans son roman, sans le nommer, cet auteur douteux. L'atmosphère devient irrespirable. Dans une lettre à Guillaumet qui, Dieu merci, comme Mermoz d'ailleurs, lui garde toute son estime et son amitié, Saint-Exupéry s'en plaint :

> Si tu savais quelle terrible vie j'ai menée depuis ton départ et quel immense dégoût de la vie j'ai peu à peu appris à ressentir. Parce que j'avais écrit ce malheureux livre j'ai été condamné à la misère et à l'inimitié de mes camarades. Mermoz te dira quelle réputation ceux qui ne m'ont plus vu et que j'aimais tant, m'ont peu à peu faite. On te dira combien je suis prétentieux ! Et pas un de Toulouse à Dakar qui en doute. [...] Alors toute la vie est gâtée si les meilleurs des camarades se sont fait cette image de moi, et s'il est devenu un scandale que je pilote sur les lignes après le crime que j'ai fait en écrivant *Vol de nuit*[2].

La camaraderie des pilotes, si elle existe, apparaît, à cette occasion, terriblement restreinte et plutôt à sens unique, expression d'un dévouement de Saint-Exupéry envers des compagnons qui, lorsqu'ils ne sont pas une abstraction, ne semblent pas tout à fait à la hauteur de l'affection qu'on leur porte.

Cette hostilité sourde de ceux qui, par la suite, protesteront unanimement de leur indéfectible attachement à un ami si cher, empêche Saint-Exupéry de reprendre son travail. Hélas, les droits d'auteur que lui verse la maison Gallimard, qui empoche au passage, conformément à l'usage, la moitié des sommes perçues pour les éditions anglaise et allemande déjà en préparation, ne sont pas suffisants pour un train de vie qui n'est pas modeste, il faut le reconnaître. Ils le sont d'autant moins que Marie de Saint-Exupéry est confrontée, elle aussi, à des difficultés insurmontables et que Consuelo dépense l'argent qu'elle n'a pas avec une insouciance tellement naturelle qu'il serait inutile et injurieux de l'ennuyer avec des comptes d'apothicaire.

Après avoir passé Noël en famille, à Agay, Saint-Exupéry, qui doit gagner sa vie mais craint de retrouver ses camarades d'autrefois, sollicite à la Compagnie aéropostale moribonde, dont il est toujours l'employé, une autre affectation. En février 1932, la Compagnie l'envoie à Marseille pour piloter les hydravions qui font la liaison avec Alger. L'atmosphère, en ce qui le concerne, n'est pas meilleure : ses gestes les plus insignifiants servent de prétextes « à des drames absurdes », il est en butte aux « vexations mesquines » de ses collègues et il se plaint des « réflexions désagréables » qu'on lui fait « au siège[3] ».

Marseille a l'avantage d'être près de Nice où il retrouve de temps en temps Consuelo. Elle profite de sa villa des hauteurs de Cimiez pour faire de courts séjours sur la Côte. Marseille a aussi l'avantage d'être encore plus près d'Agay où Saint-Exupéry se rend plus souvent qu'avant. Un jour, il pose son hydravion devant le château et effraie les enfants qui voient sortir de cet « immense moustique vert » une sorte d'extra-terrestre, les lunettes d'aviateur les empêchant de reconnaître leur oncle. Dès qu'il les enlève, ils se précipitent pour l'embrasser, contents de ses visites qui leur font retrouver un si exubérant partenaire de jeux et de baignades et qui, de plus, apporte un peu de désordre dans les rituels si stricts de la maison : il fume à table, ce qui est tellement contraire à la bienséance que celui qui peut se permettre cette incartade apparaît aux yeux des enfants comme un héros venu d'un autre monde, investi de droits et de pouvoirs qui ne sont pas ceux des gens ordinaires.

Saint-Exupéry est tellement heureux à Agay ! Il trouve là cette vie de famille dont il a toujours rêvé et dont il se doute maintenant qu'il ne l'aura jamais. C'est son dernier refuge depuis que Marie de Saint-Exupéry s'est vue contrainte de vendre le château de Saint-Maurice-de-Rémens. Il avait demandé une permission pour aider sa mère à déménager. Elle lui avait été accordée et, le 1er juillet 1932, il avait rejoint sa mère à Saint-Maurice où celle-ci avait sorti dans la rue, pour les vendre, les meubles et les objets qu'elle ne pouvait emporter dans le petit logis qu'elle s'était acheté à Cabris.

Cette séparation brutale d'avec l'enfance porte à Saint-Exupéry un coup difficile à encaisser. « Je ne suis pas bien sûr d'avoir vécu depuis l'enfance[4] », écrivait-il à sa mère deux ans auparavant dans une lettre où il évoquait le château de Saint-Maurice : les coffres et les fauteuils de cuir du salon, le couloir « mystérieux comme le fond de l'Afrique » et, dans sa chambre du deuxième étage, le petit poêle qui lui apportait un sentiment de sécurité comme il n'en avait jamais éprouvé depuis. C'est là, à Saint-Maurice, qu'il avait découvert que les dimensions du monde ne sont pas celles, mathématiques, des géographes et même des astronomes : « Ce qui m'a appris l'immensité ce n'est pas la Voie lactée, ni l'aviation, ni la mer, mais le second lit de votre chambre. » Et Marguerite, leur gouvernante qui criait au malheur « à chaque signe d'une usure[5] » des draps rangés dans les armoires à linge, lui avait fait comprendre l'éternité. Soudain, tout cela disparaissait, la maison se vidait pour être livrée à la mairie de Lyon, qui l'avait achetée pour en faire une colonie de vacances.

C'est une déchirure.

Elle survient au moment même où il réalise que la notoriété littéraire est un cadeau empoisonné, plus capable d'engendrer des jalousies et des haines que l'admiration de ceux dont l'auteur espérait obtenir une affection à la mesure de la sienne. Elle survient au moment même où des fauves financiers et politiques croquent en bavant un autre pan de sa vie, lui faisant comprendre que ce qu'il avait pris pour une épopée n'était qu'une vulgaire affaire de gros sous et que parmi les hommes dont il avait fait des chevaliers de légende, beaucoup avaient une âme de chiffonnier.

Est-ce par négligence, trop remué par ces bouleversements, ou parce qu'une fois encore il a décidé d'en finir avec l'aviation, qu'Antoine de Saint-Exupéry omet de demander la prolongation de sa permission ? Le 22 juillet 1932, la nouvelle direction de la Compagnie lui envoie une lettre comminatoire :

> Monsieur, nous sommes très étonnés de ce que vous ne nous ayez pas encore fait l'appel téléphonique au cours duquel nous devions vous confirmer notre accord pour la prolongation de permission sollicitée le 1er juillet. [...] Nous vous prions de nous faire connaître la date à laquelle vous comptez reprendre votre service à Toulouse et vous signalons que la durée de votre absence, après le 18 juillet, sera considérée par nous comme un congé sans solde[6].

Veut-on, en le vexant, pousser Saint-Exupéry à démissionner pour se débarrasser une fois pour toutes d'un insoumis qui emploie sa notoriété pour dénoncer les manigances des repreneurs de la Compagnie ? C'est vraisemblable : une année plus tard, le 31 juillet 1933, Saint-Exupéry n'est pas invité au dîner d'adieu de l'Aéropostale que Raoul Dautry, président du conseil d'administration provisoire, offre aux anciens de la Ligne.

S'il a voulu profiter de ce congé pour rompre avec ses employeurs, quelque temps après Saint-Exupéry fait machine arrière et, dans une lettre à la direction, sans vraiment s'excuser, il donne des explications qui sont plutôt des accusations :

Ayant pris à l'Aéropostale un congé régulier, je ne suis pas rentré à son expiration. J'estimais en effet pénible de rencontrer mille difficultés morales et matérielles dans l'exercice de mon métier, et ceci pour la seule raison que j'avais écrit *Vol de nuit*[7].

Il crie à l'injustice et veut retrouver son emploi. On a la cruauté de l'envoyer à Casablanca, au milieu de ceux qui savent sans doute que, peu de temps auparavant, il avait demandé une affectation ailleurs, justement parce qu'il préférait ne plus les voir. Se vengent-ils ? On n'en sait rien, sinon qu'au bout de seulement deux mois Saint-Exupéry plie bagage. Faisons à ses « camarades » la grâce de croire que Saint-Exupéry les quitte parce Pierre-Georges Latécoère lui offre un emploi mieux rémunéré.

L'ingénieur toulousain construit maintenant des hydravions de plus en plus puissants et il a besoin de pilotes expérimentés et audacieux pour essayer les prototypes et aussi, avant leur livraison, les appareils qui sortent de l'usine. Les tests se font sur l'étang de Salses, près de Perpignan, un plan d'eau suffisamment vaste et calme pour permettre toutes les manœuvres nécessaires. Le travail suppose une présence de tous les jours pour des vols courts mais quotidiens. Loin de la capitale, Saint-Exupéry se retrouve à nouveau seul, la vie dans une petite ville de province n'étant pas du goût de Consuelo, qui comprend peut-être un peu tard que son mari n'a pas l'étoffe d'un « ministrou », et encore moins la volonté de le devenir.

À Perpignan, Saint-Exupéry a le cafard, c'est le

moins qu'on puisse dire. Il écrit à Louise de Vilmorin, priée de croire, en s'endormant, que quelqu'un l'aime toujours et autant qu'autrefois :

> C'est curieux comme j'ai de plus en plus l'impression de n'être pas chez moi dans la vie. J'essaie des prototypes d'avions aux usines Latécoère. C'est assez dangereux mais cela m'est devenu de plus en plus indifférent, non par tristesse, mais à cause de ce bizarre état de spectateur, la vie me semble si provisoire. Mais c'est ainsi Tu es ma seule impatience. À cause de toi les gens qui passent sont un peu amers de n'avoir pas livré leur dû, on vieillit[8].

Il se plaint dans des termes différents à Nelly de Vogüé :

> Je passe mes journées près d'un étang qui n'est ni la mer, ni un lac, mais une simple étendue sans vie, je ne l'aime pas. À part la mer, les eaux chargées de sel sont toujours tristes, je ne sais pourquoi. [...] À Saint-Laurent-de-la-Salanque où je passe mes journées, on respire un varech pourri. Et ça ne conduit nulle part, même pas en soi-même. Ici, je ne suis pas heureux*[9].

Le soir il revient à Perpignan où, pour faire sa correspondance, il se réfugie, comme il en a l'habi-

* Le destinataire de cette lettre reproduite dans le livre de Pierre Chevrier, *Antoine de Saint-Exupéry*, Gallimard, 1949, p. 102, n'est pas précisé. Il est à supposer que c'est Pierre Chevrier lui-même, c'est-à-dire Nelly de Vogüé, qui, pour des raisons personnelles, a préféré cacher son identité sous ce pseudonyme, et dont sont seulement publiées, dans le volume I des *Œuvres complètes* d'Antoine de Saint-Exupéry (Gallimard, coll. Bibliothèque de la Pléiade, 1996), les lettres d'après 1938, lorsqu'il était déjà de notoriété publique qu'Antoine de Saint-Exupéry et sa femme vivaient séparément. Il est néanmoins établi que depuis 1929 Nelly de Vogüé, une bonne amie d'Yvonne de Lestrange, connaissait Antoine de Saint-Exupéry qui vraisemblablement lui écrivait. Nelly de Vogüé a laissé d'importantes archives à la Bibliothèque nationale qui ne seront accessibles qu'en 2053, c'est-à-dire cinquante ans après la mort du dépositaire.

tude, dans un troquet, ce qui n'est pas de nature à lui remonter le moral :

> Je ne connais personne ici et le désire encore moins. Les rires et les phrases qui me parviennent dans le coin où j'écris me tourmentent. Ça fait un petit bruit de pot-au-feu qui bout. Ces gens d'ici mijotent là-dedans jusqu'à la mort : à quoi sert la vie[10] ?

Pour passer le temps, il joue aux échecs avec les autres pilotes. À minuit, il interrompt la partie pour téléphoner à Consuelo. Il la reprend une demi-heure après. Entre deux vols, entre deux verres, entre deux coups de fil, il rédige de petits textes où il est question de la difficulté de l'homme à se trouver une raison d'être dans un monde dont le sens lui échappe, et dont les dimensions l'écrasent : la *NRF* publie dans son numéro du 1er avril 1933 *Une planète*, somme de réflexions de celui qui regarde la terre de suffisamment haut pour en percevoir les proportions colossales, que la marche à pied ne laisse pas deviner. Les coulées de lave que le pilote qui fait route vers Punta Arenas découvre au sud de Rio Gallegos lui font comprendre que l'homme, si fier par ailleurs de ses entreprises somme toute minuscules, n'est qu'une très petite chose, mal en point sur une goutte de boue soumise à des bouleversements géologiques gigantesques. Nos civilisations ? « Fragiles dorures » qu'un volcan efface si ce n'est la mer ou un vent de sable.

Le travail chez Latécoère est prenant et la vie à Perpignan n'est pas réjouissante mais le salaire est de 7 000 francs par mois. C'est peu, mais Saint-

Exupéry a bon espoir de partir bientôt au Venezuela « avec beaucoup d'or en vue[11] ». Ses appointements ne lui permettent pas de « remonter » ses dettes, mais ces quelques milliers de francs ne sont pas superflus à un moment où, dans la capitale et sur la Côte, Consuelo entend mener un train de vie digne de la femme d'une célébrité littéraire, digne d'une comtesse et digne d'une femme du monde dont le premier devoir est de mépriser l'argent, surtout quand elle n'en a pas.

Hélas, décidément Antoine de Saint-Exupéry n'est pas fait pour le métier de pilote. Tantôt, il oublie de verrouiller une porte qui se détache et tombe au cours d'un vol. Tantôt, il n'arrive pas à se souvenir de quel côté penchait le Laté 28 qu'il venait d'essayer. Puis c'est la catastrophe — ou ce qui pourrait l'être. Le 21 décembre 1933, Saint-Exupéry doit tester dans la baie de Saint-Raphaël un Laté 293. Se trouve à bord le lieutenant de vaisseau Bataille, officier rapporteur, M. Meyer, ingénieur du service technique venu spécialement de Paris pour ce vol, et Gilbert Vergès, mécanicien d'essai. Bien qu'ayant suivi un stage destiné à habituer les pilotes « de piste » aux particularités des engins qui se posent sur l'eau, et qu'on lui eût bien indiqué que l'angle des flotteurs a été modifié, ce qui exige un amerrissage adéquat, Saint-Exupéry n'en tient pas compte et rate la manœuvre. Le choc est brutal. Un flotteur casse, l'appareil capote. Le lieutenant Bataille qui avait ouvert son panneau d'évacuation est projeté à l'extérieur. Saint-Exupéry et l'ingénieur Meyer se retrouvent coincés dans le cockpit qui se remplit d'eau. Comprenant que l'hydravion a chaviré et que le trou de la mitrailleuse se trouve maintenant en bas, le mécanicien plonge et réussit à se dégager. En sortant la tête de l'eau, il aperçoit le lieutenant de vaisseau Bataille qui a retrouvé ses esprits et s'agite, inquiet pour les autres. Gilbert Vergès, qui connaît parfaitement l'appareil, débloque la porte latérale de secours arrière et parvient à sortir l'ingénieur Meyer, qu'il trouve dans un coin, recroquevillé dans l'eau. Avec l'aide des marins d'une vedette qui s'était portée à leur secours, il le hisse à bord, puis il plonge à nouveau. C'est lui qui raconte la suite :

Rentrant à nouveau dans l'avion, j'allais me diriger vers le poste de pilotage lorsque j'ai vu Saint-Exupéry à l'arrière, près de la porte. Après l'avoir aidé à sortir, nous l'avons également hissé sur la vedette, moitié groggy, moitié noyé, car il avait beaucoup bu. Le lendemain [...] Saint-Exupéry m'a raconté ces longues minutes qu'il a vécues entre le moment du capotage et celui de sa sortie. Tout d'abord, n'ayant pas compris ce qui lui arrivait, il s'est retrouvé dans l'eau, dans le noir et buvant la tasse. Il est resté un moment en pensant qu'il allait mourir noyé, mais il ne trouvait pas cela tellement désagréable. Puis d'un seul coup il a réagi et a essayé de sortir, mais il n'a pas vu le panneau ouvert sous ses pieds et par où il aurait pu sortir en plongeant, il cherchait une issue dans ce qu'il croyait être le plafond et qui, en réalité, était le plancher. Et c'est ainsi qu'il a marché ou nagé jusqu'à l'extrême arrière où il a trouvé une poche d'air car la queue n'était pas tout à fait immergée. Il a pu ainsi respirer à nouveau, mais au bout d'un moment l'eau lui arrivait à la bouche et il repensait à la mort, lorsque tout à coup il a aperçu une lueur de jour vers laquelle il s'est dirigé ; c'était la porte de sortie et la fin de cette aventure[12].

Gêné peut-être par une maladresse qui faillit coûter la vie à plusieurs personnes, Antoine de Saint-

Exupéry ne fait pas un sujet littéraire de cette expérience malheureuse qui en vaut bien d'autres auxquelles il consacre des pages entières. Il se contente d'évoquer parfois avec des amis, et plus rarement dans ses conférences, une certaine douceur ressentie au moment où il croyait vivre ses derniers instants. Il se serait même « donné un coup de peigne sous l'eau », presque content « d'échapper à ses dettes[13] ».

Des dettes, il en a, c'est vrai — Mermoz, toujours prompt à le secourir lorsqu'il est à sec, pourrait en témoigner : en 1935, Saint-Exupéry lui devait quelque trois cent cinquante mille francs[14]. Il doit des sommes moins importantes à une flopée d'amis qui sont souvent ses invités, sollicités parfois pour lui prêter l'argent pour payer l'addition commune, et sommés d'autres fois sans façon de mettre la main à la poche. Jean-Gérard Fleury témoigne :

> Saint-Exupéry, ce n'est un secret pour personne, n'a jamais su ni économiser, ni même garder plus de quelques jours l'argent qu'il gagnait. Tantôt il vous traitait somptueusement, et les vins fins coloraient nos verres, tantôt, il vous disait : « — Combien as-tu sur toi ? » Ce jour-là j'avais soixante francs. « — Bon. Je t'en laisse la moitié. Donne-moi trente francs. » Bien entendu, il prêtait aux autres avec la même simplicité[15].

Il est vrai que Saint-Exupéry, qui a une nature dépensière, il faut le reconnaître, manque d'argent, d'autant plus que sa carrière de pilote d'essai, très courte, prend fin en cette fin de l'année 1933, à la suite de l'accident de Saint-Raphaël.

Celle de l'écrivain, en revanche, semble bien partie. *Vol de nuit* est traduit en une dizaine de langues, Jacques Guerlain emprunte ce titre pour nommer son nouveau parfum et Clarence Brown, metteur en scène hollywoodien qui avait connu de beaux succès en dirigeant Greta Garbo, décide de porter le roman à l'écran. Certains s'étonnent que le réalisateur américain est venu chercher en Europe un sujet concernant l'aviation quand il aurait été plus naturel de se tourner vers ses compatriotes qui, Lindbergh en tête, jouissaient d'une renommée plus importante que celle de leur confrère français[16]. Ces commentateurs de bonne volonté appartiennent à la longue lignée de ceux qui, aujourd'hui encore, semblent peu à même de comprendre que ce qui séduit le public, ce n'est pas la vaillance d'Achille mais le savoir-faire d'Homère.

Les droits d'auteur pour l'adaptation cinématographique et pour les éditions étrangères s'ajoutant à ceux de l'édition française qui est un succès de librairie donnent à Saint-Exupéry le sentiment d'être riche. Il ne l'est pas : ses revenus d'écrivain de 1934 ne dépassent pas 25 000 francs, soit à peine ce qu'il gagnait en trois mois comme pilote d'essai. C'est amplement insuffisant. Il s'en rend bien compte dès que, revenu à Paris, il reprend la vie de fêtard à laquelle l'ont habitué ses séjours à l'étranger, du temps où il avait un salaire et dans des pays où le taux de change l'avantageait. Il voudrait vivre à la hauteur de sa notoriété, que Consuelo porte comme un étendard dans tous les lieux chics et chers, fréquentés par des auteurs souvent mineurs mais qui disposent, eux, d'un patrimoine leur assurant des revenus conséquents. Saint-Exupéry vit au-dessus de ses moyens, et sa situation redevient très vite préoccupante.

Même correctement payés, les quelques articles publiés dans *Marianne*, le nouvel hebdomadaire de Gallimard, qui veut en faire le fer de lance de l'intellectualité française de gauche, en touchant un public plus large que celui de *La Nouvelle Revue française*, ne donnent pas à Antoine de Saint-Exupéry le goût du journalisme, un métier d'avenir qui fait vivre tant de ses confrères écrivains. Hélas, il est, lui, incapable d'imposer à son esprit la superficialité nécessaire pour pondre sur commande, en quelques heures et calibrés à la centaine de signes près, l'article qu'attend le maquettiste pour la gazette du lendemain. Les faits qui sont le pain quotidien du journalisme ne sont, pour Saint-Exupéry, que des coquilles dont il faut attendre patiemment, obstinément qu'elles s'ouvrent d'elles-mêmes à l'esprit, au risque, sinon, de les casser pour ne retrouver à l'intérieur que ces vérités d'un jour qui font la une des journaux.

Ce n'est pas, hélas, convenable de son point de vue.

Le retour à un travail rémunéré s'impose.

Le 2 février 1934, Antoine de Saint-Exupéry écrit à M. Fao, directeur de l'exploitation de la nouvelle compagnie Air France. C'est la lettre amère d'un homme aux abois qui demande du travail. Il y évoque le congé qui lui avait été accordé et prolongé en bonne et due forme par son ancien employeur, et la promesse des repreneurs de l'Aéropostale de renouveler son contrat. Il ajoute :

Ma situation étant donc si nette que rien ne s'opposerait à ce que je fisse dès aujourd'hui mon métier sur vos lignes, mais il me semble aussi que j'y ai moralement quelques droits[17].

On ne lui en reconnaît aucun. Air France n'engage pas du personnel supplémentaire. Saint-Exupéry a beau protester : il n'est pas « supplémentaire » puisqu'il n'a jamais été licencié d'une compagnie qu'Air France a absorbée. Peine perdue. On ne veut pas de lui, point à la ligne.

Aujourd'hui, quand toute l'aviation française s'égosille à glorifier cette grande figure tutélaire qui a même son coin à lui au musée de l'Air du Bourget, il est bon de rappeler que, de son vivant, Saint-Exupéry a été jeté de l'aviation comme une vieille chaussette, obligé de s'humilier devant ceux qui pourraient l'engager et de se montrer pathétique dans une lettre qui, curieusement, n'est pas du nombre de celles sélectionnées pour être incluses dans ses *Œuvres complètes* :

Rien ne m'est plus désagréable que d'avoir à parler ainsi de moi [en rappelant les services rendus à la Compagnie] ; mais en me remettant de délai en délai, en laissant s'aggraver pour moi les difficultés matérielles qui peu à peu se font urgentes, vous m'obligez à plaider une cause que je ne devrais pas avoir à plaider, vous me réduisez à faire figure de candidat alors que la Ligne pour moi devrait être un peu une famille, alors que j'ai pensé pouvoir revenir simplement et sans user d'aucun appui, car il ne m'apparaissait pas que j'eusse à me faire recommander[18].

Dans un témoignage qui voudrait disculper ses supérieurs d'Air France, Jean Chitry reprend leurs arguments et considère, lui aussi, que Saint-Exupéry « avait déjà quitté l'Aéropostale », ce qui reste à prouver. Il doit néanmoins reconnaître que si celui-ci n'avait pas été repris, c'était bien parce que « ceux bien placés, et qui se disaient ses amis, n'ont pas voulu l'engager[19] ». Puis ces messieurs changent d'avis. Auraient-ils compris que, dans l'atmosphère délétère de cette IIIe République chancelante et pourrissante, où la justice découvre tous les jours des affaires plus puantes les unes que les autres dont la presse fait ses gorges chaudes, il n'est pas prudent d'exciter la fureur d'un écrivain qui semble avoir le vent en poupe ? Ou bien les appuis dont Saint-Exupéry avait bénéficié autrefois, et dont il avait cru à tort pouvoir se passer, ont-ils fait le nécessaire ? Jean Chitry qui se vante d'« avoir embauché Saint-Ex » pour le compte d'Air France veut nous convaincre avoir agi de son propre gré. Laissons-lui le bénéfice du doute.

Jean Chitry dirige le service publicité-presse-propagande d'Air France. Il admire Saint-Exupéry, ce qui peut se comprendre. Il estime que « des personnages comme lui, sortant de l'ordinaire, étaient nécessaires pour donner au public une bonne image de marque de la nouvelle compagnie. [...] Il fallait à Air France une action de "relations publiques" avant la lettre, appuyée sur des hommes comme lui, pour créer et maintenir le prestige de la compagnie[20] ». En mars 1934, il lui donne rendez-vous chez Lipp, la brasserie du boulevard Saint-Germain qui commence déjà à être le repaire privilégié des hommes de lettres et des politiques. Il lui propose un poste au service de la propagande d'Air France. Saint-Exupéry « explose ». Même

« fauché et très em... », il ne se voit pas fonctionnaire dans un bureau. Jean Chitry lui fait comprendre qu'il s'agit plutôt de donner son avis sur des questions dont les rédacteurs de son service parlent en méconnaissance de cause, de réaliser un film de promotion des lignes aériennes, de faire des conférences à l'étranger, de rédiger, sans nécessairement les signer, quelques articles pour les brochures de la Compagnie. Saint-Exupéry accepte. Jean Chitry prétend que c'est alors qu'il en réfère à son directeur général, dont il obtient l'accord et un salaire mensuel de 5 000 francs. « C'est pas énorme..., se serait exclamé Saint-Exupéry. Ça va me payer mes cigarettes. » Le salaire, indiqué dans une lettre officielle du 26 avril 1934, sera finalement de 3 500 francs, complété par une indemnité mensuelle de 1 000 francs.

Cela ne résout pas les problèmes financiers du couple, qui quitte l'appartement de la rue Castellane pour un autre, plus petit, rive gauche, au 5 de la rue Chanaleilles. Consuelo, qui souffre toujours de son asthme, doit continuer à faire des séjours dans le Midi d'autant plus coûteux qu'elle n'a plus sa villa de Nice. Elle l'a vendue pour payer les dommages d'un accident de voiture dont elle était responsable et à la suite duquel elle s'est retrouvée à l'hôpital de Dijon, sérieusement contusionnée. Très inquiet, Saint-Exupéry veut la rejoindre aussitôt mais il n'a pas l'argent pour le train. Il accepte celui de Nelly de Vogüé, qui en avait beaucoup même avant son mariage avec le descendant d'une famille dont l'histoire remonte au XIe siècle et aux croisades et qui possède, entre autres, le château de Vaux-le-Vicomte.

Appartenant à la haute bourgeoisie lorraine, propriétaire de nombreuses fabriques de carrelage et de céramiques en France et à l'étranger, notamment en Allemagne, où certains membres de sa famille avaient été anoblis à la fin du XIXe siècle, Hélène-Marie Henriette Jaunez avait fait des études d'art avant d'hériter des entreprises paternelles dont elle prend la direction. Elle contracte mariage, comme on dit avec raison, avec Jean Alexandre Melchior, fils du comte de Vogüé. Il s'agit d'une de ces unions dictées par des intérêts sociaux et économiques que les partenaires ne trouvent ni utile ni de bon ton de doubler d'une affection excessive, se ménageant une liberté sentimentale qui ne choque qu'à l'extérieur d'une couche sociale dont les rites matrimoniaux diffèrent de ceux des gens ordinaires, lesquels n'ont à offrir à leur conjoint que de l'amour. Ce mariage fait entrer la jeune et, paraît-il, très belle bourgeoise de province dans les milieux aristocratiques et mondains parisiens où elle se fait des relations nombreuses et très utiles, dans le monde des affaires et de la politique surtout. Connaissant par Yvonne de Lestrange les difficultés financières de celui qui, le jour où il l'avait connue, lui avait mis dans les bras le manuscrit de *Courrier Sud*, lui demandant de lui donner son avis, ce qui avait dû la flatter, elle lui avait proposé vainement de lui prêter de l'argent et lui avait même envoyé un chèque qu'Antoine de Saint-Exupéry n'avait jamais encaissé. Cette fois, sans un sou en poche et inquiet pour la santé de sa femme, il ne se fait pas prier : Nelly de Vogüé le rejoint à la gare de Lyon, où elle lui apporte l'argent pour le billet et un panier avec un goûter pour le voyage. Finalement, elle monte dans le train et ils font le trajet ensemble. Elle revient par le train suivant.

Il ne leur faut pas longtemps pour comprendre ce que chacun peut apporter à l'autre.

Nelly de Vogüé avait renoncé à ses études d'art et à ses ambitions dans ce domaine, par manque de vocation peut-être. Elle peut avoir le sentiment de renouer avec ses anciennes aspirations en apportant à un écrivain de talent l'appui dont celui-ci a besoin. De son côté, Antoine de Saint-Exupéry, dont le mariage prouve plutôt l'énormité des vides à combler qu'un trop-plein d'équilibre, s'il semble avoir trouvé grâce à Consuelo un emploi pour son affectivité en mal de sacrifice, ne reçoit pas en échange l'apaisement et la compréhension souhaités. Son attachement presque désespéré à sa mère est toujours le même : « Je [...] vous aime beaucoup plus que vous ne le pensez[21] », lui écrit-il dans une des très rares lettres de l'époque, où il la remercie d'« avoir si bien soigné » sa « petite femme ». Mais outre qu'il y a des souffrances dont on ne parle pas à sa mère, ne fût-ce que pour ne pas la chagriner, Marie de Saint-Exupéry n'est peut-être pas tout à fait à même de comprendre les soucis de son fils. Il mène, dans un milieu si différent, une vie bien loin de la sienne, à une époque qui semble avoir perdu ses repères traditionnels, dans un pays agité par l'illégitimité de ceux qui l'écument et par les revendications de ceux qui le font vivre, victimes d'un système qui récompense davantage la possession que le travail.

Consuelo, déracinée et brouillonne, pathétique et superficielle, vrai « oiseau des îles » qui se heurte à toutes les vitres qu'elle voudrait traverser comme la lumière qui l'attire, ne peut offrir à son mari qu'une ambition aussi énorme qu'injustifiée, et une frivolité tellement naturelle qu'il serait absurde de la lui reprocher. D'une humeur plus constante, renforcée par un savoir-vivre inculqué depuis plusieurs générations, Nelly de Vogüé a les moyens de sa générosité. La perspicacité d'un esprit nourri par une culture plus solide que celle de Consuelo, qui a toujours préféré les auteurs aux œuvres, lui permet de donner à son illustre ami la sensation de le comprendre mieux et de le rassurer par une admiration compétente. Elle lui apporte la complicité intellectuelle réconfortante que ne peut lui offrir son épouse intuitive et probablement opaque à tout ce qui, dans la littérature, n'a pas un violent parfum de fleur bleue, comme le laissent supposer les livres qu'elle signe et ses « lettres du dimanche[22] », qu'il serait trop cruel de citer.

Consuelo se remet de son accident et se découvre une nouvelle vocation. Elle se croit sculpteur. Elle fait monter des blocs de pierre dans son atelier improvisé dans une chambre de l'appartement de la rue de Chanaleilles où, par manque de chaises, les invités venus lui tenir compagnie s'assoient par terre, comme chez certains maîtres de l'ultramodernisme dont elle imite les mœurs tout en restant, pour ce qui est de la sculpture, dans les limites d'un réalisme de petit collège. Devant ce public très bienveillant, soucieuse d'être admirée à la fois pour son art et pour son esprit, Consuelo n'arrête pas de parler : « C'était un séduisant petit animal dont le ramage valait le plumage, écrit Henri Jeanson qui l'a connue à l'époque. Très amusant, très intelligeant, très vif, très gazouillant, il peignait, écrivait, sculptait avec bonheur. Un oiseau savant[23]. »

Son mari lui fait ombrage. Alors ils sortent séparément, chacun entouré par une petite cour d'admirateurs d'ailleurs interchangeables. Il leur arrive néanmoins de se croiser le temps d'un verre à la terrasse d'un café, d'un dîner, d'une fête.

Antoine de Saint-Exupéry a ajouté à ses anciens amis un nouveau, Léon Werth, rencontré à la rédaction de *L'Intransigeant*. Il passe des heures dans les troquets et les restaurants de la capitale avec cet anarchiste de gauche, pacifiste et anticolonialiste, pourfendeur du capitalisme et du totalitarisme soviétique. Il admire non seulement son intelligence et la rigueur de ses arguments, mais aussi sa rectitude morale. Il l'entraîne dans les virées monumentales qu'il fait avec ses vieux copains, les Léon-Paul Fargue, André Beucler, Jean Lucas et Joseph Kessel dans les bars et les brasseries chics de Paris, où il les emmène dans la Bugatti prêtée par Gaston Gallimard, qu'il conduit à tombeau ouvert, comme il le fait aussi avec les voitures de ses amis, réquisitionnées sans scrupules :

Il devait être deux heures du matin, raconte un d'eux. Le téléphone sonne. C'est Antoine. « — Tu as ta voiture ? » « — Oui. » « — Alors, écoute, il faut que nous partions à 6 heures du matin. » « — Mais c'est urgent ? » « — C'est Consuelo. Elle veut aller à Honfleur. » Et nous sommes partis pour Honfleur[24]...

Les excès de vitesse ? On n'a pas la sensation d'en faire lorsqu'on descend d'un avion. Les contraventions ? Qui s'en préoccupe lorsqu'on vous reconnaît dans les restaurants bien fréquentés et que l'on dîne en compagnie de la fine fleur des gens qui font la pluie et le beau temps sur la place de Paris ? Un matin, deux gendarmes sonnent à sa porte, l'embarquent et le conduisent en fourgon cellulaire à la préfecture de police. Saint-Exupéry pense que c'est juste une formalité. Pas du tout. On lui retire sa cravate et ses lacets et le voilà dans une cellule avec d'autres détenus qui le regardent avec suspicion lorsqu'il leur dit qu'il est là pour « excès de vitesse » : c'est un délit dont ils n'avaient jamais entendu parler. Il espère voir un officier de police ou un juge et s'expliquer. Rien. Il passe la journée et puis la nuit au poste. Il n'est libéré que quarante-huit heures plus tard, le temps qu'intervienne Jean-Gérard Fleury, qui était aussi avocat et qui l'avait déjà tiré des griffes tantôt d'une compagnie d'assurances dont il avait oublié de résilier le contrat, tantôt de celles d'un tailleur dont il avait égaré la note et qui menaçait de faire intervenir la force publique. Il ne peut rien lorsque les agents des sociétés concernées coupent le gaz et l'électricité de l'appartement de la rue de Chanaleilles pour factures impayées.

Ce n'est pas grave. Antoine de Saint-Exupéry passe moins de temps chez lui qu'à Saint-Germain-des-Prés où se trouvent le Café de Flore, Les

Deux Magots et, de l'autre côté du boulevard, la brasserie Lipp où, de l'avis de Fargue, pour le prix d'un demi on peut avoir le compte rendu complet de la vie politique et intellectuelle parisienne des dernières vingt-quatre heures. Déjà habitué à rédiger ses textes sur des coins de table, dans le bruit neutre des troquets, Antoine de Saint-Exupéry passe l'après-midi dans l'un de ces deux cafés familiers avant de dîner chez Lipp, toujours en joyeuse compagnie, entouré d'amis qui le trouvent généreux et divertissant. En présence d'un inconnu, sa timidité naturelle prend le dessus. Il se tait, il rougit comme une jeune fille et, d'un geste réflexe, il se gratte derrière l'oreille avec l'index de la main droite. Il faut l'apprivoiser avant qu'il veuille reprendre le fil de ses histoires ou chanter. Quelques enregistrements nous donnent une idée de ses dispositions musicales : Saint-Exupéry chante faux, d'une voix éraillée, presque désagréable, ce dont il est peut-être conscient parce qu'il ne la force jamais, préférant chuchoter, tel ces buveurs solitaires qui murmurent leur comptine pour eux-mêmes. Les airs s'y prêtent d'ailleurs : « Nous étions vingt ou trente brigands dans une bande, tous habillés de blanc… », ou bien : « Enfants de ma misère, allez dire à ma mère qu'elle ne m'reverra plus… » Il a dans son répertoire, assez restreint d'ailleurs, quelques vieilles chansons françaises, parfois paillardes, dont, fameuse par sa vulgarité et ses gros mots, *Les Filles de Camaret*, « toutes vierges » mais qui, au lit, « préfèrent tenir dans leur main… plutôt qu'un cierge… ». S'y ajoutent quelques chansons de marins et quelques autres, carrément idiotes, de cancres.

Lorsque le garçon de chez Lipp, auquel il prend soin de remettre, pour sa gamine, les boîtes de Craven vidées dans la soirée, lui annonce la fermeture, il traverse à nouveau le boulevard et attend, pour quitter le Flore ou Les Deux Magots, que l'on mette les chaises sur la table. À moins qu'il n'embarque à l'improviste ses compagnons dans sa voiture ou dans un taxi pour les amener du côté des Champs-Élysées, au Bœuf sur le toit ou dans un cabaret russe que Beucler, né à Saint-Pétersbourg, connaît bien, ou dans Dieu sait quel autre établissement de nuit récemment découvert.

Massif, avec son front rendu énorme par la calvitie et ses yeux qui louchent derrière les lunettes rondes, une cigarette toujours collée au coin des lèvres, à presque soixante ans, Léon-Paul Fargue fait autorité dans la bande de ses jeunes amis. Il récite avec emportement ses derniers poèmes et trouve en Saint-Exupéry un admirateur prêt à lui tenir compagnie jusqu'au petit matin :

> Je soussigné Léon-Paul Fargue, officier de l'Académie française, certifie que j'ai retenu Antoine de Saint-Exupéry, commandeur de tout, jusqu'à une heure hindoue, parce que quand je le vois, je ne peux pas le lâcher[25].

Saint-Exupéry lui raconte ses histoires extraordinaires. Toujours les mêmes : ses atterrissages forcés dans le désert, sa rencontre avec les pionniers qui mènent une vie de chien en Patagonie, l'aventure de Guillaumet perdu dans les Andes, le rachat de l'esclave Barak qui ne sait pas quoi faire de sa liberté si ardemment désirée, les efforts entrepris pour apprivoiser les gazelles africaines qui meurent de faim poussant de leurs petites cornes les planches de l'enclos, la paix d'une ferme perdue au fin fond de la Pampa argentine, l'accident de Saint-Raphaël lors duquel il a vu la mort de si près. On les connaît par cœur, ces histoires, mais il les dit d'une façon si étonnante : la voix un peu rauque est presque monotone, le style est simple, celui d'un compte rendu de notaire, mais justement cette retenue leur donne une force extraordinaire : « S'il faisait froid dans son histoire on avait froid et s'il faisait chaud dans son histoire on s'épongeait, on crevait de soif et quelqu'un toujours allait, sur la pointe des pieds, ouvrir la fenêtre[26] », raconte Henri Jeanson — dont l'amitié sera loyalement récompensée quelques années plus tard, au moment de la déclaration de guerre et de la mobilisation : traduit en justice pour ses propos pacifistes jugés antipatriotiques, il aura parmi ses défenseurs Antoine de Saint-Exupéry, venu en uniforme témoigner en sa faveur, malgré l'interdiction formelle de ses supérieurs.

Entouré d'amis qui lui vouent une admiration sincère, du moins pour ce qui est de ses prestations d'amuseur de nuits blanches, se contentant de la complaisance des autres, qui l'écoutent avec l'intérêt que suscite toujours celui qui paie la note, flatté par tous qui, presque par courtoisie, se donnent la peine de considérer comme géniaux leurs amis fêtards, Saint-Exupéry a l'air, sinon heureux, du moins satisfait de la vie qu'il mène. Il profite au mieux de cette période bénie qui s'étend de la publication d'un livre bien accueilli jusqu'au moment où les angoisses liées au suivant viennent gangrener la vie de l'auteur imprudent qui s'est remis au travail. Saint-Exupéry a la sagesse de prolonger ce répit qui lui va bien. S'il continue à noircir des bouts de papier avec des notes pour un possible prochain livre, rien ne permet de croire qu'il y pense déjà, gâchant par des soucis autrement empoisonnants que ceux d'argent les joies de cette vie buissonnière.

Il boit beaucoup, mais à un rythme qui lui permet de ne jamais être soûl. Néanmoins, son foie s'en ressent, et son aspect aussi : « Il devient très gros, soufflé, et dans cette face poupine, son regard paraît encore plus mélancolique et surpris[27] », note Nelly de Vogüé qui ne l'accompagne pas dans ces virées nocturnes. Elle préfère le rencontrer dans des salons de bonne fréquentation et à des dîners plus restreints où elle lui fait rencontrer des personnages importants des milieux politiques et des affaires, un monde que Saint-Exupéry ne connaît pas et qu'il pratique peu, la conversation de ses amis de la haute bohème l'amusant certainement davantage que celle des hommes d'argent et de pouvoir dont il écoute néanmoins avec attention les arguments, qu'il note parfois dans ses carnets, avec ou sans commentaires.

Dans les débats qui s'enveniment autour de lui, il cherche à bien appréhender les arguments des uns et des autres pour mieux comprendre pourquoi il ne se retrouve dans la doctrine d'aucun.

Le lancer du javelot

Henri Jeanson a des idées de gauche.

Mermoz adhère aux Croix-de-Feu, un mouvement de droite puissant et populaire dans lequel certains historiens, étrangers surtout, voient un fascisme à la française, contredits avec des arguments crédibles par les spécialistes autochtones de la question, dont René Rémond et Pierre Milza, entre autres. Ils rappellent le refus réitéré de François de La Rocque, président du mouvement, de faire front commun avec les formations d'extrême droite auxquelles il reproche leur antiparlementarisme, leur antisémitisme et leur accointances avec le totalitarisme nazi.

La ligne de démarcation entre les mouvements d'idées qui agitent la société française, et l'Europe en général, dans les années 1930, est confuse dans la mesure où les mouvements de gauche, d'inspiration marxiste, ne proposent pas un modèle nouveau de vie collective. Le « bolchevisme » soviétique n'est, somme toute, qu'un capitalisme corrigé par le souci d'une plus juste distribution des biens. Ses bases théoriques ne sont pas radicalement différentes de celles des sociétés occidentales — et ne pouvaient pas l'être puisque le marxisme n'est qu'une « critique » de la société capitaliste. Il en décrit le fonctionnement avec l'exactitude scientiste du XIXe siècle dont il est issu. Ses solutions ne visent pas la destruction du système productiviste dont le but est l'amélioration de notre vie matérielle. Au contraire, sous prétexte de l'abolir, le marxisme et ceux qui s'en réclament ne proposent que d'amender le capitalisme pour le rendre viable en le purgeant des contradictions structurelles, à l'origine des crises récurrentes qui le fragilisent.

Certains esprits s'accommodent mal d'une société qui ne propose que des avantages matériels, même s'ils reconnaissent que cette cause n'est pas négligeable.

Ils se retrouvent excommuniés des deux camps, ce qui est logique : ils parlent de l'homme à ceux qui se disputent pour simplement établir où doit aller le revenu du capital. Les uns invoquent l'intérêt et veulent faire de la rapacité des individus le moteur d'un progrès qui reste strictement matériel. Les autres, dans le même but, privilégient le travail et le partage des biens. Ni les uns ni les autres n'ont d'yeux pour l'essentiel, « qui ne se voit pas », pour reprendre le mot d'Antoine de Saint-Exupéry. Ceux qui, soit par innocence, comme celui-ci, soit par honnêteté intellectuelle, comme Camus bientôt, s'obstinent à ne pas rejoindre leurs concitoyens dans une guerre qu'ils mènent entre eux pour détruire ensemble toute velléité de croire que l'homme pourrait être autre chose qu'un vulgaire producteur-consommateur de biens, sont honnis. Ces quelques

« dissidents » paient très cher leur « désengagement », victimes d'un mouvement de rejet dont les générations suivantes s'efforceront de supprimer les effets nocifs, sans y arriver toujours.

Des clans — qui ne correspondent pas tout à fait aux partis, associations et autres ligues — se forment, dont les membres se regardent déjà en chiens de faïence, prêts à prendre les armes. Refusant le principe même de cet embrigadement, Antoine de Saint-Exupéry passe allègrement de la rive gauche des intellectuels progressistes et déjà antifascistes, à la rive droite, où il rencontre avec autant de plaisir, dans les bars des Champs-Élysées, près du siège d'Air France, quelques amis aviateurs dont certains militent dans des mouvements de droite. Ils sont progressistes eux aussi, mais nationalistes également. Ces partisans de l'ordre réclament un pouvoir fort, capable de mettre au pas un régime parlementaire vénal et corrompu qui exaspère le petit peuple saigné à blanc par la crise de 1929, laquelle n'avait pas trop affecté les grandes fortunes. Au contraire, cette convulsion économique semble avoir encouragé ceux qui les détiennent à faire des affaires souvent scandaleuses : aux magouilles liées à la disparition de l'Aéropostale, que Mermoz et Saint-Exupéry avaient dénoncées publiquement sans enflammer les foules, s'ajoutent, beaucoup plus odieuses, l'affaire Hanau qui avait lésé les petits épargnants, la faillite de la banque Oustric qui éclabousse le garde des Sceaux, l'affaire Stavisky enfin, qui fait déborder le vase et provoque un assaut du Parlement, soldé par seize morts et plus de six cents blessés du côté des manifestants chargés par les forces de l'ordre.

Le pays est agité par des turbulences violentes et dangereuses dont on parle, forcément, beaucoup. À en juger d'après les témoignages des uns et des autres et à bien écouter leurs silences, il faut conclure que Saint-Exupéry discute beaucoup, ne débat jamais. Il exprime des doutes sans essayer de convaincre. Il « refuse les dilemmes[1] » et ne se laisse pas embarquer dans des polémiques qui l'obligeraient à prendre parti. Il embarrasse ses interlocuteurs en leur posant des questions de bon sens, mais dont la formulation est telle qu'elle exclut d'emblée les réponses convenues. Il n'affirme rien, mais relève les contradictions des uns et des autres, les obligeant à reconnaître les failles d'un raisonnement qui doit se montrer tolérant puisqu'il ne peut pas se prétendre catégorique.

Comment en aurait-il pu être autrement pour quelqu'un qui se méfie de la logique dont il affirme qu'elle est une sorte de leçon d'anatomie qui se pratique toujours sur un cadavre :

> La logique n'a point de prise pour saisir et expliquer cette création. Elle ne commence précisément que là où finit la logique. Dans la mesure où la logique valide la structure proposée il n'y a point création d'un univers. Là où la logique échoue déjà, commence la création[*2].

* Il est utile de rappeler que les notes ces *Carnets* sont à usage strictement personnel et que l'auteur n'envisageait pas de les publier sous quelque forme que ce soit. Il n'a jamais essayé de leur donner une cohérence, ni même de rendre compréhensibles pour un éventuel lecteur des phrases dont le seul but était de lui servir de repère pour ses réflexions. Ce qui explique les nombreuses répétitions, phrases inachevées et formulations maladroites. Ce qui explique aussi certaines allégations qui vont, à l'évidence, contre les opinions de l'auteur, dont on peut supposer qu'il ne les a notées que pour avoir un énoncé exact d'idées qu'il se proposait de contredire le moment venu.

Le monde vivant, celui de l'homme, est un perpétuel défi à la logique qui n'arrive à le rattraper que là où il n'est déjà plus. La science elle-même, mythe fondateur de la modernité et source des idéologies qui dominent le XXe siècle, est, pour Saint-Exupéry, incompétente pour appréhender le monde. La science, note-t-il, « ne prévoit que des répétitions[3] », or tout ce qui est vivant, l'homme comme les sociétés, évolue selon des modèles que la raison n'est capable d'identifier qu'après coup. « Ce qui sera créé, ce qui naîtra sera logique. Et non : ce qui est logique naîtra[4] », écrit Saint-Exupéry dans un de ces petits *Carnets* qu'il a désormais toujours dans sa poche et où il note pêle-mêle, à l'improviste, sans discernement, des idées qui lui traversent l'esprit ou glanées chez les autres, qu'il se propose d'examiner un jour ; des réflexions aussi, plus élaborées parfois ; des gloses de lectures, des références livresques, des fragments d'argumentation.

Ces notes sont très diverses, à la mesure d'une curiosité aussi vaste qu'éclectique. Antoine de Saint-Exupéry lit en vrac les livres d'astronomie d'Eddington, les brochures de Lénine, les derniers ouvrages du néothomiste Jacques Maritain et *Le Capital* de Marx, « plus ou moins séduit par cette philosophie qui, sur le plan théorique, lui semblait valable[5] », témoigne son cousin, André de Fonscolombe. Il lit les essais de Freud, *Mein Kampf* et *L'homme, cet inconnu* d'Alexis Carrel, physiologiste, qui avait reçu en 1912 le prix Nobel de médecine pour ses travaux sur le système vasculaire. Il lit les articles théologiques du père Sertillanges, d'innombrables essais d'économie politique, *La Révolution per-*

manente de Trotski et *La Crise du capitalisme américain* de Bertrand de Jouvenel. Il lit les traités scientifiques les plus divers et, porté par la même curiosité inassouvie, il fréquente quelques savants réputés auxquels il pose mille questions pointues. Parmi eux Albert Métral, polytechnicien et professeur de mécanique, Francis Perrin qui travaille avec Joliot-Curie sur la physique atomique et moléculaire, Paul Langevin, professeur de physique atomique lui aussi, Jacques Fournier, microbiologiste.

Saint-Exupéry en conclut que l'homme est pris dans un conflit insurmontable entre ses capacités logiques et son pouvoir de création. La raison lui donne le sentiment de comprendre et de pouvoir maîtriser le monde. C'est rassurant, mais c'est illusoire dans la mesure où nous ne pouvons penser que ce qui a déjà été : « [Newton et Einstein] ne dégagent en fait que des structures mais "n'atteignent" pas de vérité[6]. » La création est un devenir dont personne ne peut prévoir les étapes et dont l'horizon sera jusqu'à la fin des temps une hypothèse. Où est la vérité ? Il n'y en a pas. Les disputes des hommes sont des effets de langage qu'il faut simplement dissiper, prouver qu'ils sont tous d'accord pour l'essentiel.

Capitalisme et communisme sont renvoyés dos à dos pour avoir oublié qu'une société doit être au service de l'homme : « Si l'intérêt du capital n'est plus celui de la nation — c'est-à-dire de l'homme — alors qu'il cède la place à une autre structure[7]. » Oui, mais laquelle ? Dans ses *Carnets*, Antoine de Saint-Exupéry se montre très critique à l'égard de la société capitaliste. Du moins dans sa version libérale, dont la logique du profit et de la rentabilité, ce que l'on nomme aujourd'hui la « mondialisation », conduit à la destruction de nos équilibres essentiels, forgés par des siècles d'histoire. Il s'en explique : supposons qu'il soit plus rentable d'importer du blé d'un pays où son coût est moindre ; supposons aussi qu'il soit plus rentable pour les habitants de ce pays de ne plus pratiquer leur artisanat d'art, mais d'importer des objets meilleur marché fabriqués en France. Apparemment, tout le monde y gagne. En fait, tout le monde est perdant. C'est du moins ce qu'il analyse dans « Économie fermée », texte publié dans *Carnets I* : « Nous bénéficierions de plus de blé si nous fabriquions des objets d'art. Et la pente des événements sera telle que nous fabriquerons en fait, renonçant au blé, des objets d'art (migration intérieure) ou bien — si réellement l'objet d'art aussi est déficitaire — nous irons nous installer où cette activité, étant donné le sol et le sous-sol, devient normale (migration extérieure). Nous délivrons et récréons le visage du globe terrestre sans tenir aucun compte des biens dits "spirituels" et qui cependant sont les plus précieux. Or un certain visage de la France et une certaine civilisation — un certain goût de vivre — valent bien un certain standing matériel. Si l'on désire sauver la civilisation il faut sauver le blé français[8]. »

La démocratie ? Telle qu'elle se présente, soumise à la logique capitaliste du profit, elle en prend pour son grade : « Une démocratie administre au lieu de gouverner[9]. » L'institution présidentielle ? « Une déification de la médiocrité[10]. » Mais le collectivisme soviétique n'est pas une solution non plus : il « construit une cathédrale », c'est vrai, mais au prix d'une pression qui transforme les individus en délateurs[11] et les objets d'art en produits de série[12]. Il tue « la vie de l'esprit[13] ».

Toutes ces sociétés matérialistes, totalitaires ou pas, invoquent les lois « naturelles » du marché pour œuvrer contre l'esprit qui est le propre de l'homme. La conclusion d'Antoine de Saint-Exupéry est sans appel : « La race humaine vaut cent fois plus que les principes économiques[14]. » Il ajoute : « Dans la mesure où l'on produit plus on tend à se civiliser moins[15]. » Pour des raisons différentes mais analogues, les deux types de société qui s'affrontent depuis la victoire, à la fin des années 1920, de la révolution bolchevique en Russie, exaltent le travail en oubliant que les machines n'ont d'autre vocation que de nous en délivrer. Le principe de toute civilisation est de permettre à l'homme de travailler moins pour s'épanouir spirituellement : « Il faut changer l'homme et la seule méthode consiste à lui assurer d'abord le loisir[16]. » Il est indéniable que, pour Antoine de Saint-Exupéry, une société de progrès est celle qui réussit à réduire le temps de travail. Le contraire, c'est le retour à la barbarie ; pire : c'est le retour à l'animalité, à la « termitière ». Les sociétés capitaliste et communiste qui semblent s'affronter ne sont que l'avers et le revers d'une même démarche qui menace l'existence de l'homme en tant que tel : « Affreux businessman américain. Affreux LLD*. et en URSS aussi affreux

* Abréviation pour *Luftlandedivision*, division aéroportée de l'armée allemande.

distributeurs et consommateurs d'objets laids. Ces foules ne sont pas éclairées par leurs châles[17]. »

Les enfants sont les premières victimes de ces sociétés qui n'ont pas besoin d'hommes mais uniquement de pièces de rechange pour la machine productive. L'école, dont on a fait une fabrique d'éléments utiles aux engrenages économiques, n'éduque plus. Elle livre « à l'enfant, réduit au rôle de formulaire, un bagage de connaissances, au lieu de lui forger un style — et partant une âme[18] ». Le produit de cet enseignement « stupide » est « une bouillie » qui « ne sait même plus construire son chagrin[19] ».

Dans des notes qui emploient des formules mathématiques et avec maints schémas à même de clarifier ses idées, Saint-Exupéry réfléchit — sans conclure — sur les salaires et le capital ; sur les transactions financières « qui ne jouent pas un rôle dans l'économie[20] » et sur les financiers dont « l'égoïsme[21] » est l'expression de l'égoïsme de toute une société. Il blâme les « socialistes » qui restent des boutiquiers et se mettent au service des mêmes lois du marché même si « au lieu de chewing-gum ils vendent des salles de bains[22] ». Il fait des estimations concernant le prix de production d'un bien manufacturé et calcule son prix de vente qui devrait intégrer aussi une part sociale. Il estime que, dans une société harmonieuse, le salaire devrait payer non le travail accompli, mais l'utilité sociale de ce travail.

Certes, toutes ces idées sont incertaines et leur auteur se garde bien de s'en servir autrement qu'en tant que repères d'une réflexion dont il se méfie par principe. Il en accepte sans complexes les contradictions, qui sont le signe d'une pensée authentiquement en prise avec la réalité, mais peu à même de conduire à des conclusions suffisamment fermes pour justifier des engagements politiques et des attitudes tranchées. À un moment où, à l'intérieur de la société française, les tensions sont si vives que celui qui n'affiche pas une appartenance partisane est aussitôt soupçonné d'appartenir au camp ennemi ; à un moment où ceux qui vous rendent service le font aussi pour vous recruter, Saint-Exupéry considère opportun de se maintenir dans une « réserve » qui explique peut-être son peu d'empressement à trouver une situation meilleure que celle que lui a offerte Air France, avec un salaire qui, de toute évidence, ne lui suffit pas.

C'est une sinécure.

Une mission à Saigon, en juillet 1934, doit lui permettre de rédiger un rapport concernant l'intérêt d'une liaison aérienne régulière avec l'Indochine. Elle lui permet surtout de revoir sa sœur Simone, qui s'y était établie après avoir obtenu le diplôme de l'École des chartes. Elle lui permet aussi de voir Angkor. Il ne le verra pas : l'hydravion qu'il s'était fait prêter par la Compagnie tombe en panne et, obligé de se poser sur le Mékong et à rebrousser chemin, Saint-Exupéry doit le faire remorquer par un bateau de pêche. Malade, avec une forte fièvre et blessé au pied, Saint-Exupéry ne peut plus piloter. La Compagnie doit trouver quelqu'un qui le ramène en France, où il oublie de remettre son rapport, que la Compagnie trouve inutile de lui demander.

Saint-Exupéry se rend à Alger pour les besoins d'un documentaire intitulé *Week-end à Alger*, destiné à présenter une nouvelle ligne aérienne vers le Maghreb. Il participe comme consultant à la réalisation d'un autre, *Atlantique Sud*, qui sort en juillet 1936, où il est question de l'extension des lignes transocéaniques de l'Aéropostale. À sa demande, son nom ne figure pas sur le générique de ces films. Il ne signe pas non plus les quelques articles sans intérêt publiés dans la revue d'Air France, à l'exception toutefois, notable, de *Souvenirs de Mauritanie*, titre curieux pour un texte qui fait état de la façon dont trois chefs maures perçoivent la France, un pays où « tout est grand » et que Dieu aime bien parce qu'il lui a donné de l'eau douce en abondance.

De temps en temps, sous les auspices d'Air France — il dispose d'un accès facilité aux infrastructures de la compagnie et son essence est gratuite —, Saint-Exupéry veut bien se déplacer à l'étranger pour des conférences qui lui sont payées par les organisateurs locaux. Il s'y rend avec son propre avion, un Caudron Simoun C 630, acquis dans des conditions qui ne sont pas établies à un moment où, fauché et criblé de dettes, il ne les rembourse, quand il le peut, que pour en contracter d'autres.

Didier Daurat avait commandé plusieurs Caudron-Simoun aux usines Renault, qui les produisent, et il est peut-être intervenu pour lui obtenir un prix d'ami. On peut supposer aussi que le fabricant comptait sur Saint-Exupéry pour faire la publicité de ce modèle, qui était le plus rapide sur le marché et intégrait toutes les nouvelles technologies : hélice à pas variable, appareils d'orientation permettant le vol sans visibilité, freins sur les roues, etc. Saint-Exupéry aurait-il déjà envisagé de rejoindre le club restreint de ces quelques pilotes qui gagnent des sommes intéressantes en faisant la promotion des nouveaux appareils qui leur permettent de battre des records — de distance, d'altitude, de vitesse, d'endurance ? Ce qui pourrait expliquer la générosité du constructeur. Les archives de Renault ne gardent aucune trace de cette transaction et s'il est imprudent d'affirmer que l'argent proviendrait du compte de Nelly de Vogüé, ce qui a été affirmé sans preuves, il est facile de croire qu'il a suffi d'un mot de celle-ci, dont les relations dans le monde industriel et politique sont considérables, pour susciter la bienveillance de Louis Renault, qui connaît son intérêt. Et il ne s'agit pas uniquement des tournées publicitaires que Saint-Exupéry entreprend à bord d'un avion qui, à cette occasion, profite de la notoriété du conférencier-pilote, célèbre dans différentes capitales où se trouvent les clients potentiels à la fois d'Air-France et du fabricant des Caudron.

En 1935, Saint-Exupéry fait atterrir son appareil blanc et rouge tour à tour à Casablanca, Alger, Tunis, Tripoli, Le Caire, Alexandrie, Damas, Beyrouth, Istanbul et Athènes, où il se rend en compagnie de Jean-Marie Conty, polytechnicien et pilote lui aussi, partenaire de ces causeries publiques destinées à blasonner Air France et à permettre à ses missionnaires d'arrondir leurs fins de mois.

Il n'est pas certain que Saint-Exupéry soit content de devoir parcourir ces quelque 9 000 kilomètres. Il a beaucoup voyagé. Là où l'ont conduit ses obligations professionnelles. Aime-t-il voyager ? On peut en douter. Tout au long de sa vie, les itinéraires « touristiques » peuvent se compter sur les doigts d'une main. Sa curiosité ne l'a jamais entraîné là où sa présence n'était pas exigée par son métier, par manque d'argent peut-être, mais aussi parce que cela divertit sans profit. Saint-Exupéry écrit dans une de ses lettres :

> J'ai couru toute ma vie. Mais je suis un peu las de courrir (Peut-être n'y a-t-il qu'un r à courir ?). Je comprends aujourd'hui seulement un certain proverbe chinois : « Trois choses ruinent l'ascension de l'esprit. Primo, le voyage[23]... »

Puis, l'argent. Une bonne partie des frais incombe aux conférenciers, notamment l'hébergement, ce qui réduit leurs gains à la portion congrue.

Il y a aussi d'autres inconvénients. Malade, Saint-Exupéry se fait poser des ventouses tous les soirs pour éviter une extinction de voix le lendemain. Mais surtout, surtout ! il y a un malaise dans l'air : ils font partout salle comble, mais le public s'ennuie. Saint-Exupéry le sent et cela le met de mauvais poil. Il n'y a pas de solution, il le sait : ces conférences sont des événements mondains et les invités, obligés de l'écouter avant de passer au buffet, se moquent comme d'une guigne de ce qu'il leur dit. Lui non plus n'a rien à dire à ces messieurs venus pour serrer des mains ni à ces dames dont le seul souci est de montrer leurs nouveaux chapeaux. C'est creux, c'est inutile, c'est pénible. Le cœur n'y est pas et le discours en souffre. Après une de ces conférences dans une salle de l'université de Beyrouth, le haut-commissaire de France en Syrie et au Liban envoie au ministère des Affaires étrangères une note où il met en doute l'utilité de ces interventions : « Je ne puis m'empêcher de penser que cette double manifestation oratoire n'a qu'un rapport assez lointain avec une propagande effective en faveur des ailes françaises. [...] Dans ces conditions je me demande si les frais que comportent de pareilles missions sont bien en proportion avec le bénéfice réel qu'on peut en tirer[24]. »

Néanmoins, Saint-Exupéry se rend à Bucarest, où il parle devant les invités de la Ligue des aviateurs roumains, et fait des démarches auprès des Alliances françaises pour une tournée aux États-Unis où il souhaite aborder une question qu'à son sentiment l'humanité ne s'est jamais posée : la confrontation des civilisations. L'avion qui permet de se déplacer vite et loin, très loin, d'atteindre des coins isolés de la planète et des pays que, jusqu'à une date récente, les Européens ne pouvaient atteindre qu'au terme de voyages longs et périlleux, permet maintenant de découvrir d'autres formes d'existence, d'autre traditions, d'autres structures mentales qu'il faut considérer dans un esprit différent de celui des conquêtes coloniales qui se faisaient au nom de la vraie foi et de l'intervention civilisatrice. À ce sujet, les notes d'Antoine de Saint-Exupéry ne laissent aucun doute :

La colonisation ruine une race d'hommes qui va disparaître ; que ceux qui leur succèdent ou eux-mêmes soient repus et engraissent n'enlève rien au tragique de ce deuil[25].

C'est d'autant plus méritoire que cette conviction vient à l'encontre des sentiments intimes, instinctifs que Saint-Exupéry a l'honnêteté d'énoncer et de soumettre à une analyse critique. *A priori*, note-t-il dans ses *Carnets*, il est tenté de donner priorité au Blanc sur le Noir. Il ajoute aussitôt : « Il m'est impossible d'établir rationnellement ce choix[26]. » Porté à préférer une « espèce » qui a fourni à l'humanité « Descartes, Pascal, Goethe, Newton, Mozart, Platon », il devrait être du côté du « peuple italien » qui, en 1936, écrase dans une guerre meurtrière les Abyssins. Il n'en est rien, au contraire. Pour la simple et bonne raison que la civilisation de l'homme blanc est celle du destin individuel et de la charité :

Morale de la charité. La disparition d'un groupe humain s'accompagne de déchirements. Or, morale ou physique, il s'agit toujours de la mort d'un individu. [...] Si je m'oppose ici à ce sacrifice de l'individu [...] c'est au nom des valeurs spécifiquement occidentales. C'est au nom même de la morale que je porte dans mes flancs et de la valeur que je lui attribue que je renonce à en ensemencer les autres[27].

Pour que la tournée américaine puisse se prolonger dans les villes où il n'y a pas d'Alliance française, Saint-Exupéry fait appel à un journaliste du *Times*. Il ajoute à la lettre où il explique son projet un curriculum vitae surprenant. Surprenant parce que c'est la seule fois où Saint-Exupéry fait état de ses quartiers de noblesse, avec l'idée peut-être que c'est un argument qui peut séduire dans un pays nouveau dont la seule aristocratie est celle de l'argent. Surprenant aussi parce que, pour impressionner son correspondant, Saint-Exupéry se targue de ses cinq milles heures de vol, ce qui n'est pas nécessairement un mensonge, à cela près qu'il ne s'est jamais donné la peine de les compter : à une jeune femme qui l'interrogeait, à l'époque, sur ce sujet, il avait répondu : « Comptez-vous, madame, les heures que vous avez passées dans l'ascenseur[28] ? »

Cette tournée à but strictement alimentaire ne se fait pas. Les finances de Saint-Exupéry sont toujours dans le rouge.

Curieusement, vu le succès de *Vol de nuit* et ce que les ventes lui ont tout de même rapporté, Saint-Exupéry n'envisage pas d'arrondir ses fins de mois en publiant un nouveau livre, que les éditions Gallimard attendent. Les écrivains « professionnels » ne finissent un livre que pour en commencer un autre. Saint-Exupéry ne le fait pas, et ce n'est certainement pas parce que les avances de l'éditeur sont modiques par rapport à ses besoins — et à ceux de Consuelo aussi. Par ailleurs, il n'est pas homme à se laisser décourager par l'hostilité que lui a value *Vol de nuit*, au contraire. Il faut chercher ailleurs les raisons de cet abandon, qui est définitif : *Terre des hommes* naît d'une initiative qui n'est pas celle de son auteur et *Pilote de guerre* est sans doute, dans l'esprit de celui-ci, un livre de circonstance — pour ne pas dire « de propagande » —, exigé par les événements. Il est surprenant aussi de remarquer que celui qui, dans ses lettres de jeunesse, explique si abondamment ce qu'est la littérature et comment on doit la pratiquer, n'en parle pratiquement plus une fois devenu écrivain — sauf pour remarquer que « le plan dans l'œuvre littéraire fait partie de l'illusion des logiciens, des historiens et des critiques[29] ». À croire que, finalement, Saint-Exupéry ne se considérait pas comme un écrivain — une méprise surprenante, mais pas exceptionnelle puisque Tchekhov s'était fourvoyé aussi, persuadé qu'il était un auteur médiocre qui serait oublié peu de temps après sa mort.

L'autorité littéraire de l'entre-deux-guerres est celle des grands romans symphoniques. Aussi vastes que, sur le mur de la chapelle Sixtine, *Le Jugement dernier*, aussi complexes que les symphonies de Bruckner ou de Mahler, ces fresques sociales réunissent dans des intrigues compliquées des centaines de personnages qui portent le destin d'une époque. Le prix Nobel récompense les grands romanciers réalistes, Ivan Bounine et Sinclair Lewis, et, dans le même esprit, les auteurs de sagas : Thomas Mann pour *Les Buddenbrook*, Galsworthy pour *Les Forsyte*, Romain Rolland pour *Jean-Christophe*, Roger Martin du Gard pour *Les Thibault*. En France, où la mode est née avec les *Rougon-Macquart*, auxquels répondent d'une manière si différente les sept tomes d'*À la recherche du temps perdu*, Georges Duhamel suit la même voie en publiant le cycle *Vie et aventures de Salavin*. De moindres dimensions, mais tout aussi ambitieux et touffus, quelques autres romans viennent renforcer cette image d'une littérature complexe qui surprend les mouvements profonds de l'Histoire par l'intermédiaire d'une narration. Aragon publie *Les Cloches de Bâle* et *Les Beaux Quartiers*, Malraux *La Condition humaine*, Mauriac *Le Nœud de vipères*, Bernanos le *Journal d'un curé de campagne*.

Homme de son temps et n'ayant jamais fait des études littéraires qui donnent parfois l'assurance nécessaire pour aller à contre-courant, comment Antoine de Saint-Exupéry n'aurait-il pas considéré, comme la majorité de ses amis, que la vraie littérature, la grande, la « professionnelle » est celle de ces auteurs qui semblent remuer les masses et contribuer au changement des mentalités ? Pour quelqu'un qui prend ces chefs-d'œuvre comme modèle et s'efforce tant bien que mal d'inventer, lui aussi, une intrigue et des personnages, combien modeste doit apparaître la petite histoire triangulaire qui lie, dans *Courrier Sud*, le mari, la femme et l'amant ; combien simplette celle de l'épouse qui, dans *Vol de nuit*, s'inquiète pour son mari ; combien rudimentaires et presque allégoriques ces Bernis, ces Herlin, ces Fabien et, somme toute, ces Rivière, avec leur air de mannequins d'osier qui jouent aux sages taoïstes ! Certes, Saint-Exupéry a assez de goût et une sensibilité littéraire suffisante pour s'offusquer, avec une candeur touchante, de n'avoir pas eu le prix Goncourt décerné à des Maurice Bedel, Maurice Constantin-Weyer, Henri Fauconnier, Jean Fayard ou Guy Mazeline — Malraux et Marcel Arland sont une exception. Mais de là à se prendre pour un grand auteur !

Projeté dans la cour des grands par le prix

Femina, comment Saint-Exupéry aurait-il pu s'empêcher de croire qu'il ne fait pas le poids face aux auteurs français d'épopées sociales et aux grands romanciers étrangers, les Faulkner ou Thomas Mann déjà publiés en France et dont on dit sans doute beaucoup de bien dans les cercles qu'il fréquente ? Son orgueil, incontestable mais lucide, est amplement insuffisant pour l'autoriser à penser que le succès de ses livres se doit à autre chose qu'à l'exotisme d'un nouveau jouet de la civilisation occidentale, à penser qu'il séduit ses centaines de milliers des lecteurs par une substance qui, sans crier gare, l'a obligé à changer la règle du jeu. Il se mésestime parce qu'il perd au lancer du poids sans s'apercevoir qu'il est en train d'inventer, avec d'autres, le lancer du javelot, autrement dit, un autre type de littérature. Ne lui tenons pas rigueur puisque, aujourd'hui encore, nombreux sont ceux qui expliquent la pérennité de son œuvre en invoquant consciencieusement tout ce qui n'est pas littérature. Ils brandissent la modeste légende de l'Aéropostale — qui, sans Saint-Exupéry, avouons-le, n'aurait existé que pour les muséographes du Bourget. Ils sortent des archives les photos jaunies des aéroplanes sans s'apercevoir qu'ils ne sont guère plus importants, pour Antoine de Saint-Exupéry, que son fameux gros stylo, qu'il aimait tant, que de simples instruments : « l'avion n'est pas un but : c'est un outil. Un outil comme la charrue[30] » ! Quelle chance que Saint-Exupéry ait eu le bon goût de gagner sa vie comme aviateur et non comme plombier, ce qui aurait obligé ses admirateurs d'aujourd'hui à discourir sur des pinces

Griptou et des déboucheurs à piston. Et l'on s'enfonce dans cette brèche avec une bienveillance qui fait feu de tout bois. Voilà Saint-Exupéry écologiste avant la lettre, défenseur des animaux, des enfants, des minorités, des femmes, de la banquise, des moutons, des Berbères, de la santé publique — lui qui, aujourd'hui, devrait aller dans la stratosphère pour griller sa petite Craven !

Plus rares sont ceux qui osent braver ces lieux communs pour parler de littérature. Ils ont bien du courage puisqu'ils doivent, non seulement débroussailler cette mauvaise herbe, mais aller à l'encontre de l'opinion de Saint-Exupéry lui-même qui ne se tenait probablement pas pour un écrivain véritable : nulle part dans ses agendas et ses carnets remplis des notes disparates n'apparaît l'esquisse d'une intrigue, l'ébauche d'un personnage, l'idée d'un roman possible. Et tout au long de sa vie, nonobstant ses succès de librairie, qui le déconcertent plus qu'ils ne l'encouragent, il est rongé par le doute : « Une fois commencé, l'œuvre me possède, avoue-t-il vers la fin de sa vie. Quand j'écris, je suis persuadé que le livre est bon. Quand j'ai fini, je suis convaincu qu'il ne vaut rien[31]. »

Il cherche son gagne-pain ailleurs.

Grand amateur, depuis l'adolescence, de cinéma, dont il parle souvent dans ses lettres, Saint-Exupéry, du temps où il était à Cap Juby, suggérait même au réalisateur Marc Allégret, un autre ami d'Yvonne de Lestrange, de faire au plus vite un film sur « la dissidence » : « Ça ne s'est jamais fait et c'est un inconnu bien tentant[32]. » Toutefois, s'il admire quelques films qu'il recommande à ses amis : ceux de Chaplin, *La Grande Illusion* de Jean Renoir, les films d'avant-garde de Walter Ruttmann ou *Le général est mort à l'aube* de Lewis Milestone, il n'a pas une très bonne opinion des cinéastes en général :

> Ceux qui font le cinéma sont des crétins. Ils ne savent pas voir. Ils ne comprennent même pas leur instrument. Quand je pense qu'il n'y a qu'à noter dix visages, dix mouvements pour rendre des impressions denses, mais ils sont incapables de cette synthèse et font de la photographie[33].

Considérant que le cinéma pourrait lui apporter des revenus intéressants, Antoine de Saint-Exupéry travaille à un scénario plus élaboré que les ébauches de synopsis rapportées d'Argentine. *Anne-Marie*, dont une première version date de cette époque, surprend par l'inanité des personnages et par la stupidité du sujet qui atteint des sommets lorsque, à la fin, pour offrir un repère à Anne-Marie, ingénieur aéronautique qui pilote enfin un avion, perdue dans la tempête, ses amis envahissent l'usine électrique et se mettent à éteindre et à allumer les lumières de toute une ville — sans se soucier, et l'auteur non plus, des hôpitaux où les médecins restent dans le noir, des ateliers dont les machines s'arrêtent, des ascenseurs en panne… ! Ce qui n'empêche pas ce film très médiocre de remporter en 1936 un tel succès qu'il fut repris en roman-photo vendu en kiosque.

Saint-Exupéry aurait-il fini par comprendre à quel point ses entreprises cinématographiques étaient lamentables ? Il aurait confié à Nelly de Vogüé :

Je ne considère point une pellicule comme mon œuvre. Elle est, en effet, toujours œuvre collective, issue tant bien que mal de compromis qui ne contentent jamais un auteur, et j'évite au contraire avec le plus grand soin de trop y attacher mon nom. Je ne puis empêcher les producteurs de jouer sur une signature qu'ils ont payée, mais je ne joins pas mes efforts aux leurs[34].

Hélas pour Antoine de Saint-Exupéry, les scénarios qui sont restés prouvent que les torts sont pour le moins partagés. Auteur d'un type nouveau, d'une sensibilité qui s'accommode mal des formes du roman balzacien, sa démarche artistique ne convient pas à un art qui ne peut emprunter à la littérature que l'action, un art qui remplace la force évocatrice du mot par des images où chaque chose est exactement ce qu'elle est vraiment. Rien de ce qui fait l'excellence de Saint-Exupéry ne passe dans le cinéma, qui n'a les moyens de retenir d'une œuvre littéraire que ce que Saint-Exupéry a toujours raté, l'intrigue et le personnage.

Sans jamais y renoncer vraiment, rédigeant même, pendant les années de guerre, le synopsis d'un film dont les héros sont des résistants[35], Saint-Exupéry sent peut-être déjà que le cinéma n'est pas sa vocation. Insuffisant peut-être, dans son esprit, pour rivaliser avec celui des grands auteurs, son talent, dont il ne doute pas, même s'il ne voit pas exactement de quelle façon il pourrait s'épanouir au mieux, reste, il le sait, purement littéraire. L'ennui, c'est qu'il n'arrive pas à gagner sa vie, dispendieuse, c'est vrai, avec les deux seuls métiers pour lesquels il se reconnaît quelques compétences, ceux d'écrivain et de pilote. Il n'envisage pas d'écrire un nouveau livre, du moins dans l'immédiat, et l'aviation le rejette.

Alors, comment ne pas se laisser tenter par la prime de 150 000 francs que le ministère de l'Air offre pour un raid Paris-Saigon ?

Trois bouteilles

Antoine de Saint-Exupéry a un avion que l'on estime le plus rapide du monde et un des plus fiables : mis à l'épreuve pendant le périple de conférences qui lui avait fait faire le tour de la Méditerranée, l'appareil a parcouru quelque 10 000 kilomètres « sans que le moteur ait toussé une seule fois, sans qu'un seul écrou se soit desserré[1] ».

Antoine de Saint-Exupéry a des compétences de pilote qui lui permettent de croire qu'il n'a pas de souci à se faire concernant un itinéraire que d'autres ont déjà parcouru et qui ne semble pas semé d'embûches particulières, même s'il s'agit, cette fois, de tenir le balai presque sans se reposer pendant plusieurs jours et plusieurs nuits pour se donner une chance de battre le record de 98 h 52', établi en début d'année sur ce trajet par André Japy.

Antoine de Saint-Exupéry a besoin d'argent et la prime pour le raid Paris-Saigon, dont il a vendu déjà le récit exclusif à *L'Intransigeant*, est à même de remplir les caisses pour une année entière et de lui permettre aussi de payer une partie des dettes qui s'accumulent au vu et au su de tout le monde : certains de ses amis préfèrent lui offrir leur paquet de cigarettes plutôt que de lui prêter l'argent pour s'en acheter, persuadés qu'ils ne seront jamais remboursés.

Autant de raisons pour tenter cette aventure.

Certes, un raid « qui permet de se poser n'importe où et d'attendre que les éléments atteignent, presque, la limite de l'idéal » est un exploit « monotone[2] », que méprise le pilote des lignes régulières tenu de partir à l'heure établie, par n'importe quel temps, dans n'importe quelles conditions. À cela près que, cette fois-ci, le raid ne sera ni suffisamment préparé pour anticiper les dangers potentiels, ni ajourné pour éviter des conditions météorologiques défavorables. Ce qui s'annonçait comme une partie de plaisir faillit tourner au drame.

Parce qu'il y a une contrainte de taille dans ce projet : pour empocher la prime, il faut prendre le départ avant le 31 décembre 1935 à minuit. Or Saint-Exupéry ne revient de sa tournée de conférences dans les pays du Maghreb et du Proche-Orient qu'à la fin du mois de novembre. Le temps est court. Il l'est d'autant plus que Saint-Exupéry a la tête ailleurs. Au moment où il lui faudrait étudier jusqu'au moindre détail un itinéraire qu'il ne connaît pas et s'occuper des turbulences atmosphériques spécifiques aux régions de l'Asie du Sud ; au moment où il devrait faire des plans de vol et envisager des escales techniques et des points de chute en cas d'atterrissage forcé ; au moment où il devrait s'exercer pour acquérir une parfaite maîtrise des nouveaux instruments d'orientation et calculer au millimètre près les angles sous lesquels il lui faudrait avancer pour corriger la dérive due à la puissance des vents d'altitude, Saint-Exupéry court les cafés et les bars de Paris à la recherche de Consuelo dont les disparitions récurrentes le désespèrent.

Depuis longtemps déjà le ménage bat de l'aile. Prenant prétexte du fait que le gaz et l'électricité avaient été coupés dans l'appartement de la rue Chanaleilles, Consuelo a pris ses quartiers à l'hôtel du Pont-Royal. Elle n'y est pas toujours et souvent personne ne sait où elle se trouve. Est-ce simplement parce qu'elle considère le mariage comme une convention bourgeoise qui ne doit pas entraver la totale liberté de sentiments et de mœurs d'un véritable artiste ? A-t-elle eu vent de la liaison de son mari avec Nelly de Vogüé qui n'est peut-être encore que virtuelle ? Jalouse et vindicative, irritée de se trouver en concurrence avec une femme qui est tout ce qu'elle ne sera jamais, veut-elle vraiment divorcer, comme le laissent entendre plusieurs témoignages concordants qui font même état d'une rencontre avec un avocat, qui lui aurait déconseillé de le faire pour trois raisons majeures et de bon sens — elle n'a pas de revenus, elle n'a pas l'intention de se remarier et elle n'a pas d'amant régulier[3] ?

Amant régulier peut-être pas, mais certainement des liaisons qui sont déjà de notoriété publique.

Peintre à ses heures et chroniqueur mondain occasionnel, Michel Georges-Michel, pseudonyme d'un certain Georges Dreyfus, s'est déjà assuré un petit succès de librairie en racontant, dans un ouvrage de 1924, les amours tragiques de Modigliani et de Jeanne Hébuterne. Il n'avait caché l'identité de ses personnages sous des noms d'emprunt que pour laisser entendre que ses révélations étaient tellement choquantes qu'elles pourraient lui valoir d'être traduit en justice par les parents de la malheureuse Jeanne, soucieux de défendre sa mémoire pour le bien de leur enfant. Michel Georges-Michel utilise le même procédé dans un roman publié en décembre 1935 aux éditions Baudinière, intitulé comme par hasard *Le Baiser à Consuelo*. Comme par hasard Consuelo de Hautebrive, l'héroïne du roman, ressemble comme deux gouttes d'eau à Consuelo Suncin. Comme par hasard elle fréquente les mêmes milieux et cocufie son mari avec la même nonchalance que le modèle supposé. Comme par hasard, cette Consuelo est mariée, elle aussi, à un pilote qui transporte, lui aussi, le courrier de Toulouse à Casablanca. Méprisant affectueusement un époux mal léché plus à l'aise en compagnie des mécanos grossiers des hangars d'avions que dans les salons, la jeune femme du roman s'offre des aventures retentissantes en renouvelant avec vivacité ses amants, auxquels le mari trompé n'en veut pas, considérant qu'ils « font leur métier d'homme ».

Saint-Exupéry, qui avait conjuré Consuelo de lui permettre de la protéger d'elle-même[4], ne proteste pas contre ce livre outrageant, ce qui laisse supposer que son propos est vraisemblable. Les infidélités de Consuelo le blessent et le font souffrir — Françoise Giroud, dont il fait la connaissance à peu près à ce moment, n'y va pas de main morte quand elle affirme qu'Antoine de Saint-

Exupéry était « crucifié par sa femme qu'il aimait et qui le trompait[5] ». Des reproches, mêlés à des suppliques et à des conseils amicaux apparaissent dans quelques lettres de Saint-Exupéry à Consuelo dont on connaît l'existence grâce à des ventes publiques[6] mais qui, curieusement, n'ont jamais été réunies et publiées jusqu'à aujourd'hui — à un moment où nous connaissons déjà, du moins en partie, les lettres à Rinette, à Lucie-Marie Decourt, à Sylvia Hamilton, à Nelly de Vogüé et à « l'amie inconnue ».

Bref, au moment où il devrait préparer son raid Paris-Saigon, Antoine de Saint-Exupéry, qui n'a pas installé sans arrière-pensées son quartier général à l'hôtel du Pont-Royal, abandonne régulièrement ceux qui travaillent pour la réussite de son projet, préoccupé uniquement de récupérer Consuelo, qui a peut-être besoin de lui : elle l'avait déjà appelé plusieurs fois au secours, lui demandant de venir la récupérer Dieu sait où, l'attendant, déprimée et abandonnée, on ne sait pas très bien par qui et pourquoi, ce que son mari avait eu l'élégance de ne pas demander. Pendant ce temps, Jean Lucas prépare seul les cartes, que Saint-Exupéry regarde d'un œil inattentif, et André Viaud, grand spécialiste de la question, s'emploie à faire de très relatives anticipations météorologiques, auxquelles Saint-Exupéry ne s'intéresse que superficiellement.

Certes, il serait abusif d'imputer l'échec du raid vers Saigon à une épouse qui, comme elle l'a toujours fait, vit sa vie sans se soucier des problèmes professionnels de son mari. Trop confiant dans ses qualités, qui lui semblent suffisantes pour gagner son pari sans difficulté, Saint-Exupéry prépare cette tentative périlleuse de battre un record de vitesse et d'endurance sur un trajet de 10 000 kilomètres avec l'indolence naturelle de quelqu'un qui n'y voit qu'un simple travail alimentaire.

La veille du départ, Saint-Exupéry passe au Bourget pour avoir les prévisions météorologiques du lendemain. Elles ne sont pas bonnes. Elles ne sont pas catastrophiques non plus. Mais si l'on veut empocher la prime, il faut se dépêcher. La décision de partir le 29 décembre au matin est maintenue. Saint-Exupéry, qui s'apprête à veiller quelque trois jours épuisants enfermé dans son zinc, n'ayant droit qu'à de très brefs moments de repos, trouve bon de passer la soirée dans un restaurant de Montmartre avec Consuelo, qui refait soudain surface, et Raymond Bernard, le réalisateur d'*Anne-Marie*. De là, comment ne pas faire un tour à la fête foraine du boulevard de Clichy tout proche ? Saint-Exupéry aime tant les petits chevaux de bois, les monstres en carton-pâte du train fantôme et les petites figurines qui s'animent quand le plomb de la carabine touche dans le mille ! Une voyante lui tire les cartes et lui annonce un désastre imminent. Saint-Exupéry se rappelle soudain qu'il part dans quelques heures pour Saigon et cherche une pharmacie ouverte pour acheter des amphétamines. Il devrait aller se coucher mais, entre-temps, Consuelo a de nouveau disparu et Saint-Exupéry perd du temps à la chercher dans les clubs de Montmartre : elle aime tellement danser !

Arrivé enfin à l'hôtel du Pont-Royal, il ne lui reste que quelques heures pour dormir.

Ce 29 décembre 1935, Saint-Exupéry se réveille à 4 heures du matin. Henry de Ségogne l'emmène au Bourget. Consuelo l'accompagne. Ils ont oublié le café. Ils achètent un thermos dans une pharmacie de garde et s'arrêtent dans un bistro pour le remplir. Quelques amis l'attendent sur la piste, dont Didier Daurat et Léon Werth. Le mécanicien qui l'accompagne, André Prévot, a préparé l'appareil.

Le Simoun décolle à 7 h 07.

Le vol ne commence pas sous les meilleurs auspices. Il pleut. Le pilote navigue entre les averses. Il doit se poser à Marseille pour réparer le réservoir de l'aile gauche qui fuit. Le retard est ennuyeux quand on veut battre un record de vitesse : « le temps perdu semble couler comme d'une blessure[7] ». La traversée de la Méditerranée s'annonce mouvementée. Les nuages sont bas. Sous la pluie « la mer dégage des vapeurs ». Escale à Tunis. Pendant que l'on fait le plein d'essence, deux voitures se tamponnent : « la fatalité vient de réussir un coup de main », note Saint-Exupéry. L'atterrissage à Benghazi se fait de nuit, à 22 heures. L'escale ne dure que vingt minutes. Cap vers le Nil qu'il faut franchir à la moitié du segment qui, sur la carte, unit Alexandrie au Caire. L'appareil survole un désert de 1 500 kilomètres. La météo a annoncé un vent arrière d'une vitesse de 30 à 40 kilomètres-heure. Le calcul est vite fait : l'appareil doit franchir le Nil dans trois heures et demie. À cela près qu'il faut réussir à tenir le cap, ce qui n'est pas évident : « Le seul repère dont j'eusse pu bénéficier eût été la mer, note Saint-Exupéry dans le rapport officiel rédigé à l'intention du ministère de l'Air, à condition, toutefois, que, par une nuit aussi obscure, la ligne de côte fût visible[8]. »

Elle ne l'est pas.

Ayant renoncé au radionavigant pour pouvoir embarquer davantage de carburant et gagner du temps en espaçant les étapes de ravitaillement, Saint-Exupéry ne peut pas compter, pour corriger d'éventuelles dérives, sur les signaux des postes au sol. Il décide de s'orienter d'après les lumières des villes que jalonnent les rives du fleuve qu'il espère apercevoir le moment venu. Le maigre croissant de lune disparaît au-delà de l'horizon à l'heure prévue. L'avion traverse « un bitume noir qui s'est dilaté jusqu'aux étoiles ». Prévot finit par s'endormir. Saint-Exupéry n'a pas faim, il n'a pas soif. Il ne ressent aucune fatigue. Il lui semble qu'il pourrait piloter ainsi pendant dix années. Il aperçoit une lueur sur sa droite. Serait-ce une ville ? Aurait-il franchi le désert de Libye ? Non, c'est un paquet de brume qui reflète la lampe du bout de l'aile. L'avion est secoué. Il est en train de traverser « le ventre d'un cumulus ». Saint-Exupéry descend à 1 000 mètres. Il est toujours dans la masse épaisse des nuages. Il n'aime pas « cette glue ». Prévot, qui se réveille, est inquiet : ils auraient déjà dû apercevoir Le Caire. Est-ce un phare la minuscule lumière qui apparaît au loin ? Pour mieux voir, il faudrait descendre encore. La carte indique « cotes zéro ». L'altimètre leur fait croire qu'ils volent à 400 mètres. Ce n'est pas sûr : l'instrument est réglé d'après la pression atmosphérique du point de départ. Il faudrait corriger ces indications par un calcul qui prenne en compte les conditions thermiques et météorologiques du lieu, or Saint-Exupéry a négligé de les noter. D'ailleurs, il ne sait pas très bien où il se trouve. Peut-être qu'il a dévié vers le nord et alors il est au-dessus de la mer :

> J'essaie de lire sous moi. J'essaie de découvrir des feux, des signes. Je suis un homme qui fouille des cendres. Je suis un homme qui essaie de retrouver les braises de la vie au fond d'un âtre[9].

Il n'a pas trop le temps de découvrir ce phare qui n'était peut-être qu'une illusion : l'avion heurte une dune, les fenêtres de la cabine volent en éclats, des morceaux de tôle sont projetés à des dizaines de mètres. Ce qui reste de l'appareil roule sur des « pierres noires et rondes » qui font une sorte de « plateau à billes », ce qui évite l'explosion des réservoirs d'essence. Il s'arrête enfin. Craignant toujours l'embrasement, le pilote et son mécanicien sautent par les fenêtres cassées et s'éloignent de l'épave.

Ils sont sains et saufs.

À cela près qu'ils sont au milieu du désert et qu'ils n'ont aucun moyen de faire connaître leur position à ceux qui partiront à leur recherche. À cela près que les réservoirs d'eau, comme ceux d'essence et d'huile d'ailleurs, ayant crevé, il ne leur reste, pour boire, qu'un peu de café au fond du thermos et une demi-bouteille de vin blanc.

Ils se couchent près des restes du Simoun.

En quelques heures, la nouvelle se répand dans

tout Paris. La presse annonce la disparition de Saint-Exupéry. Les ministères concernés, celui de l'Air et celui des Affaires étrangères, où Nelly de Vogüé peut compter sur l'appui du ministre, Pierre Laval, qui est aussi président du Conseil et dont le gendre est en affaires avec elle, prennent des dispositions pour accélérer les secours. Dans sa chambre du Pont-Royal, Consuelo joue déjà la partition de la presque veuve angoissée qui téléphone, reçoit des gens, se désole, s'évanouit, s'agite, prend des tranquillisants et refuse de se nourrir. Elle se rend plusieurs fois à l'église Notre-Dame-des-Victoires où elle prie la Vierge qui lui aurait parlé pour lui dire de garder espoir. De là, elle court chez Mme Luce Vidi, une voyante réputée, qui lui tient à peu près le même langage. De retour à l'hôtel, Consuelo s'entretient longuement avec les journalistes, dont plusieurs ont pris une chambre à côté de la sienne avec l'espoir d'un scoop. Elle fait des entrées remarquées chez Lipp où elle arrive en larmes, soutenue par des amis, et se laisse tomber sur la banquette, face à la salle, ce qui lui permet de recevoir les hommages émus des clients sans devoir se retourner. L'angoisse de cette jeune femme, qui semble une fois de plus victime d'un destin impitoyable, impressionne sans que l'on sache très bien si elle s'agite par inquiétude pour un mari dont elle n'est plus tout à fait l'épouse ou pour ne pas rater cette occasion inespérée de se faire remarquer dans un rôle tout à son avantage. Elle le joue si bien que les amis de Saint-Exupéry s'inquiètent et s'arrangent pour ne pas la laisser seule, craignant un geste désespéré. Marie de Saint-Exupéry arrive le

1er janvier pour être aux côtés de sa bru dans cette terrible épreuve.

Le 30 décembre au matin, lorsqu'ils se réveillent, Saint-Exupéry et Prévot se rendent compte que leurs chances de salut sont minces. Comment pourrait-on les trouver au milieu de cette mer de sable, surtout si une dérive impossible à calculer les a éloignés du trajet établi ? Il vaut mieux essayer de se sauver par ses propres moyens. Se croyant dans le désert d'Arabie, ils estiment qu'il est plus probable d'arriver à un endroit habité en se dirigeant vers le nord. Ils avancent péniblement, glissant sur les petits cailloux noirs qui couvrent les masses de sable. Ils traînent les pieds avec l'espoir insensé que, de leur avion, ceux qui les cherchent pourraient apercevoir ces traces. Elles doivent aussi les guider pour revenir et retrouver leurs provisions près de l'épave rouge de l'avion, plus facile à repérer dans l'immensité du désert que deux minuscules bonshommes. La chaleur devient accablante. Le paysage est toujours le même, monotone. Ils n'arrivent en haut d'une dune que pour en apercevoir une autre. En oubliant de laisser des traces, ils perdent le chemin de retour. Ils le retrouvent. Le soir, ils reviennent à leur point de départ, après avoir parcouru une soixantaine de kilomètres. Ils arrosent d'essence quelques débris et les allument avec l'idée que, de nuit, le feu, qui se voit de loin, pourrait signaler leur présence à ceux qui voudraient les trouver.

Peine perdue : on les cherche ailleurs. Comme il n'y a pas eu de contact radio et qu'ils ont pu tomber n'importe où entre Benghazi d'où ils sont partis et Le Caire où ils ne sont pas arrivés, en prenant aussi en compte les dérives possibles, il faudrait passer au peigne fin une superficie de quelque 500 000 kilomètres carrés. Autant chercher une aiguille dans une botte de foin. Des secours ont été envoyés par acquit de conscience, mais tout le monde sait que les chances de les trouver son infimes.

Au petit jour, ils recueillent avec un chiffon un peu de rosée sur les ailes de l'avion. De quoi humecter les lèvres. Ils changent de stratégie. Prévot reste près de l'épave, prêt à allumer le feu si, de fortune, un avion se pointe dans le ciel. Saint-Exupéry repart à la recherche d'un signe de vie. Il n'aura peut-être pas la force de revenir. Il prend son revolver pour abréger, si besoin, des souffrances inutiles. Il change plusieurs fois de direction sans résultat. À bout de forces, il prend le chemin du retour. Au moment où, épuisé, il perd l'espoir de parvenir jusqu'à l'avion, il aperçoit le feu que Prévot a allumé pour que son camarade puisse le retrouver.

Le lendemain matin, premier jour de la nouvelle année, l'eau recueillie dans une toile de parachute placée dans les restes du réservoir est imbuvable. Ils la vomissent.

Non, il serait déraisonnable de rester près de l'épave que, de toute évidence, on cherche ailleurs. Il faut partir. Saint-Exupéry est persuadé qu'il a franchi le Nil qui doit se trouver à l'ouest ; la mer au nord. Mais à quelle distance ? Seul Dieu le sait. De toute façon, c'est absurde de se diriger vers l'est. C'est pourtant ce qu'ils font. Pourquoi ? Probablement par superstition, explique Saint-Exupéry : Guillaumet, échoué dans les Andes, était parti vers l'est et il avait eu la vie sauve. Ils marchent sous un soleil de plomb, avec quelques moments de repos. Ils commencent à voir des mirages. Le soir est apaisant. Prévot croit voir un plan d'eau. Il s'obstine à vouloir y aller. Il part. Il perd ses traces. Saint-Exupéry part à sa recherche et parvient à le retrouver. La nuit est froide. Ils grelottent. Avancent encore. Puis ils s'arrêtent. Pour échapper au froid, Saint-Exupéry s'enterre dans le sable. Le matin du 2 janvier, ils repartent. Des avions apparaissent dans le ciel mais aucun ne les repère. Ils ont la gorge sèche, la langue pâteuse. Saint-Exupéry pense à tous les fonds de verre qu'il a laissés dans tous les bars du monde ; il se promet, s'il en réchappe, de boire toujours son verre jusqu'à la dernière goutte[10]. Épuisés, ils doivent s'arrêter tous les deux cents mètres. Ils hallucinent. Ils croient apercevoir tantôt un plan d'eau, tantôt des palmiers, tantôt quelques Bédouins. Une caravane.

Ce n'est pas un mirage : un Bédouin s'approche. Avec ses dernières forces Saint-Exupéry lui explique que leur avion s'est fracassé en tombant : « Tayara boum-boum ! » C'est clair. L'autre comprend. On les entoure. On leur présente une cuvette remplie d'eau. À plat ventre dans le sable, les deux rescapés y plongent la tête et boivent « comme des veaux[11] ».

On les hisse sur des chameaux mais les deux hommes n'ont pas suffisamment de forces pour s'y tenir. On les aide. Heureusement Wadi-Natroum est à une vingtaine de kilomètres. Émile Raccaud, le directeur d'une entreprise qui fabrique de la soude en exploitant les gisements de natron de la région, est au Caire. C'est à sa femme qu'un Bédouin remet un message écrit sur un bout de papier déchiré d'un descriptif des aéroports de la région. Le destinataire est prié de payer trois guinées au porteur du message, son auteur n'ayant pas de monnaie locale. Il est prié aussi d'envoyer une voiture ou... un canot ! pour récupérer un pilote et son mécanicien, trop faibles pour faire le trajet à dos de chameau, après avoir passé cinq jours dans le désert sans manger ni boire — oui, cinq jours ! en fait quatre, mais peut-être qu'au moment où il écrit ces quelques lignes Saint-Exupéry n'est pas tout à fait en état de compter. Suzanne Raccaud connaît le nom du signataire : il y a quelques semaines à peine, la presse égyptienne de langue française avait fait grand cas de la conférence au Caire du lauréat du prix Femina dont le nom à particule se retient facilement. Elle envoie la camionnette de l'entreprise. Le 2 janvier à 18 heures Saint-Exupéry et André Prévot sont accueillis par Suzanne Raccaud. Son mari arrive du Caire avec les journaux qui annoncent la disparition de Saint-Exupéry. Il le trouve chez lui en train de fumer et de boire du whisky. On leur avait proposé un thé. « Du whisky, aurait répondu Saint-Exupéry. Nous avons tellement souffert de la soif dans le désert[12]. »

Émile Raccaud reprend la route pour conduire Saint-Exupéry et Prévot au Caire. Troublé par cette histoire extraordinaire, il oublie de faire le plein. C'est la panne sèche, ce qui les retarde encore. À Gizeh, il y a un téléphone. Saint-Exupéry passe un coup de fil à l'ambassade. Le conseiller qui réveille Son Excellence pour lui passer l'appel est méfiant : c'est samedi soir et on téléphone d'un bar. Au Caire, Émile Raccaud dépose ses passagers devant l'hôtel Continental, place de l'Opéra, et part garer sa voiture. Le concierge refuse d'ouvrir les portes de son palace à deux clochards, probablement ivres à en juger par leur air hagard. Leurs joues mal rasées et leurs vêtements déchirés et sales laissent supposer qu'ils veulent entrer pour mendier. Par chance, un groupe de participants à un congrès international de chirurgie rentre d'un dîner de gala en habit et robe du soir. Saint-Exupéry leur parle, on le reconnaît, on le porte jusqu'à la chambre qu'on lui donne aussitôt. Il prend une douche, il est examiné, par précaution, par quelques sommités médicales qui le trouvent en excellente santé.

Les journalistes apprennent la nouvelle dans l'heure et se pointent. Le correspondant de *L'Intransigeant* téléphone au journal. La rédaction, qui a payé pour avoir l'exclusivité du récit de Saint-Exupéry, ne veut pas que quelqu'un d'autre raconte l'histoire. Elle ne diffuse pas l'information. C'est une mauvaise décision. *Paris-Soir* la publie dans l'édition du matin.

Du Continental, Saint-Exupéry téléphone à Paris.

Consuelo avait déjà eu la bonne nouvelle par Jean Lucas. L'information que l'ambassadeur français du Caire avait fait parvenir au Quai-d'Orsay avait été recueillie par un ami de Jean Lucas, aussitôt prévenu. Lorsque la standardiste de l'hôtel lui passe l'appel de son mari, Consuelo est déjà en train de partir pour fêter la bonne nouvelle à la toute proche brasserie Lipp, qui est encore ouverte. Par civilité peut-être et pour le plaisir de son mari, elle joue la surprise : elle pousse un cri terrible et semble, une fois de plus, sur le point de s'évanouir. Quand Lipp ferme, la fête continue jusqu'à 5 heures du matin dans un appartement de Saint-Germain des Prés. Consuelo rentre à l'aube, donne des dispositions pour qu'on lui trouve une place sur le premier bateau en partance pour l'Égypte, demande qu'on ne la dérange sous aucun prétexte, prend des somnifères et s'endort, apaisée.

Nelly de Vogüé se réjouit de manière plus discrète en passant quelques coups de fil.

Au Caire aussi on fait la fête.

Le 3 janvier au matin, après avoir annulé sa commande de la veille, faite à la sollicitation du Quai-d'Orsay, de deux cercueils doublés de plomb, Pierre de Witasse, l'ambassadeur de France au Caire, se rend à l'hôtel Continental. Il trouve Saint-Exupéry dans sa chambre, où il a disposé à des distances égales trois bouteilles : champagne, whisky et eau de Vichy. Il passe de l'une à l'autre en buvant à même le goulot et en les remplaçant aussitôt vidées : « Vous comprenez, monsieur le Ministre, je suis tout à fait déshydraté, alors je récupère[13]. » Il récupère tellement qu'il n'arrive plus à faire une dédicace sur l'exemplaire de *Vol de nuit* que lui tend un admirateur. Saint-Exupéry griffonne un bout de phrase, la raye, essaie à nouveau, n'y arrive pas, finit par dessiner un petit bonhomme allongé sur le titre en accompagnant l'illustration de quelques mots pour s'excuser d'« avoir trop bu ». Il a la main plus ferme lorsque, le même jour, il écrit à Marie de Saint-Exupéry qui lui avait envoyé un télégramme :

> Je vous ai appelée dans le désert [...], j'appelais ma maman. C'est terrible de laisser derrière soi quelqu'un qui a besoin de vous comme Consuelo. On sent l'immense besoin de revenir pour protéger et abriter, et l'on s'arrache les ongles contre ce sable qui vous empêche de faire votre devoir, et l'on déplacerait des montagnes. Mais c'est de vous que j'avais besoin ; c'était à vous de me protéger et à m'abriter, et je vous appelais avec un égoïsme de petite chèvre[14].

À la terrasse de l'hôtel, entouré de journalistes, Saint-Exupéry raconte les jours passés dans le désert, reçoit des télégrammes qui arrivent de partout, prend un petit déjeuner copieux, s'amuse, annonce qu'il a l'intention de tenter une nouvelle fois le raid Paris-Saigon, se laisse prendre en photo, tellement heureux d'avoir une fois de plus échappé à la mort qu'il semble oublier sa timidité et ses soucis. Prié à déjeuner dans la famille de Paul Barthe-Dejan, un jeune ingénieur français en poste au Caire, Saint-Exupéry boit, chante et, une fois de plus, éblouit les invités avec ses tours de cartes.

La victoire sur le désert est tellement glorieuse, fêtée comme telle par la presse, qu'on oublie presque qu'elle est due à un échec. Quelques articles où l'on fait remarquer les négligences impardonnables du pilote passent inaperçus et l'on trouve plus excitants ceux, fielleux, qui insinuent, avec des arguments inventés et de mauvaise foi, que l'accident n'avait été qu'une mise en scène pour permettre à *L'Intransigeant*, où Saint-Exupéry publie le récit de son aventure, d'augmenter ses tirages et aux éditions Gallimard de mieux vendre les livres de leur auteur. *Voltaire*, une revue satirique plus connue pour ses infamies que pour sa crédibilité, affirme que toute cette histoire n'est qu'une supercherie : Saint-Exupéry se serait posé bien gentiment dans un endroit établi d'avance où l'attendait son complice, Émile Riccaud ; ils auraient enterré l'avion dans le sable pour qu'il ne puisse être trouvé et ils auraient passé les jours suivants dans la villa des Riccaud, laissant croire à un accident ; les souffrances des quatre jours passés dans le désert auraient été une pure fiction inventée par l'écrivain pour abuser son monde et s'adjuger une gloire imméritée ! Saint-Exupéry porte plainte et obtient 15 000 francs de dommages et intérêts.

Ces voix discordantes ne refroidissent pas l'emballement de la presse, qui sait que l'héroïsme se vend bien. Parti le 18 janvier 1936 du Caire, où Prévot reste pour surveiller le démontage du Simoun qui sera envoyé en France en pièces détachées, Saint-Exupéry arrive le 21 à Marseille où il est accueilli par une foule euphorique et une flopée de journalistes. Consuelo, qui alterne cris angoissés, larmes de joie et début de pâmoison, joue brillamment son rôle d'épouse heureuse de retrouver un mari qu'elle avait cru perdu. À la réception qui a lieu dans le salon du paquebot, elle répond aux questions des journalistes, lit pour la radio une déclaration rédigée à l'avance et pose pour les photographes à côté de son mari, qui signe à tour de bras des exemplaires de *Courrier Sud* et de *Vol de nuit* que l'on s'arrache dans les librairies du coin. Saint-Exupéry est fêté à l'aéro-club de Provence et puis, une fois arrivé à Paris, par ses amis et par ceux qui voudraient l'être chez Lipp où l'on mange et l'on boit jusqu'à 3 heures du matin sans que quelqu'un s'avise de régler la note.

Des guerres et des révolutions

Saint-Exupéry aurait eu du mal à payer la note de cette joyeuse fête. Après quelques jours passés à l'hôtel, il prie Henri Jeanson de l'accompagner chez lui, rue de Chanaleilles : il espère qu'en le voyant avec un étranger, le concierge n'osera pas l'arrêter pour lui rappeler qu'il doit plusieurs mois de loyer et que le propriétaire menace de l'expulser. Ce qui sera fait le mois suivant. Saint-Exupéry déménage à l'Hôtel Lutetia en laissant sur place les meubles qu'un huissier vient récupérer au bénéfice de l'État qui les avait mis sous scellés pour arriérés d'impôts. Consuelo quitte l'hôtel du Pont-Royal pour un petit appartement rue Froidevaux, où il lui semble que l'air, filtré par les tilleuls de la rue et par la verdure du cimetière Montparnasse qu'elle a sous ses fenêtres, est plus respirable.

Pour aider Antoine de Saint-Exupéry qui, quoique célèbre, n'arrive pas à joindre les deux bouts, quelques amis, dont Nelly de Vogüé, qui compte parmi ses relations quelques puissants patrons de presse, pensent lui trouver des débouchés dans le journalisme. Ce n'est pas déraisonnable. Saint-Exupéry a déjà signé une dizaine d'articles dans *Marianne*. Ce n'est pas du journalisme au vrai sens du terme, mais ces témoignages qui n'ont rien à voir avec l'actualité sont poignants et se laissent lire entre les rubriques consacrées à l'actualité politique et celles des faits divers. Il y est question de Barak, un esclave de Mauritanie que Saint-Exupéry avait racheté : à Agadir, où on l'amène en avion pour lui payer ensuite un billet d'autobus jusqu'à Marrakech, où se trouve sa famille, Barak dépense son argent pour faire des cadeaux aux enfants rencontrés dans la rue :

> Il possédait, puisqu'il était libre, les biens essentiels, le droit de se faire aimer, de marcher vers le nord ou le sud et de gagner son pain par son travail. À quoi bon cet argent[1]...

Dans un autre article, Saint-Exupéry fait l'éloge de Paul Codos et de Maurice Rossi. Ils ont battu le record du vol sans escale : partis le 5 août 1934 à 6 heures du matin de New York, ils atterrissent à Rayak, près de Damas, après avoir parcouru 9 100 kilomètres en cinquante-cinq heures et trente minutes. L'exploit en lui-même n'intéresse pas Saint-Exupéry : les deux pilotes « luttent pour l'amitié, l'amour, la lumière du jour », et leur mérite, c'est d'avoir « émergé des combines médiocres où s'émousse peu à peu ce qu'il y a d'humain dans l'homme[2] ».

Il n'est pas sûr que ces beaux sentiments contribuent à augmenter les ventes de la revue. La presse se nourrit de sensationnel et ce qui intéresse le public, c'est l'avion, exploit technique qui donne à chaque quidam la sensation de vaincre la gravitation universelle, même si pour l'instant cette machine prodigieuse reste un luxe à l'usage de quelques fortunés qui ont trouvé une nouvelle façon de jouer à la roulette russe. Saint-Exupéry sait à la fois écrire et piloter, ce qui lui donne l'avantage unique de pouvoir parler en professionnel de sujets insignifiants, qui grâce à son style deviennent grandioses. Envoyé au salon de l'aéronautique, Saint-Exupéry s'intéresse peu aux nouveaux modèles et aux avancées technologiques, préoccupé uniquement par « l'effort industriel de l'homme » qui aboutit à la simplicité extrême d'une sphère ou d'une ellipse « comme s'il fallait l'expérience de plusieurs générations pour polir peu à peu la courbe d'un meuble ou d'une carène ou d'un fuselage d'avion jusqu'à leur rendre la simplicité élémentaire de la courbe d'un sein ou d'une épaule[3] ». C'est déjà mieux pour satisfaire les attentes des quelques dizaines de milliers de lecteurs de *Marianne*, mais la rédaction trouve qu'il peut mieux faire.

Notamment lorsqu'une catastrophe excite, pour un moment, l'attention publique.

Le crash de *L'Émeraude*, le 15 janvier 1934, fait la une de tous les journaux, mais *Marianne* peut se vanter d'être le seul journal à avoir dans ses pages le témoignage d'un écrivain reconnu et primé qui, par son métier, a été confronté aux mêmes dangers. Pris dans une tempête de neige, l'avion piloté par André Launey, qui revenait en France après avoir établi un record de vitesse sur le trajet Paris-Saigon, s'écrase dans le Morvan avec une dizaine de personnes à bord, dont Emmanuel Chaumié, directeur de l'aviation civile qui voyageait avec sa femme, Maurice Naugès, pionnier de l'aviation, et Pierre Pasquier, gouverneur général d'Indochine. Des funérailles nationales ont lieu le 19 janvier. L'article de Saint-Exupéry sort le 24. Ce jour-là, dit-il, il regardait le ciel menaçant de la terrasse d'une brasserie où il se trouvait comme par hasard en compagnie de Mermoz. Tous deux connaissent bien ces nuages de tempête. Ils s'inquiètent pour André Launey, attendu au Bourget en fin d'après-midi. Ils téléphonent. L'avion est en retard. Ces retards aussi, ils les connaissent bien. Ils ne présagent rien de bon. Saint-Exupéry a le cœur serré : il avait rencontré Emmanuel Chaumié en compagnie de ses deux fillettes de trois et cinq ans la veille du départ de celui-ci pour Saigon :

> J'admirais dans l'homme tout ce côté intérieur pareil à ces jardins murés dans les maisons d'Espagne, et pleins du chant des fontaines. Hors de la vie publique, où il avait tant à lutter encore contre la calomnie et la bassesse des hommes, il retrouvait ici la paix. Il parlait ici un langage tranquille. J'aimais tant sa droiture et par-dessus tout sa sérénité[4].

À 11 heures du soir, en passant devant le restaurant Weber, le chasseur, qui le connaît bien, lui annonce le drame. Il téléphone à Mermoz : « Nous n'avions pas grand-chose à nous dire. Mais nous avions besoin, comme déjà tant d'autres fois, de nous entendre[5]. »

Mermoz, justement.

Antoine de Saint-Exupéry en fait l'éloge dans un de ses articles : après avoir acquis sa notoriété par des exploits audacieux, au lieu de se contenter de vivre tranquillement du bénéfice de ses lauriers, Mermoz repart vers d'autres aventures périlleuses :

Mermoz est un des rares hommes qui ne confondent pas l'argent, symbole de richesse et de possession, avec la richesse et la possession, et qui, refusant un marché de dupes, repart une fois encore pour des expériences difficiles et, scandalisant ainsi les marchands qui, honnêtement, lui offraient leurs pauvres trésors, jouit des biens véritables[6].

Ce n'est peut-être pas la seule raison qui pousse Mermoz à ne pas abandonner un métier où il risque sa vie à tous les coups. En quittant un matin le restaurant où les deux camarades avaient passé la nuit au milieu de gens qui se disputaient sur des sujets politiques, dans la rue, Mermoz avait pris Saint-Exupéry par les épaules : « Un départ de courrier, à l'aube, c'est plus propre[7]… », lui avait-il dit.

Il va le payer de sa vie.

Le 7 décembre 1936, Saint-Exupéry dîne en compagnie de quelques amis, parmi lesquels le compositeur Arthur Honegger, et Nelly de Vogüé. Il ne dit mot, il a la tête ailleurs. On le sent angoissé. Il vient d'apprendre que Mermoz, qui traversait une fois de plus l'Atlantique Sud, avait envoyé un message inquiétant : « Coupons moteur arrière droit », puis silence. Le silence, qui se prolonge, devient la certitude d'un accident. Il espère un

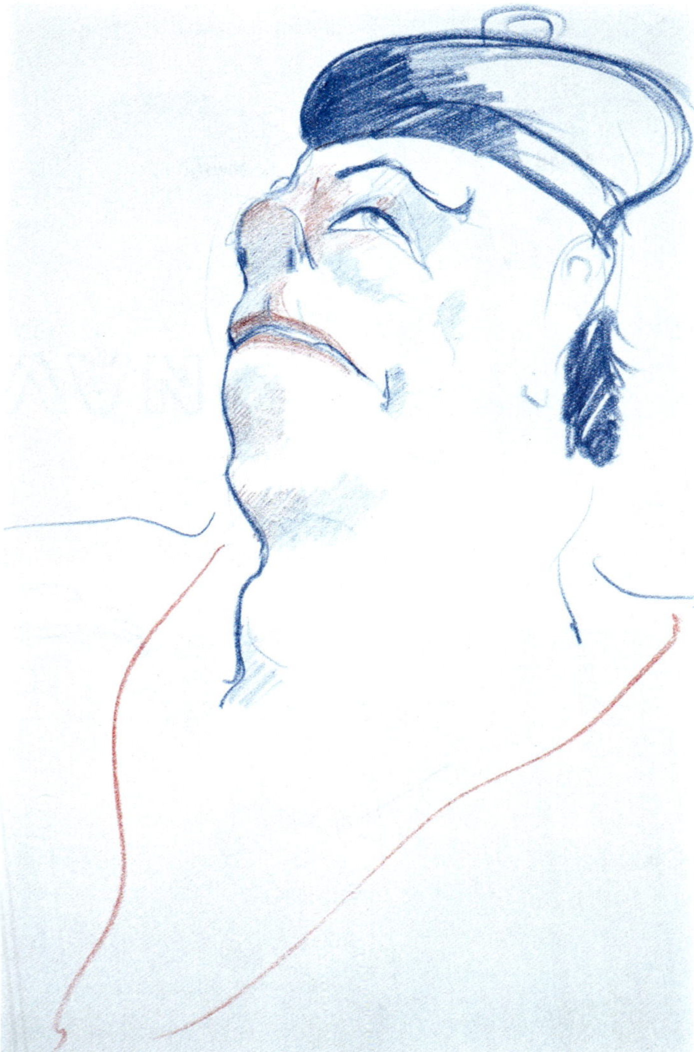

1 Antoine de Saint-Exupéry, *Autoportrait au béret de marin*. 1
Dessin non daté. Coll. part.

« Je sais que l'esprit seul gouverne les hommes et qu'il les gouverne absolument. »

2

2 Jean de Saint-Exupéry,
Coll. Succession Saint-Exupéry-d'Agay.

3

3 Marie de Fonscolombe,
comtesse de Saint-Exupéry,
Coll. Succession Saint-Exupéry-d'Agay.

« La race humaine vaut cent fois plus que les principes économiques. »

4

4 Le parc du château de Saint-Maurice-de-Rémens (Ain).
Coll. Succession Saint-Exupéry-d'Agay.

5 Page manuscrite de *Courrier Sud*, 1926-1929.
Cologny, Fondation Martin Bodmer.

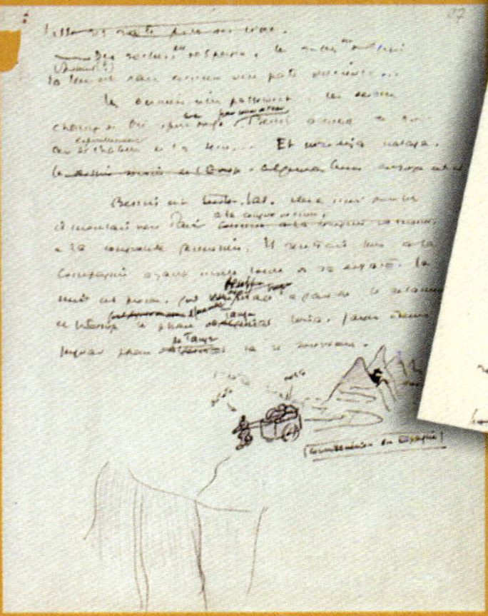

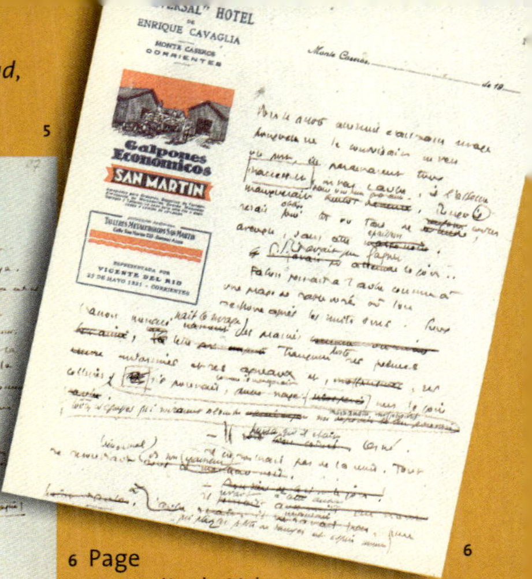

6 Page manuscrite de *Vol de nuit*, 1929-1930.
Paris, Bibliothèque nationale de France.

« Seul l'Esprit, s'il souffle sur la glaise, peut créer l'Homme. »

7 À la brasserie Lipp en 1934, Paul Bringuier (de dos), Marius Larique, Saint-Exupéry et sa femme Consuelo, Léon-Paul Fargue.

8

8 Mariage de Saint-Exupéry avec Consuelo à Agay, le 12 avril 1931.
Coll. Succession Saint-Exupéry-d'Agay.

« L' empire de l'homme est intérieur. »

10

9

9 Louise de Vilmorin au début des années 1930.

10 Portrait supposé de Nelly de Vogüé par Saint-Exupéry, non daté.
Coll. part.

11

12

11 Sylvia Hamilton Reinhardt.

12 Nathalie Paley, vers 1937-1939.

14

13 Saint-Exupéry et Henri Guillaumet, 1938.
Coll. Succession Saint-Exupéry-d'Agay.

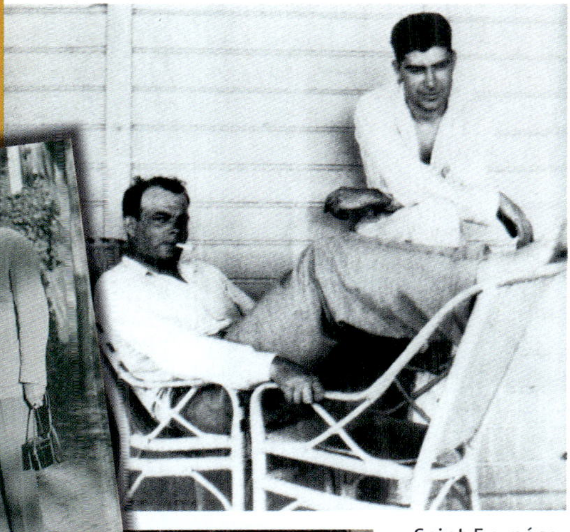

14 Saint-Exupéry et Jacques Néri à Port-Étienne, 1931.

« Le but peut-être ne justifie rien, mais l'action délivre de la mort. »

15 À la gare Saint-Lazare, mai 1938.

15

16

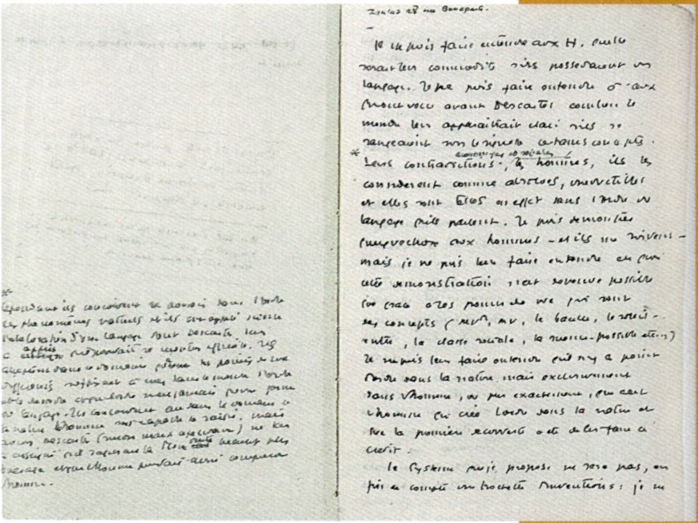

17

16 Pages du *Carnet I*, 1935-1940.
Coll. part.

« Être homme, c'est précisément être responsable. »

17 Saint-Exupéry, 1936.
Coll. Succession Saint-Exupéry-d'Agay.

18 *Le Petit Prince, écharpe au vent.* Dessin à l'encre sur un carnet de la British Overseas Airways, 1943. Coll. Succession Saint-Exupéry-d'Agay.

« L'homme est d'autant plus grand qu'il est plus lui-même. »

19 Couverture de *Pilote de guerre*. Édition clandestine, non datée, Lyon. Coll. Succession Saint-Exupéry-d'Agay.

19

20

20 Saint-Exupéry photographié par John Phillips, Sardaigne, mai 1944.

21 Saint-Exupéry, 1938.
Coll. Succession Saint-Exupéry-d'Agay.

« Seule la vie tire ses matériaux du sol,
et, contre la pesanteur, les élève. »

miracle : tant de fois on avait retrouvé les pilotes après plusieurs jours quand on les estimait perdus. Trois jours après, il cède enfin à ceux qui le sollicitent d'écrire sur la disparition de son ami. Saint-Exupéry croit encore que Mermoz est vivant et que Guillaumet, qui survole la portion d'océan où leur camarade s'est probablement échoué, finira par le trouver. Il raille ceux qui le pleurent maintenant après lui avoir fait tant de tort : « Ah ! Jean, ceux qui ne t'aimaient guère, ils suffisent bien à te célébrer. Si tu les entendais, toutes ces louanges[8]... »

Les quelques articles de *Marianne* permettent, paraît-il, à Nelly de Vogüé de recommander chaleureusement Antoine de Saint-Exupéry à Pierre Lazareff, un de ses amis. Avec Hervé Mille, ils ont fait de *Paris-Soir*, le journal acheté en 1930 par Jean Prouvost, richissime industriel du textile, un quotidien populaire qui tire à un million et demi d'exemplaires. Fidèles à la doctrine du propriétaire qui considère qu'un journal est un support publicitaire qui doit assurer l'audience des annonces en chatouillant le lecteur, ils profitent du développement de la photographie pour ajouter le « choc des images » au « poids des mots », ce qui fait de *Paris-Soir* une affaire particulièrement juteuse. *Paris-Soir* paie bien et Saint-Exupéry, qui a besoin d'argent, a une belle plume et de bonnes fréquentations. Hervé Mille décide de l'envoyer en Union soviétique.

La montée en puissance d'une Allemagne ouvertement revancharde inquiète la France autant que le « bolchevisme » de la Russie soviétique. Pire, ces deux régimes autoritaires risquent de s'entendre : l'anticommunisme des nazis n'est peut-être pas aussi « viscéral » qu'on le dit, destiné plutôt à éliminer à l'intérieur de l'Allemagne des concurrents qui chassent sur les mêmes terres, celles d'un électorat ouvrier et populaire. Une fois cette opération de politique intérieure menée à bien, le parti national, qui est par ailleurs socialiste, pourrait chercher une alliance avec le régime soviétique, qui est lui aussi celui des travailleurs — et dont les dirigeants peuvent se rappeler que moins de vingt ans auparavant l'Allemagne, en guerre contre la Russie, avait soutenu la révolution bolchevique, dont la victoire finale avait été obtenue moins contre les forces de l'Ancien Régime, largement honni, que contre une intervention militaire franco-britannique.

Un réflexe politique naturel pousse à choisir, entre deux périls, celui qui semble le moindre. La Russie est à l'autre bout de l'Europe et elle est l'alliée traditionnelle de la France. La politique d'ouverture vers l'Union soviétique, commencée dès 1934 par Louis Barthou, ministre des Affaires étrangères, n'est pas poursuivie par Pierre Laval, nouveau locataire du Quai-d'Orsay : il craint qu'une alliance avec la Russie n'entraîne la France dans une guerre qui ne la concerne pas, même si « l'espace vital » que l'Allemagne veut s'offrir à l'est risque d'en faire, à terme, une puissance redoutable. Certes, il n'imagine pas que, pour s'attaquer à la Russie, Hitler voudra assurer ses arrières en occupant les pays de la côte atlantique, dont la France. En 1935, pour maintenir l'équilibre européen, Laval compte davantage sur Mussolini et sur le « cordon sanitaire » des pays qui bordent la frontière occidentale de la Russie. Pour donner le change, au moment où il met en place cette nouvelle stratégie, Laval se rend à Moscou. Il veut dissiper les éventuelles inquiétudes des dirigeants du Kremlin, qui disposent en France de relais puissants. Ils subventionnent largement le parti communiste français, qui draine 15 % de l'électorat, et dont ils conduisent la politique par l'intermédiaire de l'Internationale communiste. Ils ont surtout profité de la sympathie dont jouissent en France les idées socialistes pour encourager un mouvement intellectuel de grande envergure qui leur est favorable, mené par des personnalités aussi influentes qu'André Gide, Romain Rolland et Henri Barbusse, entre autres, lesquels peuvent compter sur des sympathisants non moins illustres tels André Malraux, Louis Aragon et André Breton.

L'intérêt de l'opinion pour cet immense pays, qui vit une expérience politique originale, est certain. Hervé Mille ne se trompe pas en envoyant à Moscou un écrivain qui vend cent-cinquante mille exemplaires et dont le nom évoque à la fois les profondeurs de l'histoire de France et les aventures modernes de l'aviation. Il ne se trompe pas dans la mesure où il sait que, dans le journalisme, l'idée saugrenue d'associer un aristocrate et l'État des prolétaires suffit, le contenu d'un article, oublié dès le lendemain, n'ayant de son point de vue qu'une importance secondaire. Tant mieux parce qu'il serait abusif de croire que, sur place, Saint-Exupéry fait le moindre effort pour glaner des informations sinon inédites, du moins significatives. Comme il serait abusif de croire qu'au contact des réalités concrètes il change ou du moins affine ses opinions. Il ne voit rien de ce qui se passe en Union soviétique, ni en bien ni en mal. D'ailleurs, il ne cherche pas à voir, se contentant d'illustrer avec des détails du cru des textes qu'il aurait pu écrire à Paris ou n'importe où ailleurs.

Il part en train le 26 avril 1935. Un voyage de trois jours. C'est long. Tard dans la nuit, comme il n'arrive pas à trouver le sommeil, il quitte son compartiment, traverse les sleepings et des wagons de première classe vides. Les voyageurs, les vrais, sont en troisième classe : des centaines d'ouvriers polonais congédiés qui quittent la France pour « regagner leur misère ». Le lendemain, il contemple les forêts allemandes de la fenêtre du wagon-restaurant. Il arrive à la frontière russe avec un préjugé tellement favorable que tout lui paraît merveilleux : la salle de la douane ressemble à une salle des fêtes et, au buffet de la gare, un orchestre tsigane joue des airs charmants. Il n'a ni l'idée ni le souhait d'ouvrir la fenêtre pour regarder dehors, où la réalité est peut-être moins réjouissante.

À Moscou, reçu avec les honneurs dus à un hôte qu'il est utile de séduire, Antoine de Saint-Exupéry est conduit à l'hôtel Berlin, l'ancien Savoy, réservé maintenant aux étrangers. Il apprécie le décor rococo somptueux du hall et du restaurant aux colonnes de marbre et dont les immenses baies vitrées sont encadrées de dorures filigranées. Il prend ses quartiers au bar, veillé par deux géants de gypse. Le fait que le jour du

1er Mai il soit consigné, en tant qu'étranger, à son hôtel avec interdiction de le quitter, ne lui met pas la puce à l'oreille, d'autant plus qu'il se sauve par une fenêtre et parcourt à son gré les rues où il constate la bonne humeur des manifestants qui s'apprêtent à défiler sur la place Rouge, devant Staline. Après avoir dépassé la porte monumentale de style russe qui ferme la Rojdestvenka du côté de la Teatralnaïa, il est bloqué sur une grande place, la Loubianka sans doute, où les gens dansent et s'amusent. Séduit par leur joie, il ne soupçonne pas que l'immense bâtiment jaune qui domine l'esplanade est le siège du KGB, la sécurité d'État, et que la corniche ornée d'un pignon et d'une horloge, qui court tout le long du huitième étage, cache la promenade des détenus politiques enfermés dans les cellules réparties sur six niveaux au sous-sol, certaines aménagées pour des séances de torture et, depuis 1930, pour l'exécution des ennemis parfois supposés d'un régime qui veut construire l'homme nouveau à coups d'arrêts de mort et d'années de goulag. D'ailleurs, prévenantes, les autorités lui font rencontrer un juge d'instruction dont les propos d'un cynisme terrifiant ne scandalisent pas Saint-Exupéry, qui n'est pas curieux de savoir non plus pourquoi une vieille gouvernante française, qui organise chez elle une petite fête avec d'autres vieilles gouvernantes françaises bloquées en Russie depuis la révolution de 1917, attend depuis cette date un logement à elle.

Le 17 mai, Saint-Exupéry vole à bord du *Maxime Gorki*, le plus grand avion du monde conçu par le déjà réputé ingénieur Andreï Tupolev — arrêté peu de temps après, celui-ci sera prié de continuer son activité en prison. Ce vol permet au pilote français d'apprécier en professionnel les progrès de l'aéronautique soviétique. Il est le premier étranger à être admis à bord de cet avion mythique, de ce monstre de quarante tonnes disposant de huit hélices et pouvant transporter soixante-quinze personnes. Le dernier aussi : le lendemain, le 18 mai 1935, suite à une manœuvre malheureuse d'un des avions d'escorte, qui le percute, le *Maxime Gorki* s'écrase, entraînant la mort de ses quarante-trois passagers. Sans le vouloir, Saint-Exupéry tient un scoop. L'accident en lui-même n'a pas trop de rapport avec les réalités soviétiques, mais *Paris-Soir* se félicite d'être le seul journal dont l'« envoyé spécial » parle de ce qu'il a vu de ses propres yeux à l'intérieur d'un appareil qu'on ne connaît que du dehors.

À Moscou, où il ne remarque ni l'architecture de Vassili Blajeni, ni le charme particulier des quais de la Moskova, où il ne fréquente ni le Théâtre d'art ni le Bolchoï, où il ne semble pas avoir eu envie de découvrir l'Arbat, la galerie Tretiakov ou Novodevitchi, Saint-Exupéry n'est pas curieux non plus de connaître la vie des gens qu'il suppose agréable puisque le seul désagrément dont il fait état, c'est de ne pas trouver ses cigarettes Craven qui lui manquent terriblement. C'est d'ailleurs ce qui le retarde dans son travail puisqu'il ne peut pas écrire sans fumer. Quand il arrive quand même à le faire, il ne parle pas de la Russie soviétique mais d'un enfant polonais aperçu dans le train : le Mozart que ce gamin endormi dans les bras de ses parents porte en lui sera assassiné par la vie abrutissante de ceux qui doivent travailler comme des bêtes pour survivre — à Paris, la sténographe qui transcrit par téléphone l'article que lui dicte, de Moscou, Saint-Exupéry, fond en larmes.

Dans les six parties de son reportage, publiées dans *Paris-Soir* du 3 au 22 mai 1935, Antoine de Saint-Exupéry, plus attentif à ses propres conceptions qu'aux réalités, juge le système soviétique avec complaisance. L'idée que l'homme se construit par l'effort et le sacrifice et qu'il faut l'obliger à se dépasser l'empêche de comprendre la complexité d'une société dont il ne voit que ce qui peut légitimer ses propres convictions morales. Les habitants de Moscou semblent heureux et, à la différence d'un Gide, d'un Céline ou d'un Panaït Istrati, il ne perçoit pas le drame qui se cache derrière l'enthousiasme révolutionnaire. Persuadé qu'« une partie du peuple russe a une âme de nomade[9] », Saint-Exupéry approuve les mesures autoritaires qui attachent les gens à leur lieu de résidence, sans se douter que ces « déracinés » sont aussi les victimes de la collectivisation forcée, des famines, les orphelins de la guerre civile — la liste est longue. Saint-Exupéry trouve les camps de travail utiles pour lutter contre les « aventuriers » de la délinquance, sans soupçonner que ceux qui s'y trouvent ne sont pas toujours des condamnés de droit commun. La facilité avec laquelle, pour enrayer une épidémie sociale, on fusille aujourd'hui ceux qui, hier, n'auraient été condamnés qu'à quelques années de prison, ne le gêne pas :

on sacrifie quelques-uns pour le bien de tous. Comme sous un sortilège, le défenseur de Barak et des gazelles capables de mourir au pied de la clôture qui entrave leur liberté approuve le passeport intérieur et la déportation en Sibérie de ceux qui « lèvent trop les yeux vers les dangereux signes du ciel » :

> L'on crée ainsi un homme nouveau, stable, amoureux de son usine et de son groupe humain, comme sait l'être de son jardin un jardinier de France[10].

Celui qui, ailleurs, se méfie de la logique et des systèmes, celui qui, ailleurs, exalte la contradiction qui lui paraît le ressort même de la vie, fait l'éloge de Staline, « ferment et levain de son peuple », et ne voit pas les dangers d'un système qui, sûr de ses vérités « objectives », n'admet aucune contestation et se condamne, de ce fait, à la stagnation et à la mort, entraînant dans la crispation de son asphyxie tout un peuple acquis sinon, dans son immense majorité, aux idées généreuses du nouveau régime.

L'aveuglement de Saint-Exupéry en Russie est hallucinant. Il est tel qu'il ne peut pas relever de la simple inattention.

Soyons rassurés, il n'est pas plus lucide confronté au désastre de la guerre civile espagnole. Les enjeux politiques de cette guerre d'une brutalité inouïe, ses tenants et ses aboutissants, les raisons historiques de la décomposition d'un État qui, depuis des années, n'offre plus aux citoyens des conditions de vie acceptables, le laissent indifférents. Plus exactement, comme l'aviateur qui, à partir d'une certaine altitude, ne distingue plus les combattants, plongés tous dans un même nuage de poussière qui atteste de l'agitation sans permettre d'identifier les camps, la réflexion d'Antoine de Saint-Exupéry se situe à une telle hauteur que la réalité devient nébuleuse. Il la reconstitue par une opération de l'esprit et la maintient dans une abstraction exaltante mais dangereuse. La grandeur du sacrifice individuel jouit, pour Saint-Exupéry, d'un éclat tel qu'il anéantit la cause qui le justifie. D'une telle perspective, être d'un côté ou de l'autre de la barricade revient au même, ce qui est noble, sans doute, mais prête à confusion quant aux valeurs à défendre. Heureusement pour lui, personne ne demande au pseudo-reporter de s'engager et Saint-Exupéry peut, dans ses articles, retrouver le pathos envoûtant de celui qui, dans le désert, n'est confronté qu'aux entités cosmiques.

Les reportages d'Antoine de Saint-Exupéry concernant la guerre d'Espagne sont le fruit de deux voyages.

Le premier en août 1936, moins d'un mois après le commencement de la guerre civile, envoyé par le journal *L'Intransigeant* qui appartient, comme *Paris-Soir*, au même Jean Prouvost et qui publie ses cinq articles entre le 12 et le 19 août 1936.

Saint-Exupéry pose son avion à Barcelone où les anarchistes « fusillent plus qu'ils ne combattent ». Des avenues désertes, peu de dégâts, quelques églises dévastées ne laissent pas deviner la violence des affrontements. Les gens circulent, paisibles, comme si de rien n'était. Pour passer aux barrages, il suffit d'un sourire. L'arrestation, à la terrasse d'un café où Saint-Exupéry s'était installé, d'un supposé fasciste fusillé probablement deux rues plus loin, ne perturbe pas la quiétude générale dont on se doute bien qu'elle est apparente, mais que le reporter de *L'Intransigeant* ne voit pas l'intérêt de gratter parce que, pour lui, l'enjeu est ailleurs : « La frontière, dans la guerre civile, est invisible et passe par le cœur de l'homme[11]. » Les choses se corsent : un anarchiste, de ceux qui tiennent la ville, ordonne à un passant de marcher sur la chaussée ; celui-ci ne l'entend pas peut-être ; l'autre tire et le rate de peu. Saint-Exupéry le reconnaît tout de même : « À Barcelone vingt mille index, nuit et jour, sont posés sur vint mille gâchettes[12]. » Il est aussi indéniable qu'il y a des barricades et des contrôles d'identité un peu sévères parfois. Saint-Exupéry le découvre presque par hasard « au cours de sa promenade matinale ». Dans le hall de l'hôtel des anarchistes s'agitent sans trop savoir pourquoi : il paraît que le gouvernement républicain veut les désarmer. Ils ne se laisseront pas faire. Cette autre guerre civile à l'intérieur de la guerre civile ne retient pas l'attention de Saint-Exupéry, plus intéressé par la disparition d'un jeune homme qu'il avait photographié la veille et auquel il voulait remettre le cliché. Pas de chance, il a été fusillé. Sur la foi d'une dénonciation mensongère. On s'en était rendu compte trop tard. Mais on a fusillé le calomniateur aussi. Une colonne part, paraît-il vers le front — on ne sait pas très bien lequel. Saint-Exupéry trouve que cela pourrait intéresser les lecteurs de son journal. Malheureusement il pleut, ce qui est désagréable. On lui trouve une voiture et on le conduit à la gare. En silence, des gens en vêtement de travail embarquent dans des wagons de marchandises du matériel militaire. Cela lui rappelle le malaise qu'il avait ressenti à Dakar au moment de la fièvre jaune :

> Il ne s'agit point, dans cette lutte-ci, de chasser un ennemi hors du territoire, mais de guérir un mal. Une foi neuve est semblable à la peste. Elle attaque par l'intérieur. Elle se propage dans l'invisible. Et ceux d'un parti, dans la rue, se sentent entourés de pestiférés qu'ils ne savent pas reconnaître[13].

Alors on tue par précaution, par souci prophylactique, « on fusille comme on déboise[14] ». Les républicains tuent les « fascistes », c'est-à-dire, note Saint-Exupéry, « le curé, la bonne du curé, le sacristain et quatorze petits notables[15] ». L'absurdité de cette cruauté crève les yeux. Il suffit de l'énoncer. Saint-Exupéry accompagne Pépin, socialiste français et anticlérical notoire, qui passe de village en village, montre sa carte du parti et discute en essayant d'arracher à la mort ceux que l'on n'a pas encore passés par les armes, clergé compris. Parfois il réussit. Cela ressemble un peu plus à un reportage. Qui finit quand même avec une longue dissertation sur la grandeur de l'homme : « chaque individu est un empire[16] »...

Le deuxième voyage a lieu une année plus tard, en mai 1937, à la sollicitation, cette fois-ci, de *Paris-Soir* qui offre la somme astronomique de quatre-vingt mille francs pour une série de dix reportages. Saint-Exupéry se rend à Madrid où les républicains ont réussi à résister aux assauts des nationalistes.

Sans s'engager dans le débat et sans prendre parti dans une guerre civile dont les enjeux ne lui semblent pas évidents*, Antoine de Saint-Exupéry interroge ses sensations, cueillies sur le vif, pour nourrir un propos moral qui n'avait pas besoin de cette expérience pour s'épanouir. Devant l'inhumanité de la guerre, qui transforme les individus en masse, il se montre à la fois choqué par la logique militaire qui sacrifie les hommes sans raison et par l'héroïsme des gens ordinaires qui trouvent, confrontés à la mort, une sorte de grandeur innée, intuitive, qui se réveille en eux à la façon dont l'instinct migrateur ressuscite chez les oiseaux domestiques au passage des vols de canards sauvages. Le reste n'est, pour lui, que confusion de sentiments due à la difficulté d'enlever aux mots leur côté vaseux pour constater que, dans l'absolu, les gens de bonne foi sont toujours d'accord sur l'essentiel.

Ce qui reste à prouver.

Il ne se donne pas la peine de le faire : sur les

* Les témoignages qui voudraient nous faire croire le contraire sont peu crédibles. Dans son article « Oh, les mufles ! », publié dans *Icare*, n° 75, p. 74 et suiv., Henri Jeanson prétend que « le nom de Franco faisait exploser » Saint-Exupéry, ce qui est douteux dans la mesure où, dans ses *Carnets*, les reproches qu'il lui fait ne semblent pas particulièrement virulents. D'ailleurs, les souvenirs d'Henri Jeanson sont à prendre avec précaution puisqu'il n'est pas difficile de constater des inexactitudes flagrantes : le colonel Buenaventura Durruti, figure emblématique des anarchistes espagnols, ne pouvait pas mettre à la disposition de Saint-Exupéry « une Rolls toute neuve » en mai 1937 puisqu'il avait été tué dans des conditions non élucidées en novembre 1936...

dix articles commandés et payés par le journal, Saint-Exupéry, qui a besoin d'argent, mais qui sait aussi qu'il n'a rien d'un reporter, n'en livre finalement que trois — et encore, prétend Jean-Gérard Fleury, uniquement parce qu'à la sollicitation d'Hervé Mille il a payé à l'auteur, pour les obtenir, un bon repas avec du foie gras[17]. *Paris-Soir* publie ces trois premiers reportages un mois après le retour, fin mai, de son « envoyé spécial », preuve, s'il en fallait, que celui-ci ne traite pas des sujets d'une actualité brûlante. Un quatrième reportage arrive enfin à la rédaction, apporté par un coursier. Dans l'après-midi, au moment où Hervé Mille finit de lire les épreuves, Saint-Exupéry entre dans son bureau, demande l'article pour faire des corrections, le prend, le déchire, met les morceaux dans sa poche et quitte la pièce sans un mot.

Et sans restituer la somme que le journal lui avait déjà payée dans son intégralité.

Ce qui lui permet, confiant dans sa bonne étoile financière, de louer au 15 de la place Vauban, en face du dôme des Invalides, un grand appartement avec terrasse. La partie destinée à Consuelo, qui a son propre téléphone, est complètement séparée de la sienne, dont le mobilier est plus que sommaire : un lit de campagne, des planches sur des tréteaux en guise de bureau, une chaise de jardin prêtée par un ami, quelques rayonnages ; à ceux qui s'en étonnent, Saint-Exupéry répond que c'est pour décourager les agents du fisc lors de leur prochaine saisie. Il ne paie toujours pas ses impôts ni ses factures et il doit toujours racler le fond de ses poches pour s'acheter des cigarettes, ce qui ne l'empêche pas d'avoir un valet, Boris, qu'il trouve décent d'envoyer faire les courses en taxi.

Il est vrai que le cinéma commence à brasser des sommes considérables et qu'il a l'espoir de gagner des fortunes avec le septième art. Les producteurs Édouard Corniglion-Molinier et André Aron lui ont demandé d'écrire le scénario de *Courrier Sud*. Ayant peut-être remarqué que le scénario d'*Anne-Marie* souffrait de quelques maladresses, ils prennent la précaution d'encadrer Saint-Exupéry avec deux professionnels, Hans C. Lustig, qui connaît le livre sur le bout des doigts puisqu'il l'a traduit en allemand, et Pierre Billon, le réalisateur pressenti.

Une jeune assistante, Françoise Giroud, tape les textes que lui remet Antoine de Saint-Exupéry. Après le travail, ils prennent un verre aux Deux Magots et dînent souvent ensemble. À en croire l'intéressée[18], Saint-Exupéry lui écrit des poèmes en prose, dont aucun n'a été publié, lui fait des dessins et cherche à la séduire avec ses tours de cartes et ses histoires extraordinaires. Lorsque, en octobre 1936, il est question de la remplacer par un homme au moment où l'équipe, exclusivement masculine, part au Maroc pour les tournages des scènes du désert, Saint-Exupéry insiste pour qu'elle les accompagne, promet de la protéger et, pour mieux le faire, demande qu'à l'hôtel de Mogador, où ils sont logés, la chambre de la jeune fille se trouve à côté de la sienne.

« L'effroyable liberté de n'être point »

Antoine de Saint-Exupéry, qui rêve d'une vie posée et consacrée à cette lente maturation à même de transformer, peut-être, à terme, ses intuitions brutes en littérature, se voit soudain contraint de beaucoup voyager.

Début 1936, il part avec Henri Jeanson à Londres, invité par Alexandre Korda qui prépare un film sur l'aviation et espère avoir Saint-Exupéry parmi ses collaborateurs. Le séjour est agréable. La production l'installe dans un hôtel de luxe et la ville n'est pas dépourvue de bars où il est à son aise et rencontre même, reconvertie en serveuse, une fille qu'il avait connue, dans le temps, à Dakar dans un établissement de moins bonne tenue. Et puis les artistes de cinéma sont de bons compagnons de beuveries, même s'ils ne comprennent pas un traître mot de ce que raconte ce Français qui leur paraît un peu loufoque. Hélas, le courant ne passe pas. Le film d'Alexandre Korda, *Conquest of the Air*, ne sortira qu'en 1940. Le scénario est signé par Hugh Grayaud et Peter Besancent « sur les histoires de John Monk Saunders et d'Antoine de Saint-Exupéry ».

En août de la même année, Saint-Exupéry est en Espagne, envoyé par *L'Intransigeant* pour sa première série d'articles sur la guerre civile.

À son retour, pour finir dans les délais le scénario de *Courrier Sud*, les producteurs jugent prudent d'extraire Saint-Exupéry de sa vie parisienne et de l'installer, avec Pierre Billon et l'équipe qui prépare le tournage, dans une auberge pittoresque sur les bords de la Seine à quelques kilomètres de Fontainebleau. C'est sans compter sur les amis de Saint-Exupéry qui ont du mal à se passer de ses histoires, de ses chansons, de ses tours de cartes, de ses facéties et de sa façon d'animer la discussion en enflammant les polémiques pour mieux les éteindre par une solution de bon sens, utopique, certes, mais qui élève le débat et soulève d'autres questions qui exigent, pour être examinées, une nouvelle tournée. Ils viennent le trouver et, quand ils ne l'emmènent pas en ville, la fête continue dans la salle de l'auberge jusqu'à des heures indues. Quand, finalement, il regagne sa chambre, Saint-Exupéry ne trouve pas le sommeil et il lui arrive de coucher sur le papier quelques lignes qu'il veut aussitôt faire entendre à Pierre Billon, réveillé sans scrupules au milieu de la nuit. Il les écoute patiemment, à moitié endormi, comme tant d'autres amis de Saint-Exupéry avant lui. Il s'agit, toujours, hélas, d'un bout de quelque chose qui fait peut-être le noyau d'un article possible, un fragment de mythe, quelques séquences d'un essai, l'argument d'un apologue, mais jamais ne fût-ce que le début du début d'un livre : au milieu de ses amis, dans un troquet, aux commandes de son avion, dans les taxis dont il fait un usage immodéré parce qu'il n'aime pas « l'exercice », dans la rue ou au cinéma Saint-Exupéry fourmille d'idées qui s'évanouissent dès qu'il se retrouve à sa table, devant une feuille de papier blanc, malgré les tasses de thé noir et fort, amer, qu'il se prépare en attendant d'« entrer dans le texte », malgré les cigarettes dont les mégots remplissent les cendriers[1].

Ayant bien compris comme tant d'autres amis de Saint-Exupéry avant lui, que ce dont celui-ci a besoin — c'est d'être rassuré par une flatterie, Pierre Billon se prête au jeu, sans difficulté d'ailleurs puisque ces bouts d'on ne sait pas trop quoi sont toujours ingénieux et touchants, tellement éblouissants par leur façon de pénétrer par une métaphore au cœur des choses, là où les mots ordinaires n'arrivent jamais. Pour le récompenser de sa patience, Saint-Exupéry le sort du lit, l'embarque de force dans sa voiture et l'emmène au Bourget où il lui fait faire un tour dans son nouveau Simoun, acheté avec la prime d'assurance de l'autre, récupéré en petits morceaux dans le désert libyen.

Le scénario de *Courrier Sud* est quand même achevé à temps et, en octobre, tout ce petit monde se retrouve pour le tournage à Mogador, dans le Sud marocain, là où l'océan et le désert se rencontrent pour offrir le cadre idéal des scènes qui font écho aux péripéties vécues par Saint-Exupéry dix ans auparavant à Cap Juby. Air France prête à la production deux Laté 28. Pour la figuration, l'armée marocaine met à la disposition des cinéastes un régiment de gardes sénégalais. Saint-Exupéry recrute lui-même quelques vrais Berbères et des chameliers dont le visage brûlé par le soleil et creusé par le vent exprime par lui-même la gravité du désert. L'administration du pénitencier de la ville permet à une poignée de détenus de gagner quelques sous comme manœuvres. Il est difficile de diriger tous ces gens : lors du premier tournage d'une attaque berbère, les figurants qui, avec des cris effroyables, mènent au pas de course leurs chameaux, renversent les caméras et bousculent les opérateurs. Saint-Exupéry ne se contente pas d'être un simple conseiller : lorsque le pilote engagé par la production refuse, apparemment avec raison, un décollage trop dangereux d'une aire trop restreinte, serrée entre deux monticules de sable, Saint-Exupéry le remplace et réussit son coup uniquement parce qu'un rocher qui se trouvait par hasard en bout de piste permet aux roues de quitter le sol et à l'appareil de gagner les quelques dizaines de centimètres nécessaires pour dépasser en le frôlant le sommet de la dune.

Revenu à Paris, Saint-Exupéry, écrivain primé et cinéaste d'occasion, des titres qui comptent dans le petit monde de la rive gauche, reprend sa vie de bohème, même s'il ne trouve pas toujours de quoi se payer un repas amical chez Lipp, dont le patron, le célèbre Marcellin Cazes, semble indulgent avec ceux qui assurent la réputation de son établissement. C'est le cas aussi de quelques autres bonnes adresses que Saint-Exupéry connaît bien et où on le connaît aussi : Les Bonnes Choses, La Pagode, Le Père Allard, Androuet, le temple des bons fromages. On le retrouve souvent rue Bonaparte, chez Jarras qu'il fréquentait du temps où il habitait chez sa cousine Yvonne de Lestrange ; en sus d'un bon repas, Jarras lui glisse, parfois, quelques centaines de francs que son éternel débiteur lui rendra le jour où la fortune lui sourira.

Pour remplir les caisses, Saint-Exupéry devrait pratiquer régulièrement le journalisme, qui lui a déjà apporté des revenus non négligeables. Ou bien prendre au sérieux le métier de scénariste, si différent de celui d'écrivain. L'ennui est que ces deux activités, l'une futile, l'autre étrangère à son esprit, ne conviennent pas à quelqu'un qui sent que sa vocation est plutôt littéraire : « Je me sens prisonnier et occupé à tresser des paniers d'osier quand je serais tellement plus utile et riche ailleurs[2] », écrit-Saint-Exupéry à Nelly de Vogüé, sans lui faire part d'un sentiment bien étrange et préoccupant : le livre qui commence à prendre forme dans son esprit et dont il note des bribes sur des feuilles disparates ne ressemble ni à un roman, ni à un essai, ni à des mémoires… ou, plus exactement, il ressemble à tout cela et en même temps à rien ! Il risque de désappointer l'éditeur, de choquer la critique et de décevoir les lecteurs.

Il ne fait pas de doute que pour Saint-Exupéry piloter, c'est encore « tresser des paniers », mais quand les finances sont tellement délabrées et quand on a décidé aussi qu'ayant pris la responsabilité d'une épouse, il faut lui assurer même le superflu qui lui est nécessaire, même quand elle fait sa vie ailleurs, comment refuser les 40 000 francs que propose le ministère de l'Air pour une tournée de propagande en Afrique, sans compter la prime d'assurance pour le Simoun ?… De surcroît Air

France, qui veut ouvrir une ligne directe de Casablanca vers l'Afrique centrale, offre le carburant jusqu'à Tombouctou et *L'Intransigeant* achète à l'avance les droits pour le récit de cette tournée.

Saint-Exupéry décolle du Bourget le 7 février 1937, toujours en compagnie de son mécanicien André Prévot, pour Marseille et Casablanca. Puis, c'est l'aventure. Le trajet, établi de concert avec le ministère de l'Air, est inédit et l'on ne peut soupçonner qu'en partie les pièges d'un itinéraire de quelque 9 000 kilomètres que personne n'avait jamais emprunté, au-dessus de territoires encore inexplorés. Saint-Exupéry n'en a cure. Mieux encore, il a l'ambition de régler ses comptes avec le désert, qu'il lui faut traverser une fois de plus. De Casablanca, il met le cap sur Tindouf, puis sur Tombouctou. De là, il rejoint Dakar en passant par Gao et Bamako.

À Dakar un ami lui offre un lionceau que Saint-Exupéry, ayant oublié l'histoire de son puma argentin, veut à tout prix ramener en France. Le voyage de Dakar à Taoudenni et Oran l'en dissuade : le jeune fauve s'agite, rugit à vous casser les oreilles, blesse même Prévot d'un coup de griffes ; Saint-Exupéry doit l'assommer d'un coup de manche qui fait plonger brusquement l'avion et envoie l'animal vers le plafond d'où il retombe étourdi. Le lionceau reste en Afrique, Saint-Exupéry revient à Paris. Pas pour longtemps. Il repart en Espagne où la guerre civile fait rage, engagé cette fois par *Paris-Soir*, qui aura autant de mal à récupérer de son envoyé spécial les dix reportages promis que *L'Intransigeant* les articles concernant le trajet centrafricain, payés eux aussi rubis sur l'ongle. Un compromis est finalement trouvé avec *L'Intransigeant* : à la place des quelques papiers aux arômes exotique promis, Saint-Exupéry leur en livre un seul et sur un autre sujet, mais éblouissant : l'histoire de Guillaumet échoué dans les Andes.

Paris-Soir, en revanche, reste sur sa faim.

Il est peut-être permis de croire que la dérobade de Saint-Exupéry, qui revient d'Espagne les mains vides et ensuite tergiverse, hésite, remet un article, puis trois autres et, pour finir, déchire le quatrième… Il est peut-être permis de croire que toute cette stratégie d'esquives non avouées de la part de quelqu'un qui, par ailleurs, fait du sens du devoir l'axe de sa vie, ne se doit pas uniquement à des caprices d'intellectuel gâté. Ni à la flemme d'un fêtard qui ne trouve plus le temps de remplir ses engagements. Encore moins à ce souci de perfection stylistique trop souvent invoqué par ceux qui oublient que, parfois, Saint-Exupéry brosse en quelques heures des textes en rien moins brillants que tous les autres.

En fait, profondément apolitique, situant les enjeux de l'existence à une hauteur d'où les conflits d'intérêts, fussent-ils historiques, nationaux ou de classe, paraissent bien minces, Antoine de Saint-Exupéry sent forcément qu'autour de lui les engagements de ses contemporains sont lourds de conséquences, imprévisibles, meurtrières. À un moment où il s'agit d'être du côté des assassins ou des victimes, il devient de plus en plus difficile, de plus en plus malséant de se réfugier dans une neutralité qui risque de faire de vous le complice involontaire de ceux dont on ne veut surtout pas rejoindre le camp. Mais comment faire lorsque ceux qui tuent avec la férocité indifférente des fauves se retrouvent des deux côtés de la barricade ? Et que dire de leurs victimes, qui paient avec des souffrances énormes des choix qui ne sont pas les leurs ? Que penser lorsque, de part et d'autre de la ligne du front, ceux qui donnent leur vie pour une cause dont la justesse est difficile à établir font preuve d'une même bravoure ?

Les questions — lancinantes, les *Carnets* en témoignent — que se pose maintenant Antoine de Saint-Exupéry et les réponses qu'il leur apporte, incertaines et atypiques, décident de son attitude pour les années à venir. Elles sont inacceptables pour l'ensemble d'une société française enfermée dans la logique simple des antinomies : les bons d'un côté, les méchants de l'autre — étant entendu que le bien et la justice se trouvent toujours du côté des vainqueurs, dont les abjections apparaissent, du coup, comme des sacrifices au nom d'une société meilleure, plus juste, plus humaine, etc. Saint-Exupéry n'a pas besoin de fouiller la réalité soviétique et il n'a pas besoin de jouer les reporters de guerre, comme on le lui demande sans trop de succès, pour trouver le nœud du problème qu'il doit résoudre, et qui est aussi celui de toute sa génération.

Un passage des *Carnets* est particulièrement édifiant à cet égard.

Rappelons qu'il s'agit de notes personnelles qui n'étaient pas destinées à être publiées et que l'auteur ne cherchait pas la clarté. Son seul but était de consigner une idée à examiner et, le cas échéant, à développer plus tard. Il s'agit de notes qu'il serait abusif de considérer autrement qu'en tant que gestes mentaux circonstanciels, fragmentaires, qui n'acquièrent, éventuellement, une signification que par rapport à un ensemble, dans un contexte bien défini

Une de ces notes débute avec quelques considérations embrouillées concernant les motivations politiques de Franco et de Staline. La conclusion est moins ambiguë : « Et lui [Franco] qui critiquera si âprement la paix du vieux royaliste campagnard se forge une paix dont la qualité n'est guère plus haute[3]. » Cette paix est un leurre. La vie est contradictoire, pense Antoine de Saint-Exupéry, nourri par la réflexion de ses amis biologistes. Elle n'est rien d'autre que l'effort naturel de résoudre des contradictions : « Quiconque craint la contradiction et demeure logique tue en lui la vie[4] », écrit-il ailleurs. Or il y a deux façons de réagir : « L'une consiste à se forger un système simple quel qu'il soit, et à dénommer erreur l'opposé de sa vérité. C'est l'univers du fanatique qui conçoit clairement Dieu et le diable. » C'est l'univers « stalinien » dont l'efficacité se paie par une incessante chasse aux « hérétiques » et par une stagnation structurelle : « Cet univers interdit surtout toute possibilité de progrès par synthèse chaque fois plus haute, puisqu'il interdit les contradictions. Triomphe d'une thèse sur la thèse inverse n'est pas synthèse. » Les quelques lignes suivantes expriment bien son point de vue : « L'autre méthode consiste à admettre la contradiction même si elle est intolérable à l'esprit humain. Et justement parce qu'elle est intolérable. » Notre esprit peut et doit résoudre les contradictions, non par l'élimination de l'un des termes de cette contradiction, mais en réunissant les deux dans un ensemble acceptable.

Cette façon de raisonner conduit Antoine de Saint-Exupéry à des conclusions qui ne sont pas dans l'air du temps. Le matérialisme vulgaire de la société productiviste est responsable de l'épanouissement des dictatures agressives. Elles ne sont que symptômes de la dégradation de la civilisation européenne, en train de mourir peut-être sous les coups de ceux qui, par la guerre, offrent aux gens une chance d'accéder à cette « grandeur » dont ils ont besoin comme de l'air qu'ils respirent. Et que ne leur propose plus une société où le travail abrutissant tue l'étincelle qui existe en chaque homme, tue l'esprit qui fait de chaque individu un homme à part entière. Alors on trouve son salut où l'on peut : « Et si l'Allemand d'aujourd'hui semble près de verser son sang pour Hitler, c'est parce qu'il trouve en Hitler une occasion de grandeur[5] » — par crainte probablement d'être mal compris, Saint-Exupéry supprime cette phrase qui se trouve dans le manuscrit de *Terre des hommes*. Et ne développe pas cette autre, qui reste enterrée dans ses *Carnets* :

> Le soldat de Franco est noble. Le soldat d'en face l'est aussi. Je refuse les systèmes qui, pour demeurer cohérents, sont nécessairement amenés à ne considérer l'armée adverse que comme un ramassis de pillards, d'exploités ou d'imbéciles[6].

Honnête avec lui-même, Saint-Exupéry a du mal à rédiger ses reportages à propos de l'Espagne parce qu'il sent probablement que le public auquel il s'adresse n'est pas à même d'accepter sa vérité. D'ailleurs laquelle ? Justement, pour l'instant, il n'y en a pas : « Aujourd'hui, aucune synthèse ne m'est proposée », constate-t-il à la fin de cette longue note que rien ne permet de dater avec précision mais qui semble avoir été rédigée après son retour de Madrid. Sa solution est provisoire : « Au contraire de Franco, j'accepte de reculer ma paix[7]. » Ce qui veut dire, pratiquement, rester dans le camp où l'on se trouve naturellement, avec comme seul souci celui de faire son devoir.

Plus facile à dire qu'à faire.

Surtout quand, nourris par des intérêts de groupe, qui n'ont rien de spirituel, et par le désespoir qu'infligent à des centaines de milliers de gens des difficultés matérielles insurmontables, les fanatismes s'affrontent avec une violence chaque jour accrue. Saint-Exupéry ne manifeste pas une sympathie particulière pour le Front populaire qui gouverne la France de juin 1936 à avril 1938, ce qui permet aux gens de gauche de le croire de droite, d'autant plus qu'ils ne le voient pas à côté d'eux dans les différents comités antifascistes et de défense des libertés, ni dans les cortèges qui protestent contre l'intervention italienne en Abyssinie ou contre la politique d'Hitler, qui bafoue les clauses du traité de Versailles. Ce qui n'empêche pas ceux du camp adverse de le soupçonner d'être un « compagnon de route » des communistes, d'autant plus dangereux qu'il avance caché et protégé par son nom à particule. Dans ses reportages d'URSS, n'a-t-il pas eu des mots bienveillants à l'égard du régime soviétique ? Et puis, il fréquente un certain nombre de dangereux gauchistes dont André Gide qui, même après la publication de son *Retour d'URSS*, où il critique le totalitarisme stalinien, reste un « immoraliste » louche, l'anarchiste juif Léon Werth ou Léon-Paul Fargue, le non moins caustique vitupérateur de l'esprit bourgeois. Quelques-uns vont jusqu'à prétendre que, sous couvert de journalisme, Saint-Exupéry ne s'était rendu en avion à Madrid que pour livrer des armes aux républicains.

Ils ont de toute évidence tort. Les totalitarismes de toute nature sont, à son avis, une menace pour l'individu, et son voyage en Allemagne le renforce dans cette conviction.

C'est le moment où, à Paris, l'Exposition universelle, qui permet à la France de prouver qu'elle est toujours à la pointe de la civilisation industrielle, connaît un immense succès. Du moins auprès de ceux que la crise n'a pas jetés dans la misère la plus noire : après la dévaluation du franc et la chute de la Bourse, de nombreuses entreprises ferment, le chômage augmente sensiblement et le niveau de vie des classes populaires baisse dans des proportions inquiétantes. Le Front populaire ne soigne les plaies du capitalisme que pour le rendre plus rentable, et sa politique ne fait qu'accroître des injustices qui deviennent intolérables. Des grèves à répétition perturbent le programme de l'Exposition où Saint-Exupéry se rend fin août, au moment où l'on inaugure enfin la « cascade de lumière » qui ne l'impressionne pas davantage que les grandes machines industrielles. Il n'en garde que le souvenir d'un saut en parachute du haut de la tour installée à cet effet sur l'esplanade des Invalides. L'exploit lui vaut un diplôme, bien que, de l'aveu de l'intéressé, le vide à ses pieds lui faisait tellement peur qu'il n'aurait jamais sauté si on ne l'avait pas poussé.

Quelques jours plus tard, il part en avion vers l'Allemagne, accompagné par Nelly de Vogüé, dont les connaissances en allemand et les relations en haut lieu seront bien utiles pour le sortir de quelques situations embarrassantes. Fidèle à sa façon de voir les choses qui l'empêche de reconnaître que l'Europe est déjà en état de guerre larvée, peut-être aussi parce qu'il considère que le ciel est encore un espace de liberté, celui des records et de l'aventure, qui ne sont pas de la compétence de l'administration, Antoine de Saint-Exupéry feint d'ignorer que l'espace aérien allemand est déjà soumis à des restrictions rigoureuses. Après une escale touristique à Amsterdam, il franchit la frontière allemande sans demander les autorisations requises, sans avoir préalablement présenté son plan de vol, sans avoir indiqué où il compte se rendre et dans quel but. Immédiatement repéré, l'avion est mis sous surveillance et attendu de pied ferme à son atterrissage à Berlin où se trouve déjà, convoqué par les autorités, l'attaché militaire français qui réussit à éviter à ses ressortissants des sanctions déplaisantes.

L'ennui c'est que Saint-Exupéry récidive. Il part rendre visite à des amis à Rudesheim. Avertis par téléphone, ceux-ci lui font savoir que l'aéroport de Wiesbaden est meilleur que celui de Francfort. Saint-Exupéry en prend note et décolle. Au-dessus de Cassel, la carlingue se remplit d'une odeur suspecte qui peut signaler une surchauffe que les appareils de bord n'indiquent pas. Saint-Exupéry laisse les commandes à Nelly de Vogüé le temps de vérifier le moteur et les circuits. Elle fait des cercles au-dessus de la ville où ils pourraient atterrir en urgence dans le cas d'un incident technique. N'ayant trouvé aucune anomalie, Saint-Exupéry reprend les commandes et, arrivé à Wiesbaden, se pose sur la piste qui semble déserte. Elle ne l'est pas : elle est interdite, mise à la disposition exclusive de l'école militaire des pilotes de chasse qui sortent en short de la forêt voisine où ils faisaient leurs exercices physiques du matin. Un officier se montre aussitôt pour interdire aux passagers de descendre : ils sont soupçonnés d'espionnage pour avoir tourné au-dessus d'une ville où se trouvent d'importantes usines chimiques qu'ils ont peut-être repérées et photographiées parce qu'elles constituent des objectifs militaires à détruire en cas de conflit. Les choses se corsent. Saint-Exupéry s'énerve et proteste dans une langue heureusement incompréhensible, un allemand qui hésite, note Nelly de Vogüé, entre le provençal et l'arabe. Nelly de Vogüé parle un allemand dont la correction n'échappe pas à l'officier de la Luftwaffe qui, amené à de meilleurs sentiments, permet aux suspects de descendre du Simoun pour s'asseoir à l'ombre, en attendant la police militaire qui doit tirer les choses au clair. Saint-Exupéry fume cigarette sur cigarette mais son humeur est meilleure depuis que, par solidarité professionnelle, les futurs pilotes lui ont apporté des chopes de bière fraîche.

Ce n'est que vers 6 heures du soir, après de nombreux coups de fil et l'intervention des amis allemands de Nelly de Vogüé et celle, personnelle, de l'ambassadeur de France, qu'un officier est dépêché sur place pour faire savoir aux contrevenants qu'ils sont autorisés à partir pour l'aéroport de Francfort, mais accompagnés d'un officier de la police allemande. Saint-Exupéry voulut-il, en récompense des désagréments de la journée, faire peur à celui qui était chargé de l'escorter ? Voulut-il faire un baroud d'honneur aux élèves pilotes ? Le fait est qu'après le décollage il fit un formidable piqué pour passer en rase-mottes au-dessus des jeunes militaires qui, émerveillés par l'exhibition, répondirent par le salut nazi.

Cette péripétie n'est pas de nature à susciter la sympathie de Saint-Exupéry pour un régime politique dont il sait déjà qu'il n'apporte pas de solution à l'impasse dans laquelle se trouve le monde contemporain. Pour lui, la messe est dite : l'Allemagne nazie mène « une politique de voyou » et s'emploie à écraser l'homme au nom de « la termitière ». Ce n'est pas sa façon d'envisager la vocation de l'homme.

L'automne 1937 est consacré principalement à la préparation d'un nouveau raid dont le projet, si l'on en croit Jean-Marie Conty, date de novembre 1935. Pendant leur tournée de conférences au Maghreb et au Proche-Orient, alors qu'il en envisage une semblable aux États-Unis, qui ne se fera pas, il aurait suggéré à son ami d'en profiter pour traverser du nord au sud le continent américain. Il ne s'agissait pas d'établir un quelconque record mais d'un vol qui pouvait avoir une valeur symbolique et auquel personne n'avait encore pensé. Saint-Exupéry, qui connaissait bien l'Amérique du Sud, ce qui lui facilitait la tâche, avait trouvé l'idée d'autant plus drôle qu'il avait remarqué que la ville de Montréal, point de départ supposé, se trouvait sur la même longitude que Punta Arenas, en Terre de Feu, son hypothétique point d'arrivée. Le ministère français de l'Air et la compagnie Air France, dont Saint-Exupéry est toujours l'employé, trouvent l'idée intéressante du point de vue publicitaire au moment où la France sent qu'elle est en train de perdre la compétition avec l'industrie aéronautique américaine.

Il est vraisemblable que ce qui attire surtout Saint-Exupéry dans ce projet, c'est la possibilité de découvrir les États-Unis sans devoir payer de sa poche. Cette expérience lui est utile pour étayer ses théories économiques et sociales dont on trouve d'innombrables traces dans les *Carnets*. Depuis la Grande Guerre, ce pays nouveau suscite l'intérêt des Européens. Ses principes démocratiques semblent plus ouverts et, dans certains domaines, ses avancées technologiques dépassent ce que l'on fait sur le Vieux Continent. Saint-Exupéry veut se faire une idée par lui-même de ce qu'est véritablement la vie des gens dans un pays où, d'après ce que l'on raconte, le capitalisme a trouvé un équilibre qui permet un développement harmonieux de toutes les couches sociales.

Il est déçu.

Antoine de Saint-Exupéry est un des premiers et des rares Européens qui ne se laissent pas abuser par l'abondance des commodités qu'offre à ceux qui s'en contentent un pays où les mauvais démons de l'Europe ne sont pas moins vigoureux. À cela près que, dans le Nouveau Monde, ceux-ci ne trouvent plus devant eux les remparts dressés en Europe par vingt-cinq siècles de civilisation. La dégradation lente de la civilisation européenne prend ici des dimensions spectaculaires qui la rendent évidente. Saint-Exupéry écrit de New York à Nelly de Vogüé :

> Il y a là [...] des cris. Et des plaintes. Et des bruits de marteaux et d'enclume. Et je ne sais d'où montent ces courtes sirènes qui expriment si bien le danger. Ce tumulte de pleine mer. Ce remue-ménage de navire un peu en perdition. Je n'ai jamais senti ça si fort, cet entassement d'hommes dans leurs pyramides de pierre, et qui font tous ces bruits de départ, de charroi, de naufrage, et qui s'agitent entre leur planète et les étoiles, sans rien comprendre de leur voyage et sans capitaine[8].

Dans une autre lettre adressée à la même destinataire, il complète son diagnostic, qui anticipe d'une dizaine d'années celui de Camus, tout aussi discordant dans le chorus des apologètes du pays de la liberté et de la prospérité. Antoine de Saint-Exupéry clôt une fois pour toutes un dossier sans intérêt. L'absence des États-Unis dans les notes des *Carnets* où les expériences sociales de l'Allemagne ou de l'Union soviétique reviennent si souvent est significative : la société américaine n'est qu'une caricature de celles, très décevantes, déjà connues :

Il n'est pas très original d'accompagner le Babbitt* d'aujourd'hui, de le voir acheter son journal matinal, digérer cette pensée toute faite, choisir entre trois opinions parce que trois lui sont proposées, puis visser d'un septième de tour, onze fois par minute, l'écrou que lui affecte son travail à la chaîne, puis déjeuner à son *drugstore* où un esclavage de fer interdit toute réalisation du moindre souhait individuel. Puis à la séance de cinéma où Mr. Zanuck l'écrase lui-même de sa bêtise dictatoriale, puis à sa séance de base-ball, les jours de congé. Mais nul ne s'épouvante de cette effroyable liberté qui n'est que liberté de n'être point. [...] Est caricature de la liberté celle dont je crois user quand je décide entre les quatre types de voiture de la General Motors ou encore entre les trois films de Mr. Zanuck ou entre les onze plats du *drugstore*. La liberté n'est plus que le choix d'un article standard, dans l'ordre d'une similitude universelle. Il donne le choix au condamné d'être empalé ou d'être pendu, et j'admire qu'il soit libre**[9].

* Babbitt est le personnage du roman éponyme de Sinclair Lewis, qui en fait le prototype du citoyen américain moyen.

** Il est intéressant de remarquer qu'Antoine de Saint-Exupéry reprend cette idée dans exactement les mêmes termes, comme s'il se citait lui-même, dans une lettre de 1941 à Lewis Galantière (dans *Œuvres*, éd. cit., vol. II, p. 989), ce qui laisse supposer que, peut-être, cette lettre ne date pas de 1938, comme l'indiquent les auteurs de l'édition citée.

La toile souveraine

La préparation du raid Montréal-Punta Arenas n'occupe pas excessivement Antoine de Saint-Exupéry, qui n'écrit presque pas et dont les obligations de service à Air France semblent plutôt symboliques. Il trouve le temps de mettre au propre quelques idées techniques qui traînent dans ses cartons depuis des mois.

En décembre 1934, il avait déposé au bureau de la propriété intellectuelle un premier brevet. Celui d'un dispositif d'atterrissage qui permettait au pilote, grâce à un faisceau lumineux et à un capteur, de calculer, au moment de l'atterrissage, la distance jusqu'au sol. Du 8 octobre au 25 novembre 1937, Saint-Exupéry dépose coup sur coup quatre autres brevets, des quinze que l'on connaît et qui ne font pas de lui un inventeur. Il s'agit d'idées ingénieuses, c'est vrai, à même de résoudre certains problèmes auxquels il s'était heurté en tant que pilote. Insignifiantes, personne ne s'en souviendrait si elles n'étaient pas les siennes. Certaines auraient pu servir mais le « camouflage lumineux », qui tient compte de la particularité de la rétine de retenir une image pendant quelques secondes, est difficile à mettre en pratique et le mélange à base de méthyl glycol susceptible d'empêcher les armes des avions qui volent à très haute altitude de se bloquer à cause du froid n'a pas suscité l'intérêt des services techniques de l'aviation militaire.

Il faut beaucoup de bienveillance pour croire que « la méthode d'atterrissage sans visibilité » annonce le guidage VOR utilisé par l'aviation civile à partir de 1950 et que le goniographe anticipe le *navigational computer* utilisé par les aviateurs alliés pendant la guerre. Le désordre des innombrables feuillets remplis de calculs mathématiques et de dessins techniques prouve qu'il ne s'agit pas d'un travail systématique. Dans ce domaine, les préoccupations d'Antoine de Saint-Exupéry, qui vont des hélicoptères en papier qu'il se plaît à lancer de la fenêtre de son appartement jusqu'à la nouvelle méthode de mesure des courbes radiogoniométriques, restent des divertissements qui occupent son temps au même titre que les jeux de dextérité mentale ou que l'invention du compliqué « problème du pharaon » :

Un pharaon décida d'ériger, en utilisant seulement des pierres taillées en cubes de 10 cm de côté, une stèle massive géante en forme de parallélépipède rectangle dont la hauteur fut égale à la diagonale de la base. Il ordonna à un certain nombre de fonctionnaires de rassembler chacun une part égale de matériaux prévus pour l'érection de la stèle. Puis il mourut. Les archéologues contemporains ne retrouvèrent qu'un seul de ces dépôts. Ils y dénombrèrent 348 960 150 cubes de pierre. Ils ne surent rien des autres dépôts, sinon que le nombre total de ces dépôts était, pour des raisons mystiques, un nombre premier. Cette découverte leur permit cependant de calculer rigoureusement les dimensions de la stèle prévue et de démontrer qu'il n'était qu'une solution possible. Faites-en autant[1].

Pendant cet automne 1937, Saint-Exupéry semble changer plusieurs fois d'avis concernant ce fameux raid Montréal-Punta Arenas qui finalement ne l'intéresse que moyennement, peut-être parce que, apparemment, les retombées financières ne seront pas suffisamment importantes — ce qui laisse supposer qu'une fois de plus Saint-Exupéry ne s'engage dans cette entreprise ni pour les joies supposées du vol, ni par esprit d'aventure. Témoin privilégié, Nelly de Vogüé met ces hésitations sur le compte des déboires et des embellies de la vie conjugale de Saint-Exupéry, ce qui ne plaide pas non plus en faveur d'une folle envie de piloter. Elle affirme même que son ami aurait volontiers abandonné le projet, malheureusement trop avancé pour qu'il puisse y renoncer[2]. Quoi qu'il en soit, les documents du ministère des Affaires étrangères français prouvent qu'Antoine de Saint-Exupéry n'avait pas demandé son visa pour les États-Unis en octobre 1937, date initialement prévue pour le départ de Montréal. Un deuxième départ est envisagé en décembre, puis ajourné, les essais du Simoun n'étant pas terminés. D'ailleurs, ils n'étaient pas encourageants : Gaston Lavoisier, qui s'en occupe, prétend avoir bien prévenu Saint-Exupéry qu'il demandait à son appareil des performances au-dessus de ses possibilités techniques ; il lui aurait recommandé la plus grande prudence[3]. Est-ce sur la foi de ces avertissements que Saint-Exupéry commence à douter des chances de réussir son pari ? « Ce voyage est un casse-gueule », déclare-t-il à Raoul de Roussy de Salles, le correspondant de *Paris-Soir* à New York qui en fait le titre de son article du 18 février 1938. Saint-Exupéry aurait quand même ajouté : « Heureusement, je suis verni, il ne m'arrivera rien[4]. »

Le 11 janvier 1938, Antoine de Saint-Exupéry et André Prévot débarquent à New York, logés modestement au vingt-cinquième étage du Barbizon Plaza Hotel. Pendant qu'André Prévot s'occupe du Simoun, arrivé aux États-Unis en pièces détachées, Saint-Exupéry découvre l'Amérique.

Elle ne lui plaît pas.

À l'exception toutefois notable des largesses des éditeurs américains, sans commune mesure avec les rigueurs budgétaires frileuses de leurs confrères du Vieux Continent.

En 1932, au cours d'un de ces fameux dîners prolongés jusqu'à l'aube où Consuelo faisait, au besoin, office de traducteur, Antoine de Saint-Exupéry avait connu Curtice Hitchcock, à l'époque vice-président de la Century Company, qui avait publié la traduction américaine de *Vol de nuit*, vendue à plus de deux cent mille exemplaires. La même année, Saint-Exupéry avait rencontré, toujours à Paris, Eugene Reynal qui, depuis, s'était associé à Hitchcock pour fonder une maison d'édition qui voulait se constituer au plus vite une écurie d'écrivains européens à succès. Ils profitent de la présence de Saint-Exupéry à New

York pour le rencontrer en compagnie de Maximilien Becker, dont Saint-Exupéry a accepté la proposition de le représenter aux États-Unis. D'origine franco-autrichienne, né au Caire mais ayant fait ses études à Paris, Maximilien Becker était pianiste concertiste à New York lorsqu'il s'était cassé les poignets en faisant du patin à glace ; obligé de changer de métier, il était devenu agent littéraire. Sa connaissance de la langue fait de lui un interlocuteur privilégié des écrivains français dont il négocie les droits avec un savoir-faire de Yankee.

Les éditeurs américains veulent un livre. Saint-Exupéry n'en a pas mais ses interlocuteurs ne lisent pas le français. Il sort de la valise qu'il a apportée avec lui une pile impressionnante de feuillets recouverts de sa petite écriture qui semble calligraphique tout en étant illisible. C'est le manuscrit du livre qu'il est en train de finir, leur dit-il, en leur remettant le tas. Maximilien Becker fait le reste, de manière un peu cavalière, compte tenu du fait que les éditions Gallimard avaient l'exclusivité sur ses prochains livres, Saint-Exupéry signe sans hésiter le contrat que lui proposent Reynal et Hitchcock, assorti d'une avance qui dépasse largement tout ce qu'il pouvait espérer.

Du coup, la vie à New York devient beaucoup plus joyeuse. Saint-Exupéry retrouve quelques amis, dont Bernard Lamotte, son ancien camarade des Beaux-Arts. Marié avec Lilyan White Kent, veuve d'un ancien président de la Fox, celui-ci lui fait connaître de nombreux acteurs de cinéma réputés, de Charles Chaplin et Greta Garbo à Marlene Dietrich qui fréquentent tous La Grenouille, un restaurant de cette 52e rue où se trouve aussi son atelier. D'autres gens de bonne compagnie se côtoient dans des fêtes qui durent souvent jusqu'à l'aube. Parmi eux Maximilien Becker, bien sûr, mais aussi Raoul de Roussy de Salles qui, un jour, lui fait savoir qu'il doit se rendre à Washington. On ne laisse pas un copain prendre le train quand on a un avion sous la main : le Simoun est prêt et Saint-Exupéry propose à de Roussy de Salles de l'y emmener, après avoir pris la précaution de lui demander s'il connaît le chemin ; oui, avait répondu l'autre sans trop réfléchir à la question pour s'apercevoir pendant le vol que, l'ayant pris à la lettre, Saint-Exupéry, qui pilote toujours à l'ancienne, d'après les repères au sol, auxquels il fait davantage confiance qu'aux appareils de bord, n'a même pas pris de carte, comptant sur son ami pour le guider en suivant une route ou le chemin de fer. Inutile d'ajouter qu'il atterrit à Washington sans avertir le personnel de la tour de contrôle, étonné par l'insouciance d'un pilote qui croit qu'on peut encore se poser sur un aéroport en regardant simplement à gauche et à droite comme du temps où les arrivées et les départs se faisaient au compte-gouttes, comme du temps où la vitesse des avions dépassait à peine celle des voitures de courses.

Pour ce qui est de son raid, qui décidément l'ennuie, Antoine de Saint-Exupéry ne se montre guère plus appliqué. Soucieux des conditions météorologiques de l'Amérique du Sud, dont il connaît les dangers, moindres pendant l'été austral qui commence en décembre, il a oublié qu'en hiver

Montréal est sous un mètre de neige et que la température descend à – 20°, ce qui rend les aéroports impraticables. Tant pis, il partira de New York. À cela près qu'en février, à New York non plus le temps n'est pas au beau fixe. Il doit à deux reprises ajourner son décollage à cause du blizzard et des tempêtes de neige qui ne l'inquiètent pas trop : la veille du départ, son unique préoccupation est la montre sophistiquée qu'il vient de s'acheter et qu'il fait voir, ravi, à tous ceux qu'il croise, parmi lesquels Curtice Hitchcock, qui s'en souviendra.

Une fois de plus, les conditions de vol ne sont pas bonnes mais Saint-Exupéry considère que le temps l'a suffisamment contrarié. Pressé d'en finir avec cette corvée qui l'empêche de revenir en France, il décolle quand même le 15 février 1938 à 6 h 30, obligé aussitôt par les conditions atmosphériques de changer de cap et de faire des étapes imprévues à Huston et Atlanta. Les nuages, les vents, la pluie, la nuit noire, il connaît ça sur le bout des doigts et il s'en méfie assez pour en déjouer les pièges. Le grain de sable qui met fin à ce deuxième et dernier raid de la carrière de pilote de Saint-Exupéry est, comme toujours, insoupçonné, surgi de là où on ne s'y attend pas.

Parvenu finalement sans incident à Brownville dans la soirée, Saint-Exupéry fait de nuit le trajet vers Vera Cruz, où il s'arrête pour une courte escale dont il profite pour téléphoner à Nelly de Vogüé qui, à Paris, s'inquiète. Elle est rassurée. Il repart avec l'intention de filer directement vers le Nicaragua, puis il change d'avis et se pose sur l'aéroport de la Pan Am de Guatemala City où il s'avise de faire le plein de carburant. Il y a incompréhension : aurait-il parlé en litres et l'employé de l'aéroport aurait-il cru qu'il s'agissait de gallons ? D'ailleurs, le gallon guatémaltèque de 4,5 l est différent de l'américain qui ne fait que 3,8 l. De toute façon, Saint-Exupéry ne vérifie pas le niveau de ses réservoirs. Trop lourd, l'avion ne parvient pas à décoller. En bout de piste, Saint-Exupéry, qui n'a pas le choix, force sur les gaz, réussit à s'élever de quelques mètres, tombe, s'envole à nouveau mais l'aile gauche heurte un poteau et l'appareil s'écrase dans une carrière abandonnée. Par miracle, il ne prend pas feu.

Les secours arrivent aussitôt. Le devant de l'appareil et le moteur ayant été arrachés, on peut extraire sans difficulté du cockpit béant le pilote qui, gravement blessé, notamment à la tête, peut encore, avant de perdre conscience, prier le représentant de France arrivé sur les lieux quelques minutes après l'accident de transmettre à Nelly de Vogüé qu'il est vivant. André Prévot souffre de plusieurs fractures mais sa vie ne semble pas en danger. Les deux hommes sont conduits d'urgence à l'hôpital de la ville.

La presse française passe pudiquement sous silence les causes réelles de l'accident et les avertissements concernant les précautions à prendre lors d'un décollage en altitude que, semble-t-il, le personnel de la Pan Am avait donnés à Saint-Exupéry, à qui il incombait de surveiller la charge de son appareil. Elle met en cause les insuffisances d'une piste et d'un aéroport qui n'offrent pas des conditions de sécurité suffisantes — inélégance qui ne passe pas inaperçue parmi les pilotes, notamment américains.

Le colonel Echeverria Avila, médecin en chef de l'hôpital, dresse une longue liste des blessures de son patient. Celui-ci raconte qu'il est resté une semaine dans le coma, oubliant que, trois jours après l'accident, il avait griffonné de sa main gauche plusieurs télégrammes qu'un infirmier de l'hôpital avait déposés au bureau de poste. C'est vrai qu'il a une grosse fièvre qui le fait délirer. On essaie de comprendre ce qu'il baragouine. Accouru en catastrophe de Cleveland, où il enseigne à l'université, Pierre de Lanux, qui avait bien connu Saint-Exupéry à Paris, est au chevet du malade. Il traduit une phrase mystérieuse. Saint-Exupéry voudrait être enveloppé dans « la toile souveraine ». Personne ne sait ce que cela veut dire, et le malade non plus lorsque, ayant retrouvé ses esprits, on le lui demande :

Avec le temps, j'oubliai complètement l'incident. Puis un beau jour, je me suis retrouvé à Lyon, où j'avais passé une année de mon enfance. Ma famille m'emmenait tous les dimanches à la messe à Fourvière, une basilique construite sur une colline dominant la ville, et que l'on atteint par funiculaire. Je décidai d'y faire une promenade sentimentale. À l'arrivée, je m'aperçus que l'on prenait toujours son billet à la sortie du tunnel, avant de passer par un portillon automatique. Je pris ma place dans la queue derrière une vingtaine de personnes. Nous avancions lentement, et mes regards se portèrent à ma gauche, vers un mur tapissé d'affiches. C'étaient les mêmes affiches publicitaires que quarante ans auparavant, mais à présent noircies par la fumée et à demi effacées. Je les déchiffrais distraitement quand mon cœur fit un bond. C'était donc ça ! « La toile du Bon Secours, souveraine pour les plaies et les brûlures. » Ils étaient là, les draps qui pouvaient calmer, guérir les blessures, et dont je m'étais souvenu sur mon lit d'hôpital au Guatemala ! À l'âge de cinq ans, j'avais sans doute été profondément impressionné par cette « toile souveraine pour les plaies et les brûlures ». Cette même affiche, pensais-je, devait aussi être à l'origine d'une phrase utilisée par moi dans *Terre des hommes* [...]. Souvenir des draps magiques qui pouvaient guérir les blessures. Souvenir de cette vieille affiche du petit tunnel de Fourvière, niché dans un coin sombre de ma mémoire pendant près de trente ans[5].

Les médecins guatémaltèques, qui ne disposent pas d'une « toile souveraine », sont inquiets. Ils ignorent la gravité du traumatisme cérébral mais apparemment la boîte crânienne a bien protégé le cerveau. En revanche, sous la paupière déchirée, l'œil gauche est enflammé et injecté de sang. Les piqures contre le tétanos provoquent une réaction allergique qui complique le traitement. Une fracture de la tête de l'humérus, qui s'est enfoncée sous l'omoplate, guérit mal : Saint-Exupéry ne pourra plus lever le bras gauche au-dessus de l'épaule. Infecté à la suite de multiples fractures dont tous les débris osseux n'ont pas été enlevés, le poignet de l'autre main développe un phlegmon qui peut gangrener le bras. Par précaution, on veut l'amputer. Saint-Exupéry refuse. Consuelo, qui arrive le 5 mars, prétend que c'est elle qui s'y est opposée. C'est vraisemblable. Elle a pu au moins faire part au personnel soignant, qui ne parle pas français, des volontés de Saint-Exupéry, qui ne parle aucune langue étrangère. Pour se faire comprendre, Saint-Exupéry doit communiquer par signes, ce qui est difficile lorsqu'on a les deux mains dans des attelles, la moitié du visage couverte par des bandages et que le moindre mouvement suppose des efforts considérables et se paie avec des douleurs insupportables.

Trois semaines après l'accident, Antoine de Saint-Exupéry va mieux. Rassurée, Consuelo profite de ce qu'elle est non loin d'Armenia pour rendre visite à ses parents. Son mari la rejoint cahin-caha le 18 mars avec l'accord d'un médecin français, venu spécialement de Mexico pour l'examiner : les blessures sont en voie de guérison et le danger d'infection est écarté. À Armenia, le colonel Suncin lui propose de s'établir avec sa femme dans une propriété qu'il mettrait à leur nom, tellement vaste qu'une journée ne suffirait pas pour la traverser en voiture — la prédisposition de Consuelo à l'hyperbole n'est peut-être, après tout, qu'un héritage. Saint-Exupéry décline l'offre. Il n'a plus l'âge d'apprendre à cultiver les haricots, lui dit-il. Après dix jours passés chez son beau-père, Saint-Exupéry abandonne sa femme, qui veut prolonger son séjour dans la maison de son enfance, et part continuer sa convalescence à New York, où il arrive à bord d'un avion de la Pan Am. Il apprécie, en tant que passager, le confort des couchettes et, en tant que pilote, les nouveaux instruments de bord qui permettent de voler et d'atterrir sans visibilité.

En tournée de promotion pour Air France, Guillaumet est de passage à New York. Il est de ceux qui accueillent Saint-Exupéry à l'aéroport pour le conduire au Ritz Carlton, où on lui a retenu une chambre. Saint-Exupéry s'y plaît et le luxe d'un palace le change de l'hôpital, où il avait trouvé que la meilleure place était une salle sans portes du rez-de-chaussée. On lui propose mieux : au bout d'une semaine, il déménage chez un très proche ami de Nelly de Vogüé, le colonel William Donovan, personnalité de première importance qui se verra confier peu de temps après la direction de l'Office of Strategic Services, la future CIA. William Donovan occupe un vaste appartement au centre de Manhattan et les fenêtres de la chambre de Saint-Exupéry s'ouvrent sur l'East River. Nelly de Vogüé, qui le rejoint pour lui tenir compagnie, lui fait connaître la haute société new-yorkaise. Elle l'accompagne pour ses premières sorties en ville et dans les boutiques où il s'achète les derniers gadgets, qui l'amusent et le fascinent comme les nouveaux jouets amusent et fascinent un enfant. Elle s'occupe également de la santé de son ami : elle le fait examiner et radiographier par les meilleurs médecins de la ville. Ils lui découvrent de petits fractures non repérées dans l'urgence des premiers soins, et qui s'étaient mal soudées — ce qui n'arrange pas l'état d'esprit d'un hypocondriaque persuadé pour le restant de ses jours qu'il traîne des séquelles que les spécialistes, plus nuls les uns que les autres, ne sont pas fichus de déceler... ! Nelly de Vogüé veille aussi au respect des consignes pharmaceutiques et amène tous les jours Saint-Exupéry chez un ostéopathe.

Reynal et Hitchcock poussent un grand soupir de soulagement. À peine avaient-ils fêté la signature du contrat avec un auteur susceptible de leur apporter des bénéfices importants, en prévision desquels ils lui avaient aussitôt versé des avances substantielles, que celui-ci se fracasse avec son avion ! Ils craignent d'avoir perdu la poule aux œufs d'or avant même qu'elle eût commencé à pondre. Ce souci écarté, un autre se présente. Tout contents de l'affaire qu'ils venaient de conclure et pressés de publier au plus vite un livre qui peut rapporter gros, pour faire avancer le travail, Reynal et Hitchcock cherchent quelqu'un qui puisse commencer la traduction à partir d'un texte peut-être pas assez peaufiné pour être publié dans la langue de l'auteur qui veut le revoir, mais qu'ils supposent suffisamment élaboré pour permettre une version en langue étrangère. Leur choix s'arrête sur Lewis Galantière.

Après des études à Paris, cet amoureux de la France, de sa culture et de sa langue, occupe un poste d'expert financier à la Réserve fédérale. Il écrit des pièces de théâtre, fait du journalisme littéraire et donne une version française de certains textes de Sherwood Anderson. L'idée de traduire un auteur dont le livre précédent avait eu autant de succès le séduit. Prié de se mettre aussitôt au travail, il récupère le manuscrit pour s'apercevoir qu'il s'agit d'un ramassis de textes disparates, de brouillons d'articles déjà publiés, de notes pour d'autres jamais rédigés, d'idées griffonnées à la hâte sur le premier bout de papier venu, le tout agrémenté de quelques gribouillis, de quelques dessins ingénieux et amusants mais d'aucune utilité pour son travail.

Lewis Galantière fait savoir à Reynal et Hitchcock qu'ils se sont fait rouler et qu'ils ne sont pas près d'avoir le livre escompté. Ceux-ci ont payé à l'avance et comptent bien en avoir pour leurs sous. Ils chargent Galantière de faire lui-même coûte que coûte le livre, avec l'aide de Saint-Exupéry, certes, mais en lui forçant la main au besoin. C'est dire si la convalescence new-yorkaise de Saint-Exupéry tombe bien !

Lewis Galantière a le mérite de venir à bout d'une tâche ingrate qui nécessite du doigté. Il ne doit pas heurter un auteur qu'il faut néanmoins contraindre d'aller au charbon sans lui donner la sensation qu'il doit le faire parce qu'il a été payé ; lui rappeler ses obligations sans pour autant l'inciter à bâcler un travail dont la réussite exige une ferveur créatrice qu'il convient quand même de discipliner… On ne lui en voudra pas de prendre parfois tellement au sérieux son rôle qu'il l'outrepasse et impose, au nom des éditeurs, des options qui trahissent l'auteur, handicapé dans cette lutte de tranchées par sa méconnaissance de l'anglais. On ne lui en voudra pas non plus de croire qu'arrivé à un point où il n'était plus capable d'écrire un vrai livre, Antoine de Saint-Exupéry n'aurait jamais accouché de celui-ci sans son secours*. Lewis Galantière a raison dans la mesure où, effectivement, à ce moment-là, Saint-Exupéry, qui cherche un horizon littéraire qu'il n'a pas encore trouvé, ne se serait jamais donné la peine de structurer ses articles pour en faire un livre. Il a tort aussi dans la mesure où les textes dont il est question restent, indifféremment de son apport, l'œuvre d'un

* À ce propos, une fois encore, il n'y a aucune raison de ne pas se fier à Stacy de La Bruyère qui fait référence aux correspondances ultérieures de Lewis Galantière qu'elle a consultées. *Cf.* : *Saint-Exupéry*, Albin Michel, 1994, p. 330 et 512.

auteur exceptionnel dont le souffle est unique et particulier.

Pendant les semaines qu'il passe à New York en cette fin de printemps 1938, Antoine de Saint-Exupéry rencontre plusieurs fois Lewis Galantière pour des séances de travail qui se prolongent tout au long de l'été et de l'automne par des échanges de lettres dont on ne connaît l'existence que par des allusions. Elles seraient particulièrement instructives pour comprendre la façon dont Saint-Exupéry quitte, avant le gros des troupes, les sentiers battus et reconnus de la prose d'avant guerre pour ouvrir la voie à une forme d'écriture qui fonctionne par des fulgurances et que l'on a nommé à tort « déstructurée ». Il est, avant la lettre, un de ces auteurs qui cherchent des voies romanesques nouvelles. Pour des raisons diverses, le plus souvent sans rapport avec la littérature, ses héritiers n'ont jamais voulu reconnaître en Saint-Exupéry un précurseur. Un travail archéologique d'une extrême minutie, accompli consciencieusement, en partie, par les auteurs de l'édition de la Pléiade, permet toutefois de se faire une idée du processus complexe qui se met en place pour donner naissance à une littérature dont les ambitions sont différentes de celles du roman traditionnel. Faite de fragments et de bribes d'existence qui font résonner les zones obscures de la conscience, celles où se trouvent les vérités dont les mots indiquent la présence sans pouvoir les nommer, la littérature de *Terre des hommes* témoigne d'une attitude nouvelle — qui semble toucher davantage le public que les spécialistes.

C'est ce qui explique le désaccord profond qui oppose Saint-Exupéry au trop entreprenant Lewis Galantière et à ses éditeurs américains*. Le premier veut écrire, une fois de plus, un livre « sur la nuit ». Les autres, concrets et techniques, veulent le livre d'un aviateur qui parle de ses vols. L'un veut éveiller l'esprit. Les autres, invoquant l'argument des ventes, lui demandent d'exalter « l'écorce » qui l'enferme et l'étouffe. D'un côté, le besoin de répondre au désordre angoissant du monde par des responsabilités qui transforment le hasard en devoir ; de l'autre, la volonté de glorifier l'avion et les performances techniques de la modernité pour communiquer au lecteur un optimisme de fête foraine. Galantière, qui sollicite un chapitre sur « la machine », veut plus d'action et moins de philosophie. Saint-Exupéry ne s'intéresse à l'action qu'en tant que moyen d'accès aux mystères de l'existence.

Cette confrontation de points de vue contradictoires sur l'homme et la littérature est autrement significative. Elle reflète le changement des mentalités qui marque la fin de l'époque heureuse de l'optimisme positiviste. Ce n'est pas un hasard si elle occupe une place tellement importante dans la correspondance de Saint-Exupéry avec Lewis Galantière et avec Maximilien Becker. Elle apparaît aussi dans les lettres échangées entre ceux-ci et les éditeurs américains de *Wind, Sand and Stars*, version anglaise et légèrement différente de l'ouvrage que les éditions Gallimard publient sous le titre

* Il est dommage qu'aucun chercheur n'ait étudié avec les instruments de l'histoire littéraire les documents ayant appartenu à Lewis Galantière, qui se trouvent maintenant à la Butler Library de la Columbia University.

Terre des hommes — titre que l'on estime « trop intellectuel » outre-Atlantique.

Le retour d'Antoine de Saint-Exupéry en France, en juin 1938, est plus discret que celui d'Égypte en février 1936 : un raid raté peut éventuellement servir la gloire du pilote, surtout lorsque celui-ci sort victorieux d'une lutte avec le désert qui fait oublier ses imprudences et ses maladresses ; un raid qui échoue à cause d'une négligence grossière et qui renvoie l'intéressé à l'hôpital, où il doit sa vie plutôt aux médecins qu'à ses mérites personnels, n'est pas très profitable pour sa réputation. Saint-Exupéry fait profil bas et préfère se retirer à Agay, où il arrive au volant d'une nouvelle voiture qu'il avait réussi à s'acheter, et qui l'avait séduit, entre autres, par le rasoir électrique intégré au tableau de bord : il prend du plaisir à montrer à sa nièce Mireille comment on peut s'en servir tout en conduisant avec l'autre main. Elle en est ravie. L'oncle Papou est arrivé et même s'il faut remuer moins et ne pas faire du bruit quand il travaille à son prochain livre, le château se remplit de joie. Saint-Exupéry prend des bains de mer avec les enfants, se fait prendre en photo avec eux et dessine pour sa nièce un petit bonhomme : elle doit avoir toujours ce portrait dans sa poche pour pouvoir reconnaître son futur mari.

Mais l'oncle Papou ne tient pas en place.

Il remonte dans sa voiture rutilante, qu'il conduit toujours à tombeau ouvert, et file à Paris pour se faire des sous. Gaston Gallimard, qui est capable, dit-on, de vous donner les mille francs que vous avez perdus au jeu mais jamais le moindre centime supplémentaire de droits d'auteur, n'apprécie peut-être pas le contrat signé par Saint-Exupéry aux États-Unis. Bredouille, celui-ci se rabat une fois de plus sur Hervé Mille. Exaspéré par les sollicitations de Saint-Exupéry, Mille avait demandé au portier de ne plus le laisser entrer. Peine perdue. Saint-Exupéry parvient quand même jusqu'à son bureau et lui demande un à-valoir pour une nouvelle série d'articles qu'il écrirait peut-être un jour après avoir livré ceux déjà payés et qu'il n'a pas encore rendus. Hervé Mille refuse. « Je ne suis pas Dieu », lui dit-il. « Si », répond Saint-Exupéry qui repart avec une nouvelle avance. À cela près qu'Hervé Mille, qui connaît maintenant la musique, s'y prend différemment. Au lieu de solliciter des articles dont il sait bien qu'il a peu de chances d'en voir la couleur, il propose à Saint-Exupéry de lui apporter ce qu'il a comme brouillons dans ses tiroirs. Il se fait fort d'en tirer ce dont il a besoin pour son journal. Ils dînent ensemble le lendemain chez Jarraud, un restaurant réputé de Montparnasse, où Saint-Exupéry lui remet une pile de pages, pour la plupart des copies plus ou moins modifiées des textes remis aux éditeurs américains et que Lewis Galantière est déjà en train d'arranger et de traduire. Saint-Exupéry fait d'une pierre deux coups, et même trois : les petits textes qu'il élabore avec l'aide d'Hervé Mille pour la série « Aventures et escales » publiée dans *Paris-Soir* du 8 au 15 novembre, sont expédiés à Lewis Galantière qui, à son tour, envoie sa version des textes qu'on lui avait remis, dont Saint-Exupéry se sert d'une part pour amender ses articles et d'une autre pour construire la version française de son prochain livre.

À Paris, les Saint-Exupéry vivent séparément. Antoine a déménagé dans un petit appartement de la rue Michel-Ange, près de la porte de Saint-Cloud. Consuelo habite rue Barbet-de-Jouy, derrière le musée Rodin. C'est Élisabeth, la jeune femme d'Eugene Reynal, qui fait office de traducteur au dîner qui réunit en juillet au Ritz l'éditeur et son écrivain. Lewis Galantière passe lui aussi par Paris et apprend par Pierre Lazareff ce qu'il commence à pressentir déjà, à savoir qu'il faut se lever de bonne heure pour obtenir un texte de Saint-Exupéry, que celui-ci est toujours susceptible de retirer parce qu'un mot lui semble faux ou parce qu'une phrase est de travers. C'est lui faire un mauvais procès : en fait, plus hésitant dans ce qu'il écrit qu'il n'en a l'air, ce qui le pousse à chercher constamment les louanges de ceux qu'il réveille la nuit pour leur lire au téléphone ce qu'il vient de produire, Saint-Exupéry vit constamment dans le doute de ses capacités d'écrivain. Lewis Galantière s'en rend compte, stupéfait :

> Cet homme qui écrivait comme un génie était persuadé qu'il ne savait pas écrire. Il lui fallait constamment être rassuré par ses amis sur la qualité de ce qu'il était en train de composer[6].

Cette défiance à l'égard de sa littérature est très angoissante pour un homme dont l'orgueil accepte l'échec, mais non qu'on puisse lui reprocher un travail mal fait. Heureusement, Antoine de Saint-

Exupéry semble avoir trouvé un excellent remède à ce genre d'anxiétés : depuis un an ou deux, le seul travail véritablement littéraire qui l'occupe, c'est un ouvrage dont il affirme déjà qu'il sera l'œuvre de toute une vie, qui restera donc de toute façon inachevé et qui, forcément, ne sera publié qu'après sa mort, ce qui lui évite le souci des éventuelles mauvaises critiques.

Est-ce d'avoir frôlé, une fois de plus, la mort de si près, ou le fait de se retrouver seul, avec le sentiment que personne n'a besoin de son affection qui tourne dans le vide, ou encore est-ce le séjour à Agay, au milieu d'une famille où l'agitation joyeuse des enfants lui rappelle son enfance heureuse à Saint-Maurice, qui pousse Saint-Exupéry à partir à la recherche de ses souvenirs anciens ? Il reprend le volant de sa voiture, dont il oublie souvent qu'elle n'est pas un avion, et le voilà à Lyon, puis à Fribourg où il sonne à la porte du collège qu'il a quitté une vingtaine d'années auparavant. Les frères marianistes le reconnaissent et se réjouissent de la visite de leur ancien élève devenu un écrivain réputé. De là, il se rend à Saint-Maurice-de-Rémens. Il veut revoir le château qui ne peut pas être absent du livre qui est en train de s'écrire :

> Il était, quelque part, un parc chargé de sapins noirs et de tilleuls, et une vieille maison que j'aimais. Peu importait qu'elle fût éloignée ou proche, qu'elle ne pût ni me réchauffer dans ma chair, ni m'abriter, réduite ici au rôle de songe : il suffisait qu'elle existât pour remplir ma nuit de sa présence. Je n'étais plus ce corps échoué sur une grève, je m'orientais, j'étais l'enfant de cette maison, plein du souvenir de ses odeurs, plein de la fraîcheur de ses vestibules, plein des voix qui l'avaient animée[7].

Les couloirs, les escaliers, les pièces du deuxième étage, le parc retentissent maintenant du bruit des dizaines d'enfants qui passent ici leurs vacances. Saint-Exupéry se réfugie dans le petit bâtiment du gardien qui avait gardé son poste. Ils évoquent leurs souvenirs.

Dans un petit village de la Drôme, il rend visite à l'ancienne gouvernante de Saint-Maurice, Marguerite Chapays. Le petit garçon d'autrefois a perdu ses cheveux blonds et elle le regrette. Mais elle se réjouit tellement de le revoir. Lui aussi. Il retrouve ce qu'elle a toujours été pour lui, la gardienne de la permanence « toujours vérifiant, dépliant, repliant, recomptant le linge blanchi, s'écriant "Ah, mon Dieu, quel malheur" à chaque signe d'une usure qui menaçait l'éternité de la maison, aussitôt courant se brûler les yeux sous quelque lampe, à réparer la trame de ces nappes d'autel, à ravauder ces voiles de trois-mâts, à servir je ne sais quoi de plus grand qu'elle, un Dieu ou un navire[8] ».

Un bref crochet par Paris et voilà Saint-Exupéry à Chitré, chez Yvonne de Lestrange où il croise Gide qui, une fois de plus, est tellement ébloui par les tours de cartes de son ami qu'il finit par croire que celui-ci est investi de pouvoirs occultes. En quittant la résidence d'été d'Yvonne, Saint-Exupéry s'arrête au monastère bénédictin de Solesmes dont les moines ont restauré les premiers les traditions de la vie monacale après les excès de la Révolution. Dans l'immense basilique peu éclairée, séparés du reste des fidèles par une petite barrière en bois, ils gagnent leurs places en file indienne, mystérieux, le visage couvert par les capuches et les mains jointes cachées dans les larges manches des chasubles blanches. Leurs chants vieux de mille ans accompagnent la messe en latin — or qu'est-ce qu'une civilisation, se demande Saint-Exupéry dans une note des *Carnets* datant de cette époque, sinon le souci de « garder longtemps une seule chose[9] ».

Il aurait pu ajouter aussi, déjà, qu'« une civilisation est à sauver en permanence[10] ».

Dans la nuit du 29 au 30 septembre 1938, les Premiers ministres français et anglais, Édouard Daladier et Neville Chamberlain, signent les accords de Munich, qui permettent à Hitler d'occuper la région des Sudètes, partie intégrante de la Tchécoslovaquie, pays allié des deux grandes puissances occidentales. Cette reculade devant les revendications territoriales de l'Allemagne nazie suscite des commentaires animés. Les uns se félicitent d'une paix qu'ils espèrent durable, d'autres reprochent aux dirigeants occidentaux d'avoir trahi un pays ami et encouragé Hitler à aller plus loin.

Les grands écrivains de l'époque ont tous considéré de leur devoir d'intervenir dans le débat, de Roger Martin du Gard, terrifié à l'idée d'un nouveau massacre, à Romain Rolland, qui demande aux responsables politiques de s'opposer, fût-ce par la force, aux agressions d'Hitler ; d'Alain et Giono, qui veulent la paix à tour prix, à Montherlant qui les traite de nigauds et appelle les intellectuels à faire front commun contre l'ennemi, soutenu par François Mauriac, Jules Romains, Georges Bernanos, André Malraux et Louis Aragon.

Antoine de Saint-Exupéry ne pouvait pas se taire.

Quand il le faut, la plume ne traîne pas. *Paris-Soir* publie deux jours après, le 2 octobre 1938, sous sa signature, le premier d'une série de trois articles regroupés sous un titre qui précise bien l'enjeu : *La Paix ou la Guerre ?* La question est immédiate et brutale : pour défendre un pays allié, la France doit-elle, oui ou non, faire la guerre à l'Allemagne nazie ? Pour Antoine de Saint-Exupéry, la paix signifie sauver l'homme en sacrifiant la Tchécoslovaquie ; la guerre, peut-être, sauverait celle-ci mais elle est une défaite de l'homme et risque de transformer l'Europe « en un nuage de cendres[11] ». Pour échapper à un choix qui dans chaque cas mène à la catastrophe, la seule solution serait de quitter le langage des contradictions pour un autre dont les mots expriment des valeurs tellement universelles que les conflits disparaissent. Les idéaux communs, plus importants que les intérêts qui les divisent, permettraient aux partisans des deux camps de se retrouver dans un monde apaisé.

Cette façon d'éluder la question paraît lâche à ceux qui n'y voient qu'un alibi pour ne pas s'engager dans le combat. Certains, et pas des moindres, la considèrent comme l'expression d'une pensée dilettante, qui refuse de prendre en considération la dimension historique de l'existence. D'autres enfin trouvent l'humanisme de Saint-Exupéry d'une effarante naïveté — et ils ont sans doute raison, à moins d'y voir une obstination héroïque à croire envers et contre tout que l'homme est fondamentalement bon, qu'il peut, qu'il doit se surpasser, que nous devons lui offrir notre confiance pour l'obliger à se construire un destin à la mesure de ce qu'il peut devenir. Croire *quia absurdum* (« parce que c'est absurde ») que l'homme misérable d'aujourd'hui n'est que l'ébauche de celui, meilleur, de demain.

L'absence de vent à Bathurst

L'année 1939 commence, pour Saint-Exupéry, par une promotion dans l'ordre de la Légion d'honneur. Il a pour parrain Guillaumet, le seul grand et véritable ami qui lui reste de l'époque de l'Aéropostale après la disparition de Mermoz. Guillaumet ne lui envie pas sa notoriété de pilote que d'autres jugent imméritée. Il ne sourit pas avec malice lorsqu'on parle des mérites de celui qui s'est acquis une gloire d'aviateur par des articles où il est question surtout de ses crashs. Il a ses raisons, Guillaumet. Il se rappelle peut-être que personne n'a pris autant de risques que Saint-Exupéry lorsqu'il lui a fallu chercher un ami perdu dans les Andes.

En mars, lorsque les premiers colis de son nouveau livre arrivent chez l'éditeur, Saint-Exupéry porte lui-même un exemplaire numéroté et imprimé sur papier de luxe à Guillaumet — à 2 heures du matin, mais faut-il s'en étonner ? Chez les Guillaumet, n'est-il pas un peu chez lui ? En lui offrant, presque dix ans auparavant, *Vol de nuit*, Saint-Exupéry avait écrit sur la page de garde une dédicace en forme de promesse :

Pour mon frère adoptif et pour sa femme, en souvenir d'un vieil ami qui a toujours un peu considéré leur maison comme la sienne... En attendant le livre prochain qui s'appellera « Guillaumet », ce petit livre[1].

Le « vieil ami » a un peu manqué à sa parole. Le livre qu'il lui remet au beau milieu de la nuit ne s'appelle pas « Guillaumet », mais sous le titre on peut lire : « Henri Guillaumet, mon camarade, je te dédie ce livre[2]. »

Wind, Sand and Stars, qui sort aux États-Unis quelques mois après dans la traduction de Lewis Galantière, n'est qu'une version altérée de l'original, à consulter surtout, aujourd'hui, pour se faire une idée de ce que Saint-Exupéry ne voulait pas dire.

Tout au long de l'été 1938, les éditeurs américains d'Antoine de Saint-Exupéry, qui craignent autant un livre trop « philosophique » que les retards d'un auteur les ayant déjà menés en bateau avec son prétendu manuscrit d'un nouveau roman, restent sans nouvelles. Ils sont inquiets, et on les comprend. Lewis Galantière en reçoit. Trop. Les lettres de Saint-Exupéry lui arrivent régulièrement. Elles ne font pas avancer son travail : on lui demande de supprimer des passages déjà traduits, d'en ajouter d'autres qu'il lui faut traduire et de prendre bien soin de donner à tel mot telle signification précise, en prenant bien garde d'en respecter aussi la couleur et son pouvoir évocateur, si souvent sacrifié dans une traduction qui privilégie, par la force des choses, les sens premiers. Lewis

Galantière n'a pas tort d'affirmer que traduire Saint-Exupéry est un exploit tout aussi difficile et périlleux que de traduire *Le Bateau ivre*[3]. Heureusement pour lui, Saint-Exupéry ne connaît pas un traître mot d'anglais. Incapable de juger par lui-même de la qualité de la traduction, sans pour autant faire tout à fait confiance au goût littéraire de ceux qui, autour de lui, le connaissent suffisamment pour avoir un avis, il ne demande à voir la version anglaise que par acquit de conscience et pour la juger comme quelqu'un qui, ne sachant pas les notes, veut se faire une idée d'une composition musicale d'après l'organisation visuelle de la partition qu'il lit comme une peinture.

En septembre, Reynal et Hitchcock se rabattent sur Maximilien Becker, qui les rassure : Saint-Exupéry soigne sa santé à Vichy, où il a les meilleures conditions pour travailler. C'est vrai. Il emporte toujours avec lui une belle valise en cuir noir bourrée de manuscrits. Il en sort un de la pile, le lit, le corrige, puis en sort un autre, se souvient que le premier pourrait être relié à un troisième qu'il cherche pour trouver un quatrième dont il s'aperçoit qu'il pourrait compléter l'idée du deuxième, déjà égaré... Pour se faire une idée de la façon dont se constitue cet étrange puzzle dont le lecteur ne se doute jamais qu'il en est un, il suffit de récapituler les composants des différents chapitres, dont Françoise Gerbod a établi une liste minutieuse[4], inépuisable gisement pour les chercheurs de l'histoire et de la théorie littéraire. Le premier chapitre de *Terre des hommes* commence en reprenant les notes pour un article jamais publié, suivies d'une version corrigée du premier papier de la série « Aventures et escales » qui reprend lui-même des fragments importants d'un texte paru en 1934 dans *Marianne*. Ce début est relié par une page de transition à quelques fragments extraits de « Pilote de ligne I », publié dans la même revue en 1932. Repris dans le deuxième article d'« Aventures et escales », les reliquats de quelques textes de cette époque-là constituent un ensemble qui vient s'ajouter à ce premier chapitre. Celui-ci s'achève avec un autre fragment de « Pilote de ligne I », supprimé de la version publiée par *Paris-Soir*...

Il en va de même pour les sept chapitres suivants. Certains sont une simple juxtaposition d'anciens articles remaniés. L'élaboration de quelques autres semble plus complexe. Dont celle du dernier chapitre, « Les hommes ». Dans quelques pages qu'il écrit maintenant Saint-Exupéry pose explicitement la question qui réunit par un éclairage unique l'ensemble de son ouvrage : « Où loge la vérité de l'homme ? » se demande-t-il pour aussitôt apporter une première réponse : « Nous ne sommes pas un cheptel à l'engrais, et l'apparition d'un Pascal pauvre pèse plus lourd que la naissance de quelques anonymes prospères[5]. » Ce qui compte, somme toute, c'est la civilisation qui permet aux individus de s'épanouir par l'esprit plutôt que de satisfaire des appétits vulgaires. Lesquels ? « L'"Enrichissez-vous" de Guizot et le confort américain[6] », précise-t-il ailleurs. Quelques lignes font la transition vers une version très modifiée d'un reportage publié en 1937 dans *Paris-Soir*. Saint-

Exupéry lui adjoint la troisième partie, « Il faut donner un sens à la vie des hommes », de l'essai *La Paix ou la Guerre ?* en modifiant l'ordre des paragraphes. Puis, arrivé au terme du chapitre et du livre, il trouve bon de reprendre une partie de son deuxième reportage de Moscou. Nous retrouvons le petit garçon polonais aperçu dans le train, cet enfant qui porte en lui un Mozart que la société moderne, vulgaire et productiviste, assassine en imposant aux gens un travail abrutissant. Saint-Exupéry finit en apothéose, par un éloge de l'homme et de cette force de création qui fait de chaque individu un être noble et unique dans l'infinité de l'Univers.

Saint-Exupéry qui, dans un premier temps, voulait placer ce chapitre au début de son livre, aurait-il cédé aux pressions de ses interlocuteurs américains qui le trouvaient trop « intellectuel » ? C'est une hypothèse. Une autre serait que Saint-Exupéry, qui ne cesse, jusqu'au dernier moment, de remanier son texte, introduisant même, dans les épreuves, un chapitre supplémentaire, « Oasis », se soit rendu compte par lui-même qu'il était judicieux de faire de ce chapitre la conclusion d'un livre destiné à nous persuader que nous portons en nous une lumière qu'il nous faut appréhender et cultiver.

De toute cette cuisine, le lecteur n'a cure, et dès sa sortie en librairie, le 3 mars 1939, *Terre des hommes* remporte un succès jamais démenti depuis.

En février 1939, Saint-Exupéry se rend à New York. Il n'y reste qu'une quinzaine de jours, le temps de mettre au point définitivement la version anglaise de *Wind, Sand and Stars* qui sort aux États-Unis en juin et en Grande-Bretagne en octobre. De retour en France, il part en Allemagne, en voiture cette fois-ci, toujours accompagné par Nelly de Vogüé. C'est maintenant que Saint-Exupéry semble réaliser à quel point le propos de *La Paix ou la Guerre ?* était naïf et irréaliste. Ses notes en témoignent. Finalement, les peuples fonctionnent selon des lois naturelles qui n'ont rien à voir avec la logique des individus qui les composent. L'écrivain ne peut s'adresser qu'à ceux-ci : les peuples sont dépourvus d'oreilles pour entendre son propos, qui ne peut empêcher « la guerre des espèces ». Tout ce que l'écrivain peut et doit faire, c'est offrir à chacun de ceux entraînés par le mouvement tectonique des foules des raisons de le contester et de s'en détacher, s'ils le peuvent.

À l'instar des autres systèmes totalitaires, l'Allemagne nationale-socialiste écrase les individus sous l'autorité de la masse. Elle transforme un peuple en une « espèce » animale qui, pour s'assurer son « espace vital », anéantit les autres peuples avec la férocité des fauves dont la seule morale est la force. Saint-Exupéry n'aime pas ces colonnes de blindés qui traversent de nuit la ville. Il n'aime pas l'atmosphère de ce pays où les gens parlent ouvertement, avec un soupir, d'une guerre dont personne ne veut mais dont tous acceptent l'imminence. Il n'aime pas les enfants en uniforme qu'il voit à Nuremberg défiler en cadence et dont la serveuse du restaurant lui dit à voix basse qu'ils n'appartiennent plus à leurs parents. Il n'aime pas que chaque fois que les autorités, prévenantes, lui font visiter une usine ou un centre de formation, quelqu'un accompagne les invités pour s'assurer qu'ils voient ce qu'ils doivent voir et de la bonne façon. Saint-Exupéry n'aime pas qu'on lui fasse la leçon. Il n'aime pas cette liberté des élèves d'une école des cadres du parti qui sont « libres » de lire ce qu'ils veulent à condition d'en tirer les conclusions qu'il faut. « Le type d'homme que vous formez ne m'intéresse pas[7] », aurait dit Saint-Exupéry à Otto Abetz, depuis peu ambassadeur du Reich à Paris, revenu spécialement pour quelques jours en Allemagne, où il s'occupe d'un groupe d'écrivains français en visite à Berlin, qu'il serait bon de gagner aux idées du national-socialisme.

Presque septuagénaire, auteur à succès, Henry Bordeaux, membre de l'Académie française et très influent à l'intérieur de cette vénérable institution, est du nombre des invités d'Otto Abetz. Catholique social, Henry Bordeaux refuse l'idéologie nazie au nom de ses convictions chrétiennes. À l'occasion des différentes visites de propagande et des cérémonies destinées à séduire les hôtes français, Henry Bordeaux se prend d'amitié pour ce jeune Saint-Exupéry — qui ne lui laisse sans doute pas deviner qu'en privé il qualifie ses romans d'« idiots ». Ce serait tellement impoli ! Comme bien d'autres avant lui, Henry Bordeaux découvre un Saint-Exupéry cordial et sympathique, cultivé et bon vivant. Ils se font des clins d'œil complices et se comprennent à demi-mot, révulsés tous les deux par les bienfaits du régime nazi et par les efforts des uns et des autres pour leur faire gober une propagande de quatre sous. Henry Bordeaux est curieux de découvrir le dernier livre de ce nouvel ami, qu'il se propose de lire dès son retour en France. Cela se fait plus vite que prévu : le 15 mars 1939, en violation du traité signé à Munich six mois auparavant, l'Allemagne envahit la Tchécoslovaquie. Craignant la fermeture des frontières et peut-être même une déclaration de guerre, les deux écrivains français rentrent au plus vite.

Henry Bordeaux tient sa promesse. Il lit *Terre des hommes* et trouve qu'il s'agit d'un livre exceptionnel. Il l'est par sa façon d'exalter la grandeur de l'homme, qui se forge une morale dans un monde où Dieu, présent mais caché, n'apporte qu'un soutien très relatif à ceux qui doivent triompher seuls de leurs bassesses, de leurs peurs, de leurs lâchetés et surmonter par eux-mêmes leur condition pusillanime. Il l'est aussi par une écriture qui permet à la langue française d'étaler toute son excellence dans un exercice de style qui n'exclut pas la sobriété. Henry Bordeaux décide de proposer *Terre des Hommes* pour le Grand Prix de l'Académie française. Cela d'autant plus que le livre semble très bien accueilli par le public et que la presse en parle dans des termes qui, élogieux ou malveillants, sont de toute façon ceux qui assurent un succès. Paul Nizan, dans *Le Soir*, remarque la noblesse d'une écriture qui glorifie l'héroïsme avec la retenue des grands classiques. Pour le critique du *Temps*, le style de Saint-Exupéry rappelle celui de Chateaubriand, le maître de la prose poétique. Ce n'est pas l'avis de Robert Brasillach. Il relève des redites et des phrases creuses, mais sa façon de vitupérer un livre qui fait l'éloge d'une sorte d'anarchisme héroïque ne fait que renforcer un éloge qu'il se refuse de prononcer. Envoyé par *Le Figaro littéraire* pour faire une interview de l'auteur, Luc Estang, qui signera, des années plus tard, un très élogieux *Saint-Exupéry par lui-même*, trouve le mot juste pour expliquer le succès du livre : il donne aux hommes confiance en eux-mêmes.

Ils en ont bien besoin, les hommes, à un moment où le nouveau coup de force d'Hitler est un pas de plus vers une guerre que tout le monde craint en essayant de croire qu'elle n'aura pas lieu.

Saint-Exupéry, qui a toujours la bougeotte, voudrait en parler à Léon Werth. Celui-ci passe des vacances en famille dans son chalet de Saint-Amour, à une trentaine de kilomètres de Bourg-en-Bresse. Encastrée dans la verdure, cette maison en bois avec terrasse, et un balcon qui fait le tour du premier étage, est particulièrement accueillante et Saint-Exupéry y est toujours le bienvenu. Il s'y rend. L'auteur anarchiste, fin connaisseur de la littérature et des arts, est devenu non seulement un partenaire privilégié des interminables discussions qui permettent à Saint-Exupéry de mettre ses idées à l'épreuve, mais aussi un confident de ses déboires conjugaux. Suzanne Werth a la confiance de Consuelo. Elle est devenue sans le vouloir un intermédiaire entre les deux époux qui ne se cherchent que pour s'accabler de reproches réciproques, justifiés d'ailleurs. Consuelo ajoute à ceux qu'elle adresse habituellement à son mari des scènes de jalousie qu'elle préfère jouer devant des témoins pour leur donner plus d'éclat. Saint-Exupéry est d'autant plus gêné que sa femme s'en prend ouvertement à Nelly de Vogüé, embarrassée par ce manque de manières. Les visites chez Léon Werth sont pour Antoine de Saint-Exupéry une occasion à la fois de passer un bon moment en compagnie de quelqu'un dont il apprécie l'esprit et d'avoir des nouvelles de Consuelo.

Les Werth, Léon, Suzanne et Claude, leur enfant, promènent en voiture leur hôte — sans lui laisser le volant par crainte, non d'un accident, mais de sensations trop vives. Un jour, ils s'arrêtent pour déjeuner à Fleurville, sur le bord de la Saône. L'endroit est agréable et la joie d'être ensemble telle qu'au mépris de l'interdiction de son médecin, Léon Werth prend la liberté de s'offrir un petit Pernod. La serveuse leur sert du saucisson, de la friture de poisson et un poulet à la crème. Le « balcon de planches » du Café de la Marine domine la rivière dont l'autre rive, plate à perte de vue, est bordée de plusieurs rangées de peupliers droits comme des « i » qui se reflètent dans l'eau paisible. Des mariniers s'affairent sur une péniche. L'un est hollandais, l'autre a fui l'Allemagne nazie craignant des persécutions parce qu'il est communiste ou juif ou catholique ou trotskiste… — Léon Werth en doute : il laisse entendre qu'en racontant la scène dans sa *Lettre à un otage*, son ami arrange un peu les choses à sa convenance[8]. On les invite à boire un verre. Ils sont bien ensemble : par-delà leurs différences, ils se retrouvent tous dans une vérité commune. Laquelle ? Saint-Exupéry, qui en fait état, ne le sait pas. Et puis, pourquoi lui donner un nom : elle se suffit à elle-même :

Cet accord était si plein, si solidement établi en profondeur, il portait sur une bible si évidente dans sa substance, bien qu'informulable par les mots, que nous eussions volontiers accepté de fortifier ce pavillon, d'y soutenir un siège, et d'y mourir derrière des mitrailleuses pour sauver cette substance-là[9].

Léon Werth ayant conduit à la gare de Lyon sa femme et son enfant, qui rentrent à Paris, sur le chemin de retour Saint-Exupéry lui demande de faire un détour d'une centaine de kilomètres pour rendre visite à Charles Salès, son ancien camarade de classe, qui habite maintenant aux environs de Tarascon où il exploite ses terres. Henry de Ségogne est là lui aussi. Il fait carrière à la Cour des comptes, ce qui ne l'empêche pas de chercher l'aventure : l'année où Saint-Exupéry s'abîmait avec son Simoun dans le désert, il réussissait, lui, l'ascension de l'Himalaya. L'heure est tardive et Tarascon n'est pas la porte à côté. Léon Werth hésite : il ne connaît ni l'un ni l'autre et ils risquent d'arriver tard dans la nuit — ce qui ne gêne aucunement Saint-Exupéry, persuadé qu'on ne dérange jamais un vrai ami. Il insiste. Léon Werth cède. Il s'en félicite sans doute lorsque, au dîner, qui se prolonge après minuit, il entend Saint-Exupéry dire : « Ce soir, trois de mes amis se trouvent réunis. Je n'ai jamais été aussi heureux de ma vie[10]. »

Le lendemain, ils font un tour en voiture dans les environs. Tandis que ses amis visitent une église, Saint-Exupéry se réfugie avec un groupe de gamins dans une petite pâtisserie où il se gave de sucreries. À Aigues-Mortes, il n'a pas envie de monter dans la tour de Constance. Il préfère une partie de pétanque avec les habitants du lieu.

À la fin du mois de mai de cette année 1939 lourde de menaces, Saint-Exupéry embarque Nelly de Vogüé dans sa voiture pour descendre dans les Landes. À Biscarosse, Guillaumet fait des essais pour les derniers réglages d'un Laté 521, le *Lieutenant-de-vaisseau-Paris*. Destiné au transport des passagers, c'est le plus grand hydravion du monde. Ses performances techniques le cèdent à peine au luxe des seize cabines avec lit et salle de bains et à la pompe du salon en laque rouge où l'on sert les repas dans de la porcelaine de Limoges, les couverts en argent étant signés signés Puiforcat. Guillaumet doit traverser sans escale l'Atlantique Nord en ouverture de la ligne régulière qu'Air France compte exploiter par la suite. Guillaumet fête ses trente-sept ans en compagnie de quelques amis, dont Jacques Néri et Jean Lucas qui font partie de son équipage. Sur une photo on les voit en veston-cravate, à l'ombre sur la terrasse, amusés par le fox-terrier de Guillaumet qui fait le beau sur la table au milieu des verres. Il y eut des chants, de la joie et, à la fin, un grand gâteau. En prime, Guillaumet invite son ami à se joindre à eux pour cette traversée historique. C'est sans compter sur les réticences de la direction d'Air France, qui ne veut pas de Saint-Exupéry à bord de son fameux *Lieutenant-de-vaisseau-Paris*. Ce serait contraire au règlement puisqu'il s'agit d'un vol d'essai qui ne prend pas de passagers. Les dirigeants de la Compagnie craignent peut-être que la gloire de l'écrivain ne porte ombrage à celle de l'appareil.

Ils n'ont pas tort.

Au même moment, les membres de l'Académie française débattent pour choisir le lauréat de leur Grand Prix du roman. Les auteurs dont la présence sur la liste des candidats se doit, souvent, à des manœuvres de coulisses sans rapport avec leurs mérites artistiques, ne semblent pas, cette année, d'une qualité exceptionnelle. Henry Bordeaux est obstiné et persuasif. Devant ses collègues, il fait l'éloge d'un livre dont le style est digne des plus grands auteurs classiques et qui, par sa ferveur héroïque, rappelle les personnages de Corneille. Les académiciens ne peuvent rester insensibles lorsqu'on agite devant leurs yeux les gloires du Grand Siècle. Mais, répliquent-t-ils, dans ce « roman » il n'y a pas d'intrigue. « La condition humaine a-t-elle une intrigue ? » aurait répondu Henry Bordeaux, et son protégé remporte le prix. Antoine de Saint-Exupéry fête l'événement avec Consuelo : souvent introuvable, elle réapparaît toujours dans les moments qui l'avantagent.

Quelques jours après, *Wind, Sand and Stars* sort enfin aux États-Unis. Déclaré « livre du mois », le « roman » de Saint-Exupéry connaît aussitôt un succès important.

Ce ne sont pas des arguments pour les responsables d'Air France qui rechignent encore. Il faut des heures de discussions avec le directeur d'Air France Transatlantique pour le convaincre qu'Antoine de Saint-Exupéry n'est pas et ne peut être « un passager ». De son côté, Guillaumet essaie de persuader ses supérieurs qu'il a besoin de quelqu'un dont l'expérience et les compétences peuvent lui être utiles lors de cette traversée qui reste quand même un exploit risqué. Il n'a pas tort ! Nommé, finalement, « pilote complémentaire », Saint-Exupéry doit déployer tous ses talents d'amuseur public pour que l'équipage ne trouve pas trop ennuyeuses les vingt-huit heures et vingt minutes de la traversée, qui paraissent encore plus longues au retour : l'entreprise américaine qui avait livré les repas les avait congelés dans de la neige carbonique en sorte qu'ils ne furent comestibles qu'à l'arrivée.

Pendant les quelques jours qu'il passe à New York, Saint-Exupéry évite ses éditeurs et ses amis américains pour retrouver, en compagnie de l'équipage dont il fait partie, les joies d'une camaraderie à même de lui rappeler les temps heureux de l'Aéropostale. Il a néanmoins l'occasion de remarquer dans la vitrine des librairies des agrandissements géants de sa photo, ce qui le surprend : ce genre de réclame pour des livres ne se pratique pas en Europe, où la culture n'est pas encore un bien de consommation courante dont on fait la promotion comme pour les savonnettes. Il n'en reste pas moins qu'en utilisant intelligemment l'artillerie lourde de la machine publicitaire, Reynal et Hitchcock ont assuré à *Wind, Sand and Stars* un succès qui récompense largement leurs investissements.

Le *Lieutenant-de-vaisseau-Paris* ramène sans encombre ses passagers affamés à Biscarosse d'où Saint-Exupéry part à Chitré chez Yvonne de Lestrange. Guillaumet doit le rejoindre en voiture dès qu'il aura fini la révision de l'appareil. Le jour prévu pour son arrivée, il prend du retard. Il trouve Saint-

Exupéry à l'entrée du village, en train de faire les cent pas depuis plusieurs heures, plus inquiet de ce qui pouvait arriver à son ami sur les routes de France que dans le ciel de l'Atlantique Nord.

Les joies de l'amitié et celles de la vie de château, en compagnie de sa lointaine parente à laquelle il doit tant et dont la conversation l'enchante toujours, sont telles qu'elles lui font oublier sa promesse de rendre à la mi-juillet l'avant-propos du livre d'Anne Morrow Lindbergh, *Le Vent se lève*. Fille d'un sénateur des États-Unis, Anne Morrow avait épousé en 1929 Charles Lindbergh, qui s'était rendu célèbre deux années auparavant en traversant pour la première fois en avion l'océan Atlantique, couvrant en trente-trois heures et trente minutes les 5 837 kilomètres qui séparent New York de Paris. Elle avait appris à piloter et avait accompagné son mari dans différents raids. En 1938, elle avait raconté ses exploits dans un ouvrage présenté par son époux, dont les éditions Corréa envisagent de publier une version française. Le traducteur, Henri Delgove, est un ami de Jean Lucas, qui l'avait chaleureusement recommandé à Saint-Exupéry, avec lequel il venait de fêter l'anniversaire de Guillaumet. Henri Delgove l'avait prié d'écrire quelques lignes pour présenter au public français cet ouvrage où il était beaucoup question d'avions et d'aviation. Saint-Exupéry avait accepté par déférence pour son illustre collègue américain. En juin, lorsque le traducteur lui avait envoyé les épreuves, il en avait été tellement enthousiasmé qu'il avait décidé d'écrire un texte plus ample et avait demandé un mois pour le faire. Passé ce délai, son enthousiasme était tout aussi vif, mais il n'avait pas couché un traître mot sur le papier. Un nouveau sursis lui est accordé, qui n'est pas respecté non plus. En désespoir de cause, le traducteur et Jean Lucas enferment un soir à clé Saint-Exupéry chez lui, rue Michel-Ange, et menacent de ne pas le laisser sortir avant d'avoir pondu son texte. Ils s'en vont voir un film à Montparnasse, où ils dînent avant de revenir vers minuit. Ils trouvent Saint-Exupéry en nage, si épuisé, peut-être aussi par les remontants qu'il s'était servis pour trouver le ton juste, qu'il s'endort aussitôt sur le canapé — qu'il s'était quand même acheté, considérant qu'il avait intérêt à ne pas coucher sur un matelas posé à même le plancher une carcasse aussi abîmée par les accidents que la sienne. Quelques feuillets remplis de l'écriture minuscule et difficilement lisible de leur ami traînent sur la table. C'est déjà ça de gagné. Henri Delgove s'empare du manuscrit et disparaît avant que l'auteur ne se ravise et demande un nouveau délai[11].

Une fois chez lui, Henri Delgove découvre, ravi, un très beau texte où finalement, en parlant d'un auteur dont la démarche ressemble à la sienne, Antoine de Saint-Exupéry s'explique lui-même. Non, ce n'est pas le témoignage qui compte, mais l'homme qui témoigne. Sa personnalité, lorsqu'elle est exceptionnelle, se manifeste dans tout ce qu'il entreprend. Anne Morrow Lindbergh ne nous touche pas parce qu'elle raconte, des « faits concrets qui ne transportent rien par eux-mêmes », mais parce que, derrière ses histoires d'avions et de vols parfois périlleux, il est toujours et toujours question de l'homme et de son destin :

> Elle [Anne Morrow Lindbergh] écrit à un étage suffisamment élevé pour que sa lutte contre le temps prenne la signification d'une lutte contre la mort, pour que l'absence de vent à Bathurst pose pour nous, en sourdine, le problème de la destinée[12].

Delgove porte aussitôt à l'éditeur, qui l'attend depuis si longtemps, l'avant-propos de Saint-Exupéry. Mais les jours suivants Saint-Exupéry leur envoie des télégrammes de Cannes, puis du *Normandie* où il s'est embarqué pour se rendre de nouveau à New York, les priant de modifier dans les épreuves tel ou tel mot, de remplacer telle phrase par une autre, les suppliant d'ajourner encore la sortie du livre pour lui donner le répit de réviser son texte.

Anne Morrow Lindbergh reçoit, elle aussi, ce fameux avant-propos qui retarde la sortie de son livre, les éditions Corréa ayant finalement accordé un délai supplémentaire à Saint-Exupéry pour faire une fois pour toutes, sur épreuves, les corrections qui lui semblent, dit-il, indispensables. Le texte de Saint-Exupéry la ravit et la flatte.

Elle apprend qu'il est à New York.

Après avoir été désigné « livre du mois », *Wind, Sand and Stars* reçoit d'autres consécrations non moins avantageuses : le « American Booksellers Association Award » et le « National Book Award ». Les ventes ont dépassé les cent mille exemplaires. Pour donner encore plus d'effet à leur campagne publicitaire, Reynal et Hitchcock ont besoin de l'auteur et le font venir pour la promotion de son livre. Malgré sa timidité, qui est aussi une forme d'orgueil, tout en sachant qu'il n'est séduisant que lorsqu'il se sent à l'aise, Saint-Exupéry accepte de se prêter au jeu médiatique. Les journalistes de la radio et de la presse écrite veulent des entretiens et son prestige aux États-Unis atteint des sommets lorsque l'un d'eux découvre qu'un Georges Alexandre Césarée de Saint-Exupéry, comte de Saint-Amans, l'arrière-arrière-grand-père de l'écrivain, avait pris part à la guerre d'Indépendance. Et puis cet auteur à succès vient d'Europe et peut aussi apporter au public américain quelques lumières concernant ce qui s'y passe. Ici aussi les gens sont inquiets : les tensions qui risquent de faire exploser le Vieux Continent peuvent provoquer des désordres dans le monde entier. Les répercussions n'épargneront pas les États-Unis même s'ils ne sont pas menacés directement, même s'il n'est pas question de s'impliquer dans un éventuel conflit qu'une grande majorité d'Américains, relayées par une bonne partie du personnel politique, considèrent qu'il ne les concerne pas.

Anne Morrow Lindbergh téléphone au Ritz-Carlton et invite Saint-Exupéry à passer le week-end dans leur maison de Lloyd Neck, au nord de Long Island. Il ne comprend pas l'anglais, elle parle mal le français. Ils réussissent à s'entendre quand même. Un ami des Lindbergh doit le prendre à l'hôtel et l'amener chez eux. Au dernier moment, celui-ci se désiste. Anne Morrow prend le volant. Elle est en retard. Il n'est pas dans le hall, comme convenu. Elle panique. On lui fait savoir que M. de Saint-Exupéry l'attend au bar. Elle craint d'avoir affaire à un de ces pilotes soûlards que son mari lui a fait connaître. Elle regrette déjà son geste, mais c'est trop tard pour reculer. Elle va au bar, le cherche du regard :

> Il apparaît — grand, un peu voûté, le crâne quelque peu dégarni. Pas vraiment beau. Un visage qui ne laisse rien deviner, presque slave par cette fermeté imperméable, avec ses yeux aux coins rehaussés. Oh, c'est lui *cet* homme ! Il me semble que je l'ai déjà vu, déjà rencontré. Je le reconnais aussitôt. Je m'excuse pour le retard, nous rejoignons la voiture, nous partons. À peine dépassé le pâté de maisons, la voiture cale et refuse de démarrer. Pendant ce temps nous n'arrêtons pas de parler avec une sorte de précipitation, avec cet intérêt qui vous fait oublier ce qui se passe autour de vous[13].

Ils continuent le trajet en taxi. Saint-Exupéry est à l'aise, très à l'aise. Il n'arrête pas de bavarder, sans se soucier du fait que son interlocutrice ne comprend qu'un dixième de ce qu'il lui dit de son livre, de la littérature en général, de l'aviation, du Sahara, de la poésie, de l'Amérique, de son voyage en bateau, de l'écriture, des plaisirs de la table, de l'avant-propos qu'il vient d'écrire… Il s'arrête un instant. Elle ne lui a pas dit un mot à propos de son texte. Peut-être qu'elle ne l'aime pas ? Mais si, mais si ! Rassuré il continue, bavard comme une pie.

Charles Lindbergh sera en retard.

Tant mieux. Antoine de Saint-Exupéry amuse son interlocutrice avec ses tours de cartes. Et continue à parler. Anne Morrow Lindbergh est impressionnée par sa verve, par sa culture, par sa candeur, par son intelligence, par son air de gosse perdu dans un monde qui n'est pas le sien, par la ferveur de son discours, par sa maladresse à dissimuler ses efforts timides pour la séduire. Et pourtant, il y a dans tout cela « une sorte d'austérité qui évoque les sommets des montagnes, et aussi la dévotion d'un moine qui a la foi — mais laquelle ? ».

Ils dînent à trois sur la terrasse. Anne sert d'interprète. Les hommes discutent de politique, forcément, sans se mettre d'accord probablement, mais en évitant prudemment de se contredire. Charles Lindbergh est un admirateur affiché d'Hitler et de la politique nazie au point qu'au cinéma le public siffle lorsque son image apparaît aux actualités. Sur ce sujet, les opinions de Saint-Exupéry sont maintenant bien arrêtées, mais il serait impoli de trop désavouer celui dont il a accepté l'hospitalité. La conversation semble avoir été riche et ouverte, mais aussi cordiale et sans heurts. Saint-Exupéry chasse des cheveux d'Anne des insectes qui se posent ensuite sur sa main, et fait remarquer qu'il ne vaut pas la peine de s'envoler si c'est pour un si court trajet.

Le lendemain, il fait la connaissance des deux enfants du couple. Ils prennent tous ensemble des bains de mer, se promènent sur la plage, continuent à discuter des sujets les plus divers. Il est question de religion mais aussi de toutes ces découvertes techniques qui donnent naissance à des machines extraordinaires dont l'ingéniosité est telle qu'elle risque de nous faire oublier que leur vocation est de servir l'homme. Saint-Exupéry évoque la Patagonie et fait part à ses hôtes du sentiment de solitude ressenti dans le désert, dont la rudesse forge les caractères. Ce qui l'amène à évoquer son enfance heureuse à Saint-Maurice. Les Lindbergh voudraient lui faire découvrir le charme d'Illiec, l'île bretonne où ils passent leurs vacances. Anne Morrow écrit dans son *Journal* :

> Je crains qu'aucun de nos projets ne verra le jour dans ce monde instable. Un cataclysme dont j'ignore à quoi il pourrait ressembler mais que je redoute mettra bientôt fin au rêve que nous sommes en train de vivre[14].

Elle ne croit pas si bien dire.

La signature le 23 août 1939 du pacte germano-soviétique fait craindre une attaque imminente de l'Allemagne nazie sur le front de l'ouest. Saint-Exupéry passe une journée entière enfermé dans sa chambre d'hôtel, suspendu au téléphone. La situation lui semble trop grave pour prolonger son séjour, comme le voudraient ses amis et surtout ses éditeurs qui estiment que ce qui se passe en Europe incitera la presse à solliciter une fois de plus l'avis de leur invité, une occasion inespérée de promouvoir son livre. Saint-Exupéry ne veut plus attendre. Le lendemain, il prend le bateau pour rentrer en France. Arrivé à Paris, il trouve dans sa boîte aux lettres l'ordre de mobilisation lui enjoignant de se présenter le 4 septembre à la base aérienne de Toulouse-Montaudran.

Comme un poisson sur la plage

Le 1er septembre 1939, la Wehrmacht attaque la Pologne, pays allié de la France et de l'Angleterre, qui décrètent la mobilisation générale et déclarent la guerre à l'Allemagne.

Vu son âge et son état de santé, le capitaine de Saint-Exupéry est affecté à Toulouse auprès d'une unité destinée à former des pilotes militaires. Il s'y rend mais commence aussitôt des démarches pour changer son affectation :

> Si je ne fais pas la guerre, je suis moralement bien malade. J'ai beaucoup de choses à dire sur les événements. Je puis les dire à titre de combattant et non de touriste. C'est ma seule chance pour que je parle[1].

Adversaire par principe des systèmes totalitaires, Saint-Exupéry veut défendre les armes à la main « sa » civilisation. C'est indéniable, mais ce n'est pas tout. « J'étouffe de plus en plus. L'atmosphère de ce pays est irrespirable[2] », écrit-il dans une lettre expédiée le 26 octobre 1939 de Toulouse à Nelly de Vogüé où il la supplie d'entreprendre les démarches nécessaires pour qu'il puisse « prendre sa part de risques » : quand son pays est en danger, lui reprocher ses torts peut paraître un alibi pour ne pas le défendre. La légitimité qu'Antoine de Saint-Exupéry sollicite en mettant sa vie en danger est destinée aussi à lui permettre de dénoncer son propre camp — message qu'on a voulu occulter, semble-t-il, pour faire croire qu'il est mort pour la France, en oubliant que s'il combattait l'ennemi, c'était aussi pour avoir le droit de dire qu'il ne voulait pas de cette France, plus exactement de celle que les circonstances l'amenaient à défendre quand même.

Sa lettre est pressante parce qu'une nouvelle visite médicale vient d'entériner les conclusions de la précédente. Les médecins réaffirment que le capitaine Antoine de Saint-Exupéry est inapte au vol en raison de son âge et des séquelles de ses nombreux accidents. Ils auraient pu ajouter, ce qu'ils ignoraient sans doute, que pour des raisons non élucidées Saint-Exupéry est souvent en proie à des accès de fièvre, qui le diminuent pendant plusieurs jours : il a toujours une boîte de sulfamides dans sa poche et, lorsqu'un examen médical inopiné révèle qu'il part en mission avec 40° de fièvre, il est obligé de mentir et de faire croire qu'il souffre de paludisme. Bref, sa demande d'être intégré dans une unité combattante est rejetée. Colère de l'intéressé et nouvelles interventions auprès de gens qui ne sont pas les plus zélés défenseurs de sa cause : bien intentionnés et sans comprendre les raisons d'une bravoure qui leur paraît gratuite, ils trouvent que celui qui les sollicite serait plus utile en préservant sa vie qu'en la risquant. Saint-Exupéry refuse un poste au Centre national de la recherche que lui proposent, arguant de la dizaine de brevets déposés, ceux qui veulent le protéger — et qui mettent dans leur jeu Didier Daurat, auquel, apparemment, Saint-Exupéry n'a jamais été capable de dire non. Il le sait et il se méfie : au déjeuner, où il soupçonne que cette proposition lui sera faite, Saint-Exupéry vient accompagné d'un camarade, le capitaine Max Gelée, auquel il avait donné ses instructions. C'est donc lui qui fait remarquer à Didier Daurat que Saint-Exupéry passerait pour un lâche s'il acceptait un tel poste sans avoir jamais combattu. À Léon Werth qui, lui aussi, voulait le persuader qu'il est plus utile vivant que mort, Saint-Exupéry répond qu'il serait « discourtois » envers ses camarades de se défiler au moment où eux risquent leur vie pour un pays qui est aussi le sien[3]. C'est une question d'honneur.

Saint-Exupéry décline aussi l'offre de Jean Giraudoux, nouveau commissaire à l'Information, qui voudrait l'avoir dans son équipe, surtout après le retentissant article radiophonique *Le Pangermanisme et sa propagande*, enregistré le 16 octobre 1939 et diffusé sur les ondes le 18. Saint-Exupéry explique avec lucidité qu'il ne s'agit pas de faire la guerre pour la Pologne ou pour les Tchèques, mais pour défendre une certaine civilisation. Il s'agit de défendre l'homme contre ceux qui voudraient l'asservir aux intérêts d'un groupe, c'est-à-dire, en dernière instance, rendre chaque individu pareil à tous les autres, comme dans le cas des bêtes dont la seule vocation est la survie de l'espèce, les plus fortes dévorant les plus faibles pour s'assurer une domination purement animale. Bach et Goethe ne sont invoqués par la propagande du Reich, explique Saint-Exupéry, que pour mieux dissimuler une politique qui applique aux sociétés la morale des fauves et pour offrir un alibi à une prétendue supériorité allemande qui n'est pas celle de l'esprit mais celle de la plus vulgaire matérialité.

Giraudoux pense aussi que Saint-Exupéry pourrait servir son pays en se rendant aux États-Unis où, grâce à la notoriété acquise avec ses livres, il pourrait infléchir la politique neutraliste américaine pour obtenir au moins des aides susceptibles de renforcer le potentiel militaire français.

C'est encore une fois non.

Saint-Exupéry sent d'instinct que son devoir est de donner du poids à son discours en prenant des risques pour le défendre. Il veut aller au front et il y sera. Son obstination finit par venir à bout de la malveillance des uns, de la bienveillance des autres. Grâce à l'intervention du général René Davet et avec l'appui du ministre de l'Air, Guy La Chambre, persuadés néanmoins tous les deux que leur protégé est trop âgé et en trop mauvaise santé pour piloter un avion de chasse, grâce aussi à l'appui décisif du colonel de Vitrolles, le 26 novembre 1939, Saint-Exupéry est finalement affecté au groupe de reconnaissance 2/33 basé à Orconte, un petit village champenois situé à quelque 200 kilomètres de Paris.

Il s'y rend le 3 décembre 1939. Ses camarades sont méfiants : « Il ne vient tout de même pas pour piloter[4] ! » s'exclame le capitaine Gavoille. Ils connaissent tous sa date de naissance, ses infirmités et son étourderie proverbiale — qui n'est pas une légende : Saint-Exupéry revint gelé de sa première mission en haute altitude pour s'apercevoir, après l'atterrissage, qu'il avait oublié de brancher le dispositif de chauffage de sa combinaison.

Cette affectation, qu'il fête une première fois à Toulouse avec ses camarades, et une seconde fois à Paris, aux Deux Magots, avec ses amis, lui convient bien. Elle lui convient d'autant plus qu'il s'agit d'une unité d'observation et de renseignement. Les vols de reconnaissance lui font courir les mêmes risques qu'aux pilotes des avions de chasse ou des bombardiers sans l'obliger à larguer les charges explosives qui détruisent les villes et tuent les populations civiles au nom d'une morale de la victoire associant les combattants des deux camps dans une même logique du massacre. Il n'est même pas tenu d'abattre les pilotes ennemis qui l'attaquent, cette mission étant dévolue au mitrailleur. Antoine de Saint-Exupéry n'a pas eu à tuer de ses mains les ennemis de la France, mais il n'est pas superfétatoire de remarquer que cet auteur, par ailleurs si prolixe lorsqu'il est question de la guerre et de ses conséquences, n'a jamais traité directement, franchement, sauf peut-être et de manière très allusive dans certains passages de *Citadelle*, un problème qu'il n'a pas eu à résoudre, celui de devoir tuer. Aurait-il senti que ce type de question risque d'ébranler un édifice moral fragile, qui ne tient debout que si l'on accepte, en contrepartie, l'idée de sacrifice, absurde s'il faut l'appliquer à l'échelle de toute une nation ? De toute façon, cette éthique difficile ne fait pas gagner une guerre, il le sait, il l'écrit. Elle ne sauve pas la civilisation de ceux qui se laissent exterminer.

À Orconte, Saint-Exupéry s'installe dans la pièce principale, assez vaste, d'une ferme « bien sympathique » des environs où s'entassent les Scherschell, « trois enfants, deux grands-pères, des tantes et des oncles[5] ». Les conditions de vie sont plutôt rudes, ce qui ne semble pas le gêner, au contraire :

Je suis heureux de toute la part un peu âpre, l'inconfort, le froid, l'humidité, qui permettent les seuls luxes sensibles : le petit poêle rond, qui ronfle si bien, ou mon lit de ferme, cet édredon qui me paraît l'image même de l'opulence. J'aime, quand je me couche le soir dans mon lit glacé et que, roulé en boule, je fabrique peu à peu ma chaleur et mes songes — et cette rivière de froid, si l'on bouge un pied. On est bien, au centre du lit, quand on a fondu la neige[6].

Le matin, le rasoir électrique rapporté des États-Unis lui permet de commencer sa toilette au lit en attendant que le feu rallumé par le propriétaire réchauffe suffisamment l'atmosphère pour que le trajet jusqu'à la bassine où il se lave ne soit pas une expédition polaire. Cela d'autant plus que sa santé ne s'améliore pas. Il confie à Lewis Galantière :

Si l'on s'était douté, à mon groupe, de ces accès de fièvre, on m'aurait envoyé à mes chères études au lieu de me confier la responsabilité d'un avion et d'un équipage et, faute de pouvoir m'en plaindre sans être embusqué de force, j'ai fait des missions à haute altitude avec une fièvre de cheval[7].

Il se rend à la base en voiture, une De Soto dont il n'est pas très fier : elle est trop « bourgeoise », mais faute de pouvoir s'offrir une Bugatti… !

Le groupe dispose d'un terrain boueux suffisamment vaste pour servir de piste aux appareils des deux escadrilles qui se partagent aussi, derrière une barrière en troncs de bouleaux qui la sépare de la route, une grande baraque en bois où se réunit le personnel. On apprécie les talents de boute-en-train de Saint-Exupéry dont finalement la présence s'avère bien utile pour tuer de façon agréable un temps que tout le monde trouve très long. Le même René Gavoille note :

> Parmi nous, il veut être optimiste, paraître gai. Il veut que nous soyons tous de même et il essaie par tous les moyens de nous divertir. Il y a les visites de ses nombreux amis qu'il amène à notre popote et les personnalités de tous les horizons. Tous les problèmes d'actualité y passent. Les vieilles chansons et aussi les chansons de corps de garde qu'il orchestre lui-même, les jeux qu'il invente, les tours de cartes, les histoires avec son talent de conteur naturel, les farces et les grandes discussions. Tout en dialoguant, en monologuant selon sa chère habitude, il tire un papier, dessine à la plume des portraits et, l'esquisse terminée, froisse le papier, le roule et le jette à terre. Cet auditoire gai, ce cercle d'amitié, voilà ce qui le rend rayonnant de bonheur[8].

Sa voiture devient celle de tous ses camarades, même si certains de ses passagers ont les jambes qui flanchent en descendant du véhicule et que le commandant Henri Alias se souviendra toute sa vie des glissades que Saint-Exupéry faisait faire à sa De Soto, qui roulait à cent cinquante à l'heure sur une route couverte de plaques de glace, pour lui prouver qu'il était tout à fait à même de conduire après avoir bu un coup. Ses amis, qui lui rendent visite à Orconte, deviennent ceux de tout le groupe et tous profitent du phonographe américain dernier cri que Maximilien Becker lui a envoyé par valise diplomatique. Au mess, on écoute maintenant Bach, Haendel et la musique de la Renaissance française. Saint-Exupéry entraîne de temps en temps ceux qu'il a sous la main dans des virées gastronomiques pour découvrir les bonnes tables du coin et, entre les missions, il est toujours disponible pour de longs colloques sur les sujets les plus divers, qu'on n'abandonne que pour jouer à la bataille navale, aux cartes et aux échecs.

Toutefois, personne ne dérange Saint-Exupéry chez lui, où il protège sa part de solitude, enfermé parfois pendant des heures dans cette vaste pièce presque vide où la lampe brûle jusqu'au petit matin. Il écrit des lettres très affectueuses à Marie de Saint-Exupéry et d'autres, très longues, à Nelly de Vogüé. Il note des idées dans ses carnets. De temps en temps, quelques lignes ou quelques pages, cent fois révisées et transformées, copiées et recopiées quand les ratures les rendent illisibles, pour faire avancer d'un saut de puce ce livre mystérieux qui naît par petits bouts, difficilement, expression d'une angoisse profonde. D'Orconte, Saint-Exupéry écrit à sa mère :

Je suis terriblement peu content des préoccupations de mon époque. Le danger accepté et subi ne suffit pas à apaiser en moi une sorte de lourde conscience. La seule fontaine rafraîchissante, je la trouve dans certains souvenirs d'enfance : l'odeur des bougies des nuits de Noël. C'est l'âme aujourd'hui qui est tellement déserte. On meurt de soif. Je pourrais écrire, j'ai le temps, mais je ne sais pas encore écrire, mon livre n'est pas mûr en moi. Un livre qui « donnerait à boire »[9].

Les projets de cinéma lui donnent moins de soucis. Il travaille à deux scénarios. Une adaptation de *Terre des hommes*, qu'il reprendra plus tard sans jamais aboutir. L'autre, original, *Igor*, qui reste plutôt un synopsis, reprend une idée plus ancienne qui noue dans une intrigue farfelue et compliquée un condamné à mort pour des raisons politiques, une aventurière américaine, un inspecteur de police dans le coma et une fille pestiférée, le tout à bord d'un transatlantique où toutes les couches sociales se frôlent et s'affrontent. Le résultat est décevant.

En attendant une attaque redoutée mais qui tarde tellement que l'on finit pas la croire improbable, le personnel du groupe 2/33 mène une vie de régiment qui peut sembler agréable.

Ce n'est pas le cas.

La France est en guerre, les missions de reconnaissance sont périlleuses et les pilotes sont toujours confrontés à des dangers imprévus : Saint-Exupéry faillit s'écraser avec son avion lorsque, volontaire pour tester un nouveau système d'éclairage au sol, il fut aveuglé, au moment de l'atterrissage, par un projecteur mal réglé qui l'empêchait de voir la piste et le camion du groupe électrogène oublié là ; une manœuvre astucieuse à la dernière seconde évite la catastrophe. D'autres fois, c'est le matériel qui est en cause. Les Potez 63 sont des avions déjà anciens, aux performances médiocres et dont certains instruments pourraient être améliorés. Saint-Exupéry, qui avait déposé ces dernières années plusieurs brevets, dont celui d'un nouveau dispositif de démarrage pour moteurs et un autre destiné à faciliter la lecture des courbes d'un oscillographe cathodique, profite des vols de routine pour chercher des solutions aux difficultés qu'il rencontre, notamment lors des vols en altitude, rendus nécessaires pour échapper à la DCA ennemie. Avec l'aide de Jacques Tréfouël, chimiste, qui travaille avec Yvonne de Lestrange à l'Institut Pasteur, et avec celle du professeur Fernand Holweck de l'Institut Curie, il met au point un lubrifiant qui conserve sa fluidité à très basse température et permet aux manettes de commande et aux armes de fonctionner normalement. En outre, Saint-Exupéry profite de ses voyages à Paris et de ses relations pour inonder les bureaux du ministère de l'Air de notes concernant les insuffisances du matériel et les mesures à prendre pour rendre l'aviation militaire plus efficace en cas de guerre. Efforts inutiles, à cause de la machine bureaucratique peut-être, mais aussi parce que le retard pris dans ce domaine au terme de plusieurs années de choix politiques contestables est tel qu'il serait vain de s'occuper des détails quand l'essentiel fait défaut.

Lorsque enfin, en mars 1940, les Potez 23 sont remplacés par les nouveaux Bloch 174, Saint-Exupéry est du nombre des officiers envoyés à Marignane pour les réceptionner et recevoir la formation nécessaire pour piloter ce type d'avion dont les performances sont au moins égales à celles des Messerschmitt ennemis. Fin mars, les pilotes du groupe, dont Saint-Exupéry, exécutent avec succès plusieurs missions au-dessus du territoire allemand, apportant des clichés qui permettent aux experts en analyse photographique de repérer des mouvements de troupes vers les frontières belge et hollandaise — ce qui n'inquiète pas l'état-major français puisqu'il a été établi qu'une attaque de la France par le nord est impossible.

La joie de jouer à armes égales avec l'ennemi est de courte durée : le 16 avril, le capitaine Laux, un pilote expérimenté et adroit, ne revient pas de mission. Son avion s'est écrasé et a pris feu en Belgique où il est hospitalisé, ayant échappé par miracle aux flammes. Il est utile de connaître les causes de ce que l'on estime, dans un premier temps, être un accident dû à une défaillance technique. Avec l'accord de ses supérieurs, Saint-Exupéry se fait passer pour un journaliste de *Paris-Soir* et se rend au chevet de son camarade. Il apprend que celui-ci avait été pris en chasse par deux appareils ennemis auxquels il n'avait pas pu échapper. Il est désormais établi que l'aviation allemande dispose d'un nouveau modèle de Messerschmitt dont la vitesse est sensiblement plus importante que celle des Bloch 174, devenus obsolètes. Saint-Exupéry quitte l'hôpital en laissant à Laux un chèque de mille francs que celui-ci n'a jamais encaissé.

À la fin de la « drôle de guerre » qui dure de septembre 1939 à mai 1940, six camarades du groupe 2/33 manquent déjà à l'appel.

Saint-Exupéry côtoie lui aussi la mort à chaque mission — « Vous n'avez tout de même pas la prétention, mon capitaine, d'être vivant après la guerre[10] ? ! » s'était exclamé un jour le capitaine Gavoille au moment où Saint-Exupéry lui parlait de quelques projets pour plus tard. C'est une remarque de bon sens. Saint-Exupéry le sait d'ailleurs et s'inquiète pour Consuelo qu'il recommande à sa mère :

Maman, plus ça va la guerre et les dangers et les menaces, et plus grandit en moi mon souci pour ceux dont j'ai la charge. La pauvre petite Consuelo toute faible, tout abandonnée, me cause une peine infinie. Si elle se réfugie un jour dans le Midi, recevez-la, maman, comme votre fille, par amour pour moi[11].

Il semble que Marie de Saint-Exupéry n'a jamais failli à la supplique de son fils, qui n'a pas tort de craindre une catastrophe imminente.

Le 10 mai 1940, en proie à de nouveaux accès de fièvre, Saint-Exupéry est à Paris pour voir son médecin. Il est réveillé à 4 heures du matin par un coup de téléphone. Le journaliste René Delange lui annonce l'attaque allemande contre les Pays-Bas, la Belgique et le Luxembourg. Saint-Exupéry se rend aussitôt à sa base. La majorité des pilotes étaient en permission. Pendant la nuit, la piste avait été bombardée et rendue impraticable, mais les appareils, camouflés à une certaine distance, étaient intacts. Dans la nuit du 11 au 12 mai, René Gavoille, qui fait un vol de reconnaissance au-dessus de la forêt ardennaise, repère des mouvements de blindés, information aussitôt transmise au quartier général de la 9e armée qui défend la région. Le capitaine Alias, qui commande le groupe 2/33, veut avoir confirmation : il envoie un équipage pour une observation à vue, opération particulièrement risquée puisqu'il s'agit de voler à basse altitude, à la portée des armes au sol. L'appareil du lieutenant Chery est atteint et doit revenir à la base. Le pilote a eu néanmoins le temps de repérer des mouvements importants de panzers allemands. Il constate aussi qu'en face, la 9e armée française ne dispose que d'un seul poste d'observation avancé avec, pour se défendre, une simple automitrailleuse. Les informations sont précises et indiscutables : deux divisions blindées se préparent à franchir la Meuse. Le capitaine Alias téléphone aussitôt à l'état-major de la 9e armée. On lui répond que le lieutenant Chery s'est certainement trompé : les experts militaires ont bien établi que la forêt ardennaise est infranchissable.

Hélas, elle ne l'est pas. L'attaque allemande est foudroyante et la riposte française faible, improvisée et inefficace.

La désorganisation de l'appareil militaire est stupéfiante. L'incapacité des autorités à trouver des solutions à une situation de plus en plus dramatique dépasse l'entendement. L'absurdité des missions requises et la légèreté avec laquelle on met en danger inutilement la vie des pilotes révoltent Saint-Exupéry. L'avance rapide des troupes ennemies le désespère. Somme toute, peut-être que Giraudoux avait raison : pour résister, la France qui se bat a besoin de l'aide américaine. Il est de son devoir d'aller demander aux autorités des États-Unis de livrer des avions à la France dont la flotte aérienne, obsolète, a été aux trois quarts détruite en quelques jours. C'est urgent.

Nelly de Vogüé lui obtient un rendez-vous avec Paul Reynaud, le président du Conseil, qui le reçoit vraisemblablement le 16 mai, le lendemain de la capitulation des Pays-Bas, au moment où le front de Sedan a cédé, ce qui permet aux armées allemandes de s'enfoncer dans la brèche et de menacer Amiens et Arras. Paul Reynaud l'écoute mais l'éconduit. La mission de solliciter l'aide des États-Unis sera confiée au comte René de Chambrun, promu pour l'occasion capitaine ; il a l'avantage de parler couramment l'anglais et d'être un descendant de La Fayette, dont il n'est pas inutile d'évoquer le nom en ce jour où c'est la France qui a besoin de ceux à la délivrance desquels elle avait contribué quelque cent cinquante ans auparavant. Saint-Exupéry n'entend pas en rester là. Il fait la tournée des gens haut placés qu'il connaît. Il est consterné : personne ne veut l'écouter, tout le monde semble accepter une défaite imminente et ses différents interlocuteurs trouvent son intervention dérangeante et inopportune : « On arrive là comme le cinquième au milieu d'une partie de bridge[12]. »

Il y a pire ! Le gouvernement ayant choisi de ne pas informer la population de la gravité de la situation, à Paris la vie continue comme si de rien n'était au moment où l'ennemi est à quelques heures de la capitale et où, dans la cour des ministères, les fonctionnaires brûlent déjà les archives. Saint-Exupéry est obligé de constater qu'il avait raison : la défaite prévisible se doit moins à la vigueur des agresseurs qu'à l'effondrement d'une société qui a renoncé à ses valeurs. Les ayant remplacées par les intérêts vulgaires du confort et par la logique économique du profit, la France s'est placée d'elle-même sur le terrain de l'adversaire qui impose comme seule loi la force. Lorsqu'une société transforme les hommes en fauves, il est naturel que les plus puissants dévorent ceux qui le sont moins, et que les espèces les plus fortes anéantissent les autres.

Le groupe 2/33 se replie à Orly.

Le 23 mai à l'aube, Saint-Exupéry décolle pour une mission dont le but est d'apporter des informations concernant les forces dont dispose l'ennemi dans la région d'Arras. Il est accompagné par Jean Dutertre, comme observateur. Il vole vers Maux où l'avion de reconnaissance doit être rejoint par une escorte d'avions de chasse. Le commandant du groupe estime la mission trop dangereuse et la refuse. On lui fait savoir que l'avion à protéger est piloté par Antoine de Saint-Exupéry. Il change d'avis et plusieurs de ses pilotes se disputent le privilège d'accompagner l'écrivain au-dessus d'Arras. La mission est en effet suicidaire. Saint-Exupéry en fait une description romanesque dans *Pilote de guerre*. Le rapport de son accompagnateur est plus sobre :

> Nous sommes entrés dans un orage, nous avons perdu la chasse et nous nous trouvons seuls à 200 m d'altitude. À trois km au sud-ouest d'Arras une grosse formation de chars se prépare à attaquer la ville. Nous sommes accueillis par une DCA extrêmement dense et agressive qui menace à tout instant de nous transformer en écumoire. Un choc plus violent soulève brusquement l'appareil. Un obus vient d'éclater sous le fuselage. Il y a des éclats un peu partout, le réservoir d'huile est crevé[13].

Ils frôlent la mort à maintes reprises, ils en réchappent par miracle. À 15 h 30 Saint-Exupéry pose son avion endommagé et troué de balles à

Orly. Le soir, il s'amuse à raconter les péripéties de cette folle journée aux amis réunis autour d'une table chez Georges, un restaurant de la porte Maillot où il a l'habitude de faire bonne chère. Deux des avions qui l'accompagnaient avaient été abattus ; un des pilotes avait été fait prisonnier, l'autre s'était blessé en sautant en parachute. Le lendemain Saint-Exupéry rend hommage aux pilotes de chasse en écrivant quelques mots dans le livre d'or de leur unité :

Avec mon souvenir le plus ému et le plus reconnaissant au groupe 1/33 et à son commandant Thibaudet car, sans la protection des camarades de ce groupe, je jouerais actuellement au Poker d'As au paradis avec la belle Hélène, Vercingétorix, etc., et je préfère habiter encore cette planète-ci malgré tous ses inconvénients[14]...

Il réitère plusieurs fois ce genre de mission qui n'est pas ordinaire : « J'avais l'impression d'être un poisson qu'on promène sur une plage[15] », raconte Saint-Exupéry qui, le 2 juin 1940, reçoit la croix de guerre avec palmes, cité à l'ordre de l'armée de l'air :

Officier pilote réunissant les plus belles qualités intellectuelles et morales, se proposant constamment pour les missions les plus périlleuses. A réussi brillamment les deux missions de reconnaissance photographique. Le 22 mai 1940, violemment pris à partie par une défense antiaérienne intense et puissante, n'a interrompu sa mission que lorsque son avion eut été grièvement endommagé. Est pour le personnel de l'Unité un modèle de devoir et d'esprit de sacrifice[16].

C'est maintenant, fin mai 1940, qu'Antoine de Saint-Exupéry envoie un mot d'excuse à Léon

Werth. Il lui avait promis de passer le voir mais il ne pourra pas le faire : Consuelo veut déjeuner avec son mari. Pour se faire pardonner, il lui fait un petit dessin naïf, de ceux qu'il n'arrête pas de gribouiller sur ses paquets de cigarettes, sur la première page des livres qu'il dédicace, sur les serviettes et les nappes en papier des bistros, sur les feuilles de ses carnets et de ses agendas, en marge de ses manuscrits et souvent dans ses lettres. On y voit, en bas à droite, un bon quart de la Terre, avec quelques arbres, un mouton dans l'herbe, une rose et quelques maisons qui brûlent. En haut à gauche sur un nuage, éclairé par un soleil à six rayons qui se trouve derrière lui, un drôle de gamin, avec nœud papillon et cheveux en bataille, menacé par un petit diable qui porte un nom : « Messerschmitt 109 ». Un commentaire en NB : « Le front de Soissons, etc., tient bon. La Seine c'est plus pagaïe mais pas désespéré[17]. »

Il se trompe lourdement.

Le front de Soissons... ne tient pas bon. Le 4 juin, Abbeville tombe. Les armées allemandes occupent Rouen le 9. Le gouvernement quitte Paris dont les habitants regardent, ébahis, la grosse fumée des entrepôts de carburants de la banlieue auxquels on a mis le feu pour ne pas les laisser entre les mains de l'ennemi. Le 14 juin, les Allemands défilent à Paris. Le 16, Paul Reynaud démissionne, le maréchal Pétain est prié de sauver la France. Saint-Exupéry, qui a pris soin d'évacuer Consuelo à Lyon et d'envoyer trois lignes à sa mère pour la rassurer, est à Bordeaux avec son unité, qui reçoit l'ordre de se replier en Afrique du Nord où le général Noguès, résident général au Maroc et commandant des opérations militaires de la région, veut continuer le combat. Le 20 juin, Antoine de Saint-Exupéry s'envole vers Alger à bord d'un quadrimoteur Farman 220 qu'il prétend avoir « presque volé[18] » et où il entasse une quarantaine de passagers, en majorité des pilotes, une cage avec des oiseaux, le chien d'un des membres de l'équipage, des pièces de rechange pour les avions du groupe et Suzanne Torrès, future épouse du général Massu, ancienne journaliste maintenant infirmière. À Perpignan où ils font escale, elle est impressionnée par Saint-Exupéry qui, serein au milieu de la pagaille d'une capitulation imminente, l'invite à déguster une langouste dans un restaurant qu'il connaît :

> Le calme de Saint-Exupéry m'étonne. Dans la super excitation qui règne, il garde un sang-froid d'adulte indulgent devant l'agitation des enfants… il sort même un jeu de cartes de sa poche et me montre des « tours » auxquels il excelle[19].

C'est sa façon de séduire. Une autre, moins drôle pour l'intéressée, est de l'apeurer en lui faisant savoir « avec sadisme » pendant le trajet tantôt qu'ils ont à leur trousses des avions de chasse italiens, tantôt que leur avion, qui n'a pas été révisé, perd ses boulons. Le 21 juin, le Farman se pose à Oran, où Suzanne Torrès a droit à un nouveau numéro de tours de cartes. Un nouvel ordre enjoint au capitaine Saint-Exupéry de rejoindre son groupe à Alger. Il rembarque tout son monde et décolle… ou presque. Sur la piste, l'avion avait déjà pris de la vitesse quand il freine brusquement. Par la porte de la carlingue restée ouverte, un gros mot parvient aux oreilles des passagers terrifiés. En fait, rien de grave. Saint-Exupéry, qui trouve l'appareil trop léger, se rend compte qu'ayant rempli un des réservoirs de carburant de l'appareil, il avait oublié les trois autres. Pour éviter la panne sèche, il fait demi-tour.

À Alger, Suzanne le revoit au bar de l'Aletti où se retrouvent les jeunes pilotes qui connaissent tous, de réputation, Saint-Exupéry. Ils l'entourent et voudraient l'entendre dire qu'il faut continuer le combat. Elle raconte :

Saint-Exupéry écoutait mais ne prenait pas part aux dialogues *exaltés* qu'entretenaient ces jeunes hommes, ardents à continuer la lutte, Torres Massu. Il m'a dit une fois « À quoi bon souffler sur leur enthousiasme ! » Il n'y croyait pas. Lorsque enfin Mirambeau, qui venait apporter les nouvelles chaque soir, apparut, blême, sur le seuil de la porte du bar et nous apprit que son patron [le général Noguès] se ralliait au maréchal Pétain, que tout était fini, Saint-Ex fut le seul, me semble-t-il, à n'être pas surpris. Mais son visage assombri reflétait notre tristesse et notre immense déception[20].

Saint-Exupéry n'a pas souhaité l'armistice du 22 juin, mais il l'approuve. Sa position est claire, dictée par le bon sens :

Cet armistice comporte une part de laideur et exaltera la laideur. Celui qui meurt est plus brave que celui qui capitule. Vaincre ou mourir, la formule est immense. Mais ce qui vaut pour l'individu n'a pas de sens précis à l'étage du peuple. De même, ce qui vaut pour la cellule ne vaut pas pour l'individu. Il est beau qu'un individu se fasse tuer sur un rempart. Il s'agit là de sacrifice. Mais le suicide d'un peuple, où réside sa grandeur ? [...] Que quelques-uns meurent pour le bien commun. Là est le devoir. Que tous se suicident cela est absurde[21].

La France vaincue doit s'offrir un répit pour se retrouver, pour se ressourcer, pour se régénérer. Oui, il faut continuer le combat, mais sans se tromper d'adversaire. L'ennemi de la civilisation dont se réclame Saint-Exupéry, c'est l'Allemagne nazie. La guerre à l'Allemagne, oui, mais pas à la France qui, même vaincue et soumise à un régime imposé par l'occupant, porte en elle les seules valeurs qui méritent d'être défendues.

Quelqu'un qui parle de civilisation et rêve d'une société à même d'offrir aux individus des horizons spirituels pouvait-il accepter le propos d'un général « autoproclamé » chef de la France libre, dont les appels des 18 et du 22 juin restent, pour lui, ceux d'un boutiquier ? Nous avons un Empire, disait de Gaulle, de Londres, aux Français ; nous avons une flotte et « beaucoup d'or » ; nous avons des alliés « dont les ressources sont immenses » et puis nous pouvons compter sur « les gigantesques possibilités de l'industrie américaine ». Ce n'étaient pas les bons mots pour séduire celui qui situe l'enjeu de cette guerre « à un autre étage ». Il hésite un moment : « Peut-être ferais-je mieux d'aller à Londres », dit-il à Léon Werth quelques semaines plus tard, à son retour en France[22]. Finalement, il ne le fait pas, et on le comprend : c'est le même combat, mais pas pour les mêmes causes. On lui en a voulu, on lui en veut encore. Peut-être moins de n'avoir pas rejoint, fût-ce à la dernière heure, comme le firent tant d'autres, le camp des vainqueurs que d'avoir dénoncé à l'avance cette victoire comme étant celle d'une servitude sur une autre servitude, celle d'une société matérialiste et vulgaire sur une autre qui ne l'était pas moins, celle de « l'affreux businessman américain » sur le non moins affreux adepte d'une idéologie qui réduit les individus au statut de carnassier. L'homme n'y trouve pas son compte.

À cet « étage », Antoine de Saint-Exupéry est bien seul, désappointé. Il s'en confie, dans une lettre envoyée d'Alger, à Nelly de Vogüé :

> Je suis triste au-delà du possible. Beaucoup de choses, trop de choses m'écœurent. Je suis mal bâti, et dans le marécage d'ici l'on se ronge. J'ai fait ce que j'ai pu, le moins mal possible. Et je suis tout désespéré. Un jour sans doute nous allons revenir[23]...

Revenir, sans doute. Mais où ? Qui ? Comment ? De quel retour s'agit-il ? Il serait intéressant de le savoir. Hélas, Nelly de Vogüé a choisi d'arrêter ici cette citation d'une lettre dont la suite reste inconnue à ce jour.

Le groupe 2/33, qui a maintenant sa base à Alger, doit être dissous et les appareils remisés, conformément aux conditions d'armistice. Les autorités militaires, dont les décisions passent par la commission d'armistice contrôlée par les Allemands, changent d'avis après l'attaque anglaise du 3 juillet qui détruit la flotte française à Mers-el-Kébir et fait 1 297 victimes. Quelques appareils sont remis en état pour des vols de reconnaissance.

Saint-Exupéry exécute une dernière mission le 27 juillet sur un Bloch 174, celui-là même qu'il avait piloté le 23 mai au-dessus d'Arras.

Antoine de Saint-Exupéry est démobilisé le 31 juillet 1940. Ses camarades lui offrent un dîner d'adieu à l'hôtel Oasis, où l'on boit beaucoup et l'on s'amuse bien en compagnie de quelques « mignonnes » dont Saint-Exupéry apprécie la gentillesse. Pour ne pas être en reste, il invite tout son groupe à une fête chez un ami du docteur Pélissier, le Bachaga Brahimi Lakhdar, qui habite Bir-Rabalou, un village pittoresque situé au pied des premières collines du plateau rouge. L'autobus loué pour l'occasion les ramène au petit matin à Alger où leurs chansons paillardes retentissent dans les ruelles désertes. Cette joie est artificielle et cache un malaise. En signe d'amitié, Antoine de Saint-Exupéry dessine sur la première page d'un exemplaire de *Terre des hommes*, qu'il offre à René Gavoille, le même gamin ébouriffé aux pantalons trop larges dont il avait déjà fait son alter ego dans le mot envoyé quelque mois auparavant à Léon Werth. Perdu entre deux fleurs, le personnage a l'air hagard ; les deux points de ses yeux sont devenus deux cercles. Saint-Exupéry explique : « Ça c'est moi démobilisé et incertain de l'avenir[24]. »

Le 5 août 1940, il débarque à Marseille avec trois francs cinquante en poche. Il n'a pas de soucis à se faire. Nelly de Vogüé est là. Elle passe en famille des vacances sur la Côte, en train d'écrire un petit roman à la manière de ces jeunes filles qui racontent leur vie qu'elles dissimulent à peine, médiocrement, en prêtant de fausses identités à des personnages facilement reconnaissables ; il y est question d'une jeune infirmière mariée qui vit un amour impossible pour un médecin dont les propos ressemblent étrangement à ceux de son illustre ami qu'elle attend sur le quai de la Joliette, comme il se doit quand on pratique ce genre de littérature à l'eau de rose. Nelly de Vogüé conduit Saint-Exupéry à Agay où oncle Papou est affectueusement accueilli dans la famille de sa sœur. Pierre d'Agay avait bien suivi les conseils que lui avait donnés son beau-frère : « Cultiver ses vignes et soigner ses vaches », activités bien plus éminentes que « d'être garde-barrière ou caporal dans un dépôt[25] ».

Même le chien Taïaut...

À Agay aussi l'atmosphère est différente : « À table, les grandes personnes discutaient avec gravité et moins que jamais les enfants n'auraient osé placer leur mot, se souvient Mireille qui, à dix ans, perçoit le malaise. Nous observions silencieusement le comportement des adultes qui parlaient beaucoup et riaient peu, ce qui était assez inhabituel à notre famille où on était si gai[1]. » Oncle Papou est « soucieux et lointain », ce qui ne l'empêche pas d'accompagner les enfants sur la plage du fond du jardin, de se baigner avec eux, de les amuser avec ses facéties habituelles et même d'aider François, son partenaire d'échecs, à transformer une vieille charrette en plongeoir. Le soir, avant d'aller au lit, les enfants ont le droit de rester au salon où Saint-Exupéry lit des fragments du livre qu'il est en train d'écrire :

La voix de Papou devenait comme une musique. Sa cigarette se consumait dans un cendrier près de lui et nous suivions des yeux cette fumée légère dont l'odeur était spécialement liée à son personnage, lui seul fumant du tabac blond à la maison. Nous l'aurions écouté toute la nuit, un peu envoûtés par cette ambiance recueillie où personne ne bougeait plus ; mon père calé dans le dossier de sa bergère, les jambes allongées devant lui, maman, assise au bout du canapé les mains croisées autour de ses genoux, François accoudé à la table, et nous, couchés sur le tapis avec le chien Taïaut qui n'osait même plus se mettre à soupirer dans son sommeil[2].

En ce mois d'août 1940, qu'il passe à Agay, Saint-Exupéry est désemparé. Cette défaite si soudaine n'a pas laissé à ceux qui la refusent le temps de choisir la conduite la plus appropriée. Cela d'autant plus que, sur injonction de Moscou, le parti communiste, qui est un repère pour tous les gens de gauche, se félicite de la victoire de l'Allemagne sur un pays asservi au capitalisme financier international — au-delà de toute autre considération stratégique, l'État des soviets n'oublie pas qu'à sa naissance il avait dû faire face à une intervention étrangère avec, à sa tête, la France et l'Angleterre dont le secrétaire d'État à la guerre de l'époque, qui est maintenant Premier ministre, Winston Churchill, déclarait qu'il fallait égorger la révolution bolchevique dans son berceau. Rien ne laisse supposer qu'il a changé d'avis.

La confusion est totale. Personne ne sait plus qui est qui, et ceux qui se reconnaissent des ennemis communs ne sont pas certains d'être amis. S'il est aisé d'identifier quelques « salauds », qui l'étaient autant avant la guerre, il est beaucoup plus difficile de reconnaître ses pairs dans les conditions d'une occupation qui loge tout le monde à la même enseigne et impose à tous une attitude circonspecte. À l'instar de ses concitoyens, Antoine de Saint-Exupéry, qui connaît parfaitement son devoir, ne sait pas quelle est la meilleure façon de l'accomplir.

Ayant quitté lui aussi Paris pour se réfugier sur la Côte, Jean de Vogüé, l'ancien camarade de Saint-Exupéry au lycée Bossuet et qui sera un des trois dirigeants du Comité national militaire mis en place par le Conseil national de la Résistance, le cherche pour le convaincre de rejoindre à Londres de Gaulle, dont il a déjà épousé la cause. Il n'a pas plus de succès que ceux qui soufflent du bout des lèvres à l'oreille de Saint-Exupéry qu'il serait bien accueilli à Vichy, où certains de ses amis occupent déjà des postes influents. Gaston Bergery compte sur lui. Homme de gauche, il avait publié dans *La Flèche*, dont il était le directeur, quelques articles de Saint-Exupéry et d'Henri Jeanson. Député de Mantes-la-Jolie, il a voté les pleins pouvoirs à Pétain et fait signer un manifeste où il est question d'un ordre nouveau et de soumettre à l'autorité de l'État les puissances de l'argent — propos qui n'est peut-être pas dépourvu d'arrière-pensées racistes. Dans le cas d'Antoine de Saint-Exupéry, il n'a pas frappé à la bonne porte.

Les dispositions antisémites, que le gouvernement de Vichy s'empresse de notifier aux établissements scolaires dès la rentrée des classes, permettent à Saint-Exupéry, qui compte quelques Juifs parmi ses meilleurs amis, d'y voir plus clair. Il n'est plus question de la moindre accointance avec ceux qui ont néanmoins à ses yeux le mérite d'avoir mis fin à une guerre que, dans l'état actuel des choses, la

France n'avait aucune chance d'emporter et dont le prolongement aurait imposé d'immenses souffrances inutiles. Lesquels ont aussi, à leur charge il est vrai, de faire vivre tant bien que mal tout un peuple. À ce sujet Antoine de Saint-Exupéry s'explique dans une longue lettre à André Breton. Bien au chaud en Amérique, le pape du surréalisme ne se soucie que peu de la « population de la France » à laquelle il n'est lié, de son propre aveu, par « aucune solidarité pratique, ni aucun lien spirituel ». Saint-Exupéry lui écrit :

Il est vrai que je réagis ici autrement que vous. Votre point de vue, d'une rigidité de gendarme, vous contraint de déshonorer quiconque se préoccupe en France du ravitaillement en pain des enfants et, pour agir, entretiendrait nécessairement des rapports avec le gouvernement de Vichy. Vous estimez, avec la rigueur de l'impunité du ventre, qu'un tel dévouement aux enfants serait marque d'ignominie. Que les enfants se débrouillent seuls pour découvrir des racines comestibles. Au contraire de vous je pense que, faute d'être en mesure de fonder par magie un État du monde tel qu'on le souhaite, il convient de tenter de sauver ce qui reste d'un monde souhaitable[3].

Que faut-il faire ? se demande Saint-Exupéry. De quel côté s'engager puisqu'il lui semble que, d'une part, le gouvernement de Vichy, qui devrait offrir à la France le répit d'une régénérescence, a choisi de mener une politique « atroce[4] » ; et que, de l'autre, les options idéologiques de ceux qui lui font pièce sont douteuses, aussi intolérables que leur intransigeance à l'égard des gens simples qui font la France réelle et profonde ?

Attendre ?

À ce moment-là personne ne sait comment évoluera la situation.

Otto Abetz, le représentant du Führer à Paris, considère qu'il n'y a que trois pouvoirs véritables en France : la haute finance, le parti communiste et la *NRF*. L'Allemagne nazie peut compter sur la collaboration de la haute finance dont le fonctionnement exclut, sous peine de suicide, toute considération idéologique. Le parti communiste est annihilé par le pacte germano-soviétique. Il reste la *NRF* dont Jean Paulhan lui-même, qui en est l'âme, considère qu'elle doit continuer, ce qui n'est pas pour déplaire aux autorités allemandes. Après seulement deux jours, elles enlèvent les scellés des éditions Gallimard avec l'espoir, en partie déçu, de s'allier la fine fleur de l'intelligentsia française — qui ne manque pas, il faut le reconnaître, d'appuis chez l'ennemi : le lieutenant Gerhard Heller, chargé de surveiller l'activité éditoriale, permet la publication de certains textes qui lui valent des sanctions de la part de ses supérieurs et avertit Jean Paulhan d'une perquisition imminente à son domicile où celui-ci imprime clandestinement la revue *Combat*, avec des fonds venus d'Angleterre et que Gaston Gallimard cache dans ses coffres.

Pour l'heure, réfugié prudemment sur la Côte, Gaston Gallimard attend la suite des événements. Il peut se le permettre. Ce n'est pas le cas de Saint-Exupéry. Il n'a pas un sou et il est gêné à l'idée de vivre aux crochets de sa sœur et de son beau-frère — qui en seraient ravis. Il y a aussi Consuelo, qui vit maintenant une expérience qu'elle trouve sublime et enrichissante dans une colonie d'artistes installée dans un de ces villages du Luberon dont les maisons en pierre se confondent avec le rocher auquel elles sont accrochées et que coiffe la tour d'une église adossée aux ruines d'un château. À Oppède, Consuelo n'est pas seule, mais qu'importe : Saint-Exupéry se considère comme responsable dans tous les cas de figure de celle qu'il a épousée et qui, trop artiste pour savoir se protéger, est vulnérable et doit être défendue, contre elle-même parfois. Il s'en voudrait de ne pas lui assurer le minimum. Mais comment gagner quelques sous s'il ne peut plus piloter, s'il ne peut plus publier et s'il n'envisage pas de mettre de l'eau dans son vin et jouer un double jeu avec l'occupant, comme lui suggèrent déjà certains de ses amis ?

Faut-il faire semblant de s'accommoder de l'Occupation, collaborer même, se donner l'air d'accepter l'inacceptable, pour pouvoir, en cachette, comploter, saper discrètement l'édifice avec l'espoir qu'il s'effondrera avant que la somme des compromissions nécessaires ne fasse de vous un pilier plus ferme que ceux que vous grignotez… ? Absurde : Saint-Exupéry a risqué sa peau pour se donner le droit de dire ce qu'il pense, or, de toute évidence, ce qu'il pense n'est pas à l'avantage d'un régime qui a institué la censure et qui entend contrôler ce qui se dit pour façonner ce qui se pense.

Ce que pense Antoine de Saint-Exupéry, c'est qu'il faut continuer la guerre contre l'Allemagne.

Plus facile à dire qu'à faire.

Restée seule en lice, l'Angleterre ne peut pas

mener toute seule ce combat, même si, protégée par la Manche, elle semble provisoirement à l'abri d'une invasion. Restent les États-Unis dont la population et les hommes politiques considèrent que la guerre en Europe ne les concerne pas. Ils se trompent. En mai, au moment où il n'était pas déraisonnable de penser que l'aide des États-Unis pouvait sauver la France, Saint-Exupéry avait adressé une lettre « Aux Américains ». Leur bien-être n'est pas menacé, c'est vrai. Pas pour l'instant. Mais il est le produit d'une civilisation européenne qui est créative parce qu'elle est vivante, et elle est vivante parce qu'elle admet la contradiction et la différence. Cette civilisation défend la liberté de pensée et d'expression de celui qui pense différemment parce que sa particularité garantit la vôtre et que les deux, ensemble, sont la vie. Cette logique de l'esprit qui cherche la synthèse est menacée par celle de l'animalité qui met les termes de la contradiction en concurrence afin que le plus fort anéantisse l'autre. C'est l'idéologie de l'Allemagne nazie qui n'acceptera jamais, qui ne peut pas accepter l'existence d'un point de vue différent du sien ni à l'intérieur, ni en dehors de ses frontières. À plus ou moins brève échéance, elle voudra anéantir les États-Unis. En défendant la civilisation européenne dont elle est l'héritière, l'Amérique se défend elle-même :

Nous nous battons pour l'homme, pour que l'homme ne soit pas écrasé par la masse aveugle, pour que le peintre puisse peindre même s'il n'est pas compris. Pour que le savant puisse calculer même s'il ne semble pas d'abord orthodoxe.

Nous nous battons pour tous les pères du monde, et pour tous leurs fils. Pour que la table familiale soit baignée d'une tendresse sûre. Pour que les fils ne vendent pas leur père au caporal de leur parti. Pour que les amis ne trahissent pas. Et pour que celui-là qui est faible [...] puisse conserver ses vêtements malgré qu'il ne puisse pas les défendre[5].

Se rendre aux États-Unis pour s'adresser directement aux Américains et les inciter à prendre les armes est une forme de combat. Saint-Exupéry trouve que, vu les circonstances, c'est ce qu'il doit faire. Il veut avoir l'avis de Léon Werth. Il le voit le 12 octobre. Juif et anarchiste de gauche, Léon Werth a trouvé prudent de quitter l'appartement de la rue d'Assas pour son chalet du Jura. Saint-Exupéry envoie un télégramme de Lyon : « Serai Saint-Amour autorail 20 h 36 stop tellement heureux vous revoir stop[6]. » Il y reste trois jours. Werth lui conseille d'aller plutôt à Londres. Saint-Exupéry n'aime pas de Gaulle, ce militaire qui veut faire la guerre aux Français. Werth n'ose pas insister. Il approuve le projet de son ami de se rendre aux États-Unis. Il lui confie même, pour une éventuelle publication en Amérique, le manuscrit du livre qu'il vient d'achever, où il décrit les trente-trois jours de son voyage de Paris à Saint-Amour au milieu des réfugiés qui fuient les armées allemandes, à travers un pays à l'agonie.

Pour quitter la France, Saint-Exupéry a besoin d'un passeport et d'un visa. Pour se rendre à Paris, en zone occupée, et récupérer ses documents et les manuscrits qu'il n'avait pas emportés, il lui faut un laissez-passer. À Vichy, où il se rend pour l'obtenir, Saint-Exupéry rencontre Drieu la Rochelle, personnage ambigu, anarchiste de gauche, mais partisan d'un État autoritaire, ami des surréalistes et parrain du fils de Malraux, mais aussi ancien membre du Parti populaire français de Jacques Doriot. Jean Paulhan voit peut-être juste quand il s'arrange pour laisser à ce dandy parisien, qui est aussi un romancier de talent, la direction de la *NRF* : ses critiques de la décadence occidentale laissent croire aux Allemands qu'ils peuvent en faire un collaborateur — ils ne réussissent qu'en partie : Drieu, qui se définit lui-même comme un « fasciste socialiste » et qui a eu déjà des mots caustiques à l'égard de l'idéologie nazie de quatre sous, la méprise profondément ; il se laisse manipuler pour pouvoir, avec cynisme, manipuler ceux qui l'emploient et, sans jamais approuver la Résistance, il fait libérer Jean Paulhan, arrêté pour ses activités subversives, il sauve de la déportation quelques Juifs, dont sa première femme, et rend service à des amis dont il ne partage pas les opinions. Après deux tentatives échouées en août 1944, Drieu réussit à se donner la mort en mars 1945 poussé par des démons sordides, certes, dont il est largement question dans son *Journal*, mais qui sont sans rapport avec les circonstances historiques.

Drieu se rend à Paris en auto et emmène Saint-Exupéry, qui s'étonne de voir au poste de démarcation entre les deux zones la sentinelle allemande se mettre au garde-à-vous en examinant l'ausweis de l'écrivain qui est, on le sait, et depuis des années, l'ami personnel d'Otto Abetz. À Paris, Drieu, qui connaît parfaitement les convictions de Saint-Exupéry, voudrait lui épargner un contact déplaisant avec les autorités allemandes habilitées à lui délivrer les papiers dont il a besoin. Il ne peut lui éviter une entrevue avec un officier allemand qui souhaite rencontrer le sollicitant. L'entretien a lieu chez une amie de Drieu, rue de Berri. Il se prolonge après l'heure du couvre-feu, ce dont Saint-Exupéry ne s'aperçoit qu'en trouvant les grilles du métro fermées. On lui avait dit que les personnes arrêtées après le couvre-feu étaient fouillées. Il a sur lui ses fameux carnets pleins de notes qui sont pour lui un instrument de travail. Paniqué à l'idée qu'on pourrait les lui confisquer, il prend les jambes à son cou avec l'espoir d'arriver rue Michel-Ange avant que les premières patrouilles ne commencent leur ronde. Pour relater l'épisode, Nelly de Vogüé prend le ton du témoin oculaire :

Il était difficile de ne pas rire en le regardant sautiller, haletant et vociférant, dans la montée de l'avenue du Président-Wilson. « Ah, les salauds, ils verront si je me laisserai faire. Ils ne les auront pas mes carnets. Si je ne pars pas pour New York, je suis foutu ![7] »

Saint-Exupéry tient parole. Il part pour les États-Unis le 5 novembre avec l'intention de n'y rester qu'un mois. De Marseille, où se trouve Guillaumet, avec lequel il passe à nouveau quelques bons moments, Saint-Exupéry embarque pour Alger : il n'y a plus de courses vers l'Amérique à partir des ports français et il ne peut rejoindre le Portugal par l'Espagne, les autorités de ce pays lui ayant refusé le visa en raison de l'aide qu'il aurait apporté aux républicains pendant la guerre civile. Le détour par Alger n'est pas déplaisant. Descendu à l'hôtel Aletti, il apprend au bar qu'un de ses amis, le commandant René Chambe, est là : démobilisé, il a été envoyé par *Paris-Soir* pour une enquête concernant l'état de l'opinion dans les territoires français d'Afrique du Nord. Il est une heure du matin, mais qu'importe ! Saint-Exupéry lui téléphone pour lui faire savoir qu'il l'attend chez lui avec une bouteille de champagne au frais. Le lendemain matin, ils partent ensemble, en avion, pour Rabat. Ils ont un entretien avec le général Noguès qui leur confirme qu'il s'est rangé aux côtés du Maréchal. À Casablanca, ils déjeunent chez le docteur Henri Comte, un autre bon ami de Saint-Exupéry. Saint-Exupéry, qui n'a pour tout bagage qu'une valise et un gros cahier noir fermé par un élastique découpé dans la chambre à air d'une bicyclette, accompagne René Chambe à Meknès, Fez et Agadir. Les mauvaises conditions atmosphériques les retiennent deux jours à Ksar-es-Souk. Le commandant de l'unité qui s'y trouve, un lieutenant-colonel de spahis, leur assure que l'armée du Maroc, tout en souhaitant une revanche, exécutera les ordres, « tous les ordres, même les plus cruels ». « Ça nous promet pour plus tard de belles conneries[8] », s'exclame Saint-Exupéry.

Saint-Exupéry revient à Casablanca. Henri Comte le conduit en voiture à Tanger. Depuis juin sous occupation espagnole, Tanger a conservé son statut de ville ouverte. Saint-Exupéry peut embarquer sans encombre sur un bateau en partance pour Lisbonne où il arrive le 16 novembre.

Lisbonne dégage une joie triste. La fête continue comme si de rien n'était à cela près que les personnages qui dansent sont les spectres du désastre européen : « J'avais vécu la nuit épaisse de nos villes. Et voici qu'à deux pas de chez moi, chaque soir, le casino d'Estoril se peuplait de revenants. Des Cadillac silencieuses, qui faisaient semblant d'aller quelque part, les déposaient sur le sable fin du porche d'entrée. Ils s'étaient habillés pour le dîner comme autrefois. Ils montraient leur plastron ou leurs perles. Ils s'étaient invités les uns les autres pour des repas de figurants, où ils n'auraient rien à se dire. Puis ils jouaient à la roulette ou au baccara selon les fortunes. J'allais parfois les regarder. Je ne ressentais ni indignation ni sentiment d'ironie, mais une vague angoisse. Celle qui vous trouble au zoo devant les survivants d'une espèce éteinte[9]. » Ils sont les « réfugiés », ceux qui sont partis pour ne plus revenir. Ceux qui, pour mettre à l'abri leur argent qui n'a pas de nationalité, ont quitté leurs pays où leurs concitoyens souffrent. À ne pas confondre avec les voyageurs. Ayant coupé leurs amarres, les premiers, qui portent leur argent comme l'escargot sa coquille, ne sont plus de nulle part parce rien ne les attache à rien ; les autres, ceux qui ont un port d'attache, « dès le départ ils commencent déjà de revenir ».

Antoine de Saint-Exupéry est de ces derniers : il ne pense déjà qu'au retour.

Lisbonne le désespère. Il est pris d'angoisses, de craintes, d'un mal de vivre qui l'afflige. Il envoie en France des lettres et des télégrammes qui témoignent de son désarroi.

En attendant le bateau qui l'emmènera en Amérique, Saint-Exupéry accepte de rencontrer les élèves de l'École française. Il fond en larmes en leur parlant de Guillaumet, dont il vient d'apprendre le matin même la disparition. Le 27 novembre, avec Marcel Reine comme copilote, il amenait à Damas le nouveau haut commissaire français pour la Syrie. Pris par hasard dans une confrontation entre avions de chasse anglais et italiens, son Farman est abattu sans que l'on sache exactement par qui. Son dernier message était : « Sommes mitraillés, avion en feu, SOS. SO... »

La mort de Guillaumet accentue sa déprime : « Guillaumet est mort, il me semble ce soir que je n'ai plus d'amis », écrit Antoine de Saint-Exupéry à Nelly de Vogüé dans une lettre où il lui fait part du sentiment insupportable de celui qui n'a plus personne avec qui partager ses souvenirs, seul survivant de l'époque glorieuse de l'Aéropostale. Cette lettre poignante est un appel au secours adressé à son destinataire que, certes, il tutoie, mais aussi au monde entier qu'évoque un surprenant pluriel surgi de nulle part au milieu de la phrase :

> Je croyais que ça n'arrivait qu'aux très vieilles gens d'avoir semé sur leur chemin tous leurs amis. Tous. Il y a toute la vie à recommencer. Aidez-moi, je vous en supplie, à voir le paysage. Je suis désemparé d'avoir passé la crête. Dis-moi quoi faire. S'il faut revenir, je reviens[10].

Une deuxième intervention, devant les étudiants de l'École supérieure d'électricité, est tout aussi émouvante. Saint-Exupéry parle de la peur : celle du pilote de guerre qui essuie le tir de la DCA, celle dont il avait été saisi au moment où, coincé dans son hydravion, il se croyait perdu, la peur ressentie dans le désert qu'il avait affronté sans espoir d'être secouru. Dans ces moments extrêmes où la tentation de s'évader de la vie est grande, ce qui vous retient, c'est le sentiment du devoir envers les autres :

> Chaque minute de renoncement assassine un peu ceux qu'on aime, et cela on ne peut le supporter[11].

C'est ce que l'on nommait autrefois honneur.

Le 21 décembre 1940, Saint-Exupéry monte enfin à bord du *Syboney*, un paquebot de l'American Export Lines. Il partage sa cabine avec Jean Renoir. C'est une chance pour quelqu'un qui voudrait faire carrière comme scénariste. Saint-Exupéry lui fait part de son projet d'adapter pour l'écran *Terre des hommes*. Il en parle dans des termes tellement convaincants qu'une fois à terre le cinéaste s'empresse de lire le livre de son nouvel ami. Il le trouve formidable et décide d'en faire un film, projet jamais abouti dont il ne reste que des traces.

La traversée, qui dure deux jours de plus que prévu, est mouvementée : l'océan est agité et Saint-Exupéry, qui a le mal de mer, ne peut ingurgiter que du thé et du bouillon. Il débarque à New York le 31 décembre 1940.

Toujours, toujours et toujours..., jamais, jamais et jamais !

Saint-Exupéry avait télégraphié à Maximilien Becker pour lui annoncer son arrivée, le priant de n'en parler qu'à ses éditeurs. Il voulait éviter les questions de la presse. Peine perdue. Les journalistes se font communiquer à l'avance la liste des passagers qui arrivent d'Europe et celui-là ne pouvait pas leur échapper. Ils ont leur scoop mais ils sont déçus : Saint-Exupéry est plus prolixe en ce qui concerne les péripéties de la traversée qu'à propos de la situation politique en France. Il parle de la défaite, des erreurs politiques de ceux qui ne sont plus aux affaires, des appréciations erronées des chefs militaires, mais se garde bien de donner son avis sur Pétain. D'ailleurs, il ne compte rester que trois ou quatre semaines en Amérique — un pays, il a le bon goût de ne pas le préciser, qui lui inspire toujours un profond mépris par la vulgarité des mentalités communes ; les gens semblent, ici, avoir renoncé à toute quête spirituelle, satisfaits de leurs réussites technologiques spectaculaires, certes, mais peu à même de répondre aux questions angoissantes qui agitent depuis deux mille cinq cents ans au moins le Vieux Continent ; à ces déjà anciennes récriminations s'ajoute une nouvelle, à savoir cette ahurissante irresponsabilité qui tient l'Amérique en dehors du conflit européen, incapable de comprendre que les enjeux de cette guerre ne sont pas uniquement économiques et politiques.

À New York, où Nelly de Vogüé le rejoint quelques jours après, Saint-Exupéry descend toujours au Ritz-Carlton : il s'attache aux lieux comme aux hommes et il est plus à l'aise dans un endroit familier. Une fois installé, c'est-à-dire après avoir jeté dans un placard la valise avec ses affaires et sur le bureau celle avec ses manuscrits, il s'empresse de rejoindre Bernard Lamotte. Il a bien raison. Le salon de Lamotte, où traîne un piano pour accompagner les chansons osées, son atelier vaste et lumineux, la terrasse où il a installé un gril au mépris des normes de sécurité et le restaurant qu'il fréquente en bas de chez lui, La Grenouille, sont des lieux privilégiés de rencontre de la bohème artistique au milieu de laquelle Saint-Exupéry retrouve ses habitudes, sa joie de vivre, ses tours de cartes et ses histoires de cœur. Sans négliger pourtant ses autres amis. Les nouveaux, comme Jean Renoir, qu'il traîne partout jusqu'au départ de celui-ci pour Los Angeles, et les anciens dont Pierre de Lanux et Raoul de Roussy de Sales, qui le trouve « plus oiseau que jamais, mais oiseau posé avec tendance à mettre la tête sous son aile[1] ».

Deux semaines après son arrivée, Saint-Exupéry reçoit dans le cadre d'un banquet réunissant mille cinq cents personnes le National Book Award 1939 qui l'attend depuis un an. *Wind, Sand and*

Stars s'était vendu à plus de deux cent cinquante mille exemplaires, ce qui fait de Saint-Exupéry un auteur à succès et excite la curiosité de la presse ameutée aussi, comme il se doit, par ses éditeurs et par Maximilien Becker, qui n'oublie pas qu'il est l'agent d'un auteur dont il a intérêt à amplifier la popularité. Il faudrait en profiter pour publier un nouveau livre.

Hélas, Saint-Exupéry n'en a pas.

Il n'a presque rien écrit depuis la publication de *Terre des hommes* à part ces bouts de textes en désordre qu'il pense réunir un jour dans ce qui doit être le livre de sa vie — et dont il se garde bien de toucher mot à ses éditeurs américains. Eugene Reynal et Curtice Hitchcock avaient déjà fait savoir à la presse, avec l'air de plaisanter, que Saint-Exupéry n'écrit que lorsqu'on l'enferme à clé chez lui. Ils ont intérêt à ne pas le lâcher tant qu'il n'a pas pondu son ouvrage. Ils veulent le convaincre de prolonger son séjour à New York. Elisabeth Reynal et Peggy Hitchcock lui trouvent un appartement dont elles espèrent qu'il appréciera le confort et la vue : en regardant par sa fenêtre du 23e étage de Central Park, qui se trouve au pied de l'immeuble, il peut se croire dans la carlingue d'un avion. Les éditeurs lui font des avances importantes pour lui permettre de payer le loyer.

De payer aussi des frais médicaux non négligeables : Saint-Exupéry a de nouveau des accès inexpliqués de forte fièvre et des douleurs dentaires qui sont dues, croit-il, aux fractures de ses maxillaires lors de son accident au Guatemala. Les éditions Reynal & Hitchcock lui versent aussi une mensualité de 1 500 dollars, ce qui n'est pas négligeable, à déduire des droits d'auteur. Saint-Exupéry peut engager une secrétaire. Ce n'est pas facile. Elle doit être bilingue, à même de taper sur un clavier français et capable de comprendre une écriture réputée indéchiffrable. Elle doit accepter des horaires farfelus et servir occasionnellement d'interprète lorsque Maximilien Becker, Élisabeth Reynal ou Nelly de Vogüé ne sont pas là pour traduire, Saint-Exupéry ayant décidé une fois pour toutes qu'apprendre ne fût-ce que très sommairement une langue étrangère nuit au style d'un écrivain. Il préfère communiquer et même raconter ses histoires habituelles avec des gestes et en baragouinant quelques mots en une langue propre faite d'un français élémentaire, fleuri de quelques expressions espagnoles, réminiscence de son séjour à Cap Juby, et d'autant de vocables ambigus en simili-allemand.

Les éditeurs sont priés aussi de subvenir à d'autres frais indispensables : venu pour un mois, Saint-Exupéry n'a emporté qu'une valise et il a besoin de tout, du linge de corps au rasoir électrique dont il ne peut plus se passer.

Tout cela coûte cher. Reynal et Hitchcock veulent bien avancer l'argent à condition que cet investissement soit rentable. Ils le veulent absolument, ce nouveau livre. Ils se font pressants, Lewis Galantière en témoigne[2]. Sachant qu'un document qui parle dans des termes concrets de situations réelles, dramatiques et préoccupantes, est plus vendable qu'une fiction, on fait comprendre à cet auteur lunatique et trop porté sur les idées abstraites que son prochain livre devrait être plutôt un témoignage. Expliquer aux Américains, qui sont persuadés du contraire, que la défaite de la France n'est pas due, comme on le leur dit, à la lâcheté d'un peuple qui manque de courage et ne veut pas combattre.

Reynal et Hitchcock frappent dans le mille : Antoine de Saint-Exupéry a trop envie de mettre les choses au point et de déniaiser une opinion publique américaine dont il trouve la suffisance intolérable. Il a envie de leur dire leurs quatre vérités, à ces donneurs de leçons si fiers de leur opulence vulgaire, qu'il tient pour responsables des malheurs qui frappent la France. Il s'explique dans une de ses lettres :

> J'ai dit aux Américains clairement : « Les responsables de la défaite c'est vous. Nous étions quarante millions d'agriculteurs contre quatre-vingts millions d'industriels. [...] Quelle qu'eût été la gestion de la France, la course aux armements se fût soldée par un homme opposé à deux, un canon opposé à cinq. Nous acceptions de nous mesurer à un contre deux ; nous voulions bien mourir. Mais pour que notre mort fût efficace, il nous eût fallu recevoir de vous les quatre canons, les quatre avions qui nous manquaient. Vous prétendiez être sauvés par nous de la menace nazie, mais construisiez exclusivement des Packard et des frigidaires pour vos week-ends. Telle est la seule cause de notre défaite »[3].

Néanmoins, les pressions de ses éditeurs l'énervent. Il a la sensation d'être pris pour un auteur qui peut et doit écrire sur commande, comme si le livre était un produit de consommation courante — et il n'est pas loin de croire que, pour les Américains, c'est ce qu'il est, en effet.

Toutefois, a-t-il un autre moyen d'agir ?

Deux inventions qu'il présente au Department of War et qui concernent l'aviation n'intéressent pas, probablement aussi parce qu'il n'est pas intégré à ces équipes d'ingénieurs qui ont dépassé depuis longtemps le stade des solutions artisanales que l'on trouve en prenant son bain — Saint-Exupéry, lui, expérimente dans sa baignoire une sorte de sous-marin individuel recouvert d'écailles dont l'orientation lui permettrait d'avancer, poussé par les courants marins, ce qui le rendrait silencieux et indétectable et en ferait le moyen idéal d'un débarquement sur les côtes ennemies[4]. Les fonctionnaires qui le reçoivent rédigent des rapports consciencieux où ils qualifient ses idées d'intéressantes, c'est-à-dire de farfelues. Il se propose aussi comme conseiller pour l'espace aérien africain qu'il connaît bien. Les spécialistes militaires américains jugent ses renseignements obsolètes et de peu d'utilité.

Par ailleurs, ses interventions auprès des autorités américaines restent sans suite. Peu à même de comprendre le fonctionnement de l'administration fédérale, persuadé que des interventions mondaines, facilitées par William Donovan, un ami personnel du président Roosevelt, permettent, comme en France, de faire bouger les choses, Saint-Exupéry multiplie les contacts avec des responsables politiques et militaires. Il suffirait, leur dit-il, de livrer un millier d'avions et des munitions aux unités françaises d'Afrique pour que celles-ci continuent la guerre contre l'Allemagne nazie, ce dont on doute fort à Washington. De toute façon, en ce début d'année 1941, l'Amérique n'est pas en guerre et ne veut surtout pas l'être. Par prudence, le service militaire est rétabli mais la vocation de la loi Lend-Lease, qui facilite la vente à crédit du matériel militaire, n'a d'autre but que de faire profiter l'industrie des États-Unis d'un marché en pleine expansion — et l'on ne traite qu'avec des gouvernements que l'on estime, à terme, solvables. L'attaque de la Russie, le 22 juin 1941, ne change pas la position des États-Unis et il faut attendre le mois de septembre pour que le président Roosevelt permette à ses forces navales d'attaquer les navires allemands qui pénètrent dans les eaux américaines, ce qu'ils faisaient impunément jusqu'à cette date.

Autant de raisons d'écrire ce livre qu'on lui demande : puisque ses démarches auprès des autorités n'aboutissent pas et finissent même par agacer, publier un nouveau « roman » serait une autre forme de combat.

Il pourrait aussi répondre à tous ceux dont il croit, avec une candeur délibérée, qu'ils l'attaquent parce qu'ils n'ont pas bien compris le sens de ses choix. Ne rejoignant aucun des deux camps qui regroupent les Français d'Amérique, les pétainistes et les Français libres, Saint-Exupéry est vilipendé par tous avec une violence redoublée dès qu'il tourne le dos à ceux qui lui font des courbettes. Fin janvier 1941, probablement à la suggestion de Gaston Bergery, son nom apparaît, sans son consentement, sur la liste des personnalités pressenties pour faire partie d'un Conseil national à vocation consultative dont le rôle serait d'orienter la politique du gouvernement de Vichy. Saint-Exupéry décline cet honneur dans une conférence de presse et par un démenti en première page du *New York Times* du 31 janvier 1941, sans que cela fasse taire les gaullistes qui continuent de lui reprocher, avec une mauvaise foi évidente, cette fausse nomination, surtout après son refus de collaborer à leur journal, *La Marseillaise*, et après l'échec de ceux chargés par de Gaulle d'obtenir son ralliement : celui-ci fait figurer le nom d'Antoine de Saint-Exupéry dans un télégramme adressé le 19 avril de Brazzaville à René Pleven et au général Petit leur demandant de gagner à sa cause un certain nombre de personnalités prestigieuses ; les témoignages de Raoul Aglion, le représentant de la France libre aux États-Unis, et de Raoul de Roussy de Sales, gaulliste de la première heure, vont dans le même sens.

Saint-Exupéry répond à tous par une fin de non-recevoir. Il reproche aux partisans du Maréchal de « trop fusiller » — c'est un euphémisme — et à de Gaulle de parler au nom de la France, sans que rien ne l'y autorise ; pire, par ambition personnelle, celui-ci pousse les Français à se faire la guerre entre eux au lieu de les réunir tous dans un même combat contre l'Allemagne nazie. Cette position singulière lui vaut des haines tenaces, à commencer par celle du Général, et des calomnies qui, pour être sans aucun fondement et parfois farfelues, n'en sont pas moins gênantes.

Autant d'arguments pour convaincre Saint-Exupéry qu'il n'écrit pas pour de l'argent, ce qui serait bourgeois, mais uniquement pour son plaisir, ce qui est noble. À condition toutefois qu'on cesse de lui imposer des délais et qu'on lui laisse le temps de donner à ses idées la forme littéraire qui leur convient. Saint-Exupéry écrit, avec une pointe d'exaspération, à Lewis Galantière, qui se fait le porte-parole des éditeurs :

> Bien sûr l'argent. J'ai besoin d'argent et cetera. J'en ai le plus grand besoin et je suis enchanté quand j'en reçois, mais il m'est absolument impossible de mêler les deux points de vue. J'ai simplement deux formes d'égoïsme dont l'un prime énormément l'autre. Je ne puis rien acheter avec de l'argent qui vaille plus cher que le plaisir d'avoir dit ce que je voulais dire. Si je m'exprime mal en vue de l'argent, je me roule moi-même[5].

Son livre avance à pas comptés. Comme dans le temps, Saint-Exupéry réveille toujours en pleine nuit ses amis pour leur lire quelques lignes ou quelques pages obtenues avec tant d'efforts qu'il lui arrive même de s'assoupir au téléphone. Il s'est acheté un dictaphone pour enregistrer, avant de se coucher, le texte que sa secrétaire, Marie Bouchu McBride, tape à la machine le lendemain matin. Saint-Exupéry le revoit et le corrige dans l'après-midi, quand il se réveille. Retapées au propre, les pages sont envoyées à Lewis Galantière qui reçoit aussitôt un coup de fil de l'auteur. Celui-ci lui demande de modifier tel mot, de rayer tel autre, de déplacer une phrase, d'en ajouter une autre, ou carrément de retourner le tout à l'expéditeur qui, mécontent, veut tout changer. C'est sa méthode de travail, explique Saint-Exupéry à un correspondant du *New York Times* : son écriture commence par une impression qu'il estime digne d'être exprimée ; il rédige aussitôt un brouillon « global » d'où il lui faut ensuite éliminer « cette matière quel que soit son nom que l'on découpe pour obtenir un diamant net[6] ».

Néanmoins le livre tant attendu tarde à prendre forme.

Pour des raisons diverses.

À commencer par ses ennuis de santé réels : des douleurs dans le dos, des nausées, des rages de dents, une infection à l'œil et, surtout, ces accès de très forte fièvre qui lui donnent parfois de tels frissons qu'il se voit obligé, en plein dîner, de demander la permission de s'allonger. Ses souffrances sont telles qu'on lui pardonne celles, inventées, qui lui ont valu une réputation d'hypocondriaque. Saint-Exupéry dort mal et ce n'est peut-être pas uniquement la faute des litres de café ou de très fort thé noir qu'il ingurgite et des Craven qu'il fume sans cesse, sans lesquels il ne peut pas travailler.

S'y ajoutent les crises de mauvaise humeur dues à des médisances qui l'énervent et dont les auteurs s'arrangent pour qu'elles lui soient transmises au plus vite. Certaines ne sont pas malveillantes. De retour en France, Nelly de Vogüé ne cache pas toujours à son ami, qui lui demande des nouvelles de sa femme, ce qu'elle en apprend. Consuelo ne fait jamais dans la dentelle, ni lorsqu'il est question de se montrer jalouse, ni lorsqu'elle veut prouver qu'elle est une femme libre et libérée.

Puis voilà que Saint-Exupéry abandonne tout son monde et file à Los Angeles pour faire un film. Arrivé en mars à Hollywood, Jean Renoir essaie de convaincre la Fox de produire *Terre des hommes*. Il a déjà écrit un synopsis qu'il fait lire à tous les gens du métier qu'il rencontre, les assurant que ce sera le plus beau film de sa vie. Il a besoin de Saint-Exupéry, de son charme et de sa ferveur, pour vaincre les réticences des uns et gagner l'appui des autres dans un système d'intérêts et d'influences compliqué dont il commence à comprendre la mécanique subtile. Le 11 avril 1941, Saint-Exupéry est à Hollywood où Jean Renoir lui a obtenu un rendez-vous avec un agent très influent. C'est raté : impressionné dans un premier temps par la bibliothèque aux ouvrages reliés pleine peau, Saint-Exupéry se raidit au moment où il constate que les livres sont factices et qu'ils cachent un bar : « C'est un affreux ! C'est un affreux[7] ! » hurle Saint-Exupéry une fois dans la rue.

Revenu à New York, il néglige le livre qu'attendent ses éditeurs américains. Il s'achète chez Aeolian Organ un appareil de 700 dollars et passe ses nuits à enregistrer sur des disques en gomme-laque de trente centimètres sa version du scénario qu'il expédie le matin à Renoir. Les scènes, qu'aucune action dramatique ne lie, sont bavardes, constamment interrompues par des considérations d'ordre général et par des phrases sans rapport avec le sujet. Saint-Exupéry s'adresse directement à Jean Renoir et à sa femme, qu'il suppose à côté de son mari, impatiente de découvrir cette nouvelle séquence du scénario, pour leur dire qu'il est en train d'allumer sa cigarette, qu'il doit s'interrompre quelques minutes parce que les cendres de sa cigarette brûlent le tapis, ou carrément qu'il va leur parler d'autre chose, n'ayant plus les idées très claires par la faute de plusieurs bouteilles d'un très bon champagne. Parfois, il chante ou il demande à Renoir de choisir une carte, comme pour un tour de magie, qui rate parce qu'il est trop loin. Lorsqu'on entend sur le disque la sonnette de la porte, Saint-Exupéry rassure son ami : « Non, non, ce n'était pas une mignonne, Jean Renoir. C'était un barbu. Ouais. Alors je l'ai renvoyé. Les barbus ce n'est pas du tout intéressant[8]. » Ces disques deviennent le cauchemar de Jean Renoir : il travaille d'arrache-pied à son nouveau film, il n'a pas trop le temps de les écouter, or Saint-Exupéry lui téléphone tous les jours, au milieu de la nuit de préférence, pour lui demander son avis, bon prétexte aussi pour un brin de causette qui se prolonge même lorsque l'interlocuteur répond à peine, à moitié endormi.

À Los Angeles, quelques accès de fièvre, impressionnants par leur soudaineté et leur violence, mettent le pauvre Saint-Exupéry au bord de l'évanouissement. Ses amis s'en inquiètent. Pierre Lazareff, le directeur de *Paris-Soir*, se trouve lui aussi à Los Angeles. Son épouse connaît un très bon médecin français. Après maints examens et radiographies, celui-ci croit avoir trouvé la source du mal. Une écharde du siège en bois de l'avion avec lequel le jeune Saint-Exupéry était tombé en 1923 avait probablement donné naissance, dans la région de la vessie urinaire, à une « poche cicatricielle » qui parfois se remplit et provoque des infections. Une intervention chirurgicale est décidée. En juin, Saint-Exupéry revient à Los Angeles, passe sur le billard et se retrouve pour un mois à l'hôpital où il est très malheureux : on lui sert des carottes en garniture et lorsque l'infirmière répond qu'il n'a qu'à les laisser dans l'assiette, il pique une crise parce que ce qui le déprime, ce n'est pas de les manger mais de les voir. Ce n'est peut-être qu'un exutoire, faute de pouvoir s'en prendre aux médecins, au destin et à Dieu ! Il n'a vraiment pas de chance : à une hémorragie postopératoire succèdent des « poussées infectieuses » en série auxquelles s'ajoute une inflammation oculaire. Saint-Exupéry fait un rapport détaillé de ses problèmes de santé à Lewis Galantière, en charge d'annoncer à Reynal et Hitchcock qu'ils n'auront pas le livre escompté à l'automne, comme ils l'espéraient :

> Tout ça fait que je suis absolument vanné. Ce genre d'opération qui n'en finit plus de guérir à cause des hémorragies et des réinfections a surtout pour effet de mettre les nerfs en boule. [...] Aussi pardonnez-moi mon retard à mon livre. J'en suis plus que vous désespéré. Comme je pense être enfin entré dans la véritable convalescence, j'espère retrouver cette paix des nerfs et du corps qui permet seule de travailler. Heureux ceux qui scient des planches et qui ne dépendent pas de leur climat intérieur[3].

À l'hôpital, Saint-Exupéry reçoit de nombreuses visites dont celle d'Annabella. C'est le nom que porte à l'écran Suzanne Georgette Charpentier qui avait joué le rôle principal d'*Anne-Marie*, et qui était devenue depuis une vedette hollywoodienne. Pour distraire le malade et aussi, peut-être, pour oublier que son mari, le très célèbre et déjà bien mûr Tyrone Power, entretient une liaison de notoriété publique avec la très fraîche Judy Garland, qui n'a, à l'époque, que dix-neuf ans, Annabella lui lit les contes d'Andersen. *La Petite Sirène* lui aurait donné envie d'écrire, lui aussi, un conte pour enfants.

Saint-Exupéry va mal, on s'en doute, même si rien ne laisse supposer que son état « nerveux » serait pire qu'au printemps. Il a quitté l'hôpital depuis deux mois et, après quelques semaines passées chez Pierre Lazareff, il habite de nouveau chez Jean Renoir — qui regrette le temps où les coups de fil de New York le réveillaient en pleine nuit ; maintenant il ne dort plus du tout : la chambre de Saint-Exupéry se trouve au-dessus de la sienne et il l'entend à longueur de nuit faire les cent pas et parler à voix haute pour enregistrer les disques qu'une secrétaire récupère le lendemain matin pour dactylographier le texte.

Est-ce le « témoignage » qu'attendent ses éditeurs new-yorkais ? On peut en douter : dans une lettre expédiée de Los Angeles à Nelly de Vogüé, Saint-Exupéry ne lui parle que de son autre livre, de celui qui lui tient à cœur, le « vrai » :

> J'ai changé depuis la guerre. Je veux finir mon livre. C'est tout. Je m'échange là contre. Je crois que ça tient maintenant à moi, comme une ancre de fond. On me demandera dans l'éternité : « Qu'est-ce que vous avez fait de vos dons, et comment avez-vous agi sur les hommes ? » Puisque je ne suis pas mort à la guerre, je m'échange contre autre chose que la guerre. [...] Je ne poursuis aucun but intéressé. Aucune approbation de l'opinion. C'est bien entendu maintenant avec moi-même. Ça paraîtra à ma mort, car je n'aurai jamais fini. J'ai sept cents pages. Si je les travaillais comme un simple article, ces sept cents pages de gangue, il me faudrait déjà dix ans, rien que de mise au point[10].

L'entrée en guerre des États-Unis, en décembre 1941 donne à Reynal et Hitchcock un argument de poids pour stimuler leur auteur : son livre est maintenant plus nécessaire que jamais. En janvier, ils essaient de lui rappeler ses engagements, toujours par l'intermédiaire de Lewis Galantière, qui reçoit une volée de bois vert. Lorsqu'on lui parle de dates, Saint-Exupéry se rebiffe. Si le hasard lui avait fait signer son contrat six semaines ou six mois plus tard, la date de la remise du manuscrit aurait été repoussée d'autant, quelles que fussent les circonstances qui, de toute façon, ne modifient en rien la substance du livre ! De mauvaise foi ou non, il est évident que Saint-Exupéry fait semblant de ne pas comprendre la logique de l'éditeur, qui n'est pas celle de l'auteur, on s'en serait douté. Saint-Exupéry se préoccupe de la pérennité de son texte et non de ce qu'en pensera un individu, « peut-être bigle », le 22 février 1942, date pressentie pour la sortie du livre :

Ne me dites pas non plus que mon texte est « au point » et que je n'y changerai pas grand-chose. Je ne changerai plus grand-chose aux objets charriés. Ça c'est exact. Mais je changerai essentiellement leur pouvoir. Ça ne réside pas dans le matériel, ni dans la surface de l'énoncé. Ça ne commence même d'exister que quand on ne voit plus pourquoi. Et je connais très bien les changements à faire. Ils portent sur quelque chose que je ne sais pas définir, qui est la « durée » de ce que je dis. [...] Quand de ce truc qui meurt en un jour qu'est le journal, il me revient trois ans plus tard les échos d'un papier, c'est que toujours, toujours et toujours il s'agit d'un papier que j'ai recommencé trente fois. Quand je lis quelque part une citation de moi, il s'agit toujours, toujours et toujours d'une phrase que j'ai refaite cent vingt-cinq fois. On ne voit aucune différence apparente, appréciable entre la première et la dernière version. La dernière peut même, du point de vue du pittoresque, apparaître comme déficitaire — mais elle est nouée en profondeur. Elle est une graine. L'autre était un jouet pour la journée. Je ne me suis jamais, jamais et jamais trompé là-dessus[11].

Néanmoins, Reynal et Hitchcock ont gain de cause.

Au moment où il doit quitter Los Angeles pour accueillir Consuelo, dont l'arrivée à New York est imminente, Saint-Exupéry a dans ses bagages le manuscrit de son prochain livre. Il y tient comme à la prunelle de ses yeux. Le docteur Belt, qui voyage dans le même train qu'Antoine de Saint-Exupéry, raconte qu'arrivé à Chicago il décide de faire un tour en ville plutôt que d'attendre quelques heures sur le quai la correspondance pour New York. Saint-Exupéry veut bien l'accompagner mais refuse de laisser à la consigne la valise avec ses manuscrits. Elle est lourde et risque de leur donner des soucis pendant leur promenade. Saint-Exupéry accepte finalement de s'en séparer. C'est pire. Ses angoisses sont telles que, finalement, les deux amis écourtent leur visite de la ville pour revenir à la gare. En récupérant sa valise, Saint-Exupéry pousse un grand soupir de soulagement et se détend enfin. Il explique qu'il y a là-dedans « son enfant ».

Pilote de guerre, dont la traduction anglaise, illustrée par Bernard Lamotte, a pour titre *Flight to Arras*, sort en librairie, comme prévu, le 20 février 1942.

Un testament intelligible seulement à quelques-uns

Des quatre exemplaires dactylographiés du manuscrit de *Pilote de guerre*, l'un est aussitôt envoyé à la déjà célèbre pianiste Nadia Boulanger en signe d'estime et d'affection. Elle est priée de donner son avis : « J'ai assez besoin de savoir que je n'ai pas tout manqué — car pour beaucoup de raisons je suis assez écœuré — et très découragé[1]. » Un autre à Nadejda (Nada) de Bragança. Le ton est différent. Saint-Exupéry l'appelle Plume d'Ange, peut-être pas uniquement à cause de ses cheveux blonds. Il ajoute sur la page de garde quelques mots qui semblent destinés à dissiper des inquiétudes suscitées par l'arrivée de Consuelo :

J'ai pris une charge bien lourde sur mes épaules et il n'est ni question de pouvoir vivre en paix en m'en débarrassant, ni de pouvoir respirer en l'assumant. Drôle de chose que la conscience. Évidemment il ne s'agit pas de vivre en mari-femme. Ça c'est pour moi impossible[2].

Descendante des ducs de Bavière, Nada de Bragança est d'une beauté qui se remarque. De haute taille et blonde, elle ressemble tellement à Nelly de Vogüé que, lorsqu'elle accompagne Saint-Exupéry, certains la prennent pour celle-ci, qui ne peut pas la supporter, cela va de soi. Peu soucieux de ces jalousies de bas étage, Saint-Exupéry n'hésite pas à demander à Nelly, de passage à Londres, de lui donner des nouvelles de Nadejda qui vient de s'y installer avec son deuxième mari. Nelly la traite de folle. Elle se trompe. Il s'agit probablement d'une grosse dépression : quelques années plus tard, Nada de Bragança se suicide en se jetant par la fenêtre de son hôtel. Il n'en reste pas moins que la remarque de Nelly de Vogüé met en colère Saint-Exupéry, qui l'admoneste aussitôt : « Ne me parlez pas comme ça de mes femmes. Elles sont toutes folles[3]. »

Nelly de Vogüé se le tient pour dit.

Le départ de Nada de Bragança affecte beaucoup Saint-Exupéry qui lui écrit pour lui dire à quel point elle lui manque. Il avait eu néanmoins la précaution, du temps où elle n'avait pas encore quitté New York, de tomber follement amoureux de Nathalie Paley, petite-fille du tsar Alexandre II. Brutalisée et violée à douze ans pendant les troubles de la révolution bolchevique, ses rapports avec les hommes sont pour le moins circonspects. Elle leur préfère les drogues depuis qu'arrivée en France après l'assassinat presque sous ses yeux de son père et de son frère, elle commence une carrière de mannequin et d'actrice de cinéma qu'elle continue aux États-Unis, où elle épouse en secondes noces le producteur de théâtre John Chapman Wilson, homosexuel notoire. Saint-Exupéry, qui l'avait connue à Paris, la fréquente beaucoup. Il lui écrit des lettres pour le moins affectueuses de Montréal où, parti pour deux jours, il se trouve bloqué pendant six semaines, de la mi-avril à fin mai 1942.

Une fois de plus, il avait traité avec nonchalance les contraintes administratives : invité au Canada pour une série de conférences par Bernard Valiquette, son éditeur québécois, il s'y rend sans s'assurer que son visa américain est encore valable. Il ne l'est pas, et on ne badine pas avec la police des frontières à un moment où le pays est en guerre et où l'on regarde avec suspicion les étrangers, tous des espions en puissance. Saint-Exupéry se croit victime de machinations gaullistes destinées à le chasser des États-Unis, certains partisans du Général ayant signalé aux autorités américaines que son passeport avait été délivré par Vichy[4]. Il prétend par ailleurs que des fonctionnaires du Département d'État l'auraient assuré qu'il n'avait aucun souci à se faire concernant le prolongement de son visa. Ce ne sont peut-être que des affabulations destinées à cacher sa négligence. Elles lui permettent néanmoins de pester contre la bureaucratie américaine et d'avoir des mots désobligeants à l'égard d'un pays qu'il n'a jamais porté dans son cœur. Il compte, pour pouvoir revenir aux États-Unis, sur l'intervention de ses éditeurs qu'il harcèle quotidiennement au téléphone jusqu'à énerver la pourtant très douce Élisabeth Reynal, obligée de lui rappeler que le Département d'État, qu'il conspue, a bien d'autre soucis en temps de guerre que de s'occuper de son visa et qu'il ferait mieux d'aller se coucher. Plus facile à dire qu'à faire, pour quelqu'un qui souffre d'insomnies. « C'est long les nuits blanches. Et le désir quand on est seul[5] », se plaint Saint-Exupéry à Nathalie Paley qui lui manque tellement.

Il trouve le temps d'autant plus long qu'une cholécystite le cloue au lit, avec des poches de glace sur l'abdomen. Il a « terriblement besoin d'être plaint et consolé[6] », il a besoin de la main de Nathalie sur son front — ce qui lui permettrait de l'attraper et même davantage : « Si tu viens trop près de mon lit, je t'empoigne à deux bras et je te secoue comme un arbre et t'oblige bien à donner tes fruits[7]. » Certes, dans ses lettres, où il lui parle de son « amour », un mot, lui jure-t-il, qu'il n'a presque jamais dit, nonobstant ses liaisons passées, et qu'il ne dira probablement plus jamais, Saint-Exupéry lui fait part d'ardeurs plus spirituelles : « Tu es en moi comme une provision merveilleuse », lui écrit-il, alternant vouvoiement et tutoiement :

> J'étais épars et malheureux : rassemblez-moi. J'étais aveugle : éclairez-moi. J'étais tout sec : faites-moi généreux de mon amour. Ne me fais pas très mal si cela n'est pas très utile, et sauve-moi de t'en faire jamais.
>
> [...]
>
> J'ai besoin de toi. J'ai besoin de toi simplement. Comme de l'air[8].

Il explique ailleurs le sens de cette respiration :

> Et puis cette lumière de lait et de miel que vous versez tout entière et qui fait qu'ouvrir votre robe est doux comme la pointe du jour. Pointe du jour, mon amie, mon amour, j'ai besoin de vous respirer[9].

Il va de soi que, pour se tirer d'une situation aussi déplaisante que celle où Saint-Exupéry se trouve à Montréal, il faut faire feu de tout bois, et les relations américaines de Nelly de Vogüé ne sont pas à négliger. Saint-Exupéry lui téléphone aussi, mais elle est bien loin et bien impuissante, ce qui énerve son ami. Il est brusque et lui raccroche au nez, ce qui la fait pleurer, consolée par la standardiste de l'hôtel, qui l'entend sangloter dans le combiné. Ses relations avec Antoine de Saint-Exupéry sont ambiguës. Dans une lettre qui date peut-être de 1942 ou 1943 et dont nous ne connaissons pas le destinataire[10], Saint-Exupéry évoque une visite déjà ancienne de plusieurs années de Nelly de Vogüé, venue à « deux heures du matin » lui faire « des adieux définitifs ». Cela parce qu'il lui avait envoyé un pneumatique sévère à propos d'une discussion qu'ils avaient probablement eue dans la soirée. Dans son message, Saint-Exupéry lui faisait savoir que « dans des circonstances graves » il donnerait toujours la priorité à sa femme, pour la seule raison qu'elle était sa femme, « et cela quels que fussent ses torts ». Il n'en reste pas moins qu'en ce mois de mai 1942, les relations avec Nelly de Vogüé ne semblent pas tellement « rompues », tout comme rien ne semble changé, ni en ce qui concerne les égards de Saint-Exupéry pour sa femme, ni en ce qui concerne les « torts » de celle-ci.

Antoine de Saint-Exupéry fait venir Consuelo à New York dans les premières semaines de 1942 sans que l'on puisse avoir la certitude qu'il le fait, comme il a été dit, par crainte des maladresses de Consuelo, susceptibles d'offrir à ceux qui l'attaquent des prétextes pour l'accuser de complaisance envers le régime de Vichy dont sa femme, restée en France, s'accommode si bien. On peut, en échange, être sûr qu'il ne l'a pas fait venir de force, comme le prétend l'intéressée, oubliant que Saint-Exupéry n'avait aucun moyen de pression sur une épouse qui, depuis plusieurs années déjà, vivait sa vie sans se soucier du qu'en-dira-t-on. Il est plus vraisemblable qu'une fois de plus, confrontée à des situations inconfortables du point de vue sentimental du moins, Consuelo trouve profitable de rejoindre, comme elle l'avait déjà fait à maintes reprises, un mari qui a l'élégance de considérer que les égarements de son épouse lui incombent : « Lorsque ma femme a des torts, ses torts sont d'abord les miens. Je n'avais qu'à la mieux former[11]. »

À New York, Consuelo, « incarnation du surréalisme », selon le mot heureux de Lewis Galantière, qui ne l'aime pas, est prête à tout pour faire savoir qu'elle est toujours l'épouse légitime d'un mari dont elle vit séparée, mais dont elle est jalouse et sur lequel elle revendique des droits à sens unique. Elle rentre, ou ne rentre pas, à la maison selon son gré, peu sensible aux mots de reproche que lui laisse, avant de se coucher, son mari. Parfois, il renonce et jette ses missives inutiles à la poubelle, d'où les récupère le lendemain la gentille petite secrétaire Marie McBride, qui les a gardés et grâce à l'indiscrétion de laquelle nous savons aujourd'hui que Saint-Exupéry reprochait à sa femme de le faire souffrir inutilement, de ne pas respecter sa parole et ses engagements envers lui, de ne pas trop se soucier de sa bonne réputation, etc. Il l'avertit qu'elle se rendra bien compte de ses torts après sa mort, mais qu'il sera trop tard. Consuelo n'apprécie pas les remontrances de son mari. Grâce à l'indiscrétion de la femme de ménage, cette fois-ci, nous savons qu'il y avait dans l'appartement du 240, boulevard du Central Park South une armoire remplie de débris de vaisselle et de meubles cassés par Consuelo dans ses crises de colère.

Saint-Exupéry, qui lui non plus ne mène pas ce que l'on nomme une vie bourgeoise, craint, à juste titre, les coups de tête et les scènes de Consuelo, trop sincères pour qu'on puisse exiger un minimum de bonnes manières — qui s'accorderaient mal, d'ailleurs, avec les goûts d'une femme dont les bottes en peau de léopard tranchent avec les couleurs vives des châles en soie jetés sur des manteaux de fourrure d'un tape-à-l'œil aussi scandaleux que le prix affiché avec une ostentation qui trahit la parvenue. Elle avait refusé de l'accompagner au Canada, mais soudain, sur la foi de Dieu sait quelles médisances, la voilà qui débarque à Montréal, où elle se rend directement au domicile d'une certaine Katherine Ethier, fiancée d'un vague ami de Saint-Exupéry, qui ne comprend pas les raisons de cette visite. Consuelo prétend que son mari lui avait donné rendez-vous à cette adresse pour une fête, puis comme elle ne découvre rien de louche, sans autres explications, elle monte dans le taxi qui l'attendait et se fait conduire à l'hôtel Windsor où loge Saint-Exupéry.

Celui-ci s'empresse d'écrire à Nathalie Paley pour l'assurer que celle qui est toujours sa femme sur le papier ne l'est pas du tout en réalité depuis plusieurs années, et qu'elle se trouve à Montréal tout à fait par hasard. Il lui avoue que l'atmosphère entre eux est « irrespirable » et qu'il envisage même, une fois « certains litiges résolus », de se remarier. Cette hâte n'est pas gratuite : Consuelo avait ouvert, peut-être par erreur, un télégramme que Nathalie Paley avait envoyé à son mari. Pour éviter à son amie new-yorkaise des scènes déplaisantes et parce qu'il aurait été vain de « réclamer dramatiquement un silence qui eût fait aussitôt parler[12] », Saint-Exupéry raconte un gros mensonge. Il a intérêt de s'assurer au plus vite la complicité de celle dont il avait prétendu que c'était une femme qu'il connaissait à peine, croisée autrefois dans un salon à Paris, dont il n'avait plus eu de nouvelles depuis une dizaine d'années et qui, arrivée aux États-Unis, s'était souvenue de lui et voulait le revoir, on ne sait pas trop pourquoi.

Par peur des esclandres de Consuelo ou parce que cette soudaine allusion au mariage lui déplaît, à moins d'en avoir assez d'un homme si difficile à vivre, Nathalie Paley ne répond plus aux lettres qui lui arrivent du Canada et ne décroche plus son téléphone. Saint-Exupéry s'en inquiète : « Si ton silence est véritable alors tu dois m'éclairer sur lui[13]. » Le silence est « véritable », mais vraisemblablement Saint-Exupéry n'a jamais eu les explications souhaitées.

Heureusement, il est déjà très épris de Sylvia

Hamilton. De Montréal, il ne lui écrit, semble-t-il, qu'une seule lettre, le 15 mai, pour lui annoncer son retour imminent. Cette attitude est logique : elle ne sait pas le français et doit se faire traduire les lettres de son nouvel ami.

Sylvia Hamilton est journaliste. Elle a beaucoup aimé *Wind, Sand and Stars*. Début mars 1942, elle rencontre l'auteur dans une fête. Il est accompagné de Lewis Galantière, qu'elle connaît un peu. Elle lui demande de dire à Saint-Exupéry qu'elle l'aime. Galantière, qui connaît la vie sentimentale de son auteur, hésite. Elle insiste. Il traduit en adoucissant le propos, ce dont elle se rend compte. Elle s'adresse directement à Saint-Exupéry : « Voulez-vous mon numéro de téléphone ? » Il ne faut pas savoir la langue pour comprendre le message. Il le veut. Il ne parle pas anglais et elle ne parle pas le français, ce qui n'empêche pas une amitié amoureuse intense, très labile, faite d'absences et de retards — Saint-Exupéry dessine une ligne ondulée avec trois têtes de garçon dans les arrondis convexes et trois têtes de fille ébouriffée dans les concaves :

Sylvia dit : 3 dîners = trois retards = trois creux, la vie est affreuse. Moi je dis : trois dîners non prévus (même en retard c'est bien) = trois bosses, la vie est belle. Sylvia voit les creux, je vois les bosses[14].

Presque tous les jours Saint-Exupéry passe des heures dans l'appartement cossu de Sylvia Hamilton qui lui prépare des œufs sur le plat et lui sert des muffins et du Coca Cola au gin. S'ils ne dînent pas à la maison, « à la lumière de deux bougies roses », ils sortent ensemble dans les endroits chics de New York où elle paie la note, ce qui est convenable, vu sa fortune. Elle supporte patiemment ses mauvaises humeurs : « Dieu, que je regrette les heures où j'aurais pu être plus gentil et où j'étais distrait, tendu ou triste[15] », lui écrit une année plus tard, d'Alger, Saint-Exupéry dans une de ses lettres qu'elle se fait toujours traduire par une amie qui la tance d'entretenir une liaison sans avenir avec un homme tellement plus âgé qu'elle. Il lui lit ce qu'il vient d'écrire, elle l'écoute attentivement sans rien comprendre, mais elle se laisse aimer, ce qui est, pour Saint-Exupéry, l'essentiel. Il lui écrit :

> Je suis ton ami plus profondément que tu l'imagines. Cela est masqué et invisible à cause des mauvais rapports que j'entretiens avec l'amour. Cela est pour moi mon mystère, bien fatigant. L'amour ne me fait pas parler : il m'empêche de parler. Il ne me délivre pas ; il m'enferme. Et en même temps, il m'est nécessaire. [...] Petite Sylvia, je suis un bien mauvais marin. Ma barque ne vous est pas douce. Et je ne sais guère où je vais. Tous vos reproches, sans exception, sont mérités. Et cependant, ma tendresse est extrême. Quand je pose ma main sur votre front je voudrais le remplir d'étoiles[16]...

Lorsqu'il la voit pour la dernière fois, le 17 avril 1943, avant de quitter l'Amérique, Antoine de Saint-Exupéry lui lègue ce qu'il a de plus précieux au monde : son appareil photo, un Zeiss Ikon, et le manuscrit du *Petit Prince*[*].

* Actuellement à la Morgan Library, à New York.

Parce qu'à son retour — enfin ! — du Canada, Saint-Exupéry écrit un conte de fées.

Annabella est persuadée qu'il en avait eu l'idée lorsque, malade à Los Angeles, elle lui avait lu *La Petite Sirène* d'Andersen. La boîte d'aquarelles que René Clair lui avait offerte au même moment pour s'occuper pendant sa convalescence lui aurait donné envie de peindre quelques personnages qui seraient devenus ensuite ceux du *Petit Prince* — on peut en douter puisqu'il fut question, dans un premier temps, lorsque ce petit récit commença à prendre forme, de le faire illustrer par Bernard Lamotte. Pierre de Lanux pense que le petit bonhomme en costume d'aviateur que Saint-Exupéry a dessiné sur l'exemplaire de *Pilote de guerre* qu'il lui a dédicacé est la première ébauche du Petit Prince. Il se trompe : Saint-Exupéry a déjà gribouillé des dizaines de fois et dans des postures diverses ce personnage standardisé, facile à dessiner et dont il se sert souvent pour en faire son messager. On le retrouve même sur la table en bois du « bocal » de Bernard Lamotte où les habitués de l'atelier apposent leur signature. Il est certain, en revanche, que peu de temps après son retour du Canada, en juin 1942, lors d'un dîner, en le voyant dessiner encore, pour passer le temps entre deux plats et deux cigarettes, ce petit bonhomme ailé à tête d'enfant dont il illustre depuis longtemps déjà ses lettres, ses dédicaces, ses agendas et les serviettes en papier des restaurants, Élisabeth Reynal lui aurait suggéré d'en raconter l'histoire. Eugene Reynal et Curtice Hitchcock sont là et voient aussitôt le côté pratique : un conte pour enfants signé par Antoine de Saint-Exupéry pourrait intéresser pour leur numéro de Noël certaines revues qui paient bien. Et puis, ajoute Élisabeth Reynal, cela pourrait lui changer les idées à un moment où *Pilote de guerre* lui cause tant de soucis.

Elle sait de quoi elle parle.

Pilote de guerre est un succès. Publié à la fois en anglais par Reynal et Hitchcock et en français par La Maison française dont le directeur, Isaac Molho, fait depuis la guerre office d'éditeur, il reste six mois sur la liste des meilleures ventes. Ce n'est pas étonnant : Edward Weeks, le directeur de *The Atlantic Monthly*, n'avait-il pas écrit dans le numéro d'avril de sa revue que « ce récit et les discours de Churchill représentent la meilleure réponse que les démocraties aient trouvée jusqu'ici à *Mein Kampf*[17] » ? La critique est unanime pour saluer un livre exceptionnel qui parle, par-delà de la guerre, de l'homme et de son destin.

La communauté française est, par contre, moins unanime. L'homme et son destin n'intéressent pas les jeux politiques d'une émigration partagée entre ceux qui ont intérêt à défendre le régime de Vichy et ceux qui s'activent pour libérer la France au nom de principes que Saint-Exupéry soupçonne d'être aussi vulgaires et pernicieux que ceux d'en face. Il n'a peut-être pas tort, vu l'unanimité des uns et des autres à conspuer un livre auquel les gaullistes reprochent de justifier l'armistice et la presse collaborationniste d'être « le plus beau programme de revanche[18] ». Ils lui en veulent tous d'avoir dénigré l'armée française en évoquant la défaite. Saint-Exupéry répond qu'il a rendu hommage à ceux qui ont lutté sans aucune chance de vaincre. Est-ce vraiment un hommage à nos troupes que de vanter le courage de Jean Israël, officier juif ? se demandent les patriotes nationalistes qui veulent purger la France des allogènes. Leurs adversaires préparent, eux aussi, des purges dont les critères, pour être moins odieux, ne semblent pas moins inacceptables à Saint-Exupéry qui, en les dénonçant à l'avance, prête le flanc à ceux qui l'accusent de complaisance envers l'ennemi. Lorsque, dans son livre, Antoine de Saint-Exupéry évoque les souffrances terribles infligées en 1940 aux populations civiles par les attaques aériennes, on croit déceler une condamnation implicite des premiers raids anglo-américains qui, suite à une directive britannique de février 1942, pilonnent les villes du territoire ennemi pour casser le moral des troupes. Certains voient du cynisme dans le propos de celui qui vit dans un pays dont les avions bombardent le sien. Ceux qui font la guerre contre l'Allemagne nazie l'accusent de discréditer la logique militaire qui doit conduire à la victoire.

En France, *Pilote de guerre* est transmis à Gaston Gallimard par Henry de Ségogne, qui l'avait reçu de la part de Saint-Exupéry avec la consigne d'essayer de le faire publier. Gaston Gallimard fait le nécessaire. Le lieutenant Heller demande la suppression d'une phrase : « Hitler, qui a déclenché cette guerre absurde... », et autorise la publication d'un livre dont il ne peut ignorer le côté subversif. L'édition Gallimard de *Pilote de guerre* sort en novembre 1942 et déclenche des vagues de protestations indignées dans la presse collaborationniste. Il est interdit par la Propaganda Abteilung le 11 janvier 1943 et le lieutenant Heller est sévèrement admonesté et consigné à domicile pendant plusieurs jours. Cette mesure n'apaise pas les esprits, d'autant plus que deux éditions clandestines paraissent aussitôt à Lyon et à Lille[19]. *Paris Municipal* du 7 février 1943 insinue même que cette interdiction n'est qu'un coup des éditions Gallimard pour faire vendre sous le manteau un livre médiocre en mal de lecteurs. Aux États-Unis Saint-Exupéry est traité de nazi[20], en France on vitupère l'auteur d'un « manifeste gaulliste[21] », que les gaullistes couvrent d'injures : ils l'accusent de « jouer le jeu du défaitisme réactionnaire en refusant de juger les traîtres, et de réinventer les mérites de la civilisation catholique "héritière de Dieu" au moment où Pétain calomnie la démocratie, se prostitue aux nazis et adjure l'Église de prier "pro duce nostro Philippo"[22] ».

Saint-Exupéry, dont chaque tentative de s'expliquer lui vaut une autre série d'insultes, est écœuré et abattu.

Décidément, il n'a pas sa place dans ce monde où l'on se fait la guerre à l'intérieur des camps en guerre et où l'ennemi de mon ennemi est mon ennemi s'il n'est pas l'ami de mes amis. Élisabeth Reynal n'a peut-être pas tort de lui conseiller d'écrire un conte pour enfants plutôt que de répéter en pure perte ses arguments dans de longues lettres de justification à André Breton ou à Jacques Maritain. Sa *Lettre aux Français*, qui appelle à l'unité ceux qui se déchirent tout en étant d'accord pour l'essentiel, est mort-née : elle voudrait faire admettre aux affidés de De Gaulle que « le chef véritable c'est la France, qui est condamnée au silence[23] ». Elle est vivement critiquée par Jacques Maritain, philosophe catholique dont le prestige vaut largement celui de Saint-Exupéry et qui a refusé, lui aussi, de rejoindre de Gaulle pour préserver sa liberté de jugement. Avec calme et méthode Jacques Maritain met en évidence les failles de la *Lettre* de Saint-Exupéry. Il lui reproche d'oublier que le conflit dont il est question n'est pas celui des exilés, mais celui qui oppose, en France occupée, ceux qui subissent à ceux qui fusillent, qui humilient, qui envoient des troupes pour lutter à côté de l'armée allemande en Russie et en Afrique, qui ont mis l'industrie française au service de l'occupant... la liste est longue et précise. Maritain reproche aussi à Saint-Exupéry une candeur dangereuse qui lui fait croire que le régime de Vichy est un produit de la défaite et non l'épanouissement de certaines graines qui existaient dans la société française. Il faut arracher ces mauvaises herbes pour instaurer, après la guerre et la victoire, une « nouvelle démocratie ». Il ajoute que celle-ci ne peut être que l'œuvre d'un travail politique et que vouloir se situer au-dessus de ce combat pour ne voir que la dimension morale des choses risque de permettre aux mauvaises herbes de proliférer à nouveau.

Saint-Exupéry est visiblement embarrassé. Il invoque une mauvaise traduction anglaise de son texte publié par le *New York Times*. Ce n'est pas sérieux : en l'absence de Lewis Galantière parti en mission à Londres, le journal avait engagé pas moins de quatre traducteurs dont le travail est plutôt correct. Il invoque, une fois de plus, ses bonnes intentions, dont Jacques Maritain ne doute à aucun moment. Il répète sa profession de foi : la seule chose qui compte, c'est de servir la France.

Oui, mais comment ?

Saint-Exupéry demande à Lewis Galantière de soumettre à l'état-major de l'armée des États-Unis un plan de débarquement en Afrique du Nord. Il tombe mal. Un tel plan existe déjà et les militaires ne veulent surtout pas que quelqu'un évoque publiquement cette idée, dont les Allemands doivent croire qu'elle n'a jamais effleuré l'esprit de quiconque. Ils éconduisent Galantière en essayant de le convaincre que Saint-Exupéry « était peut-être un génie mais aussi un parfait idiot » et que, s'ils apprenaient un jour qu'il avait soufflé mot de cette « grotesque chimère », ils n'hésiteraient pas à les envoyer tous les deux « dans un pénitencier fédéral pour une dizaine d'années[24] ». Le téléphone de Saint-Exupéry est probablement mis sur écoute. Prévenue peut-être ou parce que, plus réaliste, elle en a l'intuition, se sachant suspectée en raison des facilités de voyage que sa fortune et ses relations lui assurent, Nelly de Vogüé s'avise de dire du bien de De Gaulle au téléphone, pour se couvrir, dira-t-elle plus tard. Saint-Exupéry lui raccroche au nez.

Pendant l'été, tout en conservant leur appartement du 240, Central Park South, Saint-Exupéry et l'éternelle intermittente Consuelo se réfugient dans une petite maison en bois sur pilotis à West Point, de l'autre côté du détroit qui sépare le continent de Long Island. Ils n'y restent pas longtemps. En août, ils déménagent à Northport. Au milieu d'un parc, la Bevin House est un beau manoir blanc à deux étages de style victorien. Une vingtaine de pièces abritent presque autant de couples d'amis et quelques artistes. Parmi eux Denis de Rougemont, philosophe et écrivain suisse. Épris de Consuelo, il n'ose pas refuser les interminables parties d'échecs que lui impose son mari, qui le retient parfois jusqu'à l'aube pour lui lire des passages d'un « énorme livre », qu'il appelle « son œuvre posthume ». D'autres fois, il est prié de se coucher sur le dos en relevant les jambes pour servir de modèle à Saint-Exupéry qui travaille aux illustrations d'un petit livre où il est question d'un petit prince qui voyage de planète en planète. Denis de Rougemont le regarde peindre :

Géant chauve, aux yeux ronds d'oiseau de hauts parages, aux doigts précis de mécanicien, il s'applique à manier de petits pinceaux puérils et tire la langue pour ne pas « dépasser »[25].

À Bevin House, le bureau de Saint-Exupéry est aussi petit qu'est vaste la maison. Il travaille toujours la nuit, toujours aussi peu soucieux du repos des autres. Du pied de l'escalier qui mène au premier étage où se trouve la chambre de Consuelo, il crie pour lui demander de préparer des œufs sur le plat ou de lui apporter ses cigarettes dont les cendres brûlent à maints endroits le manuscrit où des taches de Coca-Cola s'ajoutent maintenant à celles de thé et de café. Il téléphone toujours au milieu de la nuit à ses amis pour avoir leur avis sur ce qu'il vient de coucher sur le papier. Il est désolé de ne pas pouvoir leur montrer au téléphone ses illustrations qui lui donnent beaucoup de soucis : elles doivent paraître aussi naïves que l'histoire, qui ne l'est qu'à première vue. Elles doivent être à la fois simples et suggestives. L'image destinée à prouver que les grandes personnes ne comprennent rien aux dessins des enfants a été, dans un premier temps, celle d'un bateau que l'on confond avec une pomme de terre, avant de devenir le très réputé boa ayant avalé un éléphant. Le Petit Prince perd ses sourcils, qu'il a encore sur les pages d'un agenda. Il perd aussi ses ailes, ce qui introduit dans l'histoire un vol d'oiseaux sauvages. Il change plusieurs fois de costume. Le caniche de Sylvia Hamilton sert de modèle pour le mouton. Annibal, le petit boxer que Saint-Exupéry ramène un jour dans une boîte à chaussures à Bevin House, devient le tigre qui fait peur à la rose — et dont la queue dressée n'a rien de félin, il faut le reconnaître.

Le contrat pour la publication du *Petit Prince* est signé avec Reynal & Hitchcock en novembre et une avance de 3 000 dollars est aussitôt consentie à l'auteur. Le texte est quasiment fini, mais Saint-Exupéry n'en est pas content. Ses éditeurs non plus : un livre pour Noël qui finit avec la mort de l'enfant qui en est le héros ne leur semble pas voué à une brillante carrière. Ils insistent pour que l'auteur change la fin. L'auteur ne cède pas mais en profite pour gagner du temps et revenir encore et encore sur un texte qui a pour lui une vocation différente : il veut « laisser sous les apparences d'un conte destiné aux enfants un testament intelligible seulement à quelques-uns[26] ».

De toute façon, Antoine de Saint-Exupéry n'a plus la tête à ça.

Le 8 novembre 1942, les troupes anglo-américaines débarquent en Afrique du Nord. Les unités françaises qui s'y trouvent retournent leurs armes contre l'Allemagne nazie et sont intégrées au commandement allié sous l'autorité du général Dwight Eisenhower, qui doit arbitrer une rivalité compliquée entre le général Giraud, amené secrètement sur place pour rallier les cent dix mille hommes de l'armée française d'Afrique, l'amiral Darlan, surpris par les événements à Alger où il se trouvait par hasard, très respecté au sein de l'armée, et de Gaulle, dont personne ne veut. Celui-ci devient un pion utile lorsqu'il apparaît que ses deux concurrents, qui ont l'appui des Américains, continuent la politique de Vichy. Il devient nécessaire après l'assassinat, le 24 décembre, de Darlan. Il devient indispensable lorsque, par un télégramme envoyé à Londres le 8 mai 1943, Jean Moulin annonce la création du Conseil national de la résistance, ce qui fait pratiquement de De Gaulle le chef reconnu de la résistance intérieure.

Quoi qu'il en soit, il existe maintenant en Afrique du Nord une armée française qui fait la guerre à l'Allemagne nazie et Saint-Exupéry compte y retrouver sa place.

Ce qui est pourtant plus difficile qu'on ne le pense.

Pour deux raisons principalement.

La première, c'est l'âge et la santé chancelante de celui qui veut redevenir pilote de guerre dans une armée dont les appareils ont considérablement évolué. Leurs performances de vitesse et d'altitude exigent de la part des pilotes des capacités physiques que l'on n'a plus à quarante ans passés, estiment les responsables militaires.

La deuxième tient à la notoriété d'une personnalité que le camp gaulliste estime hostile, et qu'il faut tenir à l'écart. Aucune machination et aucune calomnie n'est jugée excessive dans un combat que les adversaires de Saint-Exupéry considèrent comme juste : tout doit être fait dès maintenant pour consolider la position encore fragile de De Gaulle, qui est, pour eux, le seul espoir d'une indépendance politique après la guerre. Saint-Exupéry n'est pas d'un autre avis. Il reconnaît qu'à la différence de Giraud, « un rigolo », de Gaulle est effectivement une « machine à gagner », ce qui lui fait craindre pour plus tard une dictature militaire pareille à celles de Franco et de Salazar. Il n'est pas le seul à nourrir de telles appréhensions, à cela près que les Jean Monnet, Jacques Lemaigne-Dubreuil, le très riche héritier des Huiles Lesieur, René Chambe, qui avait caché dans une de ses propriétés Giraud lorsque celui-ci s'était évadé d'un camp allemand, et bien d'autres qui se méfient eux aussi de De Gaulle, soutiennent Giraud sans couper les ponts avec le premier. Ce n'est pas le cas de Saint-Exupéry et il en subit les conséquences : « J'ai six mois de retard, et c'est la faute aux gaullistes[27] », dira-t-il à son ami, le général René

Chambe, le 5 mai 1943 quand il arrive, enfin, à Alger.

À l'approche de l'hiver, la Bevin House, qu'il faut chauffer au bois, devient incommode. Consuelo loue un meublé au 35, Beekman Place. Saint-Exupéry, qui n'a pas les moyens de payer deux loyers, renonce à celui qu'il habitait et la rejoint. Il fait pourtant savoir à ses différentes très bonnes amies que ce n'est qu'une solution provisoire, dictée par ses difficultés financières, qui sont réelles : il n'a pas de quoi s'acheter le costume qu'il faudrait pour faire bonne figure à ses rendez-vous officiels — ce qui ne l'empêche pas d'engager une cuisinière, ni de payer les notes de Consuelo, qui s'achète des toilettes avec la même désinvolture qu'à Paris. L'appartement où ils déménagent en novembre 1942 est un duplex dans un coin tranquille de Manhattan, séparé par un jardin de l'East River. La moquette crème, les murs recouverts de miroirs ternis, les bibliothèques aux rayons tapissés de peluche vert sombre, les baies vitrées, le lambris du salon et les canapés recouverts de velours tête de nègre donnent une sensation de luxe et de calme qu'Annibal apprécie mais qui laissent indifférent Saint-Exupéry. C'est vrai qu'il ne revient à la maison que pour travailler et qu'une table passablement stable lui suffit : « Pendant des heures j'écris sans ressentir de fatigue, sans avoir sommeil. Je ne sais jamais quand je cède au besoin de dormir. Je m'endors sans le savoir. Je me réveille en plein jour, la tête sur le bras[28]. »

La journée d'Antoine de Saint-Exupéry ne commence qu'en début d'après-midi quand il se rend chez Sylvia Hamilton. Il se plaît chez cette jeune femme qui lui offre avec son infinie admiration une affection intense. Le revers de la médaille, c'est qu'elle lui fait des scènes de jalousie avec reproches et larmes. Il se réfugie alors dans l'atelier d'Hedda Stern, Juive roumaine qui avait fait des études de philosophie et d'histoire de l'art à Bucarest puis à Vienne et à Paris avant de se consacrer à la peinture. Cette jeune femme aux longs cheveux noirs ramassés en chignon est peut-être moins séduisante que les belles blondes aux allures de mannequin qu'il fréquente, mais Saint-Exupéry apprécie la vivacité de son intelligence et il y a entre eux une complicité « d'âme à âme ». Nature angoissée, inquiète pour le sort des siens restés en Europe, Hedda Stern est dévorée par un sentiment de culpabilité que Saint-Exupéry l'aide à surmonter. Elle lui saura gré de l'avoir soutenue à un moment particulièrement éprouvant de son existence. À son tour, Antoine de Saint-Exupéry la remercie pour son « aide spirituelle » dans une lettre illustrée d'un Petit Prince qui se tient debout sur un vallon fleuri et qui lui dit :

> Si je savais écrire des lettres, je vous écrirais une longue lettre mais il y a 4 ou 5 ans que je suis devenu idiot et je ne sais plus très bien communiquer. Je me déteste. Vous m'avez aidé plus que vous ne le pensez[29].

Comme Sylvia Hamilton, Hedda Stern a droit, elle aussi, à un legs de reconnaissance. En quittant les États-Unis, Saint-Exupéry lui laisse, en sus d'un disque où il a imprimé un fragment de son fameux livre posthume qui n'a pas de nom, le manuscrit de la *Lettre à un otage*.

Ce devait être l'avant-propos, traduit déjà par Lewis Galantière, du livre de Léon Werth *33 jours* pour lequel Saint-Exupéry avait obtenu un contrat avec les éditions Brentano's. Le livre ne sort pas au printemps 1943, comme prévu, et Brentano's ne le publiera jamais. Épuré des passages trop liés à un texte qu'il n'a plus vocation de recommander au public américain, et de ceux qui se rapportent directement à Léon Werth, dont le nom n'apparaît plus, mais qui devient le symbole de tous les Français qui vivent sous l'occupation allemande, le texte de Saint-Exupéry est publié en juin 1943 sous le titre *Lettre à un otage*. L'auteur s'adresse à un ami persécuté dans un pays qu'il ne peut quitter. Il est facile, écrit Saint-Exupéry, de trouver des amis qui vous aident dans le besoin. Il est plus difficile de mériter ceux qui « exigent d'être aidés ». Cette amitié se construit lentement, difficilement. Elle donne aux deux amis un passé. Or le passé seul enracine. Par les temps qui courent, on en a besoin plus que jamais : le passé transforme la défaite d'aujourd'hui en graine qu'il nourrit pour qu'elle porte ses fruits demain.

Depuis le débarquement en Afrique, Saint-Exupéry délaisse ses occupations littéraires. Il affirme d'une manière un peu péremptoire que, dorénavant, il ne signera qu'avec son sang et, pour y arriver, il fait des pieds et des mains afin de réintégrer son unité militaire. Avec l'aide de Lewis Galantière, qui occupe des fonctions importantes au tout nouvel Office of War Informations, il multiplie les rendez-vous avec les responsables et les hommes politiques américains susceptibles de l'aider. Il fait appel au général James Doolittle, qui apprécie beaucoup l'écrivain et qui dirige maintenant les forces aériennes américaines d'Afrique du Nord. Il fait intervenir William Donovan, qui dirige l'Office of Strategic Services. Il cherche parmi les Français qui ne l'ont pas trop dénigré des appuis auprès du général Giraud. L'un d'eux lui fait savoir qu'un émissaire de Giraud, le général Antoine Béthouard, arrive en mission à Washington. Saint-Exupéry s'y rend et lui fait part de son désir de combattre. Fin diplomate, Antoine Béthouard estime que Saint-Exupéry pourrait renforcer la position de Giraud dans la rivalité de celui-ci avec de Gaulle. Il fait le nécessaire et, en février 1943, Saint-Exupéry est averti que sa demande de réintégration au sein de l'armée française a été approuvée. Il recevra sous peu son ordre d'incorporation.

Saint-Exupéry jubile.

Il a peut-être le sentiment d'un commencement de revanche sur tous ceux qui le conspuent si diligemment depuis le début de la guerre, et dont aucun n'a gagné ses galons sur un champ de bataille. Et puis, faire la guerre à un ennemi si facile à désigner, c'est tellement plus reposant que de se demander pourquoi on la fait, avec qui et à quel prix.

La feuille de route tarde. Saint-Exupéry peut dédicacer les premiers exemplaires du *Petit Prince*, que Reynal et Hitchcock publient le 6 avril.

Elle arrive enfin.

Saint-Exupéry dresse aussitôt une liste de fournitures indispensables, que ses différentes amies se partagent avec le sentiment qu'elles dépensent leur argent pour le salut de la France. Hélène Lazareff achète des aspirines, de la mousse à raser, des chaussettes et des cigarettes ; Dorothy Thompson, des cartouches d'encre ; Sylvia Hamilton s'occupe de la gourmette en argent que les soldats portent à leur poignet avec leur nom, leur groupe sanguin et l'adresse de ceux à prévenir au besoin.

Elle est pourtant persuadée que Saint-Exupéry ne partira pas. Trop de gens s'emploient à lui faire comprendre qu'il n'a pas sa place sur un champ de bataille ; qu'il n'a plus l'âge de piloter les nouveaux appareils de guerre ; que sa santé trop chancelante risque de lui faire passer plus de temps à l'infirmerie que dans un avion. À tous ces arguments s'ajoutent les suppliques et les crises de nerfs de Consuelo que ce départ n'arrange vraiment pas : la solde d'un officier en guerre est peu à même de couvrir les dépenses d'une femme du monde qui ne peut pas vivre à New York comme à Oppède, où elle élevait des chèvres, pétrissait et cuisait elle-même son pain et se tricotait de petites laines, le soir, au coin du feu. Et ce n'est pas tout : Consuelo prend des airs de tragédienne pour raconter à qui veut l'entendre que son mari part à la guerre uniquement pour se débarrasser d'elle. À la maison, elle alterne crises de larmes et pâmoisons et se fait administrer des calmants par une infirmière qui trouve honteuse cette hystérie autoprovoquée[30]. Au courant de ces scènes d'un chagrin qui n'est peut-être feint qu'en partie, Sylvia Hamilton a bon espoir de ne pas perdre son ami : elle a appris à ses dépens que Saint-Exupéry est incapable d'abandonner Consuelo, dont il se sent responsable et qu'il considère, peut-être à tort, trop faible et trop vulnérable pour la priver de son secours.

Il ne partira donc pas.

Sylvia Hamilton se trompe. Pas tout à fait. Consuelo compte, c'est vrai, mais dans la hiérarchie des responsabilités que Saint-Exupéry a décidé d'assumer, elle n'occupe pas la première place. Il s'en veut, mais c'est comme ça. Il lui écrit au moment de son départ :

> Voyez-vous, Consuelo, j'ai quarante-deux ans. J'ai subi des tas d'accidents. Je ne puis même pas me jeter en parachute. J'ai deux jours sur trois le foie bloqué, un jour sur deux le mal de mer. Une oreille qui, à la suite d'une fracture au Guatemala, bourdonne nuit et jour. Des soucis matériels immenses. Des nuits blanches usées contre un travail que les angoisses non épargnées rendent plus difficile à réussir que le déplacement d'une montagne. Je me sens tellement, tellement las ! Et je pars quand même, moi qui ai toutes les raisons de rester, qui ai dix mobiles de réforme, qui ai déjà — et durement — fait la guerre. [...] Je pars pour la guerre. Je ne puis supporter d'être loin de ceux qui ont faim, je ne connais qu'un moyen d'être en paix avec ma conscience et c'est de souffrir le plus possible. De rechercher le plus de souffrance possible. Ça me sera généreusement accordé à moi qui ne peux, sans souffrir physiquement tel que je suis, porter un paquet de deux kilos, me relever d'un lit ou ramasser un mouchoir par terre. [...] Je ne pars pas *pour* mourir. Je pars pour souffrir et ainsi communier avec les miens*[31].

* Il est curieux et regrettable de constater que l'édition des *Œuvres complètes* publiées dans la Bibliothèque de la Pléiade ne contient aucune des lettres à Consuelo, ce qui les soustrait à la curiosité des lecteurs et à l'examen des philologues. *Les Écrits de guerre* ayant été publiés par les soins de Nelly de Vogüé, dont le nom n'apparaît pourtant qu'en tant que... traducteur, nous lui faisons confiance tout en sachant que ses choix sont forcément partisans et ses compétences limitées.

C'est ce que l'on nommait autrefois honneur.

La veille du départ, Antoine de Saint-Exupéry passe chez Curtice Hitchcock pour lui faire ses adieux. Les enfants l'entraînent à la fenêtre et ils lancent ensemble, une dernière fois, sur les passants, leurs hélicoptères en papier chargés de bombes à eau. Il fait le tour de quelques autres amis. Il se rend chez Hedda Stern pour lui laisser le disque qu'il avait enregistré pour elle et le manuscrit de la *Lettre à un otage*. Le 17 avril 1943*, il réveille Sylvia Hamilton à 7 heures du matin. Elle trouve comique l'uniforme acheté 100 dollars dans un magasin de Manhattan : trop étroit aux épaules, des manches trop longues, des passementeries dorées trop reluisantes, qui font costume d'opérette viennoise. Il dépose sur la table son appareil photo et, dans un sac de papier froissé, le manuscrit du *Petit Prince*.

L'après-midi, Saint-Exupéry quitte New York. Il embarque à bord du *Stirling Castle*, un bateau de passagers réquisitionné. Il fait partie d'un cortège d'une trentaine de bâtiments qui transportent des troupes et du matériel en Afrique du Nord, escortés par des navires de guerre.

La traversée de l'Atlantique dure deux semaines.

* Cette date, mentionnée par René Chambe dans *Icare* n° 96, p. 39, nous paraît plus vraisemblable que celles indiquées par Stacy de La Bruyère : 13 avril, *op. cit.*, p. 431, et par la chronologie du premier volume des *Œuvres complètes*, 20 avril ; le *Journal* d'Anne Morrow Lindbergh en date du 17 avril indique aussi qu'elle avait lu dans la presse du jour une information concernant le départ de Saint-Exupéry.

Plus seul que mort

Le 4 mai 1943, Antoine de Saint-Exupéry arrive à Alger. Il s'installe au 17, rue Denfert-Rochereau (actuellement Khelifa Boukhalfa) chez son ami, le docteur Georges Pélissier.

Le lendemain matin, il se rend au bureau d'un autre de ses amis, le général René Chambe, ministre de l'Information d'Henri Giraud, qui dirige le commandement civil et militaire d'Alger. René Chambe veut aussitôt le présenter à son supérieur, qui aurait intérêt à apprendre de la bouche de quelqu'un d'informé et de crédible quel est le vrai visage de De Gaulle, dont l'arrivée à Alger semble imminente. Giraud ne peut pas les recevoir et il n'a d'ailleurs peut-être aucune hâte à entendre ce qu'il sait déjà à propos d'un rival dont il connaît les ambitions sans être à même de les contrer.

En attendant, le général Chambe donne les instructions nécessaires pour qu'Antoine de Saint-Exupéry puisse rejoindre à Laghouat, à quelque 400 kilomètres au sud d'Alger, le groupe de reconnaissance 2/33 qui fait maintenant partie de l'unité de reconnaissance alliée en Méditerranée sous les ordres du colonel Elliott Roosevelt, fils du Président des États-Unis. Ses camarades semblent contents de le revoir : « Saint-Exupéry ne se contentait pas de lancer un message sur les ondes, il venait le signer[1] », note Jules Roy, avec lequel il partage un appartement de deux chambres à l'Hôtel Transatlantique. Le soir de son arrivée, Saint-Exupéry invite tout le groupe à une grande fête où il épate, une fois de plus, les convives avec ses tours de cartes.

Quelques jours après, Saint-Exupéry est de nouveau dans le bureau du ministre : le 2/33 recevra pour ses missions des Lockheed P 38 Lightning et il veut être du nombre de ceux pressentis pour les piloter. Impossible. Ces appareils sont le dernier cri de la technologie américaine : ils volent à 700 kilomètres-heure, plus vite que les meilleurs avions allemands, et montent à 13 000 mètres, là où l'ennemi ne peut plus les poursuivre. De telles performances exigent des pilotes dont l'organisme puisse supporter les effets de ces conditions extrêmes. Les autorités militaires américaines, qui font la loi y compris dans l'armée française de Giraud, ont décidé que les Lightning ne doivent être confiés qu'à des pilotes expérimentés, certes, mais de moins de trente ans. Saint-Exupéry est un pilote expérimenté — évidemment, René Chambe ignore qu'en venant le rejoindre, son ami avait raté son atterrissage à Boo-Saada, où il devait faire escale et qu'il avait dû changer d'appareil, laissant son Bloch 174 couché en bout de piste, avec le train d'atterrissage endommagé. Toutefois, à supposer qu'il se décide à apprendre les quelques mots d'anglais indispensables pour pouvoir s'entendre avec les contrôleurs de l'air américains qui régissent maintenant l'espace aérien allié, dans un mois il aura quarante-trois ans. Chambe estime ne pas pouvoir obtenir une dispense. Saint-Exupéry décide de s'adresser à Giraud.

Celui-ci le reçoit, en compagnie de René Chambe, au petit déjeuner : café noir et pain dur. Seul luxe, un peu de confiture. L'entretien se passe mal. Giraud a besoin de Saint-Exupéry auprès de lui pour sa propagande. Saint-Exupéry veut voler et lui demande d'intervenir auprès de Dwight Eisenhower, commandant des forces américaines d'Afrique. Dépité, Giraud demande à Chambe de s'en occuper. Puis, on parle politique. Après avoir apporté des preuves suffisantes de la haine que lui voue de Gaulle et du fait que celui-ci est décidé à éliminer son rival, Saint-Exupéry recommande à Giraud de ne pas le recevoir à Alger. Giraud s'énerve de recevoir un conseil qu'il ne peut pas suivre : « Mon petit Saint-Exupéry, lui dit-il, à chacun ses affaires. Je connais les miennes, à vous les vôtres. Je vous remercie de votre avis. J'ai l'impression que vous me prenez pour le dernier des imbéciles[2]. »

Il ne se trompe pas : « Pauvre Giraud, écrit Saint-Exupéry à Nelly de Vogüé. Quel con. Et quelle bande de cons l'entoure[3]. »

Giraud téléphone quand même à Eisenhower, qui accorde la dispense sollicitée. Ayant obtenu cette faveur, au cours d'un second petit déjeuner, Giraud demande à Saint-Exupéry de lui rendre un menu service : faire le tour des camps d'entraînement de l'armée française pour stimuler par des allocutions de son cru l'ardeur au combat, sans oublier d'y glisser quelques mots élogieux à son égard. « Me voici passé commis-voyageur en propagande[4] ! » s'exclame Saint-Exupéry resté seul avec Chambe. Il sait d'ailleurs que dans la compétition avec de Gaulle, dont il a vu à l'œuvre, aux États-Unis, la machine politique, Giraud n'a aucune chance. En effet, arrivé le 30 mai à Alger où, sous la pression des Alliés, est mis sur pied le Comité français de libération nationale sous l'autorité conjointe des deux généraux, en peu de temps de Gaulle fait nommer dans cet organisme deux fois plus d'hommes à lui que Giraud, qui sera éliminé du jeu politique quatre mois plus tard. « C'est une locomotive[5] », note Saint-Exupéry, inquiet quant à l'avenir que préparent à la France ces gaullistes dont l'esprit partisan et le fanatisme lui déplaisent. Saint-Exupéry écrit au conseiller Robert Murphy, représentant personnel du président Roosevelt en Afrique du Nord :

> Que je me trompe ou non, je continue de penser que le salut de mon pays ne réside point en une épuration sanglante par les fanatiques du « parti unique »[6].

Saint-Exupéry considère que ce n'est pas à lui d'engager le combat contre de Gaulle du moment que, pourtant prévenu, Giraud, « un mouton », « un mannequin poussiéreux et désuet », ne le fait pas. En ce qui le concerne, il est content d'avoir obtenu le droit de piloter des Lightning, et foin de De Gaulle et de la politique. Il a tort, et il l'apprendra bientôt à ses dépens.

Antoine de Saint-Exupéry passe le mois de juin 1943 à Oudja où s'effectue l'instruction des pilotes appelés à voler sur ces nouveaux appareils. Une fois de plus, ce stage ne se passe pas sans incidents, heureusement mineurs. Il revient assommé d'un vol d'entraînement : ayant mal lu son altimètre, au lieu de voler à 2 000 mètres, il avait volé à 20 000 pieds, c'est-à-dire à 7 000 mètres, sans masque à oxygène. Une autre fois, il vole à 10 000 pieds persuadé qu'il est à 10 000 mètres. Oubliant qu'il n'est plus dans un de ses coucous d'antan, il ouvre le hublot de sa carlingue et le courant lui arrache le masque à oxygène. Un jour où il néglige de préparer à temps son atterrissage, il fait une descente tellement rapide que les ailes du Lightning sont endommagées. Par bonheur, l'insuffisance de son anglais lui évite des prises de bec avec les militaires américains dont le moins que l'on puisse dire, c'est qu'ils traitaient de haut leurs camarades français qui avaient perdu une guerre qu'ils étaient certains, eux, de gagner puisqu'ils étaient les citoyens du pays le plus puissant du monde, à la pointe de la civilisation, ce dont Saint-Exupéry doute fort.

À Oudja le moral de Saint-Exupéry est au plus bas. Il s'en plaint à Georges Pélissier :

Je vis ici dans un désert absolu. Un camp. Trois par chambre ; (cette vie grégaire est pour moi le plus lourd sacrifice du monde). Pour le repas, en file indienne, chacun passe, sa gamelle à la main, reçoit sa part et mange debout. Je suis un peu hors la vie, comme sous le hall de la gare Saint-Lazare [...]. Au fond, cher vieil ami, je vais très mal, et ça c'est triste parce que mon état physique me rend tout difficile comme une ascension du Himalaya[7]...

Le 1er juillet, il arrive à Tunis où est cantonné maintenant le groupe 2/33. Le capitaine René Gavoille, qui le commande, l'invite à habiter la villa qu'il occupe avec sa famille à La Marsa, au bord de la mer. Saint-Exupéry s'y installe pour le bonheur de tous et surtout de la fille de Gavoille : il lui lit des passages du seul exemplaire du *Petit Prince* qu'il a apporté des États-Unis et lui promet même d'écrire, un jour, pour elle, l'histoire d'une Petite Princesse. Il amuse tout le monde avec ses histoires et ses tours de cartes, avec ses jeux et ses facéties. On l'aime bien et on lui pardonne volontiers d'oublier de fermer les robinets de la salle de bains, de débrancher le réchaud électrique apporté d'Amérique et d'éteindre les lumières, bien que l'électricité soit contingentée. D'ailleurs, il oublie aussi de fermer à clé la cabine de plage que lui prête le général Mast, aussitôt vidée par « les petits Arabes aux aguets » qui le laissent revenir à la maison en maillot de bain, et qui profitent parfois du fait qu'il laisse ouvertes, en se couchant, les portes-fenêtres de sa chambre pour lui voler, pendant son sommeil, son porte-monnaie, sa montre et son stylo...

Il fait, sinon, quelques vols d'entraînement et effectue le 21 juillet 1943 sa première mission de reconnaissance. Il traverse la Méditerranée et survole à 10 000 mètres le sud de la France en prenant des photos dont certaines, probablement celles du château d'Agay, sans aucun intérêt pour les stratèges américains qui commencent à douter du sérieux de ce vieux pilote qui n'a rien d'un militaire. Lui, en échange, ça lui fait chaud au cœur de retrouver son pays ! Georges Pélissier en témoigne :

Il disait « Vous n'imaginez pas comme c'est émouvant, lorsqu'on n'a pas revu son pays depuis trois ans, d'aborder la terre de France, de se dire « Je survole ma Patrie. Je nargue l'occupant. "Je vois ce qu'il m'est interdit de voir" »[8].

Dans un premier temps, vue d'une altitude qui ne vous permet pas de distinguer les hommes ou les véhicules, la terre de France semble déserte :

La France est morte, me disais-je. Et j'étais de plus en plus mélancolique. Tout à coup de petits flocons gris encadrent mon avion. On me tirait dessus ! La France vivait ! J'étais content...

Jean Gabin qui, après avoir tourné coup sur coup deux longs-métrages, avait quitté les États-Unis pour rejoindre les Forces françaises libres comme canonnier chef de pièce, l'interrompt : « Ben, mon vieux, moi j'aime mieux la mélancolie[9] ! »

Le 1er août, la deuxième mission est moins heureuse. Peu de temps après le décollage, un des deux moteurs tombe en panne. Saint-Exupéry revient à la base mais oublie de mettre sous pression les freins hydrauliques. Il est trop long à l'atterrissage et il finit dans l'oliveraie qui se trouve en bout de piste. Le moteur et une aile sont endommagés, l'avion est bon pour la casse. Quelques officiers supérieurs américains, de ceux persuadés que plus ces Français, incapables de décoller à l'heure et d'atterrir dans les règles, se feront tuer vite, plus vite leur pays sera délivré[10], et qui n'aiment pas « l'exception française », prennent prétexte de l'incident pour interdire de vol ce pilote trop vieux et dont la célébrité nuit à la discipline.

Antoine de Saint-Exupéry est aussitôt mis à pied par le colonel Frank Dunn ou, avec son accord, par son subordonné Leon Gray, des gamins de moins de trente ans. Saint-Exupéry les invite à une grande fête qu'il donne dans la villa de Gavoille dont la grande terrasse du premier étage, soutenue par les colonnes jumelées de celle, plus petite, du rez-de-chaussée, domine la mer. Le moment venu, Saint-Exupéry s'adresse tour à tour aux deux officiers américains avec la même phrase, apprise probablement par cœur : « *I want to die for France*[*] ». La réponse de l'un est non. L'autre l'assure que cela lui est parfaitement indifférent mais qu'en aucun cas cela ne se fera à bord d'un avion américain.

Il se trompe.

Saint-Exupéry, qui s'est mis en tête de continuer le combat et n'entend pas y renoncer, envisage d'accompagner Édouard Corniglion-Molinier en Russie où existe depuis la fin de l'année 1942 un régiment de chasse français d'obédience gaulliste mais sous commandement soviétique, le Normandie-Niemen. Il en parle à Nelly de Vogüé : « Il faut bien que je sois quelque part et là, au moins, mon âge ne comptera pas pour la guerre[11]. » En attendant, il recommence sa croisade pour obtenir le droit de piloter son Lightning.

* « Je veux mourir pour la France. »

C'est long, c'est compliqué, c'est douloureux.

Puisque le colonel Dunn reste inflexible, Saint-Exupéry décide de remonter les échelons. Revenu à Alger, il reprend ses quartiers chez le docteur Pélissier. Celui-ci ne peut lui offrir qu'une petite pièce mal chauffée et meublée sommairement. Ce n'est pas grave, il compte rejoindre son unité dans peu de temps. Lorsqu'il comprend que son séjour risque de se prolonger, lui qui souffre du froid et doit, la nuit, dormir enveloppé dans sa robe de chambre, ne veut pas déménager pour ne pas vexer un ami qui ne lui en veut pas de perdre régulièrement sa clé, de laisser les cendres de ses cigarettes partout et de réveiller tout le monde en renversant quelque meuble ou en faisant tomber quelque objet lorsqu'il rentre tard dans la nuit. Il va de soi qu'il ne ferme pas le robinet de la salle de bains et qu'il n'éteint jamais la lumière dans l'escalier — il a bien raison d'ailleurs : une nuit, dans le noir, il tombe dans l'escalier et il est persuadé qu'il s'est cassé une vertèbre. Les médecins qui l'examinent ne trouvent rien sur les radiographies, ce qui leur vaut d'être traités d'incompétents par leur patient, qui se plaint de douleurs peut-être imaginaires.

C'est dans cette chambre d'étudiant qu'Antoine de Saint-Exupéry reçoit Nelly de Vogüé, dont l'amitié lui semble à nouveau réconfortante et nécessaire. Elle arrive en avion de Gibraltar. Les services américains trouvent qu'elle voyage trop et trop librement et la mettent sous surveillance. À peine arrivée, fatiguée par le voyage, elle sommeille. Saint-Exupéry lui administre deux pilules de benzédrine, de celles qu'il prend pour rester éveillé pendant ses heures de vol, et se met à lui lire son fameux livre dont à Alger tout le monde a déjà écouté de longs passages — et qui ne reste secret que pour ses éditeurs, susceptibles de le lui réclamer avant qu'il ne soit prêt, dans une dizaine d'années peut-être.

À Alger, Saint-Exupéry revoit régulièrement René Chambe, qu'il harcèle pour qu'à son tour celui-ci obtienne une nouvelle intervention de Giraud en sa faveur auprès des autorités militaires américaines. Il a bon espoir : ayant entendu dire que de Gaulle avait détesté *Pilote de guerre*, Giraud l'a lu et il l'a beaucoup aimé. Mais il a moins de pouvoir depuis qu'évincé de la direction du Comité français de libération nationale, il commande une armée dont les officiers n'obéissent qu'à de Gaulle. Giraud a bien compris qu'il a intérêt, pour être obéi, à n'ordonner que ce que de Gaulle lui ordonne d'ordonner. Saint-Exupéry l'a compris aussi. Il sait à quoi s'en tenir : en octobre, dans un discours où de Gaulle cite les écrivains auxquels la France se devra d'être reconnaissante après la victoire, il oublie Saint-Exupéry — et André Maurois aussi, à l'époque académicien et capitaine dans l'armée française d'Afrique du Nord, mais qui lui non plus n'est pas gaulliste. Tant pis, Saint-Exupéry veut reprendre ses missions et, s'il faut passer par de Gaulle, il le fera. Il lui demande un entretien. De Gaulle refuse de le recevoir — ce qu'il prétend par la suite regretter[12]. Lorsque le général René Bouscat, commandant des forces aériennes libres, propose d'affecter Saint-Exupéry à la mission militaire française d'Amérique, de Gaulle juge cette idée inopportune, et lorsque le général François d'Astier de la Vigerie fait une intervention analogue, il lui répond qu'il faut laisser son protégé à ce qu'il sait le mieux faire, des tours de cartes dans les salons d'Alger[13].

C'est vrai qu'il en fait, et de plutôt réussis. Une fois de plus, Gide, qui est lui aussi à Alger, en est ébloui. Saint-Exupéry lui rend souvent visite et encourage ses amis à le faire : « Il faut aller voir Gide. Il est âgé, malade, il s'ennuie à Alger. Il faut l'aider[14]. »

Lui aussi, il aurait besoin d'aide. Il écrit à Nelly de Vogüé :

> Chômeur, je n'ai plus rien à attendre qui ait pour moi un sens. Discussions écœurantes, polémiques, calomnies, moi ça m'ennuie, ce marécage vers où je vais. [...] Mon Dieu, que les hommes me dégoûtent. La vie parmi eux, ne m'apparaît plus que comme un grand camp de concentration. Je suis seul, seul, seul. Plus seul que mort[15].

Dans des lettres où il fait semblant de vouloir exprimer uniquement son immense et indéfectible affection pour ses différentes destinataires, Saint-Exupéry demande secours dans des termes à peine voilés, touchants par leur hypocrisie, poignants par l'impudeur avec laquelle il sollicite un peu d'amour dans des termes à la fois si humbles et si impératifs qu'on pourrait croire à un caprice d'enfant gâté. Il écrit à Nelly, il écrit à Consuelo, il écrit à Sylvia Hamilton, il écrit à une jeune infirmière de vingt-deux ans qui habite Oran, rencontrée dans un train — elle ne décroche pas son téléphone, elle ne vient pas aux rendez-vous, elle ne répond pas aux lettres de son ami qui lui dessine à tour de bras des Petit Prince et dont le propos devient de plus en plus pressant, de plus en plus amer :

De maintenant cinq heures du soir jusqu'à l'heure où je m'endormirai je suis seul, parce que j'ai dit à tous mes amis que j'étais fatigué et que je ne voulais voir personne. La petite fille pour laquelle j'ai si soigneusement réservé ce temps libre n'a même pas pris la peine de téléphoner qu'elle ne venait pas. Je découvre avec mélancolie que mon égoïsme n'est pas si grand puisque j'ai donné à autrui le pouvoir de me faire de la peine[16].

Plusieurs lettres de rupture suivent, chacune se voulant définitive et ne l'étant pas, tant celui qui écrit veut croire à une dernière chance qu'on ne lui donne pas.

Alors il revient, désespéré, vers Nelly qu'il tient au courant des malheurs de sa vertèbre prétendument cassée, bon prétexte pour se plaindre de son triste sort, victime des hommes, des choses, de l'Histoire, des médecins ignares, des amis insouciants, des six marches d'un escalier en marbre idiot, des gaullistes, des femmes, de la bureaucratie, des circonstances, du monde entier :

Je ne puis pas supporter cette époque, je ne le puis pas. Tout s'est aggravé. Il fait nuit dans la tête et froid dans le cœur. Tout est médiocre. Tout est laid[17].

Une fois de plus Antoine de Saint-Exupéry cherche refuge là où il sait qu'il sera toujours reçu avec une affection indéfectible :

J'espère si fort être dans vos bras dans quelques mois, ma petite maman, ma vieille maman, ma tendre maman, au coin du feu de votre cheminée, à vous dire tout ce que je pense, à discuter en contredisant le moins possible... à vous écouter me parler, vous qui avez eu raison dans toutes les choses de la vie[18]...

Oui, le sort s'acharne contre ce pauvre Saint-Exupéry. Malheureux en amour, il l'est aussi dans l'amitié puisque, en prenant l'arbre pour la forêt, il doute de tous ses amis parce que Henri Pélissier ne croit pas à sa vertèbre cassée et parce que quelques autres, par opportunisme ou par conviction, lui suggèrent de rejoindre de Gaulle, « le Grand Mongol », qui règne maintenant en maître à Alger où se joue une farce lugubre :

Quelle misère humaine que ce pays ! Cette poubelle des continents. Cette voie de garage où tout se délabre. Cette gendarmerie moisie de fond de province. Cet extraordinaire ridicule des pions qui règnent. Si vous voyiez leur « Assemblée », c'est à pleurer. Et le mal qu'ils se donnent pour que le comique ne fasse pas rire. C'est comique à faire peur. Ces ronds de jambe en attendant les fusillades, quand ils en auront la permission[19].

Pendant ces longs mois passés à Alger de septembre 1943 à mai 1944, Antoine de Saint-Exupéry est particulièrement malheureux. Le désœuvrement lui pèse parce qu'on n'arrête pas de lui dire qu'il n'a plus l'âge de piloter. Il le ressent comme le signe d'une vieillesse précoce qui le ronge de partout : il perd ses dents après avoir perdu ses cheveux ; il a mal au dos, mal à la tête, mal à l'épaule, des crises de cholécystite, des gênes abdominales qui lui font craindre un cancer de l'estomac — ce que les médecins contestent sans le convaincre tout à fait, comme ils ne réussissent pas à le convaincre que sa vertèbre cassée est un fantasme. Pour arranger le tout, une voyante lui prédit une mort prochaine « dans les vagues de la mer[20] » — Saint-Exupéry est persuadé qu'elle a pris son uniforme d'aviateur pour celui d'un officier de marine.

Pour tuer le temps et le cafard, Saint-Exupéry joue beaucoup aux échecs et invente des jeux de dextérité mentale qu'il propose à tous ceux qu'il a sous la main et qui n'osent pas lui refuser ce plaisir. Il fréquente beaucoup les salons d'Alger où on le trouve en mauvaise forme et déprimé, mais où il brille toujours avec ses histoires, ses tours de cartes et ses improvisations à la Debussy qui consistent à rouler d'une manière talentueuse une orange sur le clavier du piano. Il boit beaucoup sans jamais dépasser ce stade d'euphorie où l'on oublie ses soucis mais pas les bonnes manières. Soudain, l'envie lui prend de passer quelques semaines à Anfa, chez son ami le docteur Henri Comte. Nelly de Vogüé, qui arrive à Alger, croit qu'il le fait exprès pour ne pas l'accueillir : des médisances pourraient parvenir à l'oreille de Consuelo à laquelle il avait fait savoir qu'il trouve inconvenant d'avoir déménagé chez Denis de Rougemont — tout en continuant, soit dit en passant, à percevoir la mensualité que lui versent les éditeurs de son mari, auxquels elle demande, en sus et sans l'accord de celui-ci, de payer un certain nombre de factures à déduire des droits futurs.

Ce « désœuvrement », il le ressent aussi comme une injustice, un signe de mépris et d'hostilité de la part de ceux qui ne veulent pas de lui dans un pays qu'il considère comme le sien autant que le leur, et auquel ils préparent, croit-il, un avenir inquiétant : « On fusillera beaucoup l'année prochaine[21] », écrit Saint-Exupéry au docteur Henri Comte. Cette lettre confirme les termes employés dans une conversation avec René Chambe qui va plus loin encore puisqu'elle met en cause l'avenir même de la civilisation occidentale :

> Quand nous aurons délivré la France, qui ne le mérite pas, il n'y aura plus qu'une chose à faire : passer au marteau-pilon tout ce qu'a fabriqué notre progrès imbécile et revenir à tout prix à un siècle en arrière, peut-être plus, remettre l'esprit à sa vraie place. Si on ne le fait pas, l'humanité s'ensevelira de ses propres mains[22].

Antoine de Saint-Exupéry n'aime pas de Gaulle, qui le lui rend bien. Des caisses de livres arrivent des États-Unis pour être distribués aux troupes françaises. Il s'agit, note Saint-Exupéry, de « *tous* les livres d'Amérique. Les miens exceptés. INTERDITS EN AFRIQUE DU NORD[23]. »

Il ne sait pas, pour se consoler, qu'au même moment Georges Duhamel et François Mauriac veulent le faire entrer à l'Académie française, projet qu'ils abandonnent, craignant une réaction violente de la part de ceux qui avaient fait interdire *Pilote de guerre* : « Cher Georges, écrit Mauriac au premier, plus j'y réfléchis et plus il me semble que nous devons renoncer à cette candidature St Ex.

Vous pensez bien que c'est dans l'intérêt de ce que nous défendons et non par crainte que je vous donne ce conseil. Mais, vous et moi, nous ne sommes que tolérés, et tout ce qui ressemblerait de notre part à une provocation pourrait avoir des conséquences[24]. »

Saint-Exupéry sait, en revanche, que, d'une part, deux éditeurs marocains auxquels il a proposé de publier *Le Petit Prince* pour le diffuser en Afrique du Nord ne le feront pas : ils trouvent ce texte « niais et d'un symbolisme mièvre[25] ». Il sait aussi, d'autre part, que des écrivains qui se réclament de la France libre refusent que leur nom apparaisse à côté du sien :

> Une nouvelle revue en formation, *L'Arche*, a voulu reproduire *Lettre à un otage*. Je n'y tenais pas. Je n'ai aucune envie d'entendre parler de moi, de faire parler sur moi, ou de parler. Un autre me dit — du groupe Laugier : « J'ai refusé ma collaboration à *L'Arche* parce qu'il paraît qu'on vous y édite ! » Ça, c'est de la haine sincère ! De l'indignation sincère ! Évidemment, celui-là, s'il me fusille, il aura l'impression de sauver le monde. Contre quoi ? Je hais, bien plus qu'il ne les hait, toutes les formes de la trahison. J'aime, autrement plus qu'il ne les aime, les choses de France. Quant aux Allemands, j'ai risqué et risquerai ma peau contre eux. Pas lui. Alors ? J'en ai assez[26] !

Saint-Exupéry, tout ce qu'il souhaite maintenant, c'est de « risquer » à nouveau sa peau au combat. Dans ses démarches, il se heurte aux gaullistes qui ne veulent surtout pas offrir une chance de briller à quelqu'un qui, pour être l'ennemi de leurs ennemis, n'en est pas moins le leur aussi. Les amis de Saint-Exupéry, parce qu'il en a, et pas des moindres, ont beau multiplier les interventions en sa faveur, rien n'y fait. Dwight Eisenhower est de nouveau sollicité. Il l'est tellement et par tant de gens qu'exaspéré, il se serait exclamé : « Réintégrez-le ! Il nous embêtera peut-être moins en l'air que sur terre[27]. » Mais rien ne bouge.

Du moins jusqu'au jour où le destin, ou le hasard, peut-être, décide d'intervenir.

John Phillips est depuis 1936, date de sa création, photographe à *Life*, l'hebdomadaire américain qui tire à plus de 10 millions d'exemplaires et dont la notoriété se doit aux images exceptionnelles qui illustrent des reportages sur le vif, confiés souvent à des auteurs réputés. La notoriété de Saint-Exupéry aux États-Unis est très importante et il fait la guerre aux côtés des soldats américains : il doit donner quelques pages à *Life*. La presse est le quatrième pouvoir et *Life* a l'influence nécessaire pour se faire écouter par les plus hautes instances civiles et militaires des États-Unis. Il faut qu'en échange de ces quelques pages, la revue obtienne ce que Saint-Exupéry convoite depuis six mois, sa réintégration dans le groupe 2/33. C'est le marché que Saint-Exupéry propose à John Phillips lorsque, en février 1944, celui-ci arrive à Alger et lui demande d'écrire un texte :

> Je ne peux plus écrire. Je n'ai plus le droit de dire quoi que ce soit puisque je ne suis plus dans le coup. Seuls ceux qui participent ont le droit de parler. [...] Il faut que j'écrive. Et je vous donnerai le texte pour votre journal si vous vous débrouillez pour me faire réintégrer dans mon groupe[28].

En bon professionnel, John Phillips sait que l'impact de ses photos sera plus grand si elles accompagnent un texte signé par Saint-Exupéry. Il sait aussi que l'impact de ce texte sera plus grand si celui qui le signe n'est pas un retraité. Arrivé à Naples, libérée depuis le 1er octobre, Phillips parle du cas de Saint-Exupéry au colonel John Regan McCrary, diplômé de Yale, qui s'occupe des relations des forces alliées avec la presse. McCrary en fait état au général Ira Eaker, commandant des forces aériennes alliées de Méditerranée. Celui-ci comprend l'importance médiatique de l'affaire. Il donne son accord de principe pour la réintégration d'Antoine de Saint-Exupéry dans le groupe d'observation 2/33.

Phillips revient aussitôt à Alger pour informer Saint-Exupéry de la réussite de ses démarches. Celui-ci est dans une situation embarrassante : nommé à un poste de responsabilité dans les Forces françaises libres, le colonel Lionel-Max Chassin, sollicité lui aussi par son ancien élève de l'École navale de Brest, a réussi à le réintégrer comme copilote dans le groupe d'aviation de chasse 1/33. C'est gentil, mais cela n'arrange pas Saint-Exupéry. Pour commencer, il ne veut pas être copilote — et prétend qu'il ne le peut pas : il souffre, dit-il, du mal de l'air qui lui donne des vertiges et des nausées quand il ne tient pas les commandes. Plus grave, le groupe 1/33 a des missions de combat, or il n'est pas certain que Saint-Exupéry veuille descendre des pilotes ennemis ou larguer des bombes.

De toute évidence, il faut jouer la carte Eaker au plus vite. Lui demander de transformer son accord de principe en ordre opérationnel. En avril 1944, Saint-Exupéry, qui théoriquement fait déjà partie du groupe 1/33 et perçoit sa solde, se rend sans permission à Naples où il rencontre McCrary, qui avait beaucoup aimé *Flight to Arras*. Séduit par l'auteur, l'officier américain veut bien appuyer la demande de son collègue français en échange d'un petit service : Saint-Exupéry ne pourrait-il pas écrire quelques pages sur les forces aériennes alliées que McCrary voudrait intégrer dans le livre qu'il est lui-même en train d'écrire ? Prêt à tout pour obtenir ce qu'il souhaite, Saint-Exupéry promet de le faire. McCrary relance Eaker, qui est toujours d'accord, mais laisse les choses traîner. En attendant une décision qu'il espère favorable, Saint-Exupéry découvre Naples, lit Kafka, épie le Vésuve en éruption et rend visite au groupe 2/33, dont la base se trouve maintenant à une vingtaine de kilomètres de Naples, à Pomigliano d'Arco, où il épate ses camarades avec ses connaissances de physique nucléaire : il leur explique le principe d'une bombe atomique qui, à son sentiment, explosera avant la fin de la guerre. Il joue aux échecs avec des partenaires exaspérés moins de toujours perdre que de l'entendre chantonner tout le long de la partie : « Je vais le mettre mat, je vais le mettre mat. » De bonne humeur, il danse avec son képi, fait ses tours de cartes, raconte ses histoires que Phillips traduit aux militaires américains, fréquente les bars pour officiers, s'énerve de perdre au jeu de six lettres et… attend.

À la fin du mois d'avril 1944, Saint-Exupéry revient à Alger sans rien de concret, sinon une vague promesse d'Eaker à McCrary de faire le nécessaire en temps utile. Finalement, il tient parole : il porte à la connaissance des autorités militaires françaises que, dans la mesure où celles-ci n'y voient pas d'inconvénient, il n'est pas opposé à un retour du commandant de Saint-Exupéry dans l'unité 2/33.

Pour s'assurer que les autorités françaises ne feront pas barrage, Saint-Exupéry trouve utile de déjeuner à Alger avec Henri Frenay nommé depuis peu commissaire aux prisonniers et aux réfugiés dans le gouvernement de De Gaulle. Son hôte a l'intelligence d'inviter à ce déjeuner quelques amis susceptibles d'aider Antoine de Saint-Exupéry dans ses démarches. Récemment arrivés de France, Pierre de Bénouville et Maurice Bertrin-Chevance sont des membres actifs du réseau Combat. Ancien député, Fernand Grenier est le représentant auprès de De Gaulle du parti communiste français dont on soupçonne déjà qu'il sera, à la fin de la guerre, une force politique dont il faudra tenir compte — aux élections d'octobre 1945, il obtiendra 27,1 % des voix, presque deux points de plus que les gaullistes. Après des négociations concernant le partage du pouvoir dans la France libérée, le parti communiste avait accepté de participer au gouvernement dirigé par de Gaulle. Fernand Grenier avait été nommé commissaire de l'Air. À en croire Henri Frenay, le déjeuner se déroula sous le signe d'une grande émotion :

Pendant le repas c'est uniquement de la Résistance que nous parlons, des dernières arrestations, des combats inégaux menés par les hommes du maquis, des tortures de la Gestapo, mais surtout du rapprochement que les épreuves et les dangers ont opéré entre les hommes. « Tous nos camarades, dit Bénouville, par-delà les différences d'origine, de situation, d'opinion, ont découvert qu'ils sont soudés les uns aux autres par l'identité fondamentale de leur être et la plus précieuse des fraternités. » C'était là sans doute ce que, de loin, Saint-Exupéry avait pressenti, et pour le moins espéré et qu'il exprimait dans sa *Lettre à un otage*. Aussi des larmes d'émotion et de joie coulent-elles sur ses joues et nous avons bien du mal à contenir les nôtres[29].

Peu de temps après, Henri Frenay rappelle la situation de Saint-Exupéry et son souhait de rejoindre son unité d'origine dans une lettre très officielle adressée à Fernand Grenier. Le commissaire de l'Air lui répond le 12 mai : « J'accueille favorablement la demande du commandant de Saint-Exupéry et donne ce jour même toutes instructions pour examiner la possibilité de lui donner satisfaction[30]. »

Celles-ci ne tardent pas et, le 16 mai 1944, Saint-Exupéry rejoint le groupe 2/33 à Alghero, en Sardaigne. Il est logé dans la meilleure chambre de la grande villa de Porto Conte, réquisitionnée pour abriter les pilotes. Une note du 17 mai du *Journal de marche* de l'escadrille indique que le jour même de son arrivée Antoine de Saint-Exupéry a inoculé à tous ses camarades « le *dangereux* virus des jeux de mots ».

Un héritage contraignant

Saint-Exupéry n'a plus piloté depuis huit mois. Pour retrouver ses reflexes, se rappeler la fonction précise de chacun des cent quarante-huit appareils de bord, réapprendre à maîtriser ces monstres en acier de plusieurs tonnes, ultraperformants et sophistiqués, que l'armée américaine a mis à la disposition du groupe de reconnaissance 2/33, il exécute tous les jours des vols d'entraînement ou de liaison, en attendant de partir en mission au-dessus de la France pour apporter des informations utiles à ceux qui préparent le débarquement allié en Provence.

Il refuse de reconnaître que ce petit jeu n'est pas pour lui, ce que n'ose lui dire aucun de ceux qui voient avec quelle difficulté il enfile la combinaison lourde et encombrante, indispensable à une altitude où la température extérieure est de – 50° ; aucun de ceux qui nouent ses lacets, ce qu'il ne peut pas faire tout seul ; aucun de ceux qui l'aident à se glisser dans la carlingue étroite de l'appareil, déjà tellement essoufflé qu'il doit brancher aussitôt son masque à oxygène ; aucun de ceux qui doivent, à son retour, l'extraire de l'appareil et qui constatent qu'il tient à peine debout. Sans compter que, parfois, il ne se rappelle qu'au dernier moment qu'il lui faut sortir son train d'atterrissage — ignorant s'il s'agit d'un retard dans l'exécution de cette manœuvre ou d'une défection technique, les hommes de piste alertent plusieurs fois les ambulances, pour rien, heureusement. D'autres fois, on le voit tourner en rond pendant de longues minutes au-dessus de l'aéroport et, craignant une panne qui l'empêche d'atterrir, on se prépare au pire sans se douter que Saint-Exupéry est en train de lire et qu'il ne veut pas renoncer au calme de sa carlingue avant d'avoir fini son livre. Sans compter qu'il ne sait toujours pas un traître mot d'anglais : au retour de sa première mission, son baragouin est tellement incompréhensible que les contrôleurs de vol qui le somment, en anglais, de s'identifier mettent en alerte une escadrille de chasse et les batteries antiaériennes avant d'entendre dans leurs écouteurs un « merde » si distinct qu'ils reconnaissent aussitôt le commandant Saint-Exupéry.

John Phillips, qui a accompagné Saint-Exupéry à Alghero pour faire un reportage photographique sur les pilotes de guerre, s'apprête à partir. Pour le remercier de son aide, Saint-Exupéry lui offre, le 28 mai, une grande fête à laquelle il invite tous ses camarades. Un festin pantagruélique : des bergers sardes cuisent dix moutons et Phillips fait livrer un tonneau de vin de quelque deux cents litres. Il en profite pour faire une belle série de photos avec tous ces aviateurs qui chantent et dansent sur la petite table ronde en pierre du jardin : le capitaine

Finan dont la casquette a glissé sur la nuque joue les ténors d'opéra, le « grand-père » Ricutord aux grosses moustaches datant du temps où il était zouave se trémousse au milieu des bouteilles, un camarade fait le pitre entre des assiettes en émail vides. Une cigarette à la main et son bonnet militaire bien enfoncé sur la tête, Saint-Exupéry semble bien s'amuser. Ce n'est peut-être qu'une impression. Saint-Exupéry écrit à Georges Pélissier :

> Bien sûr, je les adore, les braves camarades de l'escadrille. Et cependant, je souffre terriblement de l'absence de contacts humains. Tout de même, tout de même, ça compte, l'Esprit. Et au cours des dîners de la popote j'ai l'amère impression d'un temps perdu terrible. [...] Nul ne peut imaginer qu'il me manque quoi que ce soit, sinon le cinéma ou les femmes, comme à eux. Et pourtant je mets en silence la plus grande part de moi-même. Et tout me manque[1].

Le lendemain de la fête, Saint-Exupéry, qui n'a rien de prévu, dort tard. John Phillips fait ses bagages. Il doit quitter la Sardaigne le 30 au matin, mais il n'a toujours pas son fameux article pour *Life*. Il rappelle à Saint-Exupéry sa promesse. Il n'a pas tort. Saint-Exupéry l'invite à prendre un verre chez lui et lui demande de ne pas le laisser quitter sa chaise avant d'avoir pondu son texte. Dans cette chambre « monacale » aux murs passés à la chaux et dont le mobilier est plus que sommaire, la valise en cuir, élégante, fait tache. Saint-Exupéry y tient ses manuscrits et les feuilles de papier pelure qu'il préfère. Il en sort un bloc-notes, il décapuchonne son stylo. John Phillips raconte :

S'installer au travail était pour lui un combat tout aussi épuisant que d'enfiler ses vêtements de vol, cérémonial auquel il se soumettait toujours avec de profonds soupirs. Déposant son immense carcasse sur une chaise d'osier grinçante, trop étroite pour lui, il joignit les pieds avec l'application d'un élève studieux, se ramassa sur lui-même, le sous-main posé sur les genoux, et se mit en devoir de tracer régulièrement de longues lignes de tout petits caractères noirs qui, asymptote d'espoir, montaient vers le haut de page à droite[2].

John Phillips oublie de préciser que les souliers de Saint-Exupéry sont poussiéreux, ses chaussettes en accordéon et qu'il a toujours entre l'index et le majeur de sa main gauche, qui tient la page, sa cigarette dont il a oublié de secouer les cendres. Lorsque le jour se lève, le photographe de *Life* a ses six pages remplies de tellement de ratures et de rajouts qu'elles sont presque indéchiffrables. Le texte ne sera publié intégralement qu'une trentaine d'années plus tard. *La Lettre à un Américain* veut expliquer aux habitants des États-Unis que leurs soldats qui se battent loin de leur pays le font pour une cause qui est aussi la leur. Ils participent à une solidarité qui se crée et qui n'est que le début d'une réalité nouvelle :

Il me semble que quelque chose de neuf est en formation sur notre planète. Les progrès matériels des temps modernes ont certes relié les hommes par une sorte de véritable système nerveux. Les liaisons sont innombrables. Les communications sont instantanées. Nous sommes matériellement unis comme les cellules d'un même corps. Mais ce corps n'a point encore d'âme. Cet organisme n'a pas encore conscience de soi. La main ne se sait pas solidaire de l'œil[3].

La Lettre à un Américain voudrait inciter les gens à chercher cette solidarité nouvelle qui réunit par l'esprit l'œil et la main.

En privé, Saint-Exupéry est moins optimiste. Il a le sentiment que la guerre « a détruit les valeurs qu'il respectait » et qu'elle a fait disparaître « l'homme en tant qu'individu[4] ». Peuplée de robots, la société d'après guerre sera une fourmilière à même de produire des pianos à la chaîne mais incapable de donner naissance à un pianiste. Il emploie les mêmes termes dans une lettre à Pierre Dalloz qu'il n'a pas le temps d'expédier, retrouvée sur sa table :

> Si je suis descendu, je ne regretterai absolument rien. La termitière future m'épouvante. Et je hais leur vertu de robots. Moi, j'étais fait pour être jardinier[5].

Oui, pas pilote ! ni même écrivain ! Jardinier.

Peut-être pas dans le sens où on l'entend communément.

Au même moment, Saint-Exupéry écrit à une amie de New York, Yvonne de Rose, pour lui dire, en évoquant les termes dont se servent les gens de théâtre pour désigner le côté droit et gauche de la scène, qu'il y a dans ce bas monde des « êtres-jardin » et des « êtres-cour ». Ces derniers portent avec eux les quatre murs de leur enclos entre lesquels ils vous étouffent. Les autres sont différents :

> Dans les jardins on se promène. On peut se taire et respirer. On est à l'aise. Et les surprises heureuses viennent tout simplement au-devant de vous. On n'a rien à chercher. Un

papillon, un scarabée, un ver luisant se montrent. On ne sait rien sur la civilisation du ver luisant. On rêve[6].

Pour se faire mieux comprendre, Antoine de Saint-Exupéry évoque les « gens-route nationale » et les « gens-sentiers ». Les premiers ennuient : les routes nationales conduisent à des point précis et les bornes kilométriques mesurent la progression des ambitieux qui les parcourent. « Le long des sentiers, au lieu de bornes kilométriques, il y a des noisetiers. Et l'on flâne pour croquer des noisettes. On est là pour être là. » Comme on pouvait s'y attendre, la lettre débouche sur une diatribe contre cette prétendue civilisation occidentale qui se pavane de ses réussites techniques :

La civilisation du téléphone est intolérable. Une caricature de présence remplace la vraie présence. On passe de l'un à l'autre comme l'on passe en une seconde, en touchant le bouton du poste radio, de Jean-Sébastien Bach à *Viens, poupoule*. On ne s'enferme plus en rien, on n'est plus nulle part. Je hais cette humanité soluble[7].

Ce n'est pas une formule, c'est une conviction.

Saint-Exupéry est tout aussi explicite dans ses discussions avec le général Chambe. Ils sont en haut d'une falaise verticale qui domine le golfe de Tunis, près des vestiges de l'ancienne Carthage. Saint-Exupéry mâche un brin d'herbe. « Que restera-t-il de notre civilisation à nous, où le spirituel a été massacré ? » demande-t-il, persuadé que jamais l'esprit n'a été plus qu'aujourd'hui écrasé par la matière. Il énumère, avec mépris, les produits de notre « civilisation » : les Buick, les transistors, les frigidaires et les machines à coudre, pour revenir à sa question lancinante :

> Que restera-t-il de nous-mêmes si nous ne savons pas hausser nos enthousiasmes au-dessus des monstres de la mécanique issus du cerveau de nos ingénieurs ? C'est ça, paraît-il, la civilisation. Cette civilisation est idiote. [...] D'ailleurs je me demande pourquoi je me bats ? Si la France n'avait pas été vaincue en 1940, je refuserais de prendre part à cette mêlée absurde, à cette guerre civile des peuples civilisés[8].

Il se bat quand même.

Par solidarité, par devoir, persuadé que la vie ne vaut que par le sacrifice qu'on en fait au nom d'un devoir absolu, d'une évidence indiscutable, envers les autres, quels qu'ils soient.

C'est ce que l'on nommait autrefois honneur.

Le 6 juin 1944, Antoine de Saint-Exupéry part pour sa première mission mais doit faire demi-tour, un moteur en flammes. Il repart le 14 juin et photographie la zone de Rodez. Le lendemain, il survole la région de Toulouse. Le 23 juin, attaqué au-dessus de La Ciotat par deux chasseurs allemands, il largue ses tanks et, parvenu à une altitude où son appareil est plus rapide que celui de ses poursuivants, il parvient à les semer. Il ne pourra plus le faire le 29 juin, le jour de ses quarante-quatre ans : en revenant de sa mission dans la région Annecy-Chambéry, un moteur tombe en panne. Pour éviter les chasseurs allemands qui sont à l'affût sur la côte provençale, Saint-Exupéry traverse les Alpes et emprunte la vallée du haut Pô, avant d'obliquer vers la mer en survolant Turin et

Gênes ; l'appareil photographique qu'il a oublié de débrancher enregistre des images extrêmement utiles, inespérées, obtenues à basse altitude, des emplacements de troupes ennemies au nord de l'Italie. Les unités antiaériennes et d'avions de chasse laissent passer Saint-Exupéry sans l'attaquer, personne ne pouvant imaginer au sol qu'un appareil ennemi puisse survoler à si basse altitude des régions si puissamment armées. Seul ennui, ayant épuisé sa réserve de carburant, Saint-Exupéry ne peut plus atteindre la Sardaigne, où on l'attend, et doit se poser à Borgo, au nord-est de la Corse, ce qui le prive des glaces et des gâteaux que ses camarades, connaissant son goût pour les sucreries, avaient préparés pour le fêter.

Début juillet, Saint-Exupéry est pour quelques jours à Alger, toujours chez Georges Pélissier où il a laissé une partie de ses affaires et à qui le capitaine Gavoille a reçu consigne de remettre, en cas d'accident, outre ses différents objets personnels, la fameuse mallette en cuir avec les manuscrits. De là, il se rend à Tunis pour le baptême de Christian Gavoille dont il est le parrain, mais la marraine, l'épouse du général Mast, ayant un empêchement, la cérémonie est ajournée. Réunis pour cette occasion, René Gavoille et le général René Chambe se concertent. Ayant peut-être eu vent d'un ordre, jamais transmis, peut-être inexistant, du général Eaker qui aurait autorisé Saint-Exupéry à reprendre les vols de reconnaissance, mais uniquement pour cinq missions, et considérant qu'il est de leur devoir d'empêcher un Saint-Exupéry visiblement à bout de forces de continuer une activité trop épuisante pour son âge et sa santé, ils veulent lui dévoiler le plan du débarquement allié en Provence, prévu pour le 15 août. Saint-Exupéry serait consigné au sol : le règlement interdit de voler à ceux qui, capturés par l'ennemi dans le cas d'un accident ou obligés de sauter en parachute si leur appareil est abattu, pourraient, sous la torture qui se pratique couramment, livrer à l'ennemi un secret dont dépend la réussite d'une opération militaire d'extrême importance.

Ils tardent à le faire.

Le 11 et le 14 juillet, Saint-Exupéry exécute des missions de reconnaissance. Il mène la dernière à terme malgré une panne de l'inhalateur d'oxygène survenue en haute altitude où, par manque d'air, il faillit s'évanouir. Ce qui ne l'empêche pas de prendre, une fois de plus, des libertés avec le règlement : ayant été averti que les Allemands avaient fait sauter le château d'Agay qui les empêchait d'assurer une bonne défense de la côte, il veut constater de ses yeux les dégâts. Mal lui en prend. La vue des ruines du château, construit au début du XVIIe siècle sur ordre de Richelieu par les ancêtres de son beau-frère, lui « blessent le cœur ». De plus, le commandant Gavoille doit à nouveau expliquer aux Américains cette incartade de son subordonné ; très attentif dans l'exécution des missions, leur dit-il, le commandant Saint-Exupéry l'est parfois moins au moment où on lui donne les consignes.

Le 17 juillet, l'escadrille change de base et s'installe armes et bagages à Borgo, en Haute-Corse. Le 18, Saint-Exupéry survole Digne, Annecy et Lyon.

Le 21 juillet, il est à Alger. Il propose à Gide de faire un tour dans une nouvelle voiture qu'il vient de se faire prêter. Pas très rassuré, Gide fait semblant de tousser et préfère remettre cette promenade à une autre fois. Le 28 juillet, Saint-Exupéry tient enfin sur les fonts baptismaux le fils du commandant Gavoille. Le 31, il part en mission et il est abattu par un avion de chasse allemand au large de Marseille, où l'épave de son avion sera retrouvée par hasard une cinquantaine d'années plus tard. La mallette avec les manuscrits de Saint-Exupéry est remise le 14 août, conformément à ses vœux, au docteur Georges Pélissier qui la confie le 23 janvier 1945 aux « héritiers de sang[9] ».

On fait parvenir aux destinataires les lettres trouvées sur la table d'Antoine de Saint-Exupéry. Dont une, datée du 30 juillet, à Nelly de Vogüé :

> Des chasseurs m'ont surpris l'autre jour. J'ai échappé juste. J'ai trouvé ça tout à fait bienfaisant. Non par le délire sportif ou guerrier, que je n'éprouve pas. Mais parce que je ne comprends rien, absolument rien que la qualité de la substance. Leurs phrases m'emmerdent. Leur pompiérisme m'emmerde. Leur polémique m'emmerde et je ne comprends rien à leur vertu. La vertu, c'est de sauver le patrimoine spirituel français en demeurant conservateur de la bibliothèque de Carpentras. C'est de se promener nu en avion. C'est d'apprendre à lire aux enfants. C'est d'accepter d'être tué en simple charpentier. Ils sont le pays... pas moi. Je suis du pays. Pauvre pays[10] !

Après maintes hésitations, les éditions Gallimard publient en mars 1948, sous le titre *Citadelle* et dans un ordre fortuit, les pages de ce qui n'est pas un livre inachevé mais un livre qui n'existe pas encore, comme la pile d'articles et de notes remise autrefois aux éditeurs américains n'était pas *Terre des hommes*. Ce travail, qui transforme les briques en cathédrale, comme Saint-Exupéry l'aurait dit, ne peut être remplacé par la bienveillance des rédacteurs. Saint-Exupéry le savait lorsqu'il écrivait, quelques jours seulement avant de mourir, à Georges Pélissier :

> Je souhaite que cette sinistre guerre s'achève avant que j'aie fondu tout entier, comme une chandelle sous la brûlure de l'oxygène. J'ai un autre travail à faire plus tard[11].

Il ne l'a pas fait.

C'est à nous de le faire, chacun à sa façon qui n'est pas plus légitime que celle d'un autre. Pour accomplir au mieux cette tâche dans l'esprit de celui qui nous lègue cet héritage contraignant, il faut peut-être commencer par le connaître.

ANNEXES

REPÈRES CHRONOLOGIQUES

1900. *29 juin*, naissance à Lyon d'Antoine de Saint-Exupéry, troisième enfant de Jean de Saint-Exupéry, inspecteur d'assurances, et de Marie de Fonscolombe.

1904. Décès de Jean de Saint-Exupéry. Les trois filles (Marie-Madeleine, Simone et Gabrielle) et les deux garçons (François et Antoine) quittent Lyon pour vivre alternativement dans deux châteaux, celui de Saint-Maurice-de-Rémens, dans l'Ain, propriété de Mme de Tricaud, parente de Marie de Saint-Exupéry, et celui de La Môle, dans le Var, propriété des grands-parents maternels.

1908. Antoine commence sa scolarité dans l'École des frères chrétiens à Lyon.

1909. La famille s'installe au Mans. Antoine est externe au collège jésuite de Notre-Dame-de-Sainte-Croix.

1912. *Juillet* : Antoine, en vacances à Saint-Maurice-de-Rémens, reçoit son baptême de l'air à Ambérieu.

1915. Saint-Exupéry et son frère, François, continuent leurs études au collège des frères marianistes de Fribourg, en Suisse.

1917. *Juillet* : mort de François, atteint d'un rhumatisme articulaire.

Septembre : Antoine suit les cours de mathématiques spéciales pour préparer le concours d'entrée à l'École navale. Interne à l'école Bossuet, puis au lycée Saint-Louis.

1919. Échec à l'oral de l'École navale. Antoine s'inscrit aux Beaux-arts, section architecture. Il rencontre, grâce à sa cousine Yvonne de Lestrange, les piliers de la *Nouvelle Revue française* : André Gide, Jean Prévost, Gaston Gallimard...

1921. Service militaire au 2e régiment d'aviation de Strasbourg. Sa mère lui paie des leçons de pilotage avec un moniteur civil. Premier accident sans gravité. Affecté au 37e régiment d'aviation de Casablanca, Saint-Exupéry obtient son brevet de pilote militaire.

1922. Promu élève officier de réserve, il intègre le groupe de chasse du 33e régiment d'aviation. Deuxième accident, fractures du crâne.

1923. Fiançailles avec Louise de Vilmorin, rompues quelques mois plus tard. Accident d'avion au Bourget, assez grave. Saint-Exupéry exerce divers métiers.

1926. La revue *Le Navire d'argent* publie sa nouvelle *L'Aviateur*.
Octobre : engagé dans les Lignes aériennes Latécoère à Toulouse. Il rencontre Mermoz et Guillaumet.

1927. *Printemps* : Saint-Exupéry transporte le courrier sur la ligne Toulouse-Casablanca-Dakar.
Juin : Antoine perd sa sœur aînée, Marie-Madeleine, victime de la tuberculose.
Automne : nommé chef d'aéroplace à Cap Juby, dans le Sud, où il écrit *Courrier Sud*.

1928. Saint-Exupéry effectue le sauvetage de quatre aviateurs, prisonniers des Maures depuis plusieurs mois.

1929. Saint-Exupéry est nommé directeur de l'exploitation de la compagnie Aeroposta Argentina à Buenos Aires. Il y retrouve ses camarades Mermoz, Reine et Guillaumet.
Les éditions Gallimard publient *Courrier Sud*.
À Buenos Aires, Antoine de Saint-Exupéry travaille à un nouveau roman, *Vol de nuit*.

1930. Antoine de Saint-Exupéry est fait chevalier de la Légion d'honneur au titre de l'Aéronautique civile.
22 au *30 juin* : accident d'avion — et sauvetage — de Guillaumet, pris dans une tempête de neige au cours de sa traversée de la cordillère des Andes.
Septembre : Saint-Exupéry rencontre sa future épouse, Consuelo Suncin.

1931. *12 avril* : Antoine de Saint-Exupéry épouse Consuelo Suncin.
Mai : il reprend du service et transporte le courrier de Casablanca à Port-Étienne.
Juin : les éditions Gallimard publient *Vol de nuit* qui reçoit le prix Femina.

1932. Pilote sur la ligne Marseille-Alger, puis Casablanca-Dakar.

1933. Pilote d'essai sur hydravion.
21 décembre : accident dans la baie de Saint-Raphaël ; Saint-Exupéry manque se noyer.

1934. La nouvelle compagnie Air France refuse de l'engager comme pilote. Saint-Exupéry accepte un poste au service de propagande d'Air France.
Juillet : il se rend à Saigon pour le compte d'Air France.
Il travaille avec Pierre Billon sur le scénario du film *Courrier Sud*.

1935. *Mai* : reportage à Moscou pour *Paris-Soir*.
Conférences dans plusieurs capitales qu'il rallie dans son Simoun : Casablanca, Alger, Tunis, Le Caire, Alexandrie, Damas, Tripoli, Istanbul, Beyrouth, Athènes.
29 décembre : raid Paris-Saigon, Saint-Exupéry tombe dans le désert de Libye. Après quatre jours d'errance, il est sauvé par une caravane de Bédouins.

1936. Saint-Exupéry publie le récit de son aventure dans *L'Intransigeant* et enregistre pour la radio « Atterrissage forcé dans le désert ».
Il dépose le brevet d'un dispositif d'atterrissage de nuit par détection des rayons réfléchis.
Premières notes pour un nouveau livre jamais achevé, qui sera publié après sa mort sous le titre *Citadelle*.
Août : reportage en Espagne, sur le front de Lerida, pour *L'Intransigeant*.
Décembre : Mermoz disparaît dans l'Atlantique Sud ; Saint-Exupéry lui consacre des reportages radiophoniques et une série d'articles dans la presse écrite.

1937. Avec son nouveau Caudron-Simoun, il effectue des vols en Afrique en vue de l'établissement d'une nouvelle ligne aérienne Casablanca-Tombouctou.
Avril : reportages sur la guerre d'Espagne pour *Paris-Soir*.
Il dépose plusieurs brevets.

1938. *Février* : Saint-Exupéry tente le raid New York-Terre de Feu. Accident à Guatemala City. Grièvement blessé, Saint-Exupéry reste cinq jours dans le coma.
Mars : en convalescence à New York, il commence à réunir ses articles pour un nouveau livre, *Terre des hommes*.

1939. *Février* : publication de *Terre des hommes*. Le livre reçoit le Grand Prix du roman de l'Académie française. L'ouvrage paraît en juin aux États-Unis sous le titre *Wind, Sand and*

Stars ; désigné « Book of the month » (livre du mois), il obtient le « National Book Awards ». Saint-Exupéry est nommé officier de la Légion d'honneur.

Juillet : il accompagne Guillaumet à bord de l'hydravion *Lieutenant-de-vaisseau-Paris*, qui tente de battre le record de traversée de l'Atlantique Nord.

4 septembre : mobilisé à Toulouse, affecté à l'enseignement technique.

Novembre : suite à des interventions en haut lieu, il réussit à rejoindre le groupe de reconnaissance 2/33 à Orconte, en Champagne.

1940. *Mai-juin* : il effectue diverses missions de reconnaissance, dont celle sur Arras.

2 juin : cité à l'ordre de l'armée aérienne, Saint-Exupéry reçoit la croix de guerre avec palme.

31 juillet : démobilisé à Alger où s'est réfugié le groupe 2/33.

Après un séjour en France, il part vers les États-Unis en passant par Lisbonne où il apprend que Guillaumet a été abattu le 27 novembre.

31 décembre : Saint-Exupéry arrive à New York, où il restera vingt-huit mois.

1941. *Printemps* : Saint-Exupéry subit une intervention chirurgicale à Los Angeles. Pendant sa convalescence, il rédige *Pilote de guerre*.

1942. Consuelo arrive à New York.

Février : publication de *Flight to Arras* (*Pilote de guerre*), illustré par Bernard Lamotte ; le livre sera six mois en tête des best-sellers et influencera l'opinion publique américaine. Il donne des conférences au Canada et travaille au *Petit Prince*.

Pilote de guerre est publié par les éditions Gallimard en France occupée ; interdit en janvier 1943 par la Propaganda Abteilung, le livre sera imprimé clandestinement à Lyon en 1943 et à Lille en 1944.

1943. *Février* : publication de *Lettre à un otage*.

6 avril : publication aux États-Unis du *Petit Prince* en langue anglaise et française. Malgré son âge, Saint-Exupéry est autorisé à réintégrer le groupe 2/33, sous commandement américain.

Mai : Saint-Exupéry rejoint les Forces françaises libres en Afrique du Nord.

21 juillet : première mission de reconnaissance au-dessus de la France.

Août : mis à pied à la suite d'un atterrissage raté, il revient à Alger.

1944. *Mai* : Saint-Exupéry est réintégré dans son unité.

Juillet : l'escadrille s'installe à Bastia-Borgo, en Corse.

31 juillet, Saint-Exupéry ne revient pas de sa mission ; il est porté disparu. Sa gourmette sera retrouvée en 1998 au large de Marseille ; l'épave de son avion sera identifiée en 2004 par l'armée de l'air.

1948. *Mars* : les éditions Gallimard publient, sous le titre *Citadelle*, les notes préparatoires d'un livre qu'Antoine de Saint-Exupéry avait l'intention d'écrire ; il estimait qu'il lui faudrait encore dix ans pour l'achever.

RÉFÉRENCES BIBLIOGRAPHIQUES

Les *Œuvres complètes* d'Antoine de Saint-Exupéry ont été publiées en 1996 aux éditions Gallimard, dans la collection Bibliothèque de la Pléiade, dans une édition en deux volumes établie, soignée et amplement annotée par Michel Autrand, Michel Quesnel, Paule Bounin et Françoise Gerbord dont le travail minutieux et compétent en fait un outil indispensable à ceux qui s'intéressent à la vie et à l'œuvre de cet auteur.

En 2007, les éditions Gallimard ont publié quelques textes inédits, choisis et commentés par Alban Cerisier dans un coffret intitulé *Manon danseuse et autres textes inédits* ; on y trouve les *Sept lettres à Nathalie Paley*. Les mêmes éditions Gallimard publient en 2008 *Lettre à l'inconnue*.

Ajoutons à cette liste : Antoine de Saint-Exupéry, *Dessins, aquarelles, pastels, plumes et crayons*, catalogue présenté et établi par Delphine Lacroix avec le concours d'Alban Cerisier, Gallimard, 2006.

Des très nombreuses biographies en plusieurs langues d'Antoine de Saint-Exupéry, la plus fournie et aussi la plus crédible reste celle publiée par Stacy de La Bruyère : *Saint-Exupéry. Une vie à contre-courant*, Albin Michel, 1994.

En raison des relations particulières de leurs auteurs avec Antoine de Saint-Exupéry, on lit avec intérêt les biographies signées par Pierre Chevrier [Nelly de Vogüé], *Antoine de Saint-Exupéry* (Gallimard, 1949) et par Georges Pélissier, *Les Cinq Visages de Saint-Exupéry* (Flammarion, 1951). Méritent une mention à part les ouvrages de Simone de Saint-Exupéry, sœur d'Antoine, *Cinq enfants dans un parc* (Gallimard, 2000) et l'album de Nathalie des Vallières, petite-nièce d'Antoine, *Saint-Exupéry, l'archange et l'écrivain* (Gallimard, collection Découvertes, 1998). Nous n'accordons aucun crédit aux ouvrages de Consuelo de Saint-Exupéry, *Mémoires de la rose* (Plon, 2000), et *Lettres du dimanche* (Plon, 2001).

Témoignages indispensables dans le recueil : Antoine de Saint-Exupéry, *Écrits de guerre*, Gallimard, 1982, et dans les numéros 69, 71, 75, 78, 84, 96, qui lui sont consacrés, de la revue *Icare*. Des informations utiles, particulièrement en ce qui concerne les rapports de Saint-Exupéry avec le mouvement gaulliste et la façon dont il a été écarté du champ littéraire après 1945, peuvent être trouvées dans François Gerber, *Saint-Exupéry écrivain en guerre*, Jacob-Duvernet, 2012.

D'autre ouvrages, récents pour la plupart, qui pourraient apporter des nuances surtout en ce qui concerne le relations de Saint-Exupéry avec sa femme, se contentent de nous séduire par l'iconographie et n'offrent pas un appareil critique suffisant pour convaincre.

Il va de soi que les très nombreux ouvrages qui ont pour sujet l'œuvre d'Antoine de Saint-Exupéry n'entrent pas dans l'horizon de cette note bibliographique.

NOTES

UN HÉRITAGE CONTRAIGNANT

1. Antoine de Saint-Exupéry, *Lettres à sa famille*, in *Œuvres*, Gallimard, coll. Bibliothèque de la Pléiade, 1994, vol. II, p. 907.

2. Antoine de Saint-Exupéry, *Lettres à sa mère*, in *Œuvres*, éd. cit., vol. I, p. 780.

3. Antoine de Saint-Exupéry, *Quelques livres dans ma mémoire*, in *Œuvres*, éd. cit., vol. II, p. 49.

4. Antoine de Saint-Exupéry, *Lettres à sa mère*, éd. cit., p. 724.

5. Antoine de Saint-Exupéry, *Textes de jeunesse*, in *Œuvres*, éd. cit., vol. I, p. 6.

6. Antoine de Saint-Exupéry, *Lettres à sa mère*, éd. cit., p. 655.

7. Antoine de Saint-Exupéry, *Quelques livres dans ma mémoire*, éd. cit., vol. II, p. 49.

8. *Idem*, p. 50.

9. Charles Sallès, *Souvenirs d'une amitié*, in *Icare*, n° 69, p. 81.

10. *Cf.* Stacy de La Bruyère, *Saint-Exupéry*, Albin Michel, 1994, p. 76 et 487.

11. *Cf.* Pierre Chevrier [Nelly de Vogüé], *Antoine de Saint-Exupéry*, Gallimard, 1949, p. 27.

12. Antoine de Saint-Exupéry, *Pilote de guerre*, in *Œuvres*, éd. cit., vol. II, p. 192.

UN SALON BIEN FRÉQUENTÉ

1. Antoine de Saint-Exupéry, *Lettres à sa mère*, éd. cit., p. 668
2. Henry de Ségogne, *Les Jeunes Années*, in *Icare*, n° 69, p. 92.
3. Antoine de Saint-Exupéry, *Lettres à sa mère*, éd. cit., p. 666.
4. Antoine de Saint-Exupéry, *Textes de jeunesse*, éd. cit., vol. I, p. 10.
5. Antoine de Saint-Exupéry, *Lettres à sa mère*, éd. cit., p. 670.
6. *Idem*, p. 684.
7. *Idem*, p. 663.
8. Henry de Ségogne, *op. cit.*, p. 91.
9. *Ibidem*.
10. Antoine de Saint-Exupéry, *Lettres à sa mère*, éd. cit., p. 674.
11. *Idem*, p. 685.
12. *Idem*, p. 686.
13. Bernard Lamotte, *Les Beaux Arts et la Bugatti*, in *Icare*, n° 69, p. 96.
14. Antoine de Saint-Exupéry, *Dédicaces et autres textes de circonstance*, in *Œuvres*, éd. cit., vol. II, p. 1055.
15. Bernard Lamotte, *op. cit.*, p. 96.
16. *Ibidem*.
17. Cit. *apud* Stacy de La Bruyère, *op. cit.*, p. 95.
18. Antoine de Saint-Exupéry, *Lettres à sa mère*, éd. cit., p. 691.

UN FIANCÉ DÉSARGENTÉ

1. Antoine de Saint-Exupéry, *Lettres à sa mère*, éd. cit., p. 694.
2. *Idem*, p. 695.
3. *Idem*, p. 706.
4. *Idem*, p. 701.
5. *Ibidem*.
6. *Idem*, p. 705.
7. Robert Aeby, *Le Complot de Strasbourg*, in *Icare*, n° 69, p. 100.
8. Jean Escot, *Vingt ans d'amitié*, in *Icare*, n° 69, p. 105.
9. Antoine de Saint-Exupéry, *Lettres aux amis*, in *Œuvres*, éd. cit., vol. I, p. 847.
10. Antoine de Saint-Exupéry, *Lettres à sa mère*, éd. cit., p. 710.
11. *Idem*, p. 715.

12. *Idem*, p. 716.

13. Antoine de Saint-Exupéry, *Lettres à sa mère*, éd. cit., p. 720.

14. *Idem*, p. 719.

15. *Idem*, p. 716.

16. *Idem*, p. 715.

17. *Idem*, p. 724.

18. *Idem*, p. 715.

19. *Idem*, p. 718.

20. Jean Escot, *Vingt ans d'amitié*, in *Icare*, n° 69, p. 107.

21. Antoine de Saint-Exupéry, *Lettres à sa mère*, éd. cit. p. 717.

22. *Idem*, p. 713.

23. *Idem*, p. 711.

24. *Idem*, p. 712.

25. *Idem*, p. 724.

26. *Idem*, p. 726.

27. Cit. *apud* Stacy de La Bruyère, *op. cit.*, p. 111.

28. Antoine de Saint-Exupéry, *Lettres à sa mère*, éd. cit., p. 728.

29. *Idem*, p. 727.

30. Louise de Vilmorin, *Saint-Exupéry*, in *Carrefour*, 1re année, n° 1, 26 août 1944.

31. Antoine de Saint-Exupéry, *Lettres à sa mère*, éd. cit., p. 727.

32. Antoine de Saint-Exupéry, *Lettres amicales et professionnelles*, éd. cit., vol. II, p. 992.

33. Antoine de Saint-Exupéry, *Lettres à sa mère*, éd. cit., p. 730.

UN FIANCÉ QUI N'EST PLUS CE QU'IL ÉTAIT

1. Antoine de Saint-Exupéry, *Lettres aux amis*, éd. cit., p. 850.

2. Antoine de Saint-Exupéry, *Lettres à sa mère*, éd. cit., p. 736.

3. Antoine de Saint-Exupéry, *Lettres aux amis*, éd. cit., p. 849.

4. Antoine de Saint-Exupéry, *Lettres à sa mère*, éd. cit., p. 738.

5. Jean Escot, *op. cit.*, *Icare*, n° 69, p. 110.

6. *Idem*, p. 111.

7. Antoine de Saint-Exupéry, *Lettres aux amis*, éd. cit., p. 853.

8. Antoine de Saint-Exupéry, *Lettres à Rinette*, in *Œuvres*, éd. cit., vol. I, p. 788.

9. *Idem*, p. 789.

10. Antoine de Saint-Exupéry, *Lettres aux amis*, éd. cit., p. 864.

11. Antoine de Saint-Exupéry, *Lettres à sa mère*, éd. cit., p. 747.

12. *Idem*, p. 787.
13. *Idem*, p. 747.
14. *Idem*, p. 748.
15. *Idem*, p. 749.
16. Antoine de Saint-Exupéry, *Lettres aux amis*, éd. cit., p. 852.
17. Antoine de Saint-Exupéry, *Lettres à sa mère*, éd. cit., p. 742.
18. Antoine de Saint-Exupéry, *Lettres à Rinette*, éd. cit., p. 798.
19. Antoine de Saint-Exupéry, *Manon, danseuse*, Gallimard, 2007, p. 60.
20. Jean Escot, *op. cit.*, in *Icare*, n° 69, p. 111.
21. Antoine de Saint-Exupéry, *Lettres à sa mère*, éd. cit., p. 748.
22. Antoine de Saint-Exupéry, *Lettres à Rinette*, éd. cit., p. 793.
23. *Idem*, p. 798.
24. *Idem*, p. 801.
25. *Idem*, p. 798
26. *Idem*, p. 816.
27. Beppo de Massimi, *Vent debout*, Plon, 1949, p. 294.
28. *Idem*, p. 295.
29. *Idem*, p. 296.
30. Antoine de Saint-Exupéry, *Lettres à Rinette*, éd. cit., p. 800.

LES BIBELOTS D'UNE VIERGE

1. Didier Daurat, *Dans le vent des hélices*, Le Seuil, 1956, p. 104.
2. Antoine de Saint-Exupéry, *Lettres à sa mère*, éd. cit., p. 752.
3. *Idem*, p. 754.
4. Antoine de Saint-Exupéry, *Terre des hommes*, in *Œuvres*, éd. cit., vol. I, p. 178.
5. Antoine de Saint-Exupéry, *Lettres à sa mère*, éd. cit., p. 753.
6. Antoine de Saint-Exupéry, *Lettres à sa famille*, éd. cit. p. 851.
7. Antoine de Saint-Exupéry, *Lettres à Rinette*, éd. cit., p. 805.
8. *Ibidem*.
9. *Ibidem*.
10. *Idem*, p. 816.
11. *Ibidem*.
12. Antoine de Saint-Exupéry, *Terre des hommes*, éd. cit., p. 175.
13. Didier Daurat, *Dans le vent des hélices*, éd. cit., p. 104.
14. Antoine de Saint-Exupéry, *Lettres aux amis*, éd. cit., p. 833.
15. Antoine de Saint-Exupéry, *Lettres à Rinette*, éd. cit., p. 807.

16. Antoine de Saint-Exupéry, *Lettres aux amis*, éd. cit., p. 854.

17. *Idem*, p. 866.

18. Noëlle Guillaumet, *Il avait tant de choses à dire*, in *Icare*, n° 71, p. 34.

19. Antoine de Saint-Exupéry, *Lettres aux amis*, éd. cit., p. 833.

20. Antoine de Saint-Exupéry, *Lettres intimes*, in *Œuvres*, éd. cit., vol. II, p. 917.

21. Antoine de Saint-Exupéry, *Lettres aux amis*, éd. cit., p. 855.

22. *Cf.* Didier Daurat, *Il ne cassa pas d'avions*, in *Icare*, n° 69, p. 138.

23. Didier Daurat, *Dans le vent des hélices*, éd. cit, p. 108.

24. Antoine de Saint-Exupéry, *Lettres intimes*, éd. cit., p. 913.

25. Antoine de Saint-Exupéry, *Lettres à sa famille*, éd. cit., p. 902.

26. Antoine de Saint-Exupéry, *Lettres à sa mère*, éd. cit., p. 764.

27. *Idem*, p. 764.

28. *Idem*, p. 766.

29. *Idem*, p. 767.

30. Antoine de Saint-Exupéry, *Lettres à sa famille*, éd. cit., p. 857-858.

31. Antoine de Saint-Exupéry, *Lettres à sa mère*, éd. cit., p. 772.

32. Antoine de Saint-Exupéry, *Rapport concernant le dépannage du Bréguet 232*, in *Œuvres*, éd. cit., vol. I, p. 908.

33. *Idem*, p. 910.

34. *Ibidem*.

35. Antoine de Saint-Exupéry, *Lettres à sa famille*, éd. cit., p. 889.

36. Didier Daurat, *Il ne cassa pas d'avions*, in *Icare*, n° 69, p. 144.

37. Antoine de Saint-Exupéry, *Lettres à sa famille*, éd. cit., p. 890.

38. Antoine de Saint-Exupéry, *Lettres à sa mère*, éd. cit., p. 772.

39. Antoine de Saint-Exupéry, *Lettres intimes*, éd. cit., p. 912.

UN LIVRE OÙ IL N'EST QUESTION QUE DE LA NUIT

1. Antoine de Saint-Exupéry, *Lettres à sa famille*, éd. cit., p. 892.

2. *Idem*, p. 893.

3. André Beucler, Préface à la première édition de *Courrier Sud*, *in* Antoine de Saint-Exupéry, *Œuvres*, éd. cit., vol. I, p. 905 et 906.

4. Lionel-Max Chassin, *Ce grand diable taillé à la serpe*, in *Icare*, n° 69, p. 190.

5. *Idem*, p. 189.

6. *Idem*, p. 190.

7. Antoine de Saint-Exupéry, *Lettres à sa mère*, éd. cit., p. 774.

8. Antoine de Saint-Exupéry, *Lettres à Rinette*, éd. cit., p. 802.

9. André Beucler, *Le Sol de la patrie*, in *Icare*, n° 78, p. 113.

10. Antoine de Saint-Exupéry, *Lettres intimes*, éd. cit., p. 918.

11. Antoine de Saint-Exupéry, *Lettres à sa mère*, éd. cit., p. 776.

12. *Ibidem*.

13. Antoine de Saint-Exupéry, *Lettres intimes*, éd. cit., p. 921.

14. *Idem*, p. 920.

15. Antoine de Saint-Exupéry, *Lettres à sa mère*, éd. cit., p. 777.

16. Antoine de Saint-Exupéry, *Lettres à sa famille*, éd. cit., p. 894.

17. Antoine de Saint-Exupéry, *Lettres à Rinette*, éd. cit., p. 820.

18. Antoine de Saint-Exupéry, *Lettres à sa mère*, éd. cit., p. 778.

19. Antoine de Saint-Exupéry, *Lettres à sa famille*, éd. cit., p. 896.

20. Antoine de Saint-Exupéry, *Lettres à Rinette*, éd. cit., p. 819.

21. Antoine de Saint-Exupéry, *Lettres à sa mère*, éd. cit., p. 778.

22. *Idem*, p. 782.

23. Henri Guillaumet, *Rapport sur l'atterrissage du 124° Santiajeu dans la cordillère des Andes le 13 juin 1930*, *in* Didier Daurat, *Dans le vent des hélices*, éd. cit., p. 136.

24. *Ibidem*.

25. Antoine de Saint-Exupéry, *Terre des hommes*, éd. cit., vol. I, p. 191.

26. *Ibidem*.

27. Henri Guillaumet, *op. cit.*, p. 137.

28. Antoine de Saint-Exupéry, *Terre des hommes*, éd. cit., p. 196.

29. Antoine de Saint-Exupéry, *Lettres à sa famille*, éd. cit, p. 921.

30. Antoine de Saint-Exupéry, *Lettres à Rinette*, éd. cit., p. 819.

31. Antoine de Saint-Exupéry, *Lettres à sa famille*, éd. cit., p. 897.

32. Jean Darby, *C'est en Argentine qu'il a été le plus heureux*, in *Icare*, n° 69, p. 192.

33. *Catalogue de l'Exposition Saint-Exupéry*, Archives nationales, 1984, p. 64.

34. Antoine de Saint-Exupéry, *Lettres à sa mère*, éd. cit., p. 782.

35. Didier Daurat, *Dans le vent des hélices*, éd. cit., p. 134.

36. *Idem*, p. 163.

37. Antoine de Saint-Exupéry, *Lettres à sa mère*, éd. cit., p. 783.

38. *Idem*, p. 780.

39. Antoine de Saint-Exupéry, *À propos de « Vol de nuit »*, article reproduit in *Catalogue de l'Exposition Saint-Exupéry*, Archives nationales, 1984, p. 66.

40. *Ibidem*.

41. Antoine de Saint-Exupéry, *Lettres à sa mère*, éd. cit., p. 778.

UNE REVANCHE TROPICALE

1. Consuelo de Saint-Exupéry, *Mémoires de la rose*, éd. Plon, 2000, p. 74.

2. Jean-Gérard Fleury, *Une amitié exigeante*, in *Icare*, n° 71, p. 82.

3. *Apud* Paul Webster, *Consuelo de Saint-Exupéry*, éd. du Fellin, 2000, p. 27.

4. *Cf*. à ce propos Stacy de La Bruyère, *op. cit*., note 47, p. 497.

5. Consuelo de Saint-Exupéry, *L'Ours et l'oiseau des îles*, in *Icare*, n° 71, p. 23.

6. *Ibidem*.

7. Consuelo de Saint-Exupéry, *Mémoires de la rose*, éd. cit., p. 36.

8. *Idem*, p. 40.

9. Consuelo de Saint-Exupéry, *L'Ours et l'oiseau des îles*, éd. cit., p. 26.

10. Jacques Néri, *Nous avons fait équipage pendant un an*, in *Icare*, n° 71, p. 53.

11. Antoine de Saint-Exupéry, *Terre des hommes*, éd. cit., p. 275.

12. Consuelo de Saint-Exupéry, *L'Ours et l'oiseau des îles*, éd. cit., n° 71, p. 28.

13. André Gide, *Journal 1889-1939*, Gallimard, Bibliothèque de la Pléiade, 1960, p. 1040.

14. *Idem*, p. 1041.

15. *Idem*, p. 1042.

16. André Gide, Préface à *Vol de nuit*, *in* Antoine de Saint-Exupéry, *Œuvres*, éd. cit., vol. I, p. 962.

17. Jacques Néri, *op. cit*., p. 51.

18. Antoine de Saint-Exupéry, *Lettres à sa famille*, éd. cit., p. 899.

19. *Idem*, p. 900.

20. *Idem*, p. 901.

21. *Idem*, p. 902.

22. Antoine de Saint-Exupéry, *Lettres amicales et professionnelles*, éd. cit., p. 930.

1. Antoine de Saint-Exupéry, *Lettres amicales et professionnelles*, éd. cit., p. 930.
2. *Idem*, p. 980.
3. *Idem*, p. 1024.
4. Antoine de Saint-Exupéry, *Lettres à sa mère*, in *Œuvres*, éd. cit., vol. I, p. 780
5. Antoine de Saint-Exupéry, *Terre des hommes*, éd. cit., p. 208.
6. Cit. *apud* Pierre Chevrier [Nelly de Vogüé], *Antoine de Saint-Exupéry*, Gallimard, 1949, p. 99.
7. Antoine de Saint-Exupéry, *Lettre à M. Fao, in* Didier Daurat, *Dans le vent des hélices*, éd. cit., p. 241.
8. Antoine de Saint-Exupéry, *Lettre à Louise de Vilmorin*, reproduite dans *Le Figaro*, 23 août 2007.
9. Cit. *apud* Pierre Chevrier [Nelly de Vogüé], *op. cit.*, p. 102.
10. *Ibidem*.
11. Antoine de Saint-Exupéry, *Lettre à Louise de Vilmorin*, éd. cit.
12. Gilbert Vergès, *Le 21 décembre 1933*, in *Icare*, n° 71, p. 73.
13. À ce propos, *cf*. Stacy de La Bruyère, *op. cit.*, p. 248.
14. *Idem*, p. 256.
15. Jean-Gérard Fleury, *Une amitié exigeante*, in *Icare*, n° 71, p. 82.
16. *Cf*. à ce propos la note d'Edmond Petit, in *Icare*, n° 71, p. 75.
17. Antoine de Saint-Exupéry, *Lettre à M. Fao*, éd. cit, p. 242.
18. *Idem*, p. 243.
19. Jean Chitry, *J'ai embauché Saint-Ex*, in *Icare*, n° 71, p. 85.
20. *Idem*, p. 85.
21. Antoine de Saint-Exupéry, *Lettres à sa mère*, in *Œuvres*, éd. cit., vol. I, p. 784.
22. Consuelo de Saint-Exupéry, *Lettre du dimanche*, Plon, 2001.
23. Henri Jeanson, *Ah ! les mufles !*, in *Icare*, n° 75, p. 76.
24. Jean-Gérard Fleury, *op. cit.*, p. 82.
25. Cité d'après Stacy de La Bruyère, *op. cit.*, p. 259.
26. Henri Jeanson, *70 ans d'adolescence*, Stock, 1971, p. 226.
27. Pierre Chevrier [Nelly de Vogüé], *Antoine de Saint-Exupéry*, éd. cit., p. 124.

1. Antoine de Saint-Exupéry, *Agenda*, in *Œuvres*, éd. cit., vol. I, p. 443.

2. Antoine de Saint-Exupéry, *Carnet I*, in *Œuvres*, éd. cit., vol. I, p. 517.

3. *Idem*, p. 633.

4. *Idem*, p. 576.

5. André de Fonscolombe, *Mon cousin Antoine*, in *Icare*, n° 71, p. 32.

6. Antoine de Saint-Exupéry, *Carnet V*, in *Œuvres*, éd. cit., vol. I, p. 637.

7. Antoine de Saint-Exupéry, *Carnet II*, in *Œuvres*, éd. cit., vol. I, p. 522.

8. Antoine de Saint-Exupéry, *Carnet I*, éd. cit., p. 500.

9. Antoine de Saint-Exupéry, *Carnet IV*, in *Œuvres*, éd. cit., vol. I, p. 602.

10. *Idem*, p. 619.

11. *Idem*, p. 614.

12. Antoine de Saint-Exupéry, *Carnet III*, in *Œuvres*, éd. cit., vol. I, p. 561.

13. *Idem*, p. 558.

14. Antoine de Saint-Exupéry, *Carnet V*, éd. cit., p. 470.

15. Antoine de Saint-Exupéry, *Carnet III*, éd. cit., p. 576.

16. Antoine de Saint-Exupéry, *Carnet V*, éd. cit., p. 521.

17. Antoine de Saint-Exupéry, *Carnet III*, éd. cit., p. 562.

18. Antoine de Saint-Exupéry, *Carnet II*, éd. cit., p. 542.

19. *Idem*, p. 536.

20. Antoine de Saint-Exupéry, *Carnet I*, éd. cit., p. 492.

21. Antoine de Saint-Exupéry, *Carnet III*, éd. cit., p. 570.

22. *Idem*, p. 580.

23. Antoine de Saint-Exupéry, *Lettres amicales et professionnelles*, éd. cit., p. 1049.

24. Cit. apud *Catalogue de l'Exposition Saint-Exupéry*, Archives nationales, 1984, p. 74.

25. Antoine de Saint-Exupéry, *Carnet I*, éd. cit., p. 483.

26. *Idem*., p. 484.

27. *Idem*, p. 485.

28. Paul Dony, *Saint-Exupéry, jeux littéraires et souvenirs*, in *Vie et langage*, n° 80, novembre 1958, p. 568.

29. Antoine de Saint-Exupéry, *Carnet V*, éd. cit., p. 642.

30. Antoine de Saint-Exupéry, *Terre des hommes*, éd. cit., p. 198.

31. Adèle Breaux, *J'étais son professeur d'anglais*, in *Icare*, n° 84, p. 100.

32. Antoine de Saint-Exupéry, *Lettres à sa famille*, éd. cit., p. 870

33. Antoine de Saint-Exupéry, *Lettres à sa mère*, éd. cit., p. 752.

34. Cit. *apud* Pierre Chevrier [Nelly de Vogüé], *op. cit.*, p. 124.

35. Inédit, le brouillon de ce scénario a été présenté lors d'une vente publique. *Cf.* le *Catalogue de la vente Artcurial de livres et manuscrits modernes du mercredi 12 mai 2012*, p. 112.

TROIS BOUTEILLES

1. Antoine de Saint-Exupéry, *Terre des hommes. Notes et variantes*, in *Œuvres*, éd. cit., vol. I, p. 1048.

2. Antoine de Saint-Exupéry, entretien avec Maggie Gurial in *Voilà*, p. 9.

3. *Cf.* Stacy de La Bruyère, *op. cit.*, p. 297.

4. Cit. *apud* Stacy de La Bruyère, *op. cit.*, p. 297.

5. Françoise Giroud, *Leçons particulières*, éd. Fayard, 1990, p. 69 ; *cf.* aussi *Icare*, n° 103, p. 47.

6. Ventes publiques à Genève en novembre 1986, à Paris en juillet 1984, entre autres.

7. Antoine de Saint-Exupéry, *Terre des hommes. Notes et variantes*, éd. cit., p. 1049.

8. Pierre Chevrier [Nelly de Vogüé], *op. cit.*, p. 130.

9. Antoine de Saint-Exupéry, *Terre des hommes*, éd. cit., p. 243.

10. Marie-Jeanne Dutheil, *À Lisbonne*, in *Icare*, n° 78, p. 123.

11. Antoine de Saint-Exupéry, *Terre des hommes*, éd. cit., p. 268.

12. Témoignage de Mme Raccaud, in *Cahiers Saint-Exupéry I*, Gallimard, 1980, p. 51.

13. Pierre Chevrier [Nelly de Vogüé], *op. cit.*, p. 136.

14. Antoine de Saint-Exupéry, *Lettres à sa mère*, éd. cit., p. 784.

DES GUERRES ET DES RÉVOLUTIONS

1. Antoine de Saint-Exupéry, *Terre des hommes*, éd. cit., p. 235.

2. Antoine de Saint-Exupéry, *Articles parus in « Marianne »*, in *Œuvres*, éd. cit., vol. I, p. 322.

3. Cit. apud *Catalogue de l'Exposition Saint-Exupéry*, Archives nationales, 1984, p. 76.

4. Antoine de Saint-Exupéry, *Articles parus in « Marianne »*, éd. cit., p. 324.

5. *Ibidem*.

6. Antoine de Saint-Exupéry, *Articles consacrés à Mermoz*, in *Œuvres*, éd. cit., vol. I, p. 333.

7. *Idem*, p. 336.

8. *Idem*, p. 339.

9. Antoine de Saint-Exupéry, *Reportages*, in *Œuvres*, éd. cit., vol. I, p. 380.

10. *Idem*, p. 381.

11. *Idem*, p. 390.

12. *Idem*, p. 396.

13. *Idem*, p. 395.

14. *Idem*, p. 399.

15. *Idem*, p. 399.

16. *Idem*, p. 404.

17. Jean-Gérard Fleury, *Une amitié exigeante*, in *Icare*, n° 71, p. 82.

18. Françoise Giroud, *Leçons particulières*, éd. cit., p. 69.

« L'EFFROYABLE LIBERTÉ DE N'ÊTRE POINT »

1. *Cf.* à ce propos Pierre Chevrier [Nelly de Vogüé], *op. cit.*, pp. 141 et 163.

2. Antoine de Saint-Exupéry, *Métier et vocation d'écrivain, deux lettres à un ami*, in *Preuves*, n° 80, oct. 1957, p. 20.

3. Pour cette citation et les suivantes, Antoine de Saint-Exupéry, *Carnet IV*, éd. cit., pp. 613 et 614.

4. *Idem*, p. 618.

5. Georges Pélissier, *Les Cinq Visages de Saint-Exupéry*, Flammarion, 1951, p. 129.

6. Antoine de Saint-Exupéry, *Carnet IV*, éd. cit., p. 614.

7. *Ibidem*.

8. Antoine de Saint-Exupéry, *Lettres amicales et professionnelles*, éd. cit., p. 932.

9. *Idem*, p. 933.

LA TOILE SOUVERAINE

1. Antoine de Saint-Exupéry, *Le Problème du pharaon*, éd. Dynamo, 1957.

2. Pierre Chevrier [Nelly de Vogüé], *op. cit.*, p. 165.

3. Gaston Lavoisier, *Quartier latin*, 23 mars 1945, p. 3.

4. Raoul de Roussy de Salles, *Ce voyage est un casse-gueule*, in *Paris-Soir*, 18 février 1938, p. 1.

5. Antoine de Saint-Exupéry, *Quelques livres dans ma mémoire*, éd. cit., p. 51.

6. Lewis Galantière, *Comment traduire Saint-Exupéry*, in *Icare*, n° 84, p. 50.

7. Antoine de Saint-Exupéry, *Terre des hommes*, éd. cit., p. 207.

8. *Ibidem*.

9. Antoine de Saint-Exupéry, *Carnet III*, éd. cit., p. 565.

10. Antoine de Saint-Exupéry, *Lettre au général Z*, in *Œuvres*, éd. cit., vol. II, p. 356.

11. Antoine de Saint-Exupéry, *La Paix ou la Guerre ?*, in *Œuvres*, éd. cit., vol. I, p. 342.

L'ABSENCE DE VENT À BATHURST

1. Antoine de Saint-Exupéry, *Dédicaces et autres textes de circonstance*, in *Œuvres*, éd. cit., vol. II, p. 1054.

2. Antoine de Saint-Exupéry, *Terre des hommes*, éd. cit., p. 169.

3. Lewis Galantière, *Lettre à Saint-Exupéry*, in *Catalogue de l'Exposition Saint-Exupéry*, Archives nationales, p. 102.

4. Françoise Gerbod, *Notes pour* Terre des hommes, *in* Antoine de Saint-Exupéry, *Œuvres*, éd. cit., vol. I, pp. 992 et suiv.

5. Antoine de Saint-Exupéry, *Terre des hommes*, éd. cit., p. 269.

6. Antoine de Saint-Exupéry, *Lettre au général Z*, in *Œuvres*, éd. cit., vol. II, p. 356.

7. Cit. *apud* Pierre Chevrier [Nelly de Vogüé], *op. cit*. p. 176.

8. Léon Werth, *Saint-Ex tel que je l'ai connu*, éd. Viviane Hamy, 1994, p. 99.

9. Antoine de Saint-Exupéry, *Lettre à un otage*, in *Œuvres*, éd. cit., vol. II, p. 96.

10. Charles Salès, *Souvenirs d'une amitié*, in *Icare*, n° 69, p. 86.

11. Henri Delgove, *Le Réel et la pensée*, in *Icare* n° 108, p. 72-74.

12. Antoine de Saint-Exupéry, Préface au *Vent se lève*, in *Œuvres*, éd. cit., vol. I, p. 438.

13. Anne Morrow Lindbergh, Avant-propos à *Antoine de Saint-Exupéry : Wartime Writings 1939-1944*, Harcourt, 1986, p. X.

14. *Idem*, p. XII.

COMME UN POISSON SUR LA PLAGE

1. Antoine de Saint-Exupéry, *Lettres amicales et professionnelles*, éd. cit., p. 934.

2. *Idem*, p. 933.

3. Léon Werth, *op. cit.*, p. 114.

4. Jean Dutertre, *Sur Arras*, in *Icare*, n° 78, p. 69.

5. Antoine de Saint-Exupéry, *Lettres à sa famille*, éd. cit., p. 847.

6. Antoine de Saint-Exupéry, *Lettres amicales et professionnelles*, éd. cit., p. 942.

7. Cit. *apud* Stacy de La Bruyère, *op. cit.*, p. 359, qui se rapporte aux archives de Lewis Galantière conservées à la Butler Library de la Columbia University.

8. René Gavoille, *Il est des nôtres*, in *Icare*, n° 78, p. 28.

9. Antoine de Saint-Exupéry, *Lettres à sa famille*, éd. cit., p. 849.

10. Antoine de Saint-Exupéry, *Pilote de guerre*, éd. cit., p. 115.

11. Antoine de Saint-Exupéry, *Lettres à sa famille*, éd. cit., p. 848.

12. Antoine de Saint-Exupéry, *Lettres amicales et professionnelles*, éd. cit., p. 949.

13. Jean Dutertre, *La 108e mission*, in *Icare*, n° 78, p. 74.

14. Antoine de Saint-Exupéry, *Dédicaces et autres textes de circonstance*, éd. cit., p. 1060.

15. Antoine de Saint-Exupéry *Écrits de guerre*, éd. Gallimard, 1982, p. 249.

16. Ordre général « C » n° 44 de l'armée de l'air du 2 juin 1940, in *Icare*, n° 78, p. 84.

17. *Cf.* la reproduction de cette lettre, in Antoine de Saint-Exupéry, *Dessins, aquarelles, pastels, plumes et crayons*, éd. cit., p. 254.

18. *Cf.* Antoine de Saint-Exupéry, *Lettre à Joseph Kessel*, in *Œuvres*, éd. cit., vol. II, p. 344.

19. Suzanne Massu, *L'Arche de Noé*, in *Icare*, n° 78, p. 97.

20. *Idem*, p. 99.

21. Antoine de Saint-Exupéry, *Lettre à Joseph Kessel*, éd. cit., p. 347.

22. Léon Werth, *op. cit.*, p. 144.

23. Antoine de Saint-Exupéry, *Lettres amicales et professionnelles*, éd. cit., p. 950.

24. Antoine de Saint-Exupéry, *Dessins, aquarelles, pastels, plumes et crayons*, éd. cit., p. 247.

25. Antoine de Saint-Exupéry, *Lettres à sa famille*, éd. cit., p. 847.

MÊME LE CHIEN TAÏAUT...

1. Mireille d'Agay, *Oncle Papou*, in *Icare*, n° 75, p. 22.

2. *Ibidem*.

3. Antoine de Saint-Exupéry, *Lettres à André Breton*, in *Œuvres*, éd. cit., vol. II, p. 62.

4. Antoine de Saint-Exupéry, *Lettre à Joseph Kessel*, éd. cit., p. 345.

5. Antoine de Saint-Exupéry, *Lettres aux Américains*, in *Œuvres*, éd. cit., vol. II, p. 48.

6. Léon Werth, *op. cit.*, p. 116.

7. Pierre Chevrier [Nelly de Vogüé], *éd. cit.*, p. 229.

8. René Chambe, *Le Voyage au Maroc*, in *Icare*, n° 78, p. 121.

9. Antoine de Saint-Exupéry, *Lettres à un otage*, in *Œuvres*, éd. cit., vol. II, p. 90.

10. Antoine de Saint-Exupéry, *Lettres amicales et professionnelles*, éd. cit., p. 950. Il est à remarquer que Nelly de Vogüé supprime, sans l'indiquer, des passages de cette lettre lorsqu'elle la reproduit à la p. 230 de son livre signé Pierre Chevrier. Ces passages apparaissent pourtant sans que l'on sache comment, dans les *Œuvres complètes* d'Antoine de Saint-Exupéry publiées dans l'édition de la Pléiade. Nous faisons confiance à cette édition.

11. Marie-Jeanne Dutheil, *À Lisbonne*, in *Icare*, n° 78, p. 123.

TOUJOURS, TOUJOURS ET TOUJOURS..., JAMAIS, JAMAIS ET JAMAIS !

1. *In* Antoine de Saint-Exupéry, *Écrits de guerre*, éd. cit., p. 150.

2. Lewis Galantière, *Comment traduire Saint-Exupéry*, in *Icare*, n° 84, p. 49.

3. Antoine de Saint-Exupéry, *Lettres amicales et professionnelles*, éd. cit., p. 1041.

4. Sur cet appareil, *cf.* le témoignage de Robert Boname, in *Icare*, n° 84, p. 108.

5. Antoine de Saint-Exupéry, *Lettres amicales et professionnelles*, éd. cit., p. 998.

6. Antoine de Saint-Exupéry, *Écrits de guerre*, éd. cit, p. 155.

7. Jean Renoir, *Il parlait toute la nuit*, in *Icare*, n° 84, p. 28.

8. Antoine de Saint-Exupéry, *« Cher Jean Renoir »*, in *Les Cahiers de la NRF*, Gallimard. 1999, p. 60.

9. Antoine de Saint-Exupéry, *Lettres amicales et professionnelles*, éd. cit., p. 993.

10. Antoine de Saint-Exupéry, *Lettres amicales et professionnelles*, éd. cit., p. 951.

11. *Idem*, p. 998.

UN TESTAMENT INTELLIGIBLE SEULEMENT À QUELQUES-UNS

1. Paule Bounin, *Pilote de guerre, Notice, documents, notes et variantes, in* Antoine de Saint-Exupéry, *Œuvres*, éd. cit., vol. II, p. 1317.

2. *Idem*, p. 1318. La reproduction tronquée de cette lettre à la page 921 du même ouvrage ne permet pas de deviner qu'il y est question des déboires conjugaux de l'auteur.

3. Cit. *apud* Stacy de La Bruyère, *op. cit.*, p 401.

4. *Cf.* à ce propos le témoignage de Bernard Valiquette, *in* Antoine de Saint-Exupéry, *Écrits de guerre*, éd. cit., p. 250.

5. Antoine de Saint-Exupéry, *Sept lettres à Nathalie Paley*, Gallimard, 2007, p. 36.

6. *Idem*, p. 35.

7. *Idem*, p. 38.

8. *Idem*, pp. 27, 28, 33, 43.

9. *Idem*, p. 37.

10. Antoine de Saint-Exupéry, *Lettres à une amie intime*, in *Catalogue de la vente Artcurial de livres et manuscrits modernes du mercredi 12 mai 2012*, p. 100.

11. *Ibidem*.

12. Antoine de Saint-Exupéry, *Sept lettres à Nathalie Paley*, éd. cit., p. 50.

13. *Idem*, p. 52.

14. Antoine de Saint-Exupéry, *Dessins, aquarelles, pastels, plumes et crayons*, éd. cit., p. 232.

15. Antoine de Saint-Exupéry, *Lettres intimes*, in *Œuvres*, éd. cit., p. 925.

16. *Idem*, p. 923.

17. Antoine de Saint-Exupéry, *Écrits de guerre*, éd. cit., p. 233.

18. P.-A. Cousteau, in *Je suis partout*, cité *in* Antoine de Saint-Exupéry, *Écrits de guerre*, éd. cit., p. 299.

19. Des informations utiles concernant ces deux éditions dans Georges Pélissier, *Les Cinq Visages de Saint-Exupéry*, Flammarion, 1951, pp. 112 et 113.

20. *Cf.* in *Catalogue de la vente Artcurial de livres et manuscrits modernes du mercredi 12 mai 2012*, le brouillon de lettre de la p. 111.

21. In *Notre combat* du 6 avril 1943, repris *in* Antoine de Saint-Exupéry, *Écrits de guerre*, éd. cit., p. 320.

22. René Etiemble, in *VVV*, de juin 1942, *in* Françoise Gerbod, *Notice aux Lettres à André Breton*, in Antoine de Saint-Exupéry, *Œuvres*, éd. cit., vol. II, p. 1232.

23. *Idem*, p. 72.

24. Lewis Galantière, *Souvenirs*, *in* Antoine de Saint-Exupéry, *Écrits de guerre*, éd. cit., p. 257.

25. Denis de Rougemont, *Journal*, *in* Antoine de Saint-Exupéry, *Écrits de guerre*, éd. cit., p. 258.

26. Témoignage de l'éditeur Pierre Ordidoni, *in* Antoine de Saint-Exupéry, *Écrits de guerre*, éd.cit., p. 618.

27. René Chambe, *Retour au combat*, in *Icare* n° 96, p. 38.

28. Adèle Breaux, *J'étais son professeur d'anglais*, in *Icare*, n° 84, p. 100.

29. Antoine de Saint-Exupéry, *Dessins, aquarelles, pastels, plumes et crayons*, Gallimard, 2006, p. 235.

30. Adèle Bréaux, *Saint-Exupéry in America, 1942-1943*, Associated University Press, 1971, p. 140.

31. Cit. *apud* Antoine de Saint-Exupéry, *Écrits de guerre*, éd. cit., p. 353.

1. *Jules Roy rencontre Saint-Exupéry, in* Antoine de Saint-Exupéry, *Écrits de guerre*, éd. cit., p. 360.

2. René Chambe, *Retour au combat*, in *Icare* n° 96, p. 39.

3. Antoine de Saint-Exupéry, *Lettres amicales et professionnelles*, éd. cit., p. 953.

4. René Chambe, *op. cit.*, p. 40.

5. Antoine de Saint-Exupéry, *Lettres amicales et professionnelles*, éd. cit., p. 953.

6. Antoine de Saint-Exupéry, *Lettre au conseiller R. Murphy*, in *Œuvres*, éd. cit., vol. II, p. 326.

7. Antoine de Saint-Exupéry, *Lettres amicales et professionnelles*, éd. cit., p. 1003.

8. Georges Pélissier, *op. cit.*, p. 45.

9. *Idem*, p. 46.

10. Cit. *apud* Stacy de La Bruyère, *op. cit.*, p. 438.

11. Antoine de Saint-Exupéry, *Lettres amicales et professionnelles*, éd. cit., p. 975.

12. *Cf.* à ce propos Marcel Achard, *Un grand seigneur*, in *Icare*, n° 75, p. 65, et Jules Roy, *Mémoires barbares*, Albin Michel, 1989, p. 225.

13. Parmi d'autres témoignages dans ce sens, *cf.* celui de Marie-Madeleine Mast, épouse du Résident général de Tunisie, in *Icare*, n° 96, p. 141.

14. Lionel-Max Chassin, *Souvenirs*, in *Icare* n° 96, p. 148.

15. Antoine de Saint-Exupéry, *Lettres amicales et professionnelles*, in *Œuvres*, éd. cit., vol. II, p. 954.

16. Antoine de Saint-Exupéry, *Lettres à l'inconnue*, Gallimard, 2008. p. 21.

17. Antoine de Saint-Exupéry, *Lettres amicales et professionnelles*, éd. cit., p. 962.

18. Antoine de Saint-Exupéry, *Lettres à sa famille*, éd. cit., p. 850.

19. Antoine de Saint-Exupéry, *Lettres amicales et professionnelles*, éd. cit., p. 962.

20. Témoignage de Gaëtan Moravski, *in* Antoine de Saint-Exupéry, *Écrits de guerre*, éd. cit., p. 481.

21. Antoine de Saint-Exupéry, *Lettre au docteur Henri Comte*, in *Œuvres*, éd. cit., vol. II, p. 353.

22. René Chambe, *op. cit.*, p. 41.

23. Antoine de Saint-Exupéry, *Lettres amicales et professionnelles*, éd. cit., p. 975.

24. François Mauriac, *Lettre à Georges Duhamel*, in *Les Cahiers de l'Herne*, n° 48, éd. de l'Herne, 1985, p. 394.

25. *Cf.* à ce propos Antoine de Saint-Exupéry, *Écrits de guerre*, éd. cit., p. 617.

26. Antoine de Saint-Exupéry, *Lettres amicales et professionnelles*, éd. cit., p. 965.

27. René Chambe, *op. cit.*, p. 40.

28. John Phillips, *La nuit du 29 mai*, in *Icare*, n° 96, p. 123.

29. Souvenirs d'Henri Frenay, *in* Antoine de Saint-Exupéry, *Écrits de guerre*, éd. cit., p. 489.

30. La lettre de Fernand Grenier est reproduite in *Icare*, n° 96, p. 77.

UN HÉRITAGE CONTRAIGNANT

1. Antoine de Saint-Exupéry, *Lettres amicales et professionnelles*, éd. cit., p. 1015.

2. John Phillips, *op. cit.*, p. 129.

3. Antoine de Saint-Exupéry, *Lettre à un Américain*, in *Œuvres*, éd. cit., vol. II, p. 360.

4. John Phillips, *op. cit.*, p. 131.

5. Antoine de Saint-Exupéry, *Lettres amicales et professionnelles*, éd. cit., p. 1051.

6. *Idem*, p. 1048.

7. *Ibidem*.

8. Souvenirs du général Chambe, *in* Antoine de Saint-Exupéry, *Écrits de guerre*, éd. cit., p. 513.

9. Georges Pélissier, *op. cit.*, p. 52.

10. Antoine de Saint-Exupéry, *Lettres amicales et professionnelles*, éd. cit., p. 979.

11. *Idem*, p. 1015.

ANNEXES

FOLIO BIOGRAPHIES

Alain-Fournier, par ARIANE CHARTON. Prix Roland de Jouvenel 2015.

Alexandre le Grand, par JOËL SCHMIDT

Mohamed Ali, par CLAUDE BOLI

Lou Andreas-Salomé, par DORIAN ASTOR

Attila, par ÉRIC DESCHODT. Prix « Coup de cœur en poche 2006 » décerné par *Le Point*.

Bach, par MARC LEBOUCHER

Joséphine Baker, par JACQUES PESSIS

Balzac, par FRANÇOIS TAILLANDIER

Baudelaire, par JEAN-BAPTISTE BARONIAN

Beaumarchais, par CHRISTIAN WASSELIN

Beethoven, par BERNARD FAUCONNIER

Sarah Bernhardt, par SOPHIE-AUDE PICON

Bouddha, par SOPHIE ROYER

Bougainville, par DOMINIQUE LE BRUN

Les Brontë, par JEAN-PIERRE OHL

James Brown, par STÉPHANE KOECHLIN

Buffalo Bill, par MICHEL FAUCHEUX

Lord Byron, par DANIEL SALVATORE SCHIFFER

Maria Callas, par RENÉ DE CECCATTY

Calvin, par JEAN-LUC MOUTON

Camus, par VIRGIL TANASE

Truman Capote, par LILIANE KERJAN

Le Caravage, par GÉRARD-JULIEN SALVY

Casanova, par MAXIME ROVERE

Céline, par YVES BUIN

Jules César, par JOËL SCHMIDT

Cézanne, par BERNARD FAUCONNIER. Prix de la biographie de la ville d'Hossegor 2007.

Chaplin, par MICHEL FAUCHEUX

Che Guevara, par ALAIN FOIX

Churchill, par SOPHIE DOUDET

Cléopâtre, par JOËL SCHMIDT

Albert Cohen, par FRANCK MÉDIONI

Colette, par MADELEINE LAZARD

Christophe Colomb, par MARIE-FRANCE SCHMIDT

Joseph Conrad, par MICHEL RENOUARD

Marie Curie, par JANINE TROTEREAU

Darwin, par JEAN-NOËL MOURET

Alexandra David-Néel, par JENNIFER LESIEUR

James Dean, par JEAN-PHILIPPE GUERAND

Debussy, par ARIANE CHARTON

Delacroix, par FRÉDÉRIC MARTINEZ

Charles Dickens, par JEAN-PIERRE OHL

Diderot, par RAYMOND TROUSSON

Marlene Dietrich, par JEAN PAVANS

Dostoïevski, par VIRGIL TANASE

Alexandre Dumas, par SYLVAIN LEDDA

Albert Einstein, par LAURENT SEKSIK

Fellini, par BENITO MERLINO

Scott et Zelda Fitzgerald, par STÉPHANE MALTÈRE

Flaubert, par BERNARD FAUCONNIER

Saint François d'Assise, par VIRGIL TANASE

Freud, par RENÉ MAJOR et CHANTAL TALAGRAND

Gandhi, par CHRISTINE JORDIS. Prix du livre d'histoire de la ville de Courbevoie 2008.

Federico García Lorca, par ALBERT BENSOUSSAN

De Gaulle, par ÉRIC ROUSSEL

Geronimo, par OLIVIER DELAVAULT

George Gershwin, par FRANCK MÉDIONI. Coup de cœur du prix des Muses 2015.

Goethe, par JOËL SCHMIDT

Carlo Goldoni, par FRANCK MÉDIONI

Olympe de Gouges, par MICHEL FAUCHEUX

Goya, par MARIE-FRANCE SCHMIDT

Jimi Hendrix, par FRANCK MÉDIONI

Billie Holiday, par SYLVIA FOL

Homère, par PIERRE JUDET DE LA COMBE

Victor Hugo, par SANDRINE FILLIPETTI

Ibsen, par JACQUES DE DECKER

Jésus, par CHRISTIANE RANCÉ

Janis Joplin, par JEAN-YVES REUZEAU

Louis Jouvet, par OLIVIER RONY

Kafka, par GÉRARD-GEORGES LEMAIRE

Gene Kelly, par ALAIN MASSON

Kennedy, par VINCENT MICHELOT

Kerouac, par YVES BUIN

Klimt, par SERGE SANCHEZ

Lafayette, par BERNARD VINCENT

Lapérouse, par ANNE PONS

Lawrence d'Arabie, par MICHEL RENOUARD

Abraham Lincoln, par LILIANE KERJAN

Franz Liszt, par FRÉDÉRIC MARTINEZ

Jack London, par BERNARD FAUCONNIER

Louis XIV, par ÉRIC DESCHODT

Louis XVI, par BERNARD VINCENT

Auguste et Louis Lumière, par MICHEL FAUCHEUX

Martin Luther King, par ALAIN FOIX

Machiavel, par HUBERT PROLONGEAU

Magritte, par MICHEL DRAGUET

Malraux, par SOPHIE DOUDET

Nelson Mandela, par FABRICE D'ALMEIDA

Man Ray, par SERGE SANCHEZ

Bob Marley, par JEAN-PHILIPPE DE TONNAC

Maupassant, par FRÉDÉRIC MARTINEZ

Mermoz, par MICHEL FAUCHEUX

Michel-Ange, par NADINE SAUTEL

Mishima, par JENNIFER LESIEUR

Modigliani, par CHRISTIAN PARISOT

Moïse, par CHARLES SZLAKMANN

Molière, par CHRISTOPHE MORY

Marilyn Monroe, par ANNE PLANTAGENET
Montesquieu, par CATHERINE VOLPILHAC-AUGER
Thomas More, par MARIE-CLAIRE PHÉLIPPEAU
Jim Morrison, par JEAN-YVES REUZEAU
Mozart, par JEAN BLOT
Alfred de Musset, par ARIANE CHARTON
Napoléon, par PASCALE FAUTRIER
Gérard de Nerval, par GÉRARD COGEZ
Nietzsche, par DORIAN ASTOR
Anna de Noailles, par FRÉDÉRIC MARTINEZ
George Orwell, par STÉPHANE MALTÈRE
Pasolini, par RENÉ DE CECCATTY
Pasteur, par JANINE TROTEREAU
Édith Piaf, par ALBERT BENSOUSSAN
Picasso, par GILLES PLAZY
Platon, par BERNARD FAUCONNIER
Marco Polo, par OLIVIER GERMAIN-THOMAS
Ravel, par SYLVAIN LEDDA
Louis Renault, par JEAN-NOËL MOURET
Richelieu, par SYLVIE TAUSSIG
Rimbaud, par JEAN-BAPTISTE BARONIAN. Prix littéraire 2011 du parlement de la Fédération Wallonie-Bruxelles.
Robespierre, par JOËL SCHMIDT
Rousseau, par RAYMOND TROUSSON
Sade, par STÉPHANIE GENAND
Saint-Exupéry, par VIRGIL TANASE. Prix de la biographie de la ville d'Hossegor 2013.
Saint-Simon, par MARC HERSANT. Prix de la biographie littéraire de l'Académie française 2017.
George Sand, par MARTINE REID. Prix Ernest Montusès 2013.
Madame de Sévigné, par STÉPHANE MALTÈRE
Shakespeare, par CLAUDE MOURTHÉ
Madame de Staël, par SOPHIE DOUDET
Gertrude Stein, par PHILIPPE BLANCHON
Stendhal, par SANDRINE FILLIPETTI

Jacques Tati, par JEAN-PHILIPPE GUERAND

Tchekhov, par VIRGIL TANASE

Henry David Thoreau, par MARIE BERTHOUMIEU et LAURA EL MAKKI

Tocqueville, par BRIGITTE KRULIC

Toussaint Louverture, par ALAIN FOIX

Trotsky, par MICHEL RENOUARD

Jules Vallès, par CORINNE SAMINADAYAR-PERRIN

Van Gogh, par DAVID HAZIOT. Prix d'Académie 2008 décerné par l'Académie française (fondation Le Métais-Larivière).

Verdi, par ALBERT BENSOUSSAN

Verlaine, par JEAN-BAPTISTE BARONIAN

Boris Vian, par CLAIRE JULLIARD

La reine Victoria, par PHILIPPE CHASSAIGNE

Léonard de Vinci, par SOPHIE CHAUVEAU

Voltaire, par FRANÇOIS JACOB

Wagner, par JACQUES DE DECKER

Andy Warhol, par MERIAM KORICHI

George Washington, par LILIANE KERJAN

H. G. Wells, par LAURA EL MAKKI

Oscar Wilde, par DANIEL SALVATORE SCHIFFER

Tennessee Williams, par LILIANE KERJAN. Prix du Grand Ouest 2011.

Virginia Woolf, par ALEXANDRA LEMASSON

Frank Zappa, par GUY DAROL

Stefan Zweig, par CATHERINE SAUVAT

COLLECTION FOLIO

Dernières parutions

6778. Annie Ernaux — *Hôtel Casanova* et autres textes brefs
6779. Victor Hugo — *Les Fleurs*
6780. Collectif — *Notre-Dame des écrivains. Raconter et rêver la cathédrale du Moyen Âge à demain*
6781. Carole Fives — *Tenir jusqu'à l'aube*
6782. Esi Edugyan — *Washington Black*
6783. J.M.G. Le Clézio — *Alma*. À paraître
6784. Emmanuelle Bayamack-Tam — *Arcadie*
6785. Pierre Guyotat — *Idiotie*
6786. François Garde — *Marcher à Kerguelen*. À paraître
6787. Cédric Gras — *Saisons du voyage*. À paraître
6788. Paolo Rumiz — *La légende des montagnes qui naviguent*. À paraître
6789. Jean-Paul Kauffmann — *Venise à double tour*
6790. Kim Leine — *Les prophètes du fjord de l'Éternité*
6791. Jean-Christophe Rufin — *Les sept mariages d'Edgar et Ludmilla*
6792. Boualem Sansal — *Le train d'Erlingen ou La métamorphose de Dieu*
6793. Lou Andreas-Salomé — *Ce qui découle du fait que ce n'est pas la femme qui a tué le père* et autres textes psychanalytiques
6794. Sénèque — *De la vie heureuse* précédé de *De la brièveté de la vie*
6795. Famille Brontë — *Lettres choisies*

6796. Stéphanie Bodet — *À la verticale de soi*
6797. Guy de Maupassant — *Les Dimanches d'un bourgeois de Paris* et autres nouvelles
6798. Chimamanda Ngozi Adichie — *Nous sommes tous des féministes* suivi du *Danger de l'histoire unique*
6799. Antoine Bello — *Scherbius (et moi)*
6800. David Foenkinos — *Deux sœurs*
6801. Sophie Chauveau — *Picasso, le Minotaure. 1881-1973*
6802. Abubakar Adam Ibrahim — *La saison des fleurs de flamme*
6803. Pierre Jourde — *Le voyage du canapé-lit*
6804. Karl Ove Knausgaard — *Comme il pleut sur la ville. Mon combat - Livre V*
6805. Sarah Marty — *Soixante jours*
6806. Guillaume Meurice — *Cosme*
6807. Mona Ozouf — *L'autre George. À la rencontre de l'autre George Eliot*
6808. Laurine Roux — *Une immense sensation de calme*
6809. Roberto Saviano — *Piranhas*
6810. Roberto Saviano — *Baiser féroce*
6811. Patti Smith — *Dévotion*
6812. Ray Bradbury — *La fusée* et autres nouvelles
6813. Albert Cossery — *Les affamés ne rêvent que de pain*
6814. Georges Rodenbach — *Bruges-la-Morte*
6815. Margaret Mitchell — *Autant en emporte le vent I*
6816. Margaret Mitchell — *Autant en emporte le vent II*
6817. George Eliot — *Felix Holt, le radical. À paraître*
6818. Goethe — *Les Années de voyage de Wilhelm Meister*
6819. Meryem Alaoui — *La vérité sort de la bouche du cheval*
6820. Unamuno — *Contes*

6821. Leïla Bouherrafa *La dédicace.* À paraître
6822. Philippe Djian *Les inéquitables*
6823. Carlos Fuentes *La frontière de verre.* Roman en neuf récits
6824. Carlos Fuentes *Les années avec Laura Díaz.* Nouvelle édition augmentée
6825. Paula Jacques *Plutôt la fin du monde qu'une écorchure à mon doigt.* À paraître
6826. Pascal Quignard *L'enfant d'Ingolstadt. Dernier royaume X*
6827. Raphaël Rupert *Anatomie de l'amant de ma femme*
6828. Bernhard Schlink *Olga*
6829. Marie Sizun *Les sœurs aux yeux bleus*
6830. Graham Swift *De l'Angleterre et des Anglais*
6831. Alexandre Dumas *Le Comte de Monte-Cristo*
6832. Villon *Œuvres complètes*
6833. Vénus Khoury-Ghata *Marina Tsvétaïéva, mourir à Elabouga*
6834. Élisa Shua Dusapin *Les billes du Pachinko*
6835. Yannick Haenel *La solitude Caravage*
6836. Alexis Jenni *Féroces infirmes*
6837. Isabelle Mayault *Une longue nuit mexicaine*
6838. Scholastique Mukasonga *Un si beau diplôme !*
6839. Jean d'Ormesson *Et moi, je vis toujours*
6840. Orhan Pamuk *La femme aux cheveux roux*
6841. Joseph Ponthus *À la ligne. Feuillets d'usine*
6842. Ron Rash *Un silence brutal*
6843. Ron Rash *Serena*
6844. Bénédicte Belpois *Suiza*
6845. Erri De Luca *Le tour de l'oie*
6846. Arthur H *Fugues*
6847. Francesca Melandri *Tous, sauf moi*
6848. Eshkol Nevo *Trois étages*
6849. Daniel Pennac *Mon frère*
6850. Maria Pourchet *Les impatients*

Composition Nord Compo
Impression Maury Imprimeur
45330 Malesherbes
le 22 mars 2021
Dépôt légal : mars 2021
1er dépôt légal dans la collection : février 2013.
Numéro d'imprimeur : 252553

ISBN 978-2-07-044742-8. / Imprimé en France.

379900